José María Samper

Viajes de un colombiano por Europa

Tomo I

Barcelona **2023**
Linkgua-ediciones.com

Créditos

Título original: Viajes de un colombiano por Europa.

© 2023, Red ediciones S.L.

e-mail: info@linkgua.com

Diseño de cubierta: Mario Eskenazi.

ISBN tapa dura: 978-84-1126-575-1.
ISBN rústica: 978-84-9816-154-0.
ISBN ebook: 978-84-9897-867-4.

Cualquier forma de reproducción, distribución, comunicación pública o transformación de esta obra solo puede ser realizada con la autorización de sus titulares, salvo excepción prevista por la ley. Diríjase a CEDRO (Centro Español de Derechos Reprográficos, www.cedro.org) si necesita fotocopiar, escanear o hacer copias digitales de algún fragmento de esta obra.

Sumario

Créditos _____ **4**

Brevísima presentación _____ **9**
    La vida _____ 9

Primera serie _____ **11**

Advertencia _____ **13**

Dos palabras al lector _____ **15**

Primera parte _____ **17**
    Capítulo I. La primera ausencia _____ 17
    Capítulo II. El Bajo Magdalena _____ 28
    Capítulo III. La región marítima _____ 43
    Capítulo IV. El océano _____ 55

Segunda parte. Algo de Inglaterra y Francia _____ **71**
    Capítulo I. Southampton _____ 71
    Capítulo II. Aspecto general de Londres _____ 85
    Capítulo III. El Támesis en Londres _____ 103
    Capítulo IV. Jardines y monumentos _____ 118
    Capítulo V. Curiosidades _____ 133
    Capítulo VI. De Londres a París _____ 150

Tercera parte. De París a Madrid _____ **159**
    Capítulo I. La Borgoña y Lyon _____ 159
    Capítulo II. La ciudad de Lyon _____ 169
    Capítulo III. El valle del Ródano _____ 180
    Capítulo IV. Cataluña _____ 192
    Capítulo V. Valencia y su valle _____ 209
    Capítulo VI. Dieciocho horas de contrastes _____ 218

Cuarta parte. La Nueva Castilla _____ **229**
   Capítulo I. Madrid monumental_____229
   Capítulo II. Madrid político y social_____241
   Capítulo III. Aranjuez_____254
   Capítulo IV. Toledo_____265
   Capítulo V. La Mancha_____278

Quinta parte. Las Andalucías _____ **287**
   Capítulo I. Jaén y Granada_____287
   Capítulo II. Granada monumental y social_____298
   Capítulo III. Las faldas de la Sierra Nevada_____314
   Capítulo IV. El estrecho de Gibraltar_____325
   Capítulo V. La bahía de Cádiz_____334
   Capítulo VI. Sevilla_____349
   Capítulo VII. Monumentos y curiosidades de Sevilla_____359
   Capítulo VIII. El Guadalquivir_____373

Sexta parte. De Madrid a París _____ **387**
   Capítulo I. El Escorial_____387
   Capítulo II. La Vieja Castilla_____398
   Capítulo III. Palencia y Santander_____409
   Capítulo IV. Las provincias vascongadas_____420
   Capítulo V. En Francia_____430
   Capítulo VI. Conclusión presente y porvenir de España_____447

Libros a la carta _____ **467**

Brevísima presentación

La vida
José María Samper Agudelo (1828-1888)
(Colombia. Honda, 31 de marzo de 1828-Anapoima, Cundinamarca, julio 22 de 1888.) Participó en la vida política, económica y social del siglo XIX en Colombia. Ejerció el periodismo, y escribió poemas, dramas, comedias y novelas. Fue asimismo, un viajero apasionado.

Primera serie
Al señor don Manuel Amunátegui, director de
«El comercio» de Lima

Este escrito, como la mayor parte de los que han salido de mi pluma en Europa, desde abril de 1858, debe su primera aparición a los estímulos generosos, a la ilustrada y desinteresada protección que le han dado, como propietarios y redactores de «El Comercio», usted y nuestro noble y malogrado amigo DON ALEJANDRO VILLOTA. Es «El Comercio» el que primero ha dado a luz las paginas incorrectas y frecuentemente improvisadas de este libro. Por lo mismo, a nadie mejor que a los perseverantes directores de ese diario —que defiende la libertad y difunde la semilla de la civilización en el suelo hispano-colombiano— les corresponde el modesto homenaje de esta obra. Acéptelo usted, mi fino y respetable amigo, en su nombre y en el de nuestro lamentado amigo VILLOTA, como un testimonio de alta consideración y gratitud profunda. Cada cual da de lo que tiene: hombre de corazón y escritor, lo mejor que puedo ofrecer a usted es mi cordial afecto y el humilde fruto de algunas de mis labores
   JOSÉ M. SAMPER. París, febrero 7 de 1862

Advertencia
La narración de mis Viajes comprenderá cuatro series, contenidas en cuatro volúmenes. La primera, que publico ahora, se refiere a la región del río Magdalena, en los Estados Unidos de Colombia (antes «Nueva Granada»), mi punto de partida, a la travesía del Atlántico, una parte de Inglaterra, muchos departamentos de Francia, y sobre todo España. La segunda, que va a entrar en prensa, comprenderá la descripción de Suiza, la Alemania del Rin, Bélgica y varios departamentos de Francia. La tercera abrazará las narraciones relativas a otra parte de Francia (la del Nordeste), y a Wurtemberg, Baviera, Austria, Hungría, Bohemia, Sajonia, Prusia, Hamburgo, Hanover, Hesse-Gasel y Holanda. La cuarta comprenderá la Gran Bretaña, Italia, y un estudio social comparativo de París y Londres y de la civilización europea.

Cada volumen irá provisto, como el presente, de un sencillo mapa indicativo de los itinerarios. Si, por algún inconveniente insuperable, no alcanzare a terminar mi publicación en París, la terminaré precisamente en Bogotá, en 1863. No debe olvidarse que el texto de este volumen ha sido escrito y publicado en 1859-60, y que por tanto es a esa época que se refieren todas las observaciones estadísticas, y otras de carácter más o menos transitorio

EL AUTOR

Dos palabras al lector

No sé el grado de estimación que puedan merecer de parte de muchos lectores las reflexiones de un viajero que, desconocido fuera de su patria, emprende su peregrinación desde el corazón de las selvas colombianas hasta el centro de estas viejas sociedades europeas, repletas de recuerdos, grandiosos monumentos y amargos desengaños. Amante de contrastes y siempre solicitando la verdad, he dejado mi dulce patria de libertad y de esperanzas, la tierra de las montañas colosales, de los valles espléndidos, de las cataratas, las selvas, los espumantes ríos, las altas cimas coronadas de nieve, los perfumes, los ecos misteriosos, las soledades, los tesoros de luz y de armonía y la pompa inagotable de esa naturaleza que resume en su seno toda la poesía y todas las maravillas de la creación! Todo eso se queda atrás: todo eso es Colombia, escondida bajo el manto de conchas y coral, de luz y de misterio que le extienden el Atlántico y el Pacífico... ¿Y por qué dejar tan lejos todo ese mundo que se adora? Es que el demócrata de Colombia necesita nutrir su espíritu con la luz de la vieja civilización y fortalecer su corazón republicano con las severas enseñanzas de una sociedad ulcerada profundamente por la opresión y el privilegio. Es que la verdad no se adquiere completa sino por comparación, y el espíritu debe abrazar la vida de los dos continentes que trabajan de distinto modo en la obra de la civilización. Es preciso asistir a este torbellino que conmueve al mundo europeo, en busca de la luz, de la ciencia, del refinamiento del arte, de las maravillas de la industria, y de todo este conjunto de esfuerzos admirables que constituye la obra del progreso. Es preciso contemplar el espectáculo de esta sociedad en recomposición, que bulle, que se agita y se preocupa, empeñada por resolver el problema del bienestar, luchando entre las tradiciones del absolutismo y las aspiraciones hacia la libertad.

El contraste es grandioso y merece un estudio bien esmerado. En Colombia, las sencillas escenas de la democracia, el misterio solemne, la soledad y el espectáculo sublime de la naturaleza en todo el esplendor de su pompa y su grandeza. En Europa, las intrigas de las aristocracias, la luz de la ciencia, la población exuberante, y el arte levantado hasta las más prodigiosas proporciones. Si Colombia es la tierra del porvenir, de la esperanza y de la idea; Europa es el mundo de lo pasado, de los recuerdos y de los hechos. Comparar esos dos mundos, analizando el organismo y la fisonomía de la civilización en cada uno de ellos, tal es la tarea del viajero. Por mal que desempeñe mi parte de labor ¿no he de esperar, pues, que algunos de los lectores del Nuevo Mundo se asocien a la investigación que uno de sus hermanos viene a hacer sobre el terreno de donde partió, con los horrores de la conquista, la civilización semi-feudal que se nos infiltró? ¡Feliz el viajero que, animado del más profundo sentimiento de amor hacia su familia predilecta de las regiones de Colombia, pudiera encontrar en su peregrinación tesoros de verdad que ofrecer a sus hermanos! Asistir día por día, hora por hora, a este flujo y reflujo de las instituciones y de las costumbres, de la literatura, de la ciencia y de la industria, que se revela en admirables monumentos, en suntuosos museos y ricas bibliotecas, en los ferrocarriles y telégrafos, en las fábricas de enorme o de ingeniosa producción, en las academias y universidades, en las exposiciones y los congresos internacionales, en las imprentas y los gabinetes artísticos, en las escuelas populares, en los institutos de beneficencia y de penalidad, en la administración de la justicia bajo diferentes formas, en los puertos, los diques y canales, en los teatros de todo género, en los lugares públicos destinados al servicio de la ciencia y del buen gusto, en los Bancos, las Bolsas y las asociaciones, y en todo lo que puede representar un progreso, una tradición, una organización social o un hecho característico; asistir a este movimiento, repito, es contemplar de bulto la obra de la civilización, es alimentar simultáneamente los sentidos y el alma. Ensayaré, pues, haciendo un esfuerzo por llenar esa tarea que será la historia de mi peregrinación

Primera parte

Capítulo I. La primera ausencia

Adiós al suelo natal. La ciudad de Honda. La gran vegetación. El puerto de «Conejo». Una escena nocturna. El vapor «Bogotá». Nare y «San Pablo»

Hay verdades que se hacen adagios porque todo el mundo percibe su impresión, y una de ellas es, que el mérito de lo que se ama no se comprende sino al carecer del objeto querido. El alma tiene, como las pupilas, sus bellas ilusiones de óptica, porque ella misma es la pupila del corazón, y los objetos crecen y toman formas siempre más interesantes a medida que se nos alejan. He aquí por qué al embarcarme el 1.º de febrero de 1858, en el puerto de las «Bodegas de Honda», a bordo de un champan que debía conducirme al vapor «Bogotá», estacionado siete leguas más abajo, sentí mi corazón oprimido y preocupada mi imaginación.

Por primera vez iba a alejarme de mi patria por algunos años... ¡«Tal vez» para siempre! «Honda», con sus escombros sublimes, quebrantados sepulcros de una antigua opulencia, sus saltadores y ruidosos ríos, espumantes como cataratas, sus altas palmeras entretejidas en flotantes pabellones, sus siempre verdes y suntuosas arboledas que bañan en las ondas la crespa y abundante melena, sus cerros escarpados y en anfiteatros, de eterna soledad, y sus llanuras de esmeralda cuyas altas gramíneas sacuden en el estío los recios huracanes; «Honda», la reina destronada, sombra de su lejano esplendor; se presentaba a mis ojos con su manto azul y sus ruinas cubiertas de parásitas, más triste y más hermosa que nunca. Jerusalén del poema oscuro de mi juventud, la dejaba entre sus colinas y sus bosques como un santuario de recuerdos venerables. ¡La madre recibía el adiós del hijo viajero: mi pensamiento la comprendía mejor que nunca! Dejar la tierra natal ¡este solo hecho entraña un drama entero para el corazón! ¡Qué momento tan solemne aquel, de recogimiento para el alma del viajero, de esperanza profunda y de temor supremo! Al dejar la playa arenosa donde quiebra sus hondas el majestuoso Magdalena, creía separarme de un inmenso tesoro. ¡Ahí quedaban: la tumba de mi padre, las tradiciones de familia, la ceniza del hogar, las dulces memorias, los caprichos y los locos amores de la juventud, los amigos, la fortuna, la libertad, el aire, el cielo, los mil rumores vagos y confusos, y todo ese adorable conjunto de impresiones y sueños, de pesares y recuerdos, de infortunios y dichas, que se llama la «Patria»!... ¡Todo eso quedaba atrás, como sepultado en un panteón cuya portada era «Honda»! ¿Y adelante?... Lo vago y desconocido, lo infinito y maravilloso; eso que el corazón acaricia en sus sueños de esperanza, y que la duda cubre con sus sombras cuando el viajero se dice: «¡quién sabe!».

«Honda» es una vieja ciudad, enteramente española por su construcción, pero de un aspecto tan caprichoso y pintoresco que llega hasta las proporciones de lo romántico. El río Magdalena, la grande arteria del comercio de Nueva Granada, después de haber traído por algunas leguas la dirección de S. E. a O., pierde repentinamente su mansedumbre, se estrecha entre las altas rocas de dos serranías paralelas, y torciendo directamente al norte se lanza por entre raudales pedregosos, coronado de espuma, bramando como la gran mole de una catarata, y, como fatigado de ese descenso tormentoso, va a reposarse, una legua más abajo, lamiendo suavemente las anchas playas de la «Bodega». Una llanura de cuatro leguas, interrumpida por algunos bosques y colinas; pintorescos y de lujosa vegetación, viene desde la derruida ciudad de Mariquita (la tumba del conquistador Quesada), al pie de la cordillera central de los Andes, y termina sobre la orilla izquierda del Magdalena, dominando el áspero raudal que los naturales llaman «el Salto». El primoroso río «Gualí», azul, saltador, espumante como un torrente, y orillado por suntuosas arboledas, limita la llanura por el norte, y corriendo de O. a E. viene a darle su limpio tributo al Magdalena, dividiendo en dos partes la ciudad de «Honda»; en tanto que a 400 metros más arriba una hermosa quebrada desemboca también, cortando la playa del puerto principal Vista de fuera, «Honda» parece una ciudad oriental o morisca, ya par su caprichosa situación y sus edificios de pesada mampostería, ya por el contraste de los colores, los techos, los blancos o negros muros, las formas extravagantes y los balcones y azoteas, ya en fin por los penachos de los altos cocoteros, meciéndose blandamente como para abrigar con su sombra la ciudad, protegiéndola contra los rayos de un Sol abrasador, que brilla en la mitad de un cielo eternamente azul y transparente Honda tiene una población de 5.000 almas, y es el gran puerto de escala del comercio interior de la República. Si en la época de la colonia fue la vía del comercio europeo respecto del Ecuador y el Perú, la independencia de Colombia, el tránsito por el Istmo de Panamá y un espantoso terremoto que la redujo a escombros en junio de 1805, le hicieron perder su primitiva importancia comercial. Hoy no es más que una plaza de tránsito, que empieza a resucitar en medio de los escombros, gracias a la agricultura interior y a las grandes ventajas que le ofrece la navegación del Magdalena.

No he visto jamás una ciudad en donde estén tan bien representadas como en Honda la vida, que se ostenta en el poder de una naturaleza exuberante y espléndida, y de un comercio activo, y la muerte, que parece anidarse en la soledad de las ruinas ennegrecidas por el tiempo. ¡Luchando la una contra la otra sin cesar, no es dudoso a quién tocará la victoria; es a la primera, protegida por la libertad y la industria, representantes del «progreso», que es la síntesis de la vida! La ciudad de Honda es el límite o centro de dos regiones enteramente distintas: hacia el sur y el oriente las admirables comarcas del alto Magdalena; hacia el norte las soledades infinitas, los desiertos ardientes y la monótona uniformidad del bajo Magdalena. Arriba la más espléndida región de la Colombia meridional; un panorama infinitamente variado de llanuras y colinas, de selvas y montañas, de contrastes interminables en las formas, los colores y los recursos de la naturaleza; y toda esa sucesión de valles lacustres y de lujosas serranías, enriquecida por una población activa, numerosa y bastante civilizada, y por las obras de una agricultura progresiva, que se mancomuna con el comercio, la industria pecuaria, las artes y la minería. Allí, en toda esa comarca primorosa, «ardiente paraíso» de Nueva Granada, se ve la vida social, el desarrollo activo, la civilización. De Honda para abajo, siguiendo el curso del Magdalena, la escena cambia enteramente. El río, como para revelar mejor el carácter salvaje de la región que le rodea, se hace más perezoso en su marcha, y lejos de profundizar su cauce, se bifurca en multitud de brazos, se ensancha a veces como un pequeño mar interior, escondiendo sus aguas entre el follaje de las selvas seculares; levanta en su camino un enjambre de islotes pintorescos; y haciéndose más ingrato por la abundancia de sus insectos venenosos, la ferocidad de sus terribles caimanes, la ardentía de sus playas calcinadas por un Sol devorador, y la absoluta soledad de sus vueltas y revueltas, sus ciénagas y barrancos de salvaje tristeza, revela que allí no ha fundado el hombre su poder, que la humanidad no ha tenido todavía valor para entrar en lucha con esa emperatriz de los desiertos que se llama «¡Naturaleza!». Tal es la región que yo debía atravesar, siguiendo la corriente del Magdalena, al darle mi adiós a la tierra natal.

El «Champan» se apartó de la playa, los remos se agitaron al compás de los gritos salvajes de los «bogas», y pocos minutos después, al torcer su curso el Magdalena por entre monstruosos peñascales, se perdieron de vista los últimos penachos de los cocoteros que indicaban el sitio de la «Bodega». El hombre desapareció para ceder el campo exclusivamente a la vegetación. Gigantesca siempre, variada al principio, encantaba donde quiera, presentando las más hermosas vistas sobre los altos peñascos de la orilla, o en los pabellones de lujosa verdura que venían a extender sus flotantes encajes de parásitas y enredaderas sobre la playa misma, a donde sale a calentarse, en lechos de arena calcinada, el temible y monstruoso «caimán», terror de los habitadores de las ondas. Ya se ven bosques enteros de cedros seculares cubriendo con su oscura sombra las quiebras de una ladera trastornada por las conmociones de la naturaleza; ya los grupos de altísimas palmeras forman pabellones donde se columpian bandadas de papagayos primorosos; ya sobre la barranca arcillosa de rojos estratos compuestos de capas desiguales, se levanta un grupo de gigantescas «guaduas» («bambús»), que, entretejidas por mil delgados bejuquillos cubiertos de flores, lanzan sus plumajes flexibles sobre las ondas del río, como abanicos abiertos por el viento, donde una hada de los bosques ha trazado sobre el fondo verde los más caprichosos arabescos y mosaicos. Por todas partes lujo y exuberancia de vegetación, riqueza de contrastes y variedad de formas y colores en la naturaleza; pero ausencia absoluta de población y de cultivo. Si todavía se notan inflexiones en el terreno, es porque no han terminado aún las ramificaciones que las dos cordilleras principales de los Andes —oriental y central— arrojan sobre el Magdalena en diferentes direcciones. Después las serranías desaparecen, las selvas forman horizonte, y el ojo del viajero, fatigado y triste, no ve más que el desierto interminable. A nueve o diez kilómetros de Honda desemboca, sobre la izquierda, un pequeño y clarísimo río, el «Guarinó», después de haber fecundado la más preciosa llanura que puede imaginarse, pampa feraz, de variadas gramíneas y cubierta de inmensos bosques de palmeras de todas clases y de gigantescos «caracolíes», a cuya sombra se pasean en numerosas tribus los zainos y tapiros, perseguidos por el terrible jaguar, mientras que en las altas almenas de los árboles forman innumerables pájaros sus conciertos aéreos y siempre sorprendentes.

Después de cinco horas de navegación, el champan se atracó al costado del vapor «Bogotá», anclado en el puerto de la bodega de «Conejo». El paisaje, visto de lejos, no podía ser más primoroso. Sobre la alta barranca, tapizada de grama verde y suave, en toda su extensión, grupos de chozas rústicas de habitación de bogas y pobres agricultores del desierto; en el centro el inmenso edificio de la Bodega, de techumbre pajiza y de un solo piso, y detrás y en medio de las casas un bosque admirable, en cuyo fondo de un verde de diversas tintas contrastaban la hermosa melena del cocotero sobre el esbelto mástil, las palmas ensortijadas de las guaduas colosales, el redondo follaje del mango y el mamey, y la corpulenta ramazón del cedro y el caracolí, esos soberanos suntuosos de los desiertos selváticos de Colombia. Y al pie de esas ricas arboledas y de esas chozas llenas de colorido local, los grupos animados de viajeros y bogas, tan discordantes y variados, y formando un contraste tan curioso como el que hacían el vapor «Bogotá» y los «champanes» y las casas indígenas. De un lado el lujo de la naturaleza, indomable y grandiosa, perfumada y llena de misterio; del otro el lujo de la civilización, de la ciencia, y la ostentación de la fuerza vencedora del hombre. Allá el hombre primitivo, tosco, brutal, indolente, semi-salvaje y retostado por el Sol tropical, es decir el «boga» colombiano, con toda su insolencia, con su fanatismo estúpido, su cobarde petulancia, su indolencia increíble y su cinismo de lenguaje, hijos más bien de la ignorancia que de la corrupción; y más acá el europeo, activo, inteligente, blanco y elegante, muchas veces rubio, con su mirada penetrante y poética, su lenguaje vibrante y rápido, su elevación de espíritu, sus formas siempre distinguidas. De un lado el pesado «champan», barca «toldada» de palmas secas, de 20 a 50 metros de longitud y dos o tres de anchura —especie de choza flotante—, y montado por multitud de bogas que gritan atrozmente y parecen una legión de salvajes del desierto; o bien la miserable «ramada» indígena, expuesta a la cólera de los vientos, las invasiones de los reptiles y las fieras, o los chubascos de las tempestades de invierno, con un menaje tan extravagante como pobre, y abrigando familias de salvaje fisonomía, fruto del cruzamiento de dos o tres razas diferentes, y para las cuales el cristianismo es una mezcla informe de impiedad e idolatría, la ley un embrollo incomprensible, la civilización una niebla espesa, y lo porvenir como lo presente y lo pasado se confunden en una igual situación de sopor, indolencia y brutalidad! Y al pie de esas barracas que dan amparo a una vida de transición, que se acerca más a la barbarie todavía que al progreso, se levantaban la chimenea, el pabellón y los mástiles y costados pintorescos del vapor «Bogotá» para protestar contra la barbarie, y probar que aún en medio de las soledades y del misterio sublime de una naturaleza imponderable por su fuerza, el hombre va a fundar su soberanía universal, haciendo triunfar en todas partes la fuerza del «espíritu» sobre el poder de la «materia». ¡Qué bien contrastaban en el puerto de «Conejo» la chimenea del vapor, soltando sus bocanadas de humo espeso y arrebatado por al viento de las selvas, con el mástil delgado, altísimo y secular del cocotero, en cuya cima se columpiaba al soplo de ese mismo viento el pabellón de palmas ensortijadas y flexibles! El cocotero, sembrado desde el tiempo de la colonia, seguía vegetando; pero el vapor, hijo de la república e instrumento de la libertad, venía a envolverlo entre sus cortinas de humo, saludándole con los silbidos de la locomotiva.

La noche ofreció una escena admirable, como para aumentar los incidentes del contraste. En el vapor «Bogotá» nos habíamos reunido personas de países muy distintos. El capitán era un bravo genovés, republicano, franco, sencillo y de trato cordial, y entre los pasajeros había no solo unos cuantos granadinos, sino ingleses, franceses y alemanes. La cordialidad se estableció pronto, como sucede siempre en todo viaje, y un irlandés de sesenta y dos años, grande como una torre, alegre como un muchacho, bebedor de primer orden, como era de su deber para honrar su nacionalidad, y burlón y retozón como todos los irlandeses (salvo los que son serios), introdujo un delicioso desorden sobre cubierta. Cantó, bailó solo, tocó violín y tambor (instrumentos que según entiendo no están ligados por una íntima fraternidad), y acabó por comunicarnos a todos su excelente humor. Pocos momentos después la vecina selva resonaba con el ardiente coro de todos los pasajeros cantando (cada cual en el tono en que podio) ya la «Marsellesa», ese himno sublime de guerra y libertad, ya el «God save the Queen» los ingleses, ya las canciones más o menos populares de Nueva Granada, de Alemania y de Irlanda. Una hora después de esos cantos de la civilización, y cuando todos reposábamos en nuestras «hamacas», en medio de las sombras y el silencio, un himno enteramente diferente, salvaje y de una melancolía llena de misterio, de grandeza y de ruda poesía, estalló de repente, sostenido por cincuenta voces roncas y pesadamente acompasadas, en medio de un bosque secular de la vecina playa. El asunto, la entonación, el estilo y el misterio de ese canto venían a contrastar admirablemente con las ardientes canciones que poco antes habían salido de entre los flancos del vapor «Bogotá». Aunque el espectáculo no me era desconocido, no pude resistir a la tentación de contemplarlo de cerca. Así, salté de mi hamaca, convidé a dos amigos y me fui a tierra, tomando la dirección que nos indicaban el canto mismo y una luz rojiza que brillaba entre las sombras espesas de la selva. La playa estaba desierta y ni un solo boga dormía sobre las toldas de los champanes amarrados a un ancla de hierro y algunos gruesos troncos. Después de andar por un trayecto de doscientos metros, por en medio de las arboledas, descubrimos un espectáculo en extremo interesante. Bajo el follaje de un enorme cedro, en una área limpia y arenosa, había una grande hoguera alimentada con troncos gruesos, ramas resinosas y grandes trozos de un ámbar amarillo, subalterno, que abunda mucho en aquellas selvas interminables. La llamarada era espléndida, el perfume riquísimo, y las sombras que proyectaban los árboles hacían juego con la luz de un modo admirable. Al derredor de la hoguera estaban arrodilladas en confusión como cincuenta personas —hombres y mujeres, viejos y muchachos, habitantes del lugar y bogas—, y todos a un tiempo con una voz ronca y acompasada, pero excesivamente expresiva por su acento, cantaban un himno mortuorio!... Era el «novenario» de un vecino que había muerto tres días antes, y cuyo cuerpo estaba sepultado a poca distancia de allí. La canción era un conjunto de oraciones en verso, extravagantes, compuestas por los «bogas» y usadas siempre en todo novenario; y el estribillo, tan incomprensible en su lenguaje como enérgico en su entonación, se componía de una especie de cuarteta de versos de seis sílabas. Tres hombres cantaban primero una «estrofa»; todos respondían con el estribillo, y luego tres mujeres cantaban otra, y así sucesivamente. Confieso que en aquella escena salvaje, pero llena del encanto de la fe y la piedad, encontré más poesía y más religión que en los cantos del vapor «Bogotá». La entonación era profunda y sombría, solemne a pesar de su rústica armonía, y yo encontraba en esa escena una grande impresión y una enseñanza. La poesía es sin disputa la más sublime de las manifestaciones del alma en sus relaciones con Dios, el hombre y la naturaleza.

El 2 de febrero el vapor «Bogotá» recogió su ancla, lanzó su silbido matinal, semejante al grito del salvaje, y sacudiendo con sus alas de hierro las turbias ondas del Magdalena, se deslizó rápidamente por entre los verdes y tupidos pabellones de las selvas, dejando marcada su brillante estela en las flotantes espumas que iluminaba el Sol de la mañana ¡Qué impresión tan profunda experimenta el corazón del patriota, soñador del progreso, cuando por primera vez se confía, como viajero, a esa segunda providencia, a ese espíritu invisible de la humanidad, transfundido en el poder dé la mecánica, que se llama el vapor! La onda se humilla, corriendo fugitiva, ante ese conquistador que la surca sin temerla y la azota con las ruedas de su carro triunfal; el monstruo de las aguas busca sus grutas escondidas en el abismo, comprendiendo que el imperio del elemento líquido le pertenece a un ser infinitamente superior; y el huracán, ese Júpiter sin forma, de aliento destructor, que impera sobre las soledades del páramo, de la selva, del arenal y del océano, parece amansarse en presencia de ese viajero que opone a las conmociones supremas de la creación la fuerza misteriosa de la ciencia triunfante. ¡El «Vapor«! ¡Ah, qué espectáculo para un hombre de fe! Esa maravilla resumía para mí todos los progresos y la gloria del hombre, toda la divinidad de este ser que, hecho a semejanza moral de Dios, lleva en su mente los atributos inmortales del alma inteligente y pensadora. Cada rueda, cada cilindro, cada miembro de la máquina del «Bogotá» me parecía la imagen de cada uno de los músculos y los órganos vitales del hombre. Allí estaba concretada toda la historia de la humanidad, porque esa máquina animada por el hombre era el movimiento, la fuerza, la tenacidad, el genio, la fe, la vida, el espíritu, la luz, la civilización, el progreso indefinido y eterno. Mi alma se sintió dominada por un recogimiento profundo. Sentado sobre el puente de proa, al lado de los timoneros, contemplé con inmenso placer el cielo transparente y azul, las altas serranías de los Andes, las selvas, el río y cuanto formaba el panorama; y desde el fondo de mi corazón agradecido, bendecía todas las revoluciones, los heroicos esfuerzos y la abnegación de los hombres y los pueblos que, dando su sangre a lo pasado, le han conquistado a la posteridad los progresos de la época actual y del porvenir.

Hasta el puerto de «Nare» todo es variado y pintoresco, de «Conejo» para abajo. La vecindad de las serranías permite las inflexiones del terreno, y tan presto se sorprende el viajero con la vista de los bosques gigantescos o las pequeñas llanuras que terminan en el río, como admira la lujosa vegetación intermediaria; los altos rocas de arenisca petrificada; las sombrías bocas del «Tigrito» y otros riachuelos cuyo cauce parece una interminable gruta de verdura; las ondas azules y abundantes de los ríos «Negro» y «La Miel», que sostienen a una y otra margen la cinta turquí de su corriente, sin mezclarse con el Magdalena al principio; el pintoresco caserío de «Buena Vista», situado sobre una barranca y rodeado por la alta muralla de un bosque secular, sobre cuyo fondo oscuro se dibujan los mástiles de los cocoteros y el blanco muro de la capilla parroquial; y mil otros objetos que contribuyen a darle al paisaje variedad y encanto. Poco más arriba de Nare la monotonía empieza, y los bosques interminables de «guarumos», árbol de color gris claro que parece un fantasma en esqueleto, le dan a las orillas un aspecto de tristeza y esterilidad. El Sol quema como una brasa, el calor, de 36 grados, es sofocante, y la desolación de la naturaleza comienza. Nare es un distrito de miserable población y aspecto insalubre, y que, salvo dos o tres familias, no contiene sino bogas y gente de la raza indo-africana. Sin embargo, es un punto muy importante para el comercio interior, de escala para el Estado de Antioquía, y su lindo río cercano, de bastante caudal, es navegado por champanes y canoas hasta siete leguas arriba de su embocadura. En Nare se engrosó el número de los pasajeros con un robusto escocés, explotador de minas, un dentista, que forzosamente resultó ser yankee, y un antioqueño que, tan luego como entró al vapor, promovió una «rifa», y empezó sus especulaciones. Los antioqueños, descendientes en su mayor parte de una expedición de judíos de la época de Felipe III, son los israelitas de la Nueva Granada, en punto a negocios y viajes, aunque en materia de destapar y vaciar botellas son esencialmente ingleses. Una legua abajo de Nare está la famosa «Angostura», terror de los navegantes, y al salir de ella comienza la región de las islas de primorosa vegetación, cada vez más numerosas, porque el Magdalena, ensanchándose mucho sobre un terreno de bajo nivel y anegadizo, interminable como llanura selvática, disemina sus aguas en todas direcciones. Por lo demás, la naturaleza pierde toda su variedad; la vegetación, sujeta a las inundaciones, aparece esqueletada, descolorida y áspera, y las serranías se pierden de vista enteramente. Ya no queda allí sino el desierto inmenso, abrasado y sin majestad ni belleza. El 3 de febrero ¡qué de impresiones agradables, de sorpresas, y de plaga y fatigas! Primero el encuentro del hermoso Vapor «Antioquía», que subía de Barranquilla, ligero, pintado de colores vivos, como un gran pájaro rozando apenas las ondas del Magdalena. Y allí de los gritos de alegría, los saludos ruidosos entre los pasajeros de uno y otro vapor, los silbidos galantes de las válvulas de las locomotivas, y las burlas recíprocas de los marineros, picantes y originales en extremo. El vapor «Antioquía» llevaba un fuerte cargamento de senadores y representantes, sin duda no-«asegurados», y por lo mismo su viaje era doblemente interesante. Después, el hermoso río «Carare», desembocando a la derecha, profundo, azul, con una vegetación fresca y espléndida, navegable por vapor, y sirviendo ya de vía de comunicación directa entre el Magdalena y los pueblos de la antigua provincia de Vélez, es decir de parte de los Estados de Santander y Boyacá. Ese río tiene muy bello porvenir, y no muy tarde el comercio granadino le dará toda la importancia que merece. Abajo del Carare aparece el «Opon», río bellísimo también, cuyas arenas cuajadas de oro sirven de lecho a una corriente mansa, profunda y cristalina. ¡Y qué de recuerdos al ver la embocadura de ese río! Fue por allí que Gonzalo Jiménez de Quesada, conquistador del Nuevo Reino de Granada, penetró en 1536, dominando tan supremas dificultades e increíbles peligros, que la historia, para ser justa, debe considerar esa expedición como la más heroica, la más extraordinaria que jamás conquistador alguno haya conducido y consumado.

Si los territorios de Yélez y Socorro envían al Magdalena su bello contingente en las aguas de los ríos Carare y Opon, ambos navegables y riquísimos, las tierras altas de Tunja y Pamplona contribuyen con su abundante río de «Sogamoso» o «Colorada», que desemboca cerca del nuevo puerto de «Barranca bermeja». Allí, sumamente enriquecido el Magdalena con el caudal de tan hermosos ríos, toma proporciones grandiosas que lo hacen imponente; mientras que las preciosas islas que surgen de trecho en trecho, una de ellas muy considerable (la de «Morales»), le dan al paisaje, admirablemente iluminado, una increíble semejanza con el bajo Danubio, a juzgar por la parte que he navegado. Abajo del Sogamoso el Estado de Antioquía contribuye (además de los ríos «La Miel» y «Nare») con el romántico y hermosísimo río de la «Cimitarra», que recuerda las eternas tempestades que reinan sobre los cerros minerales de una cordillera del mismo nombre que separa la región antioqueña de las de Simití y Majagual. Los bogas tienen mil extravagantes preocupaciones sobre ese escondido río de lecho de oro en polvo y arboledas sombrías e impenetrables, y cuentan muchas leyendas, haciendo la señal de la cruz, sobre los buscadores del peligroso metal que, habiendo ido al interior por el curso del río, no han vuelto a parecer más en Mompos. Los habitantes de San Pablo, pueblo situado a poca distancia de la confluencia del «Cimitarra», hacen responsable al «Mohán» o «Huan», divinidad terrible de las grutas y de los grandes pozos de los ríos, de las fechorías cometidas por los jaguares, las serpientes y los zainos en perjuicio de los imprudentes buscadores de oro. Sin embargo, debo declarar que el tal «Mohan» no me parece un personaje tan absurdo como se cree, si se observa que en resumidas cuentas es el «Diablo», pero un diablo poético, altamente romántico, y por lo mismo superior, bajo el punto de vista artístico y espiritual, al prosaico y vulgarísimo diablo en que nos manda creer la santa madre Iglesia «San Pablo» (y de paso diré que de ahí para abajo casi todos los pueblos están santificados por un nombre), es un pueblecito gracioso, muy pobre y humilde, pero de un colorido local pintoresco. En primer término está la barranca rojiza que domina al Magdalena, salpicada de barracas de pescadores, de las más extrañas formas; después el caserío, compuesto de dos calles rectas, con cuarenta o cincuenta casitas de paja muy blanqueadas, todas separadas y a la sombra de una multitud de cocoteros, mangos y naranjos; detrás de la faja gris oscura de la selva tupida, y en último término las lejanas serranías occidentales que separan al Estado de Antioquía del inmenso valle del Magdalena. El vapor se varó en frente de San Pablo, porque el verano había disminuido mucho el caudal de las aguas, y allí tuvo nuestro amable irlandés la ocasión de poner aprueba sus sesenta años. El ancla fue arrojada a 50 metros de distancia, y todo el mundo, por gozar de las emociones del trabajo, fue a mezclarse con los marineros para darle vuelta al torno de proa y hacer salir el buque del banco de arena que lo rodeaba. La noche nos sorprendió jadeantes, empapados en sudor, pero alegres y triunfantes después de dos horas de esfuerzos; y a poco rato el canto melancólico de todos los marineros, hiriendo el eco de las selvas, nos dio una nueva impresión. A las diez de la noche el puente del vapor tenía un aspecto singular. Cada lecho estaba cubierto con un toldo para defenderse cada cual de los terribles «zancudos» o mosquitos, y la apariencia general era como de un hospital de campaña, un campamento o un cementerio flotante. El irlandés, que después de trabajar como un Sansón había tenido la previsión de beber como una bomba, dormía cerca de mí, y roncaba con la terrible majestad de las tormentas andinas. Entretanto, el búho solitario de la playa vecina respondía con su canto lúgubre al bramido lejano del jaguar errando entre las asperezas de la selva.

Capítulo II. El Bajo Magdalena
Las riberas del gran río. «Puerto nacional.» La aldea de Regidor. Una danza de zambos. La semi-barbarie de la raza africana. Los desiertos. Los huertos de «Margarita». Mompos. La confluencia del Canoa. Calamar

El tercer día de navegación debía ser más fecundo en escenas de todo género. El primer objeto curioso fue un grande escombro sobre una playa desierta: era la masa informe del vapor «Magdalena» (el primero de la tercera época en que el río ha sido navegado por vapores), cuyo casco yacía abandonado como inútil. Al ver ese cadáver de hierro y madera, comparado con los vapores actuales, se comprende y admira la perseverancia con que, a despecho de muchos contratiempos, el espíritu de progreso sigue su marcha, luchando con la naturaleza y acabando por vencerla siempre. Mucho más arriba había visto también los restos del espléndido vapor «Manzanares», volado en 1854; y en otros puntos del río se pueden ver los del «Honda», el «Henry Wells» y el «Calamar», sacrificados también en los primeros ensayos. Al cabo la navegación por vapor se ha regularizado, el río es surcado por ocho o diez bellos vapores, en la parte baja, y ya se acaba de establecer uno pequeño en el alto Magdalena. El progreso triunfará. Como para hacer contraste, dos horas después encontramos el lindo vapor «Patrono», que subía con rapidez, saludándonos con alegría sus pasajeros y tripulación. Enseguida un verdadero panorama de aldeas en hilera, sobre las márgenes del río, fue presentándose a la vista, rodeado del paisaje más vasto y encantador, sin alteración hasta el puerto de la bella ciudad de Mompos. La llanura era inmensa y todos sus objetos brillaban a la luz de un Sol abrasador en medio del cielo más puro y transparente. Al occidente se destacaba la cordillera de Simití como una cinta celeste, hundiendo sus cimas entre las blancas nubes; mientras que al oriente, a inmensa distancia, se dibujaban como aéreos palacios las cumbres de color vago y confuso de la rama de la cordillera oriental que separa a las comarcas de Ocaña del norte de Nueva Granada. Vi primero el «pueblo» de «Badillo», miserable como casi todos los de las orillas del bajo Magdalena; después el caserío lamentable de «Las Pailas», donde el Sol devora y las serpientes abundan como las hormigas; más abajo la Bodega del vecino distrito de «Puerto nacional», el sitio más ardiente de todo el Magdalena, y por último, para completar el cuadro del día, la aldea de «Regidor», donde nos esperaba una singular escena de costumbres nacionales y de contrastes en extremo románticos. Y en el intermedio... ¡qué de bellezas para llamar la atención, estableciendo el colorido local! A cada paso islas tan primorosas, tan pintorescas que, salvo el calor y las plagas, hacían pensar en los archipiélagos del Mediterráneo; hileras interminables de sauces llorones, bordando las playas del río y los suaves declives de las islas; caños oscuros, sombríos, saliendo misteriosamente de entre la selva y trayendo sus aguas sin corriente de las lagunas lejanas, donde moran la fiebre, las fieras y las serpientes venenosas y enormes a la sombra de una vegetación exuberante y bravía; playas reverberantes, cuajadas de «caimanes» durmiendo bajo el ala de un viento abrasado, en cuyas orillas se amontonan las garzas de lindísimos colores, o vaga el grullón persiguiendo a los peces descuidados, y en cuyas arenas quemadoras se dan a veces sus terribles combates el jaguar, tirano de la selva, y el monstruoso dragón de los ríos colombianos. Bandadas increíblemente numerosas de papagayos de todas clases pasan atronando con su áspera gritería, que parece el eco de la voz del salvaje; y al través de una vegetación incomparable que constituye el fondo del inmenso cuadro, se desliza el Vapor, lanzando de tiempo en tiempo sus silbidos agudos y prolongados, cuyo eco repercuten las selvas y produce una sensación indefinible de miedo y admiración al mismo tiempo. En ese trayecto el río «Lebrija», semejante al «Sogamoso», desemboca en la margen derecha, después de haber surcado una extensa región del Estado de Santander. Puede calcularse que el caudal de aguas que los cuatro principales afluentes del Norte («Carare, Opon, Sogarnoso» y «Lebrija») le dan al Magdalena, equivale al que este río recoge de todo el Estado de Cundinamarca. Así, después de recibir esos contingentes, arriba de «Puerto nacional», el Magdalena tiene en algunos puntos hasta 800 metros de anchura, sin haberse engrosado aún con las aguas del «Cesar o Cesari» y el «Cauca». En Puerto nacional y Regidor los cuadros característicos me parecieron curiosos en sumo grado. El primero de esos lugares es el puerto por donde gira la correspondencia entre el bajo Magdalena y los Estados del Norte de la República, y es también el punto por donde los pueblos de Ocaña exportan su producción de café, azúcar, tabaco, suelas, «taguas» (marfil vegetal), oro, palos de tinte, anís y algunos otros artículos de consumo interior y exterior. Cuando los vapores llegan a la «Bodega» de Puerto nacional, a tomar la correspondencia y los cargamentos de frutos, los habitantes del pueblo, que está dentro de la selva a la margen de un caño afluente del Magdalena, bajan en procesión, ofreciendo el cuadro más interesante y bullicioso. Todo el mundo trae alguna fruslería que vender, a los pasajeros —conservas, frutas, cigarros, etc.—, y los chicos que vienen por curiosidad, ya que no entran en la vendimia, gritan alegremente como papagayos salvajes ¡Qué de figuras y pormenores extravagantes en la turba semi-africana que nos invadía! Diez o doce mujeres, zambitas y zambazas, o viejas requemadas, todas alegres, con alpargata suelta por calzado, un pañuelo de cuadros escandalosos atado a la cabeza en forma de gorro o turbante, y un camisón flaco y desairado, de zaraza o muselina burda, con el gracioso arete de oro o tumbago en la oreja, hicieron irrupción por todas las escaleras del vapor, seguidas de veinte muchachos y mocetones, rollizos y tostados por el calor tropical. En breve se dispersaron por los salones y camarotes, movidos por la curiosidad, y fueron a sentarse en medio de las señoras y los caballeros de a bordo para entablar conversación con una familiaridad encantadora. En todas se notaban las bellas trenzas de cabello negro y abundante, a veces crespo, el labio grueso y voluptuoso, la nariz abierta y palpitante, el ojo negro y ardiente, el color pardo oscuro, la voz agitada, estentórea, libre como el soplo del viento, la risa franca y picante, el andar provocativo, con un dejo lleno de coquetería, y el carácter sencillo, hospitalario y lleno de cordialidad. Toda esa gente me pareció formar una raza enérgica, de excelentes instintos y capaz de ser un pueblo estimable y progresista con solo darle el impulso de la educación, la industria y las buenas instituciones. Y la turba de vendedores dispersa sobre la barranca del puerto a la sombra de algunos árboles, no era menos simpática y curiosa. Este, sentado entre una barricada de melones y sandías, parecía una figura chinesca, y atraía con sus galantes invitaciones; aquel, como un mostrador ambulante, llevaba sobre la cabeza una enorme artesa o canasta de mimbres, donde bailaban a cada movimiento los panecillos de azúcar ocañera, las cajetillas de suculento «ariquipe», los atados de cigarros y los olorosos panes de maíz; y el de más acá o más allá se pavoneaba con una torre de «avisperos» de papelón, de tortas de «cazabe» y de otras muchas golosinas que son el regalo de los viajeros de menor cuantía y los navegantes. Allá un boga voluntarioso, de cuerpo espigado y ágil, le echaba chicoleos de champan a una moza de mirada un tanto pecaminosa, recibiendo en cambio un coscorrón por vía de agasajo. Aquí el viejo patrón de bote, con ínfulas de personaje, se daba sus aires en medio de la turba, apoyado en un remo o «canalete», y acariciando el ancho arete pendiente de su oreja derecha; mientras que un marinero del vapor, como perteneciente a la aristocracia de los navegantes, le dispensaba su mirada de altiva protección a algún boga plebeyo, diciéndole al pasar: «¡Jé tú por aquí, Peiro!». Al cabo el vapor lanzó su prolongado silbido; nuestro irlandés declaró que era llegado el momento solemne de la vida, («To drink and drink! or not to be, that is the question«!). Las copas se llenaron, el puerto se perdió de vista; y al esconder el Sol su disco de fuego fuimos a atracar al pie de la alta barranca de la aldea de Regidor, donde a un paisaje infinitamente bello debía combinarse el cuadro de costumbres más típico que era posible encontrar.

La aldea se compone de unas veinticinco o treinta chozas miserables, diseminadas sin orden alguno sobre el plano arenoso de una vega circundada de altísimos bosques, y en toda el área del pobre caserío multitud de palmas de cocotero hacen flotar al viento sus rizados plumajes. A las ocho de la noche el ruido de los tamboriles cónicos y las flautas o «gaitas» peculiares a los bogas y sus familias semi-salvajes, hirió nuestros oídos anunciándonos una ardiente sesión de «currulao».

El «currulao» es la danza típica que resume al boga y su familia, que revela toda la energía brutal del negro y el zambo de las costas septentrionales de Nueva Granada. Así, todo el mundo quiso contemplar la escena y, excepto las señoras, cuyos ojos no eran adecuados para ver esa danza extravagante, saltamos todos a tierra en dirección a la «plaza» de la aldea. El espectáculo no podía ser más singular. Había un ancho espacio, perfectamente limpio, rodeado de barracas, barbacoas de secar pescado, altos cocoteros y arbustos diferentes. En el centro había una grande hoguera alimentada con palmas secas, al rededor de la cual se agitaba la rueda de danzantes, y otra de espectadores, danzantes a su turno, mucho más numerosa, cerraba a ocho metros de distancia el gran círculo. Allí se confundían hombres y mujeres, viejos y muchachos, y en un punto de esa segunda rueda se encontraba la tremenda «orquesta». Difícil, muy difícil sería la descripción de esas fisonomías toscas y uniformes, de esas figuras que aprecian sombras o fantasmas de un delirio, cuando se movían, o troncos desnudos de un bosque devorado por las llamas, ennegrecidos y ásperos, si permanecían inmóviles.

La luz rojiza de la hoguera, extendiéndose sobre un fondo oscuro, aumentaba el romanticismo de la escena, porque el bosque vecino aparecía como una inmensa caverna, y las sombras de los danzantes, músicos y espectadores, así como las de los mástiles y las copas de los cocoteros, se proyectaban en perspectiva de un modo singular. Ocho parejas bailaban al compás del son ruidoso, monótono, incesante, de la «gaita» (pequeña flauta de sonidos muy agudos y con solo siete agujeros) y del «tamboril», instrumento cónico, semejante a un pan de azúcar, muy estrecho, que produce un ruido profundo como el eco de un cerro y se toca con las manos a fuerza de redobles continuos. La «carraca» (caña de chonta, acanalada transversalmente, y cuyo ruido se produce frotándola a compás con un pequeño hueso delgado); el «triángulo» de fierro, que es conocido, y el «chucho o alfandoque» (caña cilíndrica y hueca, dentro de la cual se agitan multitud de pepas que, a los sacudones del «artista», producen un ruido sordo y áspero como el del hervor de una cascada), se mezclaban rarísimamente al «concierto». Esos instrumentos eran más bien de lujo, porque el «currulao» de «raza pura» no reconoce sino la «gaita», el «tamboril» y la «curruspa».

Las ocho parejas, formadas como escuadrón en columna, iban dando la vuelta a la hoguera, cogidos de una mano, hombre y mujer, sin sombrero, llevando cada cual dos velas encendidas en la otra mano, y siguiendo todos el compás con los pies, los brazos y todo el cuerpo, con movimientos de una voluptuosidad, de una lubricidad cínica cuya descripción ni quiero ni debo hacer. Y esas gentes incansables, impasibles en sus fisonomías, indiferentes a todo, bailaban y daban vueltas y vueltas con la mecánica uniformidad de la rueda de una máquina. Era un círculo eterno, un movimiento sin variación, como la caída del torrente, como el caliente remolino de fuego o de arena que se fija en un punto, en medio de un bosque incendiado o en la mitad de una playa azotada por el huracán. La incansable tenacidad de los danzantes correspondía a la de los músicos; y a pesar de emociones tan ardientes al parecer, ni un grito, ni un acento lírico, ni una sola palabra pronunciada en alto interrumpía el silencio extraño de la escena.

Es tal la resistencia habitual o el tesón con que esa gente se entrega al «currulao» que algunas veces duran hasta dos horas tocando o bailando, sin descansar un minuto. Aquella danza es una singular paradoja: es la inmovilidad en el movimiento. El entusiasmo falta, y en vez de toda poesía, de todo arte, de toda emoción dulce, profunda, nueva, sorprendente, no se ve en toda la escena sino el instinto maquinal de la carne, el poder del hábito dominando la materia, pero jamás el corazón ni el alma de aquellos salvajes de la civilización. Ninguno de ellos goza bailando, porque la danza es una ocupación necesaria como cualquiera otra. De ahí la extraña monotonía del espectáculo. Aunque ninguno se rinde, de tiempo en tiempo un hombre o una mujer sale del círculo de espectadores, le quita las velas a uno de los danzantes, le reemplaza sin ceremonia, y el que deja el puesto va a colocarse en la gran rueda, impasible como un tronco, sin revelar cansancio, ni placer, ni pena, ni celos, ni amor, ni emoción alguna. El cambio se hace como si al reedificar un muro se quitase una piedra para poner otra en su lugar. La vida para esas gentes no es ni un trabajo espiritual, ni una peregrinación social, ni siquiera una cadena de deleites y dolores físicos: es simplemente una vegetación, una manera de ser puramente mecánica. Nacido bajo un Sol abrasador, en un terreno húmedo, inmenso y solitario, y contando con una naturaleza exuberante que lo da todo con profusión y de balde, y que, exagerando el desarrollo físico de los órganos, debilita sus funciones y degrada su parte moral, el boga, descendiente de África, e hijo del cruzamiento de razas envilecidas por la tiranía, no tiene casi de la humanidad sino la forma exterior y las necesidades y fuerzas primitivas. Si el «indio» puro de las altiplanicies andinas es, a pesar de su ignorancia, dulce y humilde, y la «astucia» constituye su fuerza moral; si el «llanero» de las pampas granadinas, criado en las soledades y en medio de los peligros, pero rodeado de un horizonte infinito, es no obstante su barbarie un ser eminentemente heroico, poético en sus instintos, galante, cantor, espiritualmente fanfarrón, crédulo y generoso, el «boga» del bajo Magdalena no es más que un bruto que habla un malísimo lenguaje, siempre impúdico, carnal, insolente, ladrón y cobarde. La raza parda, pero cultivadora o comerciante, que habita las vegas vecinas a Ocaña o las ciudades de Mompos, Barranquilla, Cartagena y Santa Marta, se ha civilizado con el trabajo social y la vida comunicativa, y será no muy tarde una población vigorosa y de excelentes cualidades. Pero la familia del «boga», que vive de pescado, en el sopor, la inercia y la corrupción, no podrá regenerarse sino después de muchos años de un trabajo civilizador, ejercido por la agricultura y el comercio invadiendo todas las selvas y las soledades del bajo Magdalena. La civilización no reinará en esas comarcas sino el día que haya desaparecido el «currulao», que es la horrible síntesis de la barbarie actual.

Si la idea fundamental del romanticismo literario está en la libertad de exposición de los contrastes, que en la naturaleza física se manifiesta en las aparentes contradicciones de los cuadros que la creación destaca en diversos puntos para constituir en su conjunto la gran síntesis de la armonía, nada más romántico que el contraste de escenas de vegetación y de estructura geológica que se encuentra al descender el Magdalena desde «Regidor» hasta «Mompos». Hasta un poco más abajo del brazo o canal de «Loba» la desolación es completa y su espectáculo aflige profundamente el corazón del viajero. A juzgar por las relaciones de los viajeros del Asia, se cree uno transportado al fondo de sus interminables desiertos, descendiendo el Eufrates y oprimido por la majestad de una soledad asombrosa. Parece que el hombre hubiera huido de aquellos desiertos del bajo Magdalena, como de una tierra maldita, donde el Sol devora, el suelo es un arenal inmenso más o menos poblado de árboles medio desnudos. La brisa falta enteramente; el cuervo y la garza pescadora, esos huéspedes del desierto, aparecen solos; los caimanes, reproduciéndose increíblemente, forman como palizadas sobre las quemantes playas, y el bosque no produce sino emanaciones de muerte en lugar de perfumes. Allí no existe casi la vida, que es el movimiento reproductor del bien. El huracán reina solo, y su soplo abrasado parece contener todo el fuego de un infierno desconocido que existe entre los arenales, las rocas escarpadas, las ciénagas pestilentes y los escombros de las selvas calcinadas. Ese trayecto de desolación es largo y abraza más de treinta leguas, sin más interrupciones que distraigan un momento al viajero que la vista del «Peñón», pueblo miserable de la antigua provincia de Mompos, situado sobre una barranca desnuda a la margen izquierda del río; del «Banco», pueblecito muy pobre también, pero de alguna importancia comercial por sus relaciones con algunas poblaciones interiores, situado a la derecha, cerca de la confluencia del profundo y bellísimo río «Cesar» o «Cesari»; y del canal de «Loba» que, disminuyendo en más de la mitad las aguas del Magdalena, va a engrosar las del Cauca para volver luego a su propio caudal. El «Banco» pertenece, como todos los pueblos de la margen derecha, al Estado del «Magdalena», separado del de «Bolívar» por el gran río. El «Cesar», tan importante en la historia de la conquista verificada por Jiménez de Quesada, es un río de cauce profundo, perfectamente navegable, que, corriendo en sentido casi opuesto, al Magdalena, viene a traerle los tintes, las maderas y otros artículos de exportación recogidos en las montañas que dominan a Riohacha y Santa Marta (del lado occidental) y en las extensas selvas y llanuras de «Chiriguaná» y «Valle Dupar». El día que ese excelente río sea navegado por vapor, como el Magdalena, se desarrollará un gran progreso industrial en esas comarcas de asombrosa fertilidad y riqueza. No hay un tinte estimable, una madera exquisita, un metal o un producto de los trópicos que no pueda obtenerse allí para llevarlo por el Cesar y el Magdalena al consumo del mundo comercial. El canal de «Loba», que arranca más abajo en dirección N. O., disminuye inmensamente las aguas del cauce principal, y hace aparecer la grande isla de Mompos y Margarita, el huerto perfumado del bajo Magdalena. La navegación se hace muy difícil para los vapores en el canal principal, y se reconoce allí la urgente necesidad de una obra de canalización que mejore la suerte del comercio. La naturaleza misma parece estar indicando el medio infalible aunque un poco lento, pero nada costoso, de encaminar las aguas convenientemente. Esa vegetación exuberante que se reproduce entre las aguas y el limo con tanto vigor y prontitud; las grandes crecientes periódicamente infalibles del río, y la movilidad de sus arenas, favorecen la aplicación del sistema de canalización del Danubio, perfectamente semejante al Magdalena, donde todo el trabajo se reduce a establecer fajinas o barricadas vegetales, que las aguas, los depósitos sucesivos de limo y la acción incesante del tiempo convierten en verdaderas murallas de canalización. En Colombia, donde todo es tan vigoroso y los recursos faltan para emprender obras costosas, debería estudiarse más atentamente el trabajo de la naturaleza, para imitarlo en los estudios hidrográficos. La «hidráulica natural» puede ser en Colombia la mejor canalizadora. En el sitio pintoresco de la «Ribona» empieza un panorama de verdura incomparable que, continuándose en los caseríos o parajes de «doña Juana, Sandoval, Margarita y San Fernando», termina en la ciudad de Mompos y sus cercanías. El encanto de aquellos paisajes, de aquella vegetación, de aquellos cuadros naturales y de costumbres, es imponderable. Aquello es un paraíso, es un oasis de verdura suntuosa, de perfumes y brisas deliciosas, de vida dulce y tranquila, de suprema hermosura, y de un colorido tan colombiano, tan nacional, que deja en el corazón del viajero la más honda sensación de placer. Figúrese el lector un huerto de tres leguas de extensión, tendido como un manto de verdura sobre la margen de un río gigantesco, y tendrá todavía una idea muy inferior a la realidad. Ese trayecto valdría en Europa millones y millones de francos o florines. En Colombia... no vale nada: es un tesoro de cuya posesión nadie se apercibe, porque sus riquezas se ven por todas partes, casi sin necesidad de cultivar la tierra. Aunque en una y otra margen del río se observa la misma fecundidad en la tierra, el mismo lujo en la vegetación, abundancia de ganados que bajan de las llanuras vecinas, riqueza de formas en los sauces y las altas gramíneas, etc., etc., la orilla izquierda, más cultivada y poblada, llama de preferencia la atención del viajero. El terreno es una angosta y larguísima vega toda cultivada y cuyo suelo casi no calienta el Sol, según es de tupido el follaje del bosque interminable que lo cubre. Todo aquello es dulcemente sombrío, y el viajero que pasa como una exhalación en alas del vapor, se imagina ver la isla de Calipso, con su primavera eterna, o un huerto aéreo que la mano de una hada misteriosa va mostrando tras del lente mágico, cual un cosmorama inasible y movedizo ¡Qué bosque aquel! De trecho en trecho se suele ver una pequeña plantación de caña de azúcar, o un verde platanar que exhala el perfume de sus racimos cuajados de miel, cayendo sobre los vástagos desnudos como cintillos de topacio bajo una bóveda de esmeralda. Pero esas plantaciones apenas interrumpen ligeramente la selva interminable de naranjos, limoneros, mangos, árboles de mamey, de zapote, de níspero, de mil frutas deliciosas, sobre cuyas capas iguales, suntuosas, de verdes diferentes, pobladas de frutas, de sombra y de perfumes, se destacan los mástiles y los penachos de los cocoteros, como las velas y el arbolaje de una barca sobre las verdes ondas de una bahía tranquila, suavemente rizadas apenas por el soplo de las brisas de la tarde. Allí, bajo esos pabellones, la luz se amortigua, la paz reina como en un jardín, los racimos flotantes de naranjas provocan, los pájaros cantan como en una mansión de amor, y la naturaleza, idealizada, parece evaporarse en perfumes y colores como si un voluptuoso deleite la mantuviese magnetizada y feliz... A la sombra de esas cúpulas de verdura vive una población sencilla, pacífica y honrada, cuya fecundidad parece ser el resultado de la influencia que ejerce la vegetación. Por todas partes se ven casitas pintorescas y blanqueadas, destacándose en perspectiva detrás de las bóvedas y grutas aéreas de los árboles, o ramadas de «trapiches», despidiendo su sabroso olor de miel; y mientras las mujeres hilan, hacen bordados o tejidos, o fabrican «petaquillas», canastos y esteras de graciosos colores, los chicos juegan y saltan en grupos caprichosos a la sombra de los árboles, sobre un suelo limpio y parejo, o trepan como ardillas a perderse entre el follaje de los mangos y naranjos. Entre tanto, la escena es bien curiosa en el primer término del paisaje. La alta barranca que cae sobre el río, tiene talladas de trecho en trecho multitud de escaleras que dan sobre los pequeños puertos, en forma de caracol o perpendicularmente; y en el muro de la barranca se ven las aberturas o bocas de muchos hornos subterráneos, ingeniosamente preparados para cocer el pan de maíz llamado «almojábana», o el de yuca, que tiene el nombre de «cazabe». Y al pie brincan, agitadas por el oleaje que produce el paso del vapor, multitud de pequeñas canoas destinadas a llevar a Mompos los cargamentos de frutas y mantener la comunicación entre las dos márgenes del río. Los grupos de la orilla no son menos interesantes, ya por las maniobras de los bogas y sus vestidos singulares, ya por la ruidosa algazara que levantan saludando a la tripulación del vapor que pasa rápidamente a la vista de esos pacíficos moradores de un huerto secular.

Mompos es una ciudad interesante en todos sentidos. Su amplísimo puerto contiene siempre multitud de embarcaciones indígenas, y sus albarradas, sus corpulentas ceibas, el contraste de sus construcciones dominando la playa, y sus ricas arboledas de frutales, le dan un aspecto tan pintoresco que provoca al viajero a visitar el interior. Situada la ciudad en un terreno bajo y arenoso, sin el amparo de montañas que la dominen, la brisa falta enteramente, sus arboledas se mantienen inmobles y el calor es tan sofocante (40 gr. cent.) que casi suspende la respiración.

La población está dividida en dos barrios: el de arriba, llamado «Susúa», que es todo de casas de paja, pero mantenidas con aseo y mucha gracia; y el de abajo, compuesto de dos largas calles muy bonitas, cortadas en ángulos rectos, a cordel, y totalmente formadas por fuertes edificios de mampostería. El primero es habitado por las clases trabajadoras, todas de color, de cuyo seno sale el impermeable y sufrido boga del bajo Magdalena; gente alegre, jovial, alborotadora, libre en sus costumbres, robusta y varonil, y que a pesar de sus defectos de educación es honrada y leal, ama la patria con entusiasmo y se bate por ella con bravura, esgrimiendo el afamado sable de acero del «Real de la Cruz», población de la antigua provincia de Ocaña. Es de esa raza vigorosa y altiva que han salido tantos valientes, de los vencedores en «Tenerife» y «Barbacoas», en la época de la independencia, y más tarde tan temibles combatientes en las desgraciadas contiendas civiles del Magdalena. El otro barrio es el asilo de las clases acomodadas, gentes que, pasados los momentos de contiendas, son estimables por su carácter generoso y franco y su hospitalidad para con el viajero. Mompos es la ciudad que resume por excelencia el contraste de la conquista o la civilización española con la antigua situación indígena. Si la parte de arriba es esencialmente nacional o colombiana, la de abajo es, por su estructura, enteramente española. Una arquitectura pesada y de estupenda solidez, multitud de hermosas iglesias que son mediocres monumentos, calles anchas, rectas y sin pavimento, muros pintados de amarillo y rojo, puertas arqueadas, galerías de columnas prodigadas, inmensos salones, altas celosías de hierro en todas las ventanas, muebles colosales y pesados para el menaje interior, bellas arboledas de frutales en todos los patios, y mil pormenores en extremo curiosos, le dan a Mompos el aire de una ciudad hispano-morisca, que tiene el sello de la conquista ibérica. Pero Mompos no es solo una ciudad graciosa y pintoresca. Es también un depósito o puerto de escala importantísimo, que hace juego con las plazas mercantiles del interior, Honda y Medellín, con la exportación agrícola de Ocaña y Valle Dupar, con las ferias comerciales de los pueblos del bajo Cauca y Magdalena, y con las ciudades de Cartagena, Barranquilla y Santa Marta, por las cuales las ramificaciones del gran río hacen girar el comercio exterior de Nueva Granada en su parte más considerable. Los vapores hacen siempre escala en Mompos; su plaza es afamada por su producción de licores, joyería esmerada, herramientas y vasos porosos elegantes y finos. En mi concepto, después de Barranquilla tal vez, Mompos es la población de más porvenir en el bajo Magdalena.

El 6 de febrero era el último de mi viaje a bordo del vapor «Bogotá», el cual debía seguir su ruta hasta Barranquilla, puerto distante cinco o seis leguas de la bahía de «Sabanilla», y que recibe algo del movimiento comercial de Santa Marta; mientras que yo debía separarme en «Calamar» y seguir en dirección a Cartagena, por camino de tierra, o por el canal semi-artificial llamado el «Dique». Desde que el Sol empezó a iluminar el panorama del Magdalena abajo de Mompos, fue haciéndose más notable la aglomeración de poblaciones sobre las márgenes del río. Así, aunque este ha perdido mucho de su majestad por la gran disminución de sus aguas en el canal de «Loba», las orillas interesan más porque revelan la existencia de la sociedad, casi nula en el trayecto que media entre «Regidor» y «Nare». La vegetación es siempre uniforme, el cielo igual y la llanura inmensa como un desierto de las pampas orientales; pero el viajero se consuela viendo asomar de trecho en trecho los pobres caseríos que se destacan sobre barrancas pedregosas, ya a la derecha del río, como los pueblos de «San Cenon», «San Fernando», «Santa Ana y Pinto», ya a la izquierda, como a los de «Talaigua» y «Sambrano». En «Pinto», que es un puerto de escala en relación con las famosas ferias de «Magangué», sobre el Cauca, se separaron todos los viajeros comerciantes que se encaminaban a la feria de la «Candelaria»; y media legua más abajo nos llenó de admiración el espectáculo de la confluencia de los dos grandes ríos. El «Cauca», engrosado enormemente con más de la mitad de las aguas del «Magdalena», desemboca por tres hermosísimos canales paralelos, formando un delta de espléndida majestad, y los dos gigantes parecen abrazarse, envolviendo entre sus anchos brazos tres islas de suntuosa vestidura, cuyos sauces y gramíneas semejan enormes masas de esmeralda flotando en el centro de un océano de plata, iluminando por el Sol ardiente. El espectáculo es grandioso, imponente, y el Magdalena, que desde allí se encrespa al soplo de las brisas marinas, es ya un pequeño mar que muchas veces alcanza 1.500 metros de anchura, incluyendo sus muchos islotes pintorescos. Después el viajero, que presiente el aspecto del cercano Atlántico, a juzgar por la escena infinita que se le presenta, va recogiendo nuevas impresiones. Ya se mira con gusto el puerto de la «Merced», por donde se hace el comercio con el «Carmen», población agrícola cuyo tabaco excelente le está dando grande importancia, y cuyo caserío se distingue confusamente al pie de una lejana serranía; ya se divisa el pueblo de «Plato», escondido a la derecha, a algunas leguas de distancia, entre una selva desolada y triste que parece haber sido retostada por el fuego de un Sol vertical de imponderable torricidad; ora se pasa por el pie del árido peñón donde yace como un escombro el miserable pueblo de «Tenerife», a la margen derecha, cuyo nombre y sitio recuerdan el heroísmo de los guerreros de la independencia; ora se saluda con profunda tristeza el caserío de «Nervití», desolado y casi salvaje, el de «Heredia», cuyas barracas, dominando la barranca del río, revelan toda la miseria de sus habitantes, o el del «Yucal», no menos lamentable. Entre tanto, se ven al oriente, a una inmensa distancia y casi confundidas con el color ceniciento de las nubes, las altas serranías de Valle Dupar y la rica y brillante Sierra Nevada que domina las costas de Santamarta; mientras que en el río se van descubriendo, como blancas garzas que rozan las ondas encrespadas por la brisa, las velas de los botes mercantes que vienen de Barranquilla o Calamar en dirección a Mompos, o que descienden servidos por el remo. La brisa marina es tan fuerte allí, sin embargo de la considerable distancia de la costa, que la vela es suficiente para hacer remontar un bote considerable, y el oleaje del río toma proporciones semejantes a las de océano tranquilo. El Sol se perdió tras de las lejanísimas montañas de Antioquía que terminan cerca de la isla de Mompos, y en medio de la oscuridad arribamos al extenso y arenoso puerto de «Calamar», a 100 metros de la bifurcación que da origen al canal del «Dique». Poco después el vapor «Bogotá» siguió su marcha, confundiendo los silbidos de su locomotiva con los gritos de despedida, y yo me quedaba en Calamar para emprender una segunda peregrinación de muy distinto género.

«Calamar» es una población de gran porvenir agrícola y comercial, bien importante ya por su posición de escala, y que no carece de interés por las costumbres de sus habitantes y su estructura física. Distrito de muy nueva creación, su población alcanza apenas a poco más de mil almas, las calles son muy anchas, derechas, cortadas en ángulos rectos, y las casas tienen una apariencia de comodidad y aseo que contrasta con la de los otros pueblos ribereños del Magdalena. Sus habitantes, alegres y expansivos, recorren las calles ofreciendo víveres, montados en burros de la manera más extravagante. La montura es tan insegura que cada jinete es un equilibrista. El jinete va sentado en el centro, con las piernas cruzadas sobre la nuca del asno, y este, que no está sujeto por brida ni cabestro, es manejado hábilmente al influjo de los golpes que le regala con la mano su equilibrista caballero. El asno queda convertido así en una especie de brújula ambulante que cambia de disecación según la inclinación del golpe o tocamiento que recibe. Si he de hablar con franqueza diré que los burros de «Calamar» me parecieron más racionales que los bogas de la aldea de «Regidor». «Calamar» es en cierto modo el crucero de todas las vías más importantes para el comercio del país, puesto que sirve de escala al movimiento interior que desciende de «Honda», «Nare», «Puerto nacional», el «Cesar», y «Magangué» y «Mompos»; recibe el movimiento comercial de «Santa Marta» y «Barranquilla», y facilita la comunicación del Magdalena con Cartagena, ya por la vía terrestre de Mahates y Turbaco, ya por la del canal del «Dique», que desemboca directamente en la bahía de Cartagena. Desde el puerto de Honda hasta el de Calamar, en un trayecto de cerca de 130 leguas, no se encuentran, pues, sino veintiocho poblaciones sobre la margen del Magdalena (contando dos ciudades) de las cuales doce pertenecen en la ribera derecha a los Estados de Cundinamarca y Magdalena, y trece, en la ribera izquierda, corresponden a los Estados de Antioquía y Bolívar. El total de habitantes de esos pueblos, excluyendo a «Honda», que no pertenece al bajo Magdalena, no pasa de la cifra miserable de 16.000, de los cuales más de 7.000 pertenecen a la ciudad de Mompos. Esa inmensa región, de asombrosa fecundidad y tan felizmente dotada de fáciles comunicaciones en sus muchos ríos afluentes, el Magdalena, los caños o canales naturales y las llanuras vastísimas, es un desierto solitario, inculto, a donde el hombre casi no ha llevado su poder conquistador, y en cuyo seno existirá en una época lejana una población vigorosa de muchos millones y de riqueza imponderable. Así, al cruzar esa región maravillosa, solo es permitido al viajero pronunciar una palabra: el «porvenir». La naturaleza reina allí, teniendo por esclavo al hombre. Solo el tiempo, ese auxiliar misterioso del progreso, hará que la sociedad, cambiando de situación, adquiera su soberanía perdurable sobre la Creación. Entretanto, la navegación a vapor, bien regularmente establecida en las aguas del caudaloso Magdalena; las nuevas instituciones federalistas, que permiten hacer esfuerzos más directos en el inmenso valle que aquel río fecunda, para darles vida social a sus aisladas poblaciones, y el desarrollo indefinido que allí puede tener la agricultura intertropical, mediante el ensanche del consumo en los mercados exteriores, desarrollo que comienza a iniciarse, son elementos que hacen esperar que no muy tarde las regiones hoy desoladas que el viajero contempla con profunda tristeza, serán la tierra de una raza liberal, enérgica y valerosa, que alcanzará el bienestar con la práctica de la democracia y la actividad de la industria.

Capítulo III. La región marítima
El canal del «Dique». Las ciénagas; la salida al mar. Cartagena; su bahía; sus arrabales. Adiós a la patria. El mar por primera vez
El 7 de febrero a las doce de la mañana mi bote estaba preparado, y partí con mi familia del puerto de Calamar para descender el canal del Dique, prefiriendo esa vía más bien que la de tierra, porque si esta era más corta, la otra tenía para mí todo el interés de una obra nacional importante para el comercio, y todo el encanto de una navegación en extremo pintoresca. A pocos metros de distancia del puerto esté, sobre la margen izquierda del Magdalena, la boca del canal, abierta más bien por el empuje natural de las aguas que por el esfuerzo de los ingenieros; pero al dejar el gran río, donde el caudal opulento de las ondas lo hace todo, lo primero que se ve en el Dique es el casco despedazado del vapor «Calamar», el único que había navegado allí, y los escombros de una compuerta derrumbada a causa de la debilidad del cimiento deleznable. Donde la mano del hombre ha intervenido se ve, pues, el abandono, se ve patente la inconstancia que preside a todos los esfuerzos industriales del hispano-colombiano. Grandes sumas se han consumido en la apertura de ese canal; bellas y legítimas esperanzas se fundaron en la obra, y sin embargo, lo que queda es un montón de ruinas y una vía de navegación embarazosa y llena de torturas para el viajero. En un trayecto de diez o doce kilómetros el canal, con una anchura uniforme de diez a catorce metros, parece una inmensa calle trazada en perspectiva, recta en lo general y con aspecto monótono y desapacible. Las barrancas

de las dos orillas, cortadas y desnudas; la vegetación mediana y sin elegancia; el Sol ardiente que sofoca y devora; la regularidad del trayecto; las plagas infinitas de insectos voladores que hacen salir la sangre envenenada por cada picadura, y la increíble multitud de enormes iguanas y lagartos que se arrastran por entre los tostados matorrales de las orillas, todo eso contribuye a entristecer al viajero durante las tres primeras horas de navegación. Después la escena va cambiando a cada vuelta y revuelta del canal, y los más variados cuadros de la naturaleza se suceden para encantar maravillosamente al viajero. La proximidad de las ciénagas se manifiesta en la verdura húmeda, la riqueza de la vegetación y la abundancia de las aves acuáticas. Cedros y otros árboles gigantescos se levantan, y de sus brazos retorcidos penden festones admirables de flores que reúnen todos los colores del arco iris. La «vara santa» ostenta su mástil altísimo, cuya copa azul, morada, blanca, rosada o amarilla, según el estado de la flor y la hoja, es el grupo más suntuoso de guirnaldas que puede imaginarse, multiplicado prodigiosamente. Una inmensa alfombra de gramíneas rizadas cubre las orillas del canal, y sobre ese interminable festón, agitado por las brisas, se mecen las palmas elegantes de las gramíneas arbóreas, entretejidas por cortinas flotantes de parásitas y flores, que forman sobre la cabeza del viajero una bóveda sombría, poblada de perfumes desconocidos y de indefinible belleza artística. Aquello figura un arco triunfal infinito tendido sobre una calle cubierta de flores y de ricas colgaduras.

De repente la bóveda se acaba y el canal se confunde en una ciénaga de majestuosa y melancólica hermosura. Allí se tropieza con los escombros de otra compuerta de mampostería, y una gran máquina para limpiar las ciénagas y canalizarlas levanta su roja chimenea por entre las altas gramíneas. El espectáculo de la ciénaga de «Sanaguare» es admirable y solemne. ¡Qué soledad aquella! El viajero se siente como anonadado, porque se encuentra muy pequeño, impotente, en presencia de aquella naturaleza exuberante y bravía... Terribles caimanes se pasean, asomando sus cabezas bronceadas sobre la onda cristalina encrespada por la brisa que sopla desde la lejana costa del mar Caribe; el lago es extenso y de la más extraña forma. Por todas partes se levantan los troncos secos y blanquecinos de millares de «guayacanes», cuya verdura ha destruido la humedad de las ondas que los rodean, y las copas, retostadas por el Sol en su parte superior, sueltan por todos lados festones suntuosos de parásitas enredaderas. Cada uno de esos árboles parece un esqueleto vestido de gala, un cadáver que, teniendo la cabeza, los brazos y las piernas desnudas, lleva en el pecho y las espaldas una túnica suntuosa de terciopelo oscuro, flotando al viento como la bandera de la muerte... El cielo es admirablemente azul y se refleja en la onda que sirve de base a ese romántico bosque de cadáveres vegetales; y por todas partes se cruzan, en innumerable multitud, bandadas de aves acuáticas de los más raros colores y las más singulares formas, que levantan un concierto de salvaje armonía. El grito melancólico del «chicoalí», hermoso pavo silvestre, el canto recóndito del «chilacó», el graznido de la garza temerosa, el aleteo del cuervo agitándose entre las altas ramas del caracolí, el chillido del pato o del «coclí», la queja de la «caica», esa cantatriz de las tristezas de la selva y del río, el sordo y vibrante ruido del «alcatraz» que sacude sus pesadas alas, el grito salvaje del «mono» (esa «mueca» del hombre, como dice Pelletan), lanzado desde lo alto de su columpio sombrío, el redoble del «alcarabán», ese centinela de los desiertos, el zumbido de la cigarra fatigada y de los millares de insectos que pueblan el aire, y mil otros ecos y ruidos que salen del fondo de la selva: hacen de aquella soledad una escena que sobrecoge el alma de respecto, que obliga al viajero a evocar todos sus recuerdos de amor y de supremo bien, y que inunda el corazón de un sentimiento inefable de veneración divina y de poesía soñadora... Después, la noche vino con sus sombras, su misterio y su solemne majestad, y a todos esos ruidos de la tarde sucedió el silencio de una soledad imponente. Apenas la luz fosfórica de los «cocuyos» y los peces señalaba el hilo blanco de las aguas del canal; la ciénaga había quedado atrás; la oscuridad era profunda; los remos, agitando las ondas inmóviles, producían con su chasquido un eco misterioso; los corpulentos árboles de las orillas tomaban las más extrañas formas en la sombra del follaje interior, y al encanto infinito de la tarde sucedían las amarguras de una noche de sufrimientos increíbles... Lo que el viajero puede sufrir allí, literalmente devorado por los «zancudos», es indescriptible. Es un dolor atroz, incesante, cruel, torturador, que da la idea de la Inquisición, del infierno, de la suprema desesperación... Cada minuto es un siglo de angustia, y cuando el viajero ve aparecer el Sol al día siguiente, cuyo calor hace huir a la infernal plaga, comprende que en solo una noche ha sufrido por muchos años y ha aprendido a tener resignación.

Los miserables pueblos de «Mahates» y «San Estanislao», situados en medio de ciénagas interminables, demoran allí en la mayor incuria y en un completo desamparo; y el canal, ensanchándose a veces en medio de anchas lagunas o ciénagas, como las de «Sanaguare», la «Cruz» y «Palotal», o volviendo a estrecharse como en su principio, aunque cambia de aspecto por su forma o su vegetación, nunca pierde su hermosura salvaje, su soledad y sus encantos. De trecho en trecho se encuentra algún bote navegando pausadamente, detenido a veces por muros de plantas acuáticas de tal manera entretejidas que exigen un trabajo vigoroso para abrir paso a las embarcaciones. Esa naturaleza invencible tiene un poder de reproducción maravilloso; y al Contemplar la escena el viajero admira la energía de voluntad que presidió a la apertura del canal, casi obstruido en 1858. Desde el principio de la gran ciénaga de «Palotal» el paisaje toma nuevas y admirables proporciones. Allí es un extenso lago de verdura lo que se ofrece a la vista del viajero. El agua, cubierta donde quiera por una espesa capa de gramíneas profundamente arraigadas, tiene una profundidad media de tres metros, pero rara vez aparece en la superficie. Todo el vasto lago de verdura abarca una extensión de muchas millas, limitado en su circunferencia por manglares interminables y muy tupidos, de aspecto suntuoso y magnífico. Al fin la ciénaga encuentra su desagüe principal, y el viajero vuelve a esconderse en el cauce sombrío del «Dique» o canal, embelesado por los encantos de una naturaleza incomparable. Allí la plaga ha desaparecido enteramente, y el canal, con una anchura de 15 a 20 metros, da la idea de un paraíso que solo la imaginación del poeta pudiera haber ideado. Las bandas de pájaros multicolores son innumerables; le sombra deliciosa, bajo el follaje colosal y espeso de una vegetación en que alternan el «mangle», elegante, recto y de románticas raíces hundidas entre las ondas, el corpulento «caracolí», la flexible «guadua» y mil plantas de las más hermosas formas; los conciertos que de todas partes se levantan, y los perfumes que exhala el bosque de su seno húmedo y exuberante de fuerza reproductora, todo contrasta con la escena marítima que después se presenta. El canal termina entre manglares para perderse en las ondas cristalinas de la bahía, sumamente prolongada hacia el interior; la brisa del Atlántico sopla con vigor; la ancha vela del bote se despliega y flota de proa a popa; el horizonte se ensancha; las aguas toman el olor, el color y la aspereza de las aguas marinas; los remos dejan de agitarse; el tiburón persigue implacable a ejércitos de peces primorosos; las colinas de la costa se ofrecen a la vista; se siente el sordo y lejano mugido del mar; el mundo de las selvas acaba, el del abismo infinito comienza; y al fin, surcando una bahía de admirable belleza, que ensancha el corazón y da la primera noción de la majestad del Océano, el viajero ve a Cartagena, bella, melancólica, romántica, sentada entre dos bahías, como una garza nadando en el Atlántico; y el colombiano, el granadino, amante de la libertad y de las glorias de un pueblo heroico, no puede menos que levantar la voz y saludar a la vieja y noble ciudad, diciéndole con el arrebato de la admiración: «Salve, gloriosa Cartagena, tierra del heroísmo supremo y la abnegación, cuna de poetas y mártires, sepulcro arrullado por las ondas, escombro de la opulencia que «fue» para no resucitar sino en un lejano porvenir!».

Cartagena es la capital del Estado federal de «Bolívar», uno de los nueve en que recientemente se ha dividido Nueva Granada, con una población de 200.000 almas y una extensión aproximativa de 40.000 kilómetros cuadrados, compuesta en su mayor parte de espléndidas llanuras y selvas, surcadas por hermosos ríos navegables; con un clima general de 33 grados centígrados, en los veranos, y un desarrollo muy considerable de costas marítimas entre las bocas del Magdalena y las del Atrato. Si en otro tiempo Cartagena llegó a contener más de 20.000 habitantes su población ha bajado a 7.000, diezmada desde 1811 por la guerra, las epidemias, la rivalidad de otras plazas comerciales y el lento desarrollo, interior de la agricultura. Hoy Cartagena es un inmenso escombro, cuyo espectáculo aflige profundamente al viajero; pero la hermosura romántica de la ciudad, la esplendidez de sus bahías, su admirable posición marítima, su importancia y sus facilidades para el comercio interior, el carácter de su población y los nobles recuerdos que le pertenecen, hacen de esa plaza un objeto tan interesante como simpático para el observador extraño. Nada más grandioso y variado que el panorama que se desarrolla a la vista del curioso que quiere contemplar la ciudad desde lo alto del cerro de la «Popa» que la domina enteramente. Esta eminencia aislada es una alta colina pedregosa, rodeada de ciénagas y bahías, a una milla de la ciudad, y en cuya cima los españoles establecieron una «fortaleza» y un «convento», las cosas más características del sistema colonial que dominó en Hispano-Colombia; pero la República, que no quiere ni frailes ni cañones, ha dejado arruinar todo aquello, y hoy no queda sino un montón de escombros imponentes. Desde las plataformas de aquel edificio mixto y despedazado, el viajero contempla un espectáculo maravilloso, digno del pincel del artista y de la admiración del poeta, como del estudio del historiador y el arqueólogo. Al norte de la ciudad, aislada por sus murallas, sus fosos, sus bahías y lagunas, se abre un estero que determina una angosta lengua de tierra, poblada de cocoteros, quintas y rústicas chozas. Al sudoeste se dilata la hermosa bahía o entrada de «Boca grande», obstruida por los españoles; después la isla de «Tierra bomba», flanqueada por fortalezas; más al sur la entrada de «Boca chica»; en fin la grande isla de «Barú», separada del continente por el «Dique». La inmensa y admirable bahía forma casi un círculo irregular; en su seno se ven anclados veinte o treinta bergantines, barcas y goletas con los pabellones extranjeros y el nacional; un enjambre de lanchas se cruza en todas direcciones, y varios fuertes, construidos sobre islotes o ángulos salientes de la costa, ostentan entre cocoteros y parásitas, su vieja y pesada mampostería convertida casi en escombros, o muy deteriorada, y sin baterías. Al frente, hacia el poniente, se extiende el Atlántico, brillante, agitado, mugiente, inmenso y lleno de majestad y misterio... el mar con toda su fascinación, con sus reflejos inasibles, con su movilidad eterna, y sacudiendo su lomo de escamas luminosas, como un dragón enfurecido por la resistencia de las rocas que quisiera devorar o pulverizar. En medio del océano, las bahías, la laguna y el cerro de la Popa, vegeta Cartagena, como un náufrago que vacila entre los abismos del mar y la soledad del desierto que limita un continente. ¡Qué de recuerdos allí! ¡Qué sublime pobreza! ¡Gloriosa mendicidad de una reina caída que se hace respetar por lo que fue, y admirar por la majestad de su dolor! El mar golpea por todos lados sus murallas; el cielo la cobija con un manto siempre límpido y azul; y los mil penachos flotantes de sus cocoteros hacen admirable juego con las altas torres de sus venerables templos medio arruinados, tristes y ennegrecidos por el tiempo. La parte principal de la ciudad, formando una isla, ligada por un puente colgante al barrio de «Jimaní» que toca al continente, es toda de mampostería pesada; una enorme muralla, llena de fortificaciones en otro tiempo formidables, la circuye, defendiéndola de las invasiones del mar. Imagínese el lector lo que serán o han sido esas fortificaciones, con solo saber que ellas le hicieron consumir al gobierno español la estupenda suma de 250.000.000 de pesos, sin contar una gran parte de los armamentos. El viajero se pasma al considerar toda la suma de trabajo humano que debió concurrir a la creación de aquella magnífica ciudad de calicanto eterno. La República, que quiere contar solo con los recursos de la paz, ha vendido todos los cañones, como un elemento inútil para la civilización; y Cartagena no es hoy sino una plaza mercantil arruinada, que espera de la industria libre su resurrección.

El barrio de «Jimaní», compuesto de casas de paja, hermosas quintas y reductos, y que se extiende hacia el pie de la Popa, es más pintoresco y alegre, pero menos interesante por su estructura material. La ciudad tiene excelentes edificios públicos, y por una singular contradicción, mientras que todas las calles son sumamente estrechas y oscuras, las casas son como palacios, casi todas altas, alegres en su interior y con salones espaciosos y cómodos. Como la población es muy inferior a la localidad, muchísimas casas están desiertas, y el abandono las ha convertido en tristísimos escombros. ¡Y qué contraste el que se nota en las mujeres de Cartagena!... Las señoritas son en general muy bellas, espirituales, expansivas y alegres, y reúnen a la elegancia o la gentileza de las formas una gracia en el decir, en la mirada y la sonrisa, verdaderamente encantadora. Al contrario, las pobres mujeres de la clase proletaria (quizás deteriorada la raza por la miseria y la inacción), son de una fealdad dolorosa: flacas, largas, sombrías, pálidas como espectros, lúgubres como las sombras errantes en medio de las tumbas... ¿Cómo explicar esa contradicción o ese contraste? Yo podría determinar las causas, pero me contentaré con hacer una reflexión. Cartagena es una gran ruina, es una tumba inmensa, y entre las ruinas y las tumbas se encuentran siempre, lo mismo el hermoso lirio lleno de perfume y misterio, y el blanco alelí de las murallas, que el lagarto feo y descarnado vagando por entre los pedriscos y los escombros donde vegeta la hiedra... Por lo demás, la población de Cartagena tiene las más excelentes cualidades sociales: hospitalaria en alto grado, franca, generosa, jovial y siempre animada de un profundo sentimiento de patriotismo, que parece mantenido por el recuerdo mismo de las glorias de Cartagena. La política agita mucho a los vecinos; pero pasada la lucha transitoria, todos vuelven a una fraternidad que se revela en el trato social, en el sentimiento de caridad y en el espíritu de independencia política y de intimidad personal que los anima a todos Cartagena tiene muchos elementos de prosperidad, y puede ser grande por la agricultura interior y por el comercio de importación y exportación. Pero para prepararse un porvenir digno de su posición, necesita abrir paso a los vapores entre su puerto y el río Magdalena, restableciendo su canal casi obstruido, o bien fundar la comunicación terrestre por medio de un ferrocarril o una buena vía carretera. El mundo colombiano, en todas sus regiones, tiene cuanta riqueza puede imaginarse: la naturaleza le ha dado la promesa del más venturoso porvenir, en la opulencia de su territorio, y en la bravura heroica de sus hijos. Lo que ese hermoso mundo necesita es contacto con las demás sociedades, con todas las razas, con la civilización exterior en todo su desarrollo. Así puede decirse que la obra compleja de civilizar a Colombia está resumida en esta frase; comunicarla con el mundo, lanzarla en el movimiento universal. Bajo la impresión de esta idea, sentía que mi existencia iba a trasformarse al dejar el suelo de la patria, confiarme a la providencia del vapor, cruzar el inmenso piélago y descender sobre las costas de Europa, en busca de la luz, el movimiento, la vida intelectual y moral, los tesoros del arte, las maravillas de la industria y todo lo que constituye este caudal de las tradiciones y los triunfos de la humanidad que se llama la «civilización europea». ¡Quién me dijera entonces que al tocar la realidad y estudiarla atentamente, muchas de mis ilusiones se disiparían; que este viejo mundo me habría de parecer muy inferior a lo que los libros me lo habían hecho soñar; y que al comparar a la pobre y atrasada pero hermosa Colombia española con la opulenta y refinada Europa, mi espíritu, mejor esclarecido, acabaría por estimar infinitamente más al pueblo del Nuevo Mundo, a quien, a pesar de los defectos heredados, la democracia ha ennoblecido y adelantado, relativamente al tiempo, mucho más que las instituciones aristocráticas a las sociedades europeas! El 12 de febrero dejaba yo el puerto de Cartagena para tomar el vapor inglés «Thames», en viaje para San Thomas. Por primera vez sentía toda la solemnidad de ese acto de suprema confianza en la Providencia que presenta al hombre lanzado sobre un barco a la inmensidad del océano... En el continente quedaba todo mi pasado, todo ese conjunto de tesoros que se llama la «Patria»; y en la onda agitada del abismo se levantaba la sombra vaga del porvenir. Al dar el último adiós a Nueva Granada, cuyo heroísmo representaba Cartagena, llevaba en mi corazón un sentimiento de profunda gratitud y fraternidad hacia esa noble ciudad, y la esperanza se asociaba en mi espíritu a la muda contemplación de un mar cuya grandeza me daba la idea de Dios, de lo Infinito, de la Eternidad...

¡Qué espectáculo tan solemne es el del océano! ¡Delante de esa grandeza, de ese abismo que guarda en su seno la base de los continentes, de esa majestad suprema de la naturaleza, es preciso tener fe, levantarse hasta Dios, vivir con el pensamiento en la eternidad, llenarse de la idea de lo infinito, creer en la eterna armonía de la Creación, admitir la noción sublime del progreso indefinido, admirar la supremacía del hombre sobre los elementos! Allí, en medio de ese piélago que se mueve sombrío e incansable, sobre ese lomo de cristal líquido que nos lleva de continente en continente, es preciso sentir profundamente, admirar, adorar en silencio, vivir de una divina inspiración, ser poeta, cantar, y sentir en el corazón un no sé qué de heroico, de grande, según la inminencia aparente del peligro! A fuerza de leer y meditar algo, había llegado a formarme, allá en el corazón de los Andes, la idea del océano; lo había soñado con toda su soledad asombrosa, su misterio, sus efectos de luz maravillosos, sus ondas agitadas y terribles, sus calmas amenazadoras, sus trombas y tempestades, sus vagos suspiros, sus mugidos ruidosos, sus mil fenómenos de óptica, de vegetación oculta o viajera, de población increíblemente variada entre los pliegues de sus ondas... ¡Y sin embargo de mis fantasías, que eran de una exactitud completa, me sentí sorprendido, sobrecogido de admiración, lleno de miedo y de valor alternativamente, y como en un mundo distinto del de la Creación, cuando, ya lejos de las playas rocallosas y desiertas de Cartagena, reconocí que la tierra quedaba en lo pasado, como una sombra, y que desde aquel momento mi vida y la de mis amores pertenecían a la ciencia y las borrascas disputándose el imperio de la inmensidad! Eran las cuatro de la tarde, y el vapor «Thames», bufando como un dragón amenazado por los monstruos del abismo, surcaba las ondas con dificultad. El mar estaba agitado, y en vez de la superficie verde y cristalina de la bahía de Cartagena, no se veía al derredor sino una serie de colinas de agua negra y sin brillo, perdiéndose en el horizonte en una prolongada y fuerte ondulación. Allí sentí una cosa que por un momento me pareció miedo. Miraba el remolino inmenso, me estremecía y me apreciaba que algún impulso secreto me empujaba sobre el borde del navío para precipitarme entre las espumas de la estela. ¡Era el vértigo del alma en su admiración por lo infinito y por la fuerza suprema! Después me convencí de que no era miedo lo que me dominaba. Al contrario, mi confianza era absoluta, y la idea de la muerte no llegó a conmover mi espíritu sino bajo su aspecto heroico Cartagena iba a desaparecer. La costa de Colombia no era ya sino una faja oscura, vaga, fantástica, y las altas torres de la vieja y heroica matrona de la independencia colombiana se destacaban apenas en el horizonte, como puntos blanquecinos o pequeñas nubes evaporándose de momento en momento. Al fin todo perdió su forma y su color; la altura de las ondas, abultada por la óptica, cubrió la lista lejana; la perspectiva se acabó, y en vez de la tierra no vi sino la faz movible y escarpada del océano. En aquel momento mi corazón se apretó dolorosamente; un suspiro profundo me arrancó de mi contemplación detrás de los timoneros del vapor, y sentí que una lágrima ardiente me quemaba la cara... Esa era mi despedida, mi silenciosa invocación a la patria. Alcé los ojos al cielo, y vi que el pabellón británico flotaba sobre mi cabeza. ¡Desde ese momento yo era «extranjero» en todas partes, extranjero aún en la soledad del océano, porque un leño impulsado por el vapor tiene «nacionalidad», y los pueblos no han comprendido aún que la Creación es de todos, que Dios ha hecho de la humanidad una sola familia! Entonces mi pensamiento comenzó otro giro. ¡La ancha y reluciente estela del vapor me hizo meditar en la historia de la ciencia y del heroísmo, y evoqué con recogimiento y veneración la memoria de Vasco de Gama, de Colon, de Balboa, de Magallanes, de Cortés, de Pizarro, de Lapérouse y de Cook, cuya fe y abnegación han hecho avanzar el mundo en la carrera perdurable de la civilización! Y luego

¡qué de luchas, de sacrificios, de siglos de labor, pasando la obra del progreso de generación en generación, como la herencia de la humanidad entera! ¡Cuánto no ha sido necesario para que el hombre fundase su imperio sobre la Creación, encadenando los elementos bajo su planta soberana y guiando su quilla triunfadora bajo la inspiración de la ciencia! Los fenicios, los cartagineses, los griegos y los italianos, los portugueses y españoles, los ingleses y holandeses, ¡cuánto no han tenido que hacer para que Fulton y sus predecesores y sucesores le revelasen al mundo las maravillas del vapor! ¿Qué es el hombre? Débil por su fuerza física; pequeño como un humilde átomo en presencia de las montañas y los mares; nulo delante de la incomensurable majestad del cielo y de los mundos que lo pueblan; nacido con la herencia del dolor; perecedero en su forma como todo lo que existe en el mundo físico, el hombre ha recibido sin embargo una potencia que no tienen las montañas, el océano, las tempestades ni los astros: el Espíritu. Y esa sola potencia, que es el soplo de Dios, que es la fuerza suprema, que es más que la luz y que la vida, porque es la esencia creadora, inmortal y divina, le ha bastado para descomponer y analizar y someter la luz, guiar la electricidad, esclavizar los vientos, poner a su servicio el fuego y la explosión, domar los furores del océano, escudriñar los secretos del cielo y de la tierra, producir la fuerza hasta lo infinito y suprimirla a su antojo! ¡El hombre es, pues, creador; el hombre es soberano, es superior a la naturaleza! ¿Por qué?, ¡porque es espíritu, porque la ciencia es su rayo, el pensamiento su palanca titánica, la palabra su irresistible instrumento de conquista! ¡Sí; el hombre es soberano porque no es esclavo de la materia, porque es inmortal como especie y pensamiento, porque su destino es el progreso indefinido, sin más principio que Dios y sin otro fin que Dios! ¡Oh!, el hombre es muy grande; y yo no querría otra cosa para convencer a los que niegan la ley del progreso, a los que dudan de la supremacía del hombre, a los que no tienen fe ni en Dios ni en el espíritu de la humanidad, no querría más que hacerles dejar sus curules empolvadas, sus cátedras carcomidas por el tiempo, y traerles a la mitad del océano, donde este ser diminuto y débil como materia, este pigmeo armado de los rayos de Dios, que se llama el Hombre, se pasea tranquilo por en medio de un abismo agitado y terrible; fuerte por la posesión de una brújula, un cronómetro, un anteojo, y los resortes y las válvulas de una maquina de hierro que hace volar un barco sobre las ondas con la impunidad de la gaviota. La noche había tendido sus sombras sobre el inmenso piélago, y yo meditaba todavía, sentado cerca del timón del «Thames». De repente un sudor frió me inundó la frente, haciéndome temblar. Quise levantarme, y sentí que la fuerza me faltaba, que la sangre se helaba en mis venas y arterias, que un horrible zumbido me hacía perder la vista, el oído y la conciencia de mi ser; en fin, que un vértigo se apoderaba de toda mi organización. ¡Era el «mareo», ese cólera de los mares que no perdona a ningún viajero y vence aún a los más vigorosos temperamentos! «¡Y qué! —me dije entonces—: el hombre es soberano de este abismo, y sin embargo, ¿el solo movimiento, el olor y la vista de este monstruo líquido son bastantes a vencer y aniquilar completamente al soberano? ¿Es que acaso esta corteza de carne que envuelve al espíritu puede hacer pesar su debilidad miserable sobre el ser moral, hasta el punto de quitarle el pensamiento, la memoria, la voluntad y toda la energía de los instintos generosos? ¿El hombre es, pues, muy pequeño?» —me pregunté desfalleciente—. ¡No! —me decía el alma—. ¡Sí! —me decía la carne—. Entonces me acordé de Rodin, aquel terrible personaje del «Judío errante», que luchando con el cólera, casi en las agonías de la muerte, y sin más poder que el de la voluntad, exclamaba: «¡Quiero vivir, y viviré porque lo quiero!». Yo había hecho desde antes de embarcarme el propósito de resistir a todo trance al mareo, contando con el vigor de mi organización física: Pero al ver que esta sucumbía, me dije con resolución: «¡No!, ino, quiero que mi alma domine con su fuerza la debilidad de mi cuerpo!». Entonces me puse a bañarme la cara con agitación casi febril, y a chupar naranjas dulces con desesperación. Me puse de pie, me agarré de las vergas laterales, de las barandas, y marché. La vista se me anublaba; caminaba a tientas en medio de los marineros, y hacía esfuerzos supremos de voluntad... Lo que pasó por mis músculos y nervios, por mis arterias y mi cerebro, es indescriptible; fue una lucha interior tremenda, abrumadora, que me dejó casi exánime. Pero quince minutos después me paseaba libre y sereno sobre la cubierta de popa, fumando y riendo, y luego, en asocio de un amigo y compatriota, hacía saltar el corcho de una botella de champaña para beber por la patria, diciéndome interiormente: «El hombre es el rey de la tierra, porque su fuerza es el espíritu y su cetro la voluntad».

Capítulo IV. El océano
La población del vapor «Thames». La bahía y la ciudad de San Thomas. Una noche poética. El vapor «Paraná». Grupos sociales. Escenas a bordo. Una ceremonia fúnebre. Temporales. Las costas de Inglaterra
El 13 de febrero estaba yo desde muy temprano sobre el puente del paquebote. El calor de los camarotes era insoportable aún durante la noche, y yo quería no solo gozar de la brisa fresca de la mañana, sino asistir a ese espectáculo sublime de la salida del Sol. ¡Qué magnificencia de escena! qué de tesoros de luz y de hermosura desconocidos hasta entonces por mí! El Sol, como una inmensa urna de fuego, salía de entre las ondas, envuelto en una aureola de colores resplandecientes e inasibles a la vista, confundiéndose al mismo tiempo en el cielo y en el océano, de manera que las dos faces del horizonte, la de arriba y la de abajo, formaban una sola. Y el mar, que bajo la sombra del vapor era oscuro como la noche, del lado del oriente brillaba como un inmenso espejo, agitando sus escamas en un vaivén interminable que multiplicaba los efectos de luz en las cimas de las olas, y las medias tintas y las sombras fugitivas en los intersticios momentáneos abiertos al quebrarse las grandes moles cristalinas y espumantes. El contraste de aquellas maravillosas hermosuras del elemento iluminado y agitado, con la soledad de aquel desierto movedizo, era imponente. ¡Qué suprema tristeza en el fondo de tanta vida de la naturaleza! ¡El Sol, la brisa, las ondas y el cielo azul y transparente reflejaban la vida, mientras que la muerte y la desolación se revelaban en esa inmutabilidad, en ese silencio, en ese vaivén incansable de un abismo colmado por las aguas del globo entero! El hombre es como el océano: todo aquí se sostiene por el equilibrio entre la vida y la muerte. Después de contemplar y admirar era preciso observar la composición de ese pedazo de la civilización que se llama un Vapor. El «Thames» era uno de los paquebotes más antiguos de la compañía Británica, y servía perfectamente de punto de comparación para juzgar de los progresos que en los últimos quince años ha hecho la navegación a vapor. En lo general la estructura de los vapores ingleses destinados a

navegar entre «Sudamérica» y Europa, es pesada, pero de mucha solidez, y si hemos de prescindir de algunas raras excepciones, podemos con justicia establecer un parangón entre los vapores «americanos» y los ingleses. Si en punto a solidez, seguridad y perfección en el servicio de maniobra son muy superiores los ingleses, los paquebotes americanos tienen la ventaja en la rapidez, la comodidad y aún la baratura. El vapor americano es al inglés lo que el hotel de lujo al café o restaurador. El viajero se siente mucho mejor bajo la bandera estrellada que bajo el leopardo. Generalmente los capitanes de los paquebotes ingleses son muy poco galantes, y muchos de sus oficiales son ordinarios en su educación y sus modales. Unos y otros son muy intolerantes en punto a la hipocresía religiosa de los ingleses sobre los domingos, y se nota que todos los marinos, desde el primero hasta el último, tienen muchas supersticiones, tal vez incompatibles con el hábito del peligro.

En compensación se ve en todos ellos que la moralidad es sólida, excepto en algunos contadores «(Pursers)», que son peores que judíos, y en los cantineros, que explotan a su sabor al pasajero. Algunos «Pursers» son tan... usureros, por no usar de otra palabra, que cobran descuento hasta por las libras esterlinas. Muchos pasajeros son escamotados en el valor de la moneda, perdiendo el 5, el 8 y hasta el 10 % del valor legítimo de sus doblones, porque la necesidad los obliga a aceptar la tarifa caprichosa con que se especula a bordo. Probablemente los escamotadores llaman eso hacer sus economías. Los camarotes de los vapores ingleses carecen de comodidad, y el servicio de los domésticos es difícil y desagradable. Los pasajeros que, por su desgracia, no saben explicarse en buen inglés, tienen que hacerlo con libras esterlinas y chelines, en cuyo caso son perfectamente comprendidos. Un inglés tiene tanta fatuidad de raza, que jamás responde, aunque conozca una lengua extraña, si no le hablan en la suya, o si no le muestran la bolsa que es lo mismo. Los vinos, cuya venta es una brillante especulación del capitán, son casi todos detestables, sobre todo los franceses y españoles, y el buen bebedor tiene que contentarse con el abominable brandy, la cerveza común o la insípida limonada gaseosa, excelente para el mareo pero nociva para los nervios. Por lo que hace a los alimentos, su invariabilidad cotidiana y su sabor son insoportables. El cocinero inglés, que en materia de papas cocidas, «roast-beef» y «pudding» no tiene rival (y por cierto que el mérito no es muy envidiable), es en lo demás inferior a todos los cocineros posibles de uno y otro hemisferio. Es que el inglés sabe beber, pero no comer, y tiene el gusto en el estómago, especie de tonel, más bien que en el paladar. A bordo del «Thames» se había reunido una sociedad de las más heterogéneas. En primer lugar debo citar a nuestro irlandés del vapor «Bogotá», que había bailado tan alegremente el «currulao» con las negras lustrosas de la aldea de Regidor, a orillas del río Magdalena. El buen viejo aprecia muy contrariado por falta de confianza, y se había vuelto taciturno. Así, la sola ocupación del gigante de la verde «Erin», hasta San Thomas, se redujo a destapar botellas y devolverlas vacías, fumar, silbar con melancolía y cantar a hurtadillas algunas canciones de su tierra, un tanto cuanto coloradas para ser de país católico romano. En honor de la Irlanda debo declarar que el digno compatriota de O'Connell no bebía solo, sino que, desesperado de tener que resignarse a una sola botella cada vez que el apetito le picaba de recio (y los entreactos no eran largos), convidaba siempre a algún pasajero para que le ayudase a despachar dos o tres botellas en vez de una.

Una modista de California, que se llamaba propietaria, y se mudaba tres veces por día, descollando por sus encajes, sus enormes dientes y sus amabilísimas muecas, se había empeñado en conquistar al irlandés a todo trance; pero el buen viejo, que aprecia entender mejor el verbo «to drink», hecho para el paladar, que el «to love», destinado a las honduras del corazón, le frunció las cejas de tal modo a la modista, que la infeliz, para vengarse de la altiva Irlanda, se resignó a coquetear con el jefe de ingenieros del vapor, jayán de la raza pura de «John Bull».

Entre las curiosidades de a bordo se hallaba un costarricense con ínfulas de marqués quien, sobre dar asunto para reír con su manía de decantar su «sangre noble», interesaba mucho por su casta inocencia. El pobre mocetón, a pesar de sus treinta años y su sangre azul, no podía soportar que nombrasen siquiera a las mujeres, y para atormentarle, un genovés marino que le acompañaba le espetaba a cada diez minutos una historieta de italiano y soldado, que hacía espeluznar al inocente mancebo. No faltó quien informase luego que el muy taimado de la sangre azul tenía sus viejas «marrullas» de rezandero, que le hacían parecer pasablemente pecador. En ninguna parte es tan ridículo el tartufo como en alta mar.

Pero nada tan curioso como una francesa que venía de San Francisco de California con su marido, víctima de un mareo permanente. La desdichada no había tenido más horas de alivio que las del tránsito por el ferrocarril de Panamá. De resto su único oficio había sido el de estar mareada, como el de su excelente consorte el de darle copas de brandy puro, remedio que algunos consideran eficaz para el «mal de mar». Es un secreto que ninguno ha podido aclarar, si era el mar o el brandy el responsable de la situación; pero lo que sí pudo comprobarse fue que la estimable francesa no dejó de estar en chispa un solo día, ni una sola noche, aunque a decir verdad, era una chispa inofensiva que nunca le inspiraba sino ternura, suspiros, lagrimas de amor y recuerdos de felicidad conyugal. Era adorable ver a la impermeable mujer, cada vez que una copa de brandy apaciguaba por un momento el mal, y que el buen marido la tranquilizaba a propósito de algún corcovo terrible del buque azotado por las olas hinchadas, era de ver cómo, mirando a su Adán con la inefable dulzura de la chispa, le decía con el acento más patético: «Ah, mon marí! nous nous aimons comme si nous avions seize ans!». Enseguida venían los apretones de manos, los abrazos, los besos a hurtadillas, hasta que hecha la digestión marítima de la última copa de brandy, la amorosa consorte exclamaba con voz agonizante, siempre en francés: «Oh, mon marí! je meurs! Encore un petit verre de cette médecine»... Y una copa más iba a perderse en el mar interior de aquel estómago incombustible y agitado por las convulsiones de un vértigo incesante. Lo que refiero no es una invención, es la verdad, y yo mismo me aturdía al ver esas escenas singulares, incomprensibles en una mujer y sobre todo en una francesa. ¡Un día, en presencia de varias señoras, la pobre viajera, como embrutecida por el mal, y acaso más por el remedio, llegó a beberse siete vasos de brandy puro en el transcurso de tres horas!

Cuánto puedo decir es que hasta el irlandés y algunos oficiales ingleses se escandalizaban. En general la actitud de los viajeros era fría y reservada, durante los tres primeros días, cosa muy natural. Poco a poco la elasticidad de caracteres fue siendo muy notable, en términos que cuando avistamos la triste y desierta isla de San Thomas ya éramos todos tan amigos que las copas de champaña, las ardientes canciones y las chistosas anécdotas se multiplicaban, porque es de ley de raza y tradición que el inglés gana sus amistades bebiendo, el francés cantando, y el español contando sus «cachos» (aventuras macarrónicas) o refranes chistosos de su tierra. En el mar todo el mundo entra circunspecto y extraño, todos se hacen amigos, y todos se despiden luego para no volverse a ver ni recordar jamás.

El 17 a las cuatro de la tarde entrábamos a la linda bahía de San Thomas, ya divertidos con los saltos y las evoluciones de dos ballenas que nos acompañaban a alguna distancia, ya encantados con el interesante aspecto de la bahía y el pintoresco anfiteatro de la ciudad. Las escenas de la tarde, la noche y la mañana siguiente, merecen una rápida descripción. La isla de San Thomas es una colina rocallosa, rodeada de agua, y nada más. Sus altas rocas caen sobre las ondas como tajadas a pico; la tierra carece de toda vegetación florida y fresca, y el aspecto general de la isla entera es tristísimo y desagradable. Salvo, pues, la pequeña ciudad marítima o comercial de San Thomas, que contiene unos 6.000 habitantes, lo demás carece de valor absolutamente. Como la ciudad es puerto franco y el centro de la red de comunicaciones que mantienen los vapores ingleses entre Hispano-Colombia, las Antillas e Inglaterra, hay siempre en la bahía un número considerable de paquebotes, de buques mercantes y de fragatas o corbetas de guerra, con grandes depósitos de carbón de piedra. La bahía es estrecha, pero bastante bien abrigada, y pintoresca por el contraste de las embarcaciones con todas las banderas del mundo y por el juego que hacen algunos fuertes sobre el fondo gris de las colinas, las bellas quintas de las cercanías, con elegantes azoteas y jardines, los grupos de palmeras, de naranjos y otros árboles pequeños, mantenidos con mucho esmero y fuertes gastos, porque la tierra no es bastante vegetal, y todo el conjunto gracioso de las casas de la ciudad, que tienen la forma de pequeños castillos o de campestres residencias. Un enjambre de góndolas o barquichuelos pintados de verde, rojo, amarillo y azul, y montados por diestros bateleros, circulaba en pintoresca confusión por en medio de los grandes vapores y los bergantines, solicitando pasajeros que quisiesen ir a tierra a tomar víveres frescos, helados deliciosos y frutas de todas clases. En breve nuestro paquebote se llenó de lavanderas, fruteras y vendedoras de fruslerías y corotos de toda especie, algunos de los cuales fabricados de paja, cerda o pita, me parecieron objetos de arte muy curiosos. Toda esa gente metía tanto ruido a bordo con su algazara que los viajeros nos creíamos en una especie de Babel, en tanto que los marineros del «Thames» y el «Paraná» se ocupaban estrepitosamente en las maniobras del trasbordo, entonando canciones dé un acento singular y vibrante.

Era curioso oír a todas esas vivanderas y a los bateleros hablar en inglés, español, francés y aún alemán con la soltura menos gramatical del mundo, pero con una gracia encantadora, estropeando todas las lenguas y haciendo de ellas una especie de olla podrida tan extravagante como típica. En San Thomas, donde se vive del tránsito y la población es muy promiscua, todo el mundo se ve precisado a aprender lo más esencial de los idiomas vivos más generales, aunque el inglés parece tener la preferencia; y a fe que la turba políglota de aquella isla saca muchas ventajas de su dialecto matizado, en sus pequeñas especulaciones.

La noche había llegado y yo me encontraba sobre la cubierta de popa del «Thames», mi domicilio marítimo hasta el día siguiente. La escena era admirable y me hizo recordar algunas lecturas sobre las noches hechiceras de Venecia. Como la ciudad tiene la forma de un anfiteatro, descansando sobre tres colinas equidistantes, y con pequeñas calles escalonadas en graderías hacia las alturas del cerro, en tanto que la bahía le sirve de base en su extremidad occidental, se podía abarcar con la vista todo el escenario. A mis pies, formando cadena sobre un puente de trasbordo, trabajaban los marineros, entonando en coro sus canciones favoritas que producían eco en las colinas de la costa. Al frente se veían las mil luces de la ciudad, como la iluminación caprichosa de uno de esos «pesebres» o «nacimientos» que se usan en los países españoles, iluminación que tenía no sé qué de aéreo y fantástico, haciendo juego con los reflejos pálidos de un cielo estrellado en cuyo fondo profundo no se veía una sola nube. Y luego, cada uno de los cien vapores, bergantines y grandes buques de la bahía mostraba sobre lo alto de su gallardete una luz azulada que iluminaba de cuando en cuando los pliegues de algún pabellón europeo o americano; en tanto que sobre los puentes se destacaban las sombras de los marineros, las chimeneas, los mástiles y las vergas del arbolaje, entre las cuales se cruzaban las luces errantes de las linternas de los inspectores y guardianes De repente salió del puente gigantesco del vapor «Paraná» una armonía profunda que hizo vibrar las brisas de la noche. Ese vapor tenía su banda de orquesta y su primera sonata me estremeció de placer, porque me trajo mil recuerdos de la patria: era el «Trovador», esa tempestad de vigorosas armonías de Verdi, el artista de las óperas románticas, el compositor de los conciertos ruidosos y ardientes. Después siguió «Guillermo Tell», esa onomatopía admirable, que revela en su conjunto de profundas melancolías y de arranques ruidosos y atropellados todo el sentimentalismo y el entusiasmo de Rossini, el artista del amor y de la gloria.

Al fin resonó el himno nacional de los ingleses, esa invocación cotidiana que hace un pueblo a su reina, representante de su gloria, sus derechos y sus tradiciones, en todos los mares y en todos los rincones del globo. Si durante el concierto los marineros habían suspendido su canto melancólico, más bien por respeto a los demás que por amor artístico, al estallar el «God save the Queen» todos se detuvieron, suspendieron el trabajo y se pusieron a escuchar con recogimiento. El himno nacional es para los ingleses como el «bendito» o el «padre nuestro» para los españoles: él encierra todas las plegarias, los recuerdos y el sentimiento moral del inglés, y es con ese himno que saluda la aurora y se despide del día La noche era admirable; la brisa traía los perfumes de los jardines de San Thomas; las ondas de la bahía suspiraban dulcemente bajo las quillas de los altos navíos y paquebotes; el silencio iba sucediendo poco a poco a todos los rumores de la vida, y después todo fue misterio, majestad y poesía. Reclinado contra la balaustrada del «Thames», al lado de la compañera de mi vida, contemplábamos el cielo y el océano, pensábamos en la patria y confundíamos en un íntimo abrazo todo nuestro amor, nuestros recuerdos, nuestra esperanza y nuestra fe... ¡Cuando el hombre se abandona al océano, su alma comprende mejor el amor, la esperanza, el valor de la patria, la poesía, lo grande, lo sublime, porque siente que la sombra de Dios vaga sobre las ondas, en el azul del cielo y en todo el misterio de la inmensidad!

El 18 de febrero recogió su ancla el gigantesco vapor «Paraná» a cuyo bordo habíamos ido todos los pasajeros reunidos en San Thomas por las malas particulares de Cuba, México, «Centroamérica», el Pacífico, Nueva Granada y todas las Antillas. A las nueve de la mañana todo el mundo lanzó su grito de despedida, al empezar con alegría y confianza la segunda navegación. El océano estaba tranquilo en las cercanías de San Thomas, y no comenzó a mostrarse agitado sino a una considerable distancia, perdidas ya de vista las desnudas islas de Monserrate, Santa Cruz y otras de menor importancia, que se destacan como altas colinas escarpadas o como sombras confusas a uno y otro lado de la ruta que siguen los vapores. Pocas horas después, en alta mar y a muchas millas de aquellas islas, un punto gris se mostró en el horizonte como una gaviota sacudida por las ondas; el objeto fue creciendo, manifestando sus formas, y al fin todos pudimos distinguir el velamen y el humo de la chimenea del vapor «Plata», elegante en su construcción y rápido en su marcha, a pesar del balanceo que las olas encrespadas le imprimían. Los dos paquebotes se acercaron, suspendiendo su curso y caracoleando el uno al derredor del otro, un bote del «Paraná» se lanzó hasta el costado del «Plata», y en breve tuvimos noticia de lo que sucedía en Europa. Lord Palmerston acababa de caer del ministerio, con toda su clientela, por consecuencia del célebre o ruidoso acontecimiento del 14 de enero en París. Así, todo el mundo a bordo tuvo de qué hablar con interés, y los flemáticos ingleses se dieron a sus cavilaciones sobre torys, whigs y radicales, con la calma que le es característica. Entre tanto un variadísimo cuadro de costumbres, perfectamente cosmopolita, se desarrollaba en los escotillones, los salones y el extenso puente del «Paraná». Allí había de todo, y podía con facilidad hacerse la comparación de las razas, las costumbres y los tipos característicos de cada sociedad, distribuidos entre unos ochenta pasajeros. Yo observaba todos los grupos, atendía sucesivamente a todas las conversaciones, y me preparaba con el estudio práctico de los hombres a comprender el carácter complicado de la civilización europea.

Los hispano-colombianos, que eran no pocos, se mostraban en general sencillos y cándidos, maravillándose de todo y muy impresionables, sin reserva en la expresión de sus pensamientos; se podía notar que los hábitos de la democracia habían formado en ellos el espíritu de independencia y cierta familiaridad expansiva que contrastaba con la reserva de las razas septentrionales de Europa. El hispano-colombiano, aunque se impresiona mucho con todo lo que ve extraño, se cree siempre en su país y no se cuida de someterse a las exigencias de las costumbres extranjeras. Y sin embargo, no hay viajeros que se trasformen más que los hijos de Hispano-Colombia, acabando por asimilarse todo lo que encuentran más saliente en las sociedades europeas, sobre todo en Francia. Dotados de un carácter flexible y bastante novelero, si salen de su país intolerantes, extremosos y un tanto huraños, vuelven parisienses por los cuatro costados, olvidándose, por una metamorfosis completa, de la sencillez de sus costumbres primitivas. Mientras que los hijos del Nuevo Mundo (entre los cuales, por fortuna, no se encontraba ningún «Yankee») se manifestaban maravillados de todo, los demás grupos del «Paraná» eran igualmente característicos. Los alemanes, o se manifestaban pensativos, cerca de un mueble marítimo, pasando horas enteras en fumar y mirar el cielo y el océano con profunda melancolía, como abstraídos del mundo por algún ensueño; o se reunían en grupos exclusivos para conversar en voz baja y pasearse interminablemente del uno al otro extremo de la cubierta. Entre tanto, los franceses cantaban o silbaban, hacían todo el ruido posible, mezclándose en los corrillos con una jovialidad especial y burlona; o en los ratos de fastidio se entregaban a la lectura voluptuosa de novelas y relaciones de viajes, prefiriendo sobre todo las obras de Balzac. El francés es el hombre del mundo que más lee, sin contar con que es el que más canta y ríe. Todo lo que es artístico le encanta, y si adora el equívoco («calembour»), es precisamente porque en él la malicia del pensamiento se formula con arte. Además el francés es el rey de los viajeros. Si el inglés no tiene rival en su furor de viajar, el francés le aventaja en el arte de viajar. El francés sabe acomodarse a todas las circunstancias y sacar partido de todo, porque es tolerante por excelencia, tiene un profundo espíritu de igualdad que le domina, y su buen humor, expansivo y elástico, le da donde quiera el primer puesto y la ventaja de dominar la situación. Los ingleses, por de contado, hacían un gran contraste. El inglés, orgulloso por naturaleza, frío en su porte, material en sus gustos, intolerante en extremo, reservado por cálculo, y prosaico y positivo en sus aspiraciones, o se muestra reservado con toda sociedad que le es extraña, o les impone a los demás su voluntad, en cuyo caso suele llegar a la jovialidad. Bebe y fuma tranquilo, jamás hace ruido (si es John Bull de raza pura), y si se acerca a los demás es para dar una opinión absoluta o una orden. El orgullo es la fuente de todas sus virtudes, como de todos, sus defectos. Es tenaz, leal y valeroso por orgullo, como es intolerante en religión y preocupaciones de raza y dinastía, pródigo, obsequioso, apostador, reservado, bebedor y todo lo demás por orgullo. La música, el baile y el canto le disgustan, como todas las artes, y si llega a dar millones de pesos o de libras por un cuadro, no es por el mérito de la pintura, sino por la vanidad de hacer un fuerte gasto y tener lo que otros codician. Sin embargo, como individuo el inglés vale mucho más que el francés, y me atengo siempre más a la palabra seca del orgulloso pero leal británico, que a la fraseología elegante pero vana del francés. El inglés como amigo, es útil; el francés no es más que muy agradable; porque el uno es positivista y el otro artístico. Los italianos del «Paraná» eran pocos, pero eran suficientes para hacerme contraer simpatías hacia su raza. En general, el italiano es chistoso, amigo de historietas o anécdotas, entusiasta por lo bello y por la libertad. Él ama las bellas artes, pero no precisamente por el arte, o la composición ingeniosa, sino por la belleza que reproducen o crean aquellas. Tosco muchas veces en sus modales, por la mala educación que el despotismo y la superstición les han dado a los pueblos de Italia en los cinco últimos siglos, el italiano es con todo muy simpático desde el primer momento. Desinteresado y generoso, jovial, vehemente, su idea fija es la libertad y la unidad de Italia, y su fe no se extingue jamás. Un italiano escéptico es un fenómeno, porque la esperanza es la sola fuerza de su vida. Y como consecuencia de esa fe que le es característica, su resignación es admirable para soportar la expatriación y todos los contratiempos. Por último me llamó mucho la atención entre los pasajeros un grupo de siete u ocho españoles de distintas provincias que me divertían mucho. Había entre ellos un gallego de excelente índole y chistosas ocurrencias que a todos agradaba, y no faltaban andaluces, madrileños, un catalán, un mallorquín y algunos habaneros. Si hubiera de juzgar de todos los españoles según las cualidades de los compañeros de viaje, mala sería mi opinión, aún prescindiendo de un viejo abogado, prefecto de una provincia de Puerto Rico, personaje típico de la España de Felipe II, no de la España revolucionaria de hoy, que creía en brujas y hechicerías, milagros, apariciones y misterios de la piedra filosofal, y hablaba de S.M.C. con un recogimiento edificante y ortodoxo. Los demás revelaban en todos sus rasgos la estirpe española. Unidos y leales entre sí, hacían causa común en todo y para todo. Sobrios en lo general, no les faltaba un momento el cigarrillo o el cigarro, y se hacían notar donde quiera por su ardiente algazara. El juego, bajo todas las formas posibles, era su sola ocupación; jamás leían con fundamento; y cuando la música de prima noche se hacía oír en los escotillones digerían la comida bailando rabiosamente la «jota» o la «cachucha», o cantando en coro estrepitoso el himno de «Riego». Fanfarrones y pendencieros, sus disputas momentáneas iban siempre sazonadas de interjecciones coloradas, y acababan por burlas o anécdotas picantes. Cada una de sus frases tenía por adorno indispensable «aquella» palabra española tan expresiva, de sentido vago, y que no puede copiarse en ningún escrito sin escandalizar. Esa interjección es tan nacional para el español, que equivale a la más inocente como a la más desvergonzada de las otras lenguas; y el español la suelta con sencillez delante de todo el mundo, aún de las señoras muchas veces, sin pensar que pueda ser grosera. Casi todos los españoles del «Paraná» eran liberales y progresistas, lo que me probaba que las inclinaciones hacia la libertad se han desarrollado mucho en la Península, después de la independencia colombiana. Por otra parte, no hay un pueblo tan nacional como el español. Para él España es lo mejor que hay en el mundo, en cualquier sentido y al oír a un español decantar los primores de su país, se siente uno tentado a creer que es una tierra encantada de las «mil y una noches», o a reírse en las barbas de los buenos peninsulares, en cuyo caso la pendencia es segura. Durante algunos días el océano se había calmado, y su admirable inmovilidad carecía de interés. El mar no es verdaderamente hermoso, cuando está manso, sino en su contraste maravilloso con la tierra. Lejos de las costas, en alta mar, la escena es monótona cuando la tempestad no agita las ondas y produce sus fenómenos sublimes. Así, todo el interés de la navegación estaba en las escenas de a bordo, casi siempre grotescas. Había no sé qué de carnavalesco entre esos grupos heterogéneos, en cuyo fondo se destacaban verdaderas caricaturas; y la chismografía, que en la navegación es muy activa y fecunda, por la forzada ociosidad de todos los pasajeros, daba alimento a las más ingeniosas invenciones y curiosas anécdotas. Inútil es decir que nuestra modista francesa aclimatada en California, había encontrado un campo más extenso para sus coqueterías, y que la fingida rivalidad de algunos tunantes de buen humor la ponía en los más cómicos apuros. Ya era un italiano el que la galanteaba, haciéndole concebir con mucha habilidad esperanzas de matrimonio, para ir luego a contar lo ocurrido a todo el mundo, y reír a su sabor; ya un joven inglés, que de casualidad era burlón, hacía obsequiosas indicaciones, en nombre de la alianza anglofrancesa; ya un francés zalamero y galante reclamaba la preferencia por derecho de nacionalidad. Pero al fin la modista comprendió la burla, y renunciando a los artificios de la coquetería se resignó a pasar las horas leyendo novelas sentimentales, que la hacían llorar a veces con enternecimiento, y comiendo almendras, nueces y avellanas, de que hacía una fuerte provisión todos los días en el comedor. Aquella mujer comía tanto, tanto... que solo puedo comparar su glotonería a la sed de brandy de su compatriota mareada.

Otro tipo femenino bien curioso era el de una inglesa de la sangre caliente, fenomenal, que no se daba por notificada de sus sesenta inviernos. Había naufragado recientemente en las Antillas, y refería el episodio terrible con una frescura singular. Charlaba como una lora, siempre buscando la compañía de los hombres; brincaba todas las tardes como una bailarina de ópera, haciéndose invitar por los más jóvenes y gallardos a bailar polkas, varsovianas y cuadrillas; y tenía tal furor por el juego que se resentía con todos los que no le aceptábamos sus convites. Jugaba durante todo el día y hasta media noche, ora «whist», ora «veintiuna», y a veces hasta «monte» con los españoles, sin prescindir por eso del «ajedrez», las «damas» y demás juegos inocentes. Aquella vieja de espejuelos, bailando como loca y jugando como un Yankee, parecía haber apostado con el tiempo a no dejarse vencer... Entre los compatriotas de esa alegre Megera se distinguían por sus extravagancias un ministro presbiteriano y otro anglicano en ciernes. El primero, largo de dos metros y medio, seco y cadavérico y lleno de manías, andaba siempre con una Biblia en hebreo, dando consejos, hablando solo, haciendo extrañas gesticulaciones, y retozando con los niños de algunas señoras. Era un excelente médico, buen cristiano y humanitario en extremo. Su idea fija era la abolición de la esclavitud, y se veía que el extravío de la razón, que no era sino mediano e inofensivo, había dejado intacta toda la pureza de un nobilísimo corazón. Reprobaba mucho el juego interesado, bailaba con los hombres con sumo entusiasmo, era en extremo sobrio, extravagante en su vestido y sus movimientos, y en sus buenos ratos leía los salmos con unción y aprobaba mucho diversiones tales como el baile y el canto.

El ministro anglicano en ciernes, que había hecho en Jamaica sus estudios teológicos, era un gran calavera de excelente carácter, generoso, expansivo y servicial. ¡Pero qué de truhanerías! Bailaba, bebía, jugaba, gritaba, cantaba y se divertía ruidosamente de todos los modos posibles, más bien como un estudiante parisiense o alemán de vida pecaminosa, que como un candidato para la Iglesia. Un día le pregunté si tenía vocación para el sacerdocio, y por qué se manifestaba tan profano, y me dijo: «La profesión que voy a tomar es como cualquiera otra, y la he escogido por complacer a mi madre nomás. Pero como al tomar las órdenes tendré que ser circunspecto, me divierto ahora por aprovechar los últimos días que me restan de la vida alegre de mi juventud». Tal vez no le faltaba razón al excelente joven. El hombre tiene su época de calavera, y siempre le cuesta algún trabajo resolverse a dejarla. ¿Hay un ser más feliz en el mundo que un estudiante? Muchos otros tipos muy curiosos pudiera bosquejar, completando la galería del «Paraná», pero el lector se fastidiaría. Un vapor es una Babilonia ambulante, en cuyo interior se puede estudiar el mundo mejor que en ninguna parte. Todas las virtudes y debilidades se reúnen allí, y los caracteres de todas las razas se ponen en relieve y contraste con singular energía. Es el mundo en miniatura, con su egoísmo, sus comedias y caricaturas, sus preocupaciones, sus engaños y dudas, sus buenas y sus malas cosas; así, en ninguna parte se puede conocer más a fondo el corazón humano que allí, sobre un leño flotando entre peligros, donde el alma se presente desnuda. El 25 por la mañana un triste espectáculo interrumpió las cómicas escenas de los pasajeros. El médico del vapor, caballero muy estimable, había muerto en la noche anterior, de fiebre amarilla, enfermedad contraída en San Thomas, donde la muerte hace todos los años abundante cosecha de viajeros. Toda la tripulación estaba reunida en el escotillón, mientras la mayor parte de los pasajeros dormían. La ceremonia era solemne y profundamente aflictiva. Sobre el puente de entrada, al pie de una de las enormes ruedas del vapor, estaba el cadáver en su ataúd, cubierto con la bandera británica enlutada, y desde allí hasta el interior se prolongaban dos filas dobles de oficiales y marineros, escuchando con recogimiento los salmos y las oraciones severas del oficio de difuntos. La idea de la inmortalidad, de la eternidad, de lo infinito, parecía revelarse con más elocuencia y energía en ese cielo sin horizonte, en esa superficie movible, inmensa, incansable, cuyas ondas remedan el flujo y reflujo de la humanidad entre la vida y la muerte, y la existencia de un espíritu universal que todo lo agita y no perece nunca... ¡Y qué lección! Los marineros lloraban en silencio, con una emoción tan honda que compadecía. Era extraño ver correr las lágrimas por esas caras encallecidas y percudidas por el Sol, el viento y la lluvia, arrugadas por el tiempo, las fatigas y los peligros, y cuya expresión ordinaria era la indiferencia. Es que la comunidad del trabajo, de la ausencia constante de la patria, del peligro y de la contemplación de lo infinito, establece entre los marinos una fraternidad heroica que resiste a todas las pruebas y sobrevive aún a la muerte.

Después de las tristes ceremonias religiosas y de distinción, el ataúd fue arrojado a las ondas con una enorme bala de cañón que lo precipitó al abismo... ¡Magnífica tumba para el hombre es el océano! ¡Solo ese abismo, que recibe todo el tributo de la tierra, y sobre el cual se revela con más esplendor la omnipotencia de Dios y la grandeza del hombre, es digno de recibir los despojos de la criatura inmortal cuyo espíritu jamás perece! El 26 de febrero el mar empezó a agitarse con vehemencia, cambiando el aspecto uniforme de la escena. Enormes bancos de plantas marítimas, que parecían sábanas flotantes de diversos colores, venían del lado de Terranova, haciendo su larga peregrinación hacia las regiones del sudeste, violentamente azotados por las olas. El mar aprecia un monstruoso león, sacudiendo su crespa melena, o un gigantesco pez revolcándose sobre el abismo para hacer brillar al Sol sus escamas como montes, o mostrar sus hondas arrugas momentáneamente oscurecidas.

Después, el día 28, estuvimos en plena tempestad. El huracán zumbaba sacudiendo las chimeneas y todo el arbolaje; la lluvia oscurecía el cielo; las olas venían como derrumbes a bañar todo el puente de cubierta; y el enorme buque, soltando fatigado sus negras bocanadas de humo, saltaba entre las concavidades de las ondas como un toro enfurecido por los golpes que en todas direcciones recibe. Tres noches de peligros, noches solemnes y sombrías, tuvieron a todos los pasajeros en ansiedad, aunque al venir el día los espíritus se tranquilizaban y el buen humor volvía. La noche multiplica siempre la gravedad de las impresiones, y es el Sol con sus eternas alegrías el que hace palpitar el corazón de esperanza y placer.

El 7 de marzo todos los pasajeros saludamos con alegría, desde temprano, la faja oscura que indicaba la cercanía del cabo Lizard, en la costa de Inglaterra, que determina con la punta francesa de Brest la ancha embocadura occidental del canal de la Mancha. Por una singular casualidad, el canal estaba tranquilo como un lago, y sus aguas verdes y trasparentes reflejaban un cielo magnífico. Centenares de bergantines y goletas, de botes carboneros y de barcas pescadoras se cruzaban en todos sentidos, ya mostrando el rico velamen, y el pabellón francés, inglés u holandés, ya la roja y única vela del barco pescador o puramente costanero, rápido como una gaviota que roza apenas la superficie de las ondas. Puertos pintorescos; bellísimas bahías en cuyo fondo se veían las poblaciones, entre otras Falmouth, Plymouth, Dartmouth y Sidmouth; multitud de fanales brillando a la luz de un Sol que no aprecia de invierno; colinas ondulantes, surcadas por el arado para recibir luego la simiente, o campos cubiertos de una vegetación amarillenta o gris; depósitos lejanos de nieve detenidos sobre las rocas o en los pliegues del terreno; y picos y peñascos románticos de formas admirables, destacándose sobre las olas en los pequeños golfos de la costa y formando semicírculos de trecho en trecho: todo eso, contrastando con la multitud de casas campestres levantadas sobre las colinas y los planos inclinados, entre arboledas disecadas y ennegrecidas por el invierno, que aprecian esqueletos aéreos, tenía un encanto indefinible, preparando mi imaginación para el espectáculo enteramente nuevo de la civilización europea.

Recordaba las selvas y los desiertos de mi patria, donde la naturaleza reina sola en todo su esplendor; donde faltan el cultivo, el arte, la previsión y los monumentos que atestiguan un colosal progreso y la actividad de la vida industrial; y la comparación me afligía profundamente. Saludé con entusiasmo a este viejo mundo que se me ofrecía como un inmenso libro de estudio y observación; y cuando puse el pie sobre los muelles y diques de Southampton comprendí que una nueva existencia empezaba para mi corazón, ansioso de impresiones, y mi espíritu, anhelante de luz, de ciencia y de progreso.

Segunda parte. Algo de Inglaterra y Francia

Capítulo I. Southampton
La ciudad y su puerto. Movimiento comercial. Interior de la ciudad. Primeras impresiones. Un compañero mistificado. El primer tren de ferrocarril. De Southampton a Londres

«Southampton» es una ciudad interesante y pintoresca bajo todos aspectos y que tiene la bella cualidad de predisponer el espíritu del viajero en favor de Inglaterra, a la cual sirve de vanguardia comercial en el centro del canal de la Mancha. Un bonito río de diminutas proporciones desemboca en el arrabal de la ciudad, confundiéndose con la angosta y hermosísima bahía que le sirve de asiento hacia el Sur, y que la primorosa isla de Wight interrumpe en la embocadura, formando dos canales marítimos entre las costas de Portsmouth y Lymington. La bahía, penetrando en la tierra vigorosamente, se ensancha en el, interior en una especie de círculo oblongo, y por todos lados la costa es el término de colinas notablemente bellas, pobladas de quintas, palacios, bosques artísticos de pinos y encinas, jardines espléndidos, sementeras de cereales y huertas de frutas y legumbres. Todo ese conjunto es tan pintoresco, que aún en medio de los rigores del invierno conserva su gracia y seducción.

En el fondo de ese horizonte de primores artísticos y trabajos de cultivo refinado, de toda esa decoración de palacios y casas campestres elegantes, dormían las ondas cristalinas y azules de la bahía, contrastando con la multitud de conos caprichosos, brillantes a la luz del Sol, de espesa nieve aglomerada al pie de los árboles y los enrejados, los setos y los grupos artísticos de invernáculos y alamedas enanas. Y en el centro de ese interesante anfiteatro de ondas azules, rocas, colinas, palacios y pequeños pinales, se destacaban las chimeneas y los mástiles de multitud de grandes y pequeños vapores, gigantescos navíos, bergantines y barcas, y se cruzaban caracoleando, impulsadas por el remo, centenares de lanchas o faluchos pintados de colores, como mariposas volando sobre la tersa superficie de un lago Southampton es el centro y punto de partida de muchas grandes líneas de paquebotes que giran entre Inglaterra y las Antillas, Francia, el Norte de Europa, España, Portugal, todo el Mediterráneo, el Brasil, el

África y la India. Esta circunstancia es la que ha contribuido más poderosamente a darle mucha importancia comercial a Southampton y crear allí un movimiento poderoso en la telegrafía, los ferrocarriles, las comisiones de cambio, las industrias marítimas, las construcciones navales, los correos y las grandes importaciones de metales preciosos, tintes finos y otros artículos de producción trasatlántica. La bahía carece en el puerto de esas famosas construcciones de mampostería que se llaman «docks» o diques (tan útiles y necesarias en Londres, Liverpool y otros puertos comerciales), obras que allí son reemplazadas con muelles de mampostería y de madera, de grandes proporciones, avanzados a una distancia considerable. Así, a pesar del excelente fondeadero del puerto, la acción de la marea es siempre indispensable para la entrada de los grandes vapores y los buques de vela. La aduana de Southampton tiene un movimiento extraordinario, y a pesar de la rigidez con que se hacen los registros y se cobran los derechos pude observar dos cosas muy notables: 1.ª que en Inglaterra el viajero es tratado con decencia y respeto por los empleados fiscales, pues allí no hay esas inquisiciones sobre la persona, que insultan la delicadeza del hombre de honor y el recato de una señora; 2.ª que el viajero que quiere evitarse prolijos registros en su equipaje, no necesita más que decir franca y lealmente lo que lleva en sus baúles, en cuyo caso el registro se limita a los objetos denunciados por el propietario. En Inglaterra se tiene un gran respeto por la palabra del hombre, y la sinceridad es siempre el camino mejor. Una señora es muy considerada por los funcionarios públicos. Por lo demás, si alguna dificultad se presenta, los chelines lo arreglan todo en último resultado, pues en este punto Inglaterra se parece a todo el mundo. Lo que allá es cuestión de pesos, de reis o dollars, por acá es asunto de chelines, francos, thalers o florines: los nombres varían, pero el dinero tiene en todas partes la misma elocuencia para todos los pueblos.

Después de salir de los vastos salones de la Aduana, el viajero se ve asaltado por los cocheros y carreteros, especie de mendigos sobre cuatro ruedas, que se disputan los chelines del «gentleman» novicio. Cuando la gavilla da el asalto lo más prudente es no escoger el victimario, sino entregarse a discreción del primero que llega, so pena de ser estrangulado con equipaje y todo. La primera parte de la ciudad pertenece propiamente al puerto, la aduana, la estación del ferrocarril y del telégrafo y todo lo relativo al servicio de comunicaciones. Allí es donde tiene el marino su soberanía, campea gallardamente el remero, atruena el carretero, y se pavonea, trasformado, el «steward» (sirviente de paquebote) que pocas horas antes servía al pasajero la hirviente taza de «punch».

El cuadro de costumbres es animado y vigoroso, porque todas las gentes que se cruzan por las cercanías de la aduana son los obreros del Sol y del agua, endurecidos por las fatigas de un trabajo penoso. Ya tropieza el viajero con el marino de pequeña estatura, rollizo y mofletudo, con su chaqueta de paño negro, abierta, el ancho cuello de la camisa de franela, el sombrerito redondo y charolado, puesto al desgaire sobre una oreja, la corbata negra y flotante y los monumentales botines llenos de clavos, sonando como herraduras de caballos. Ya pasa el carretero como un derrumbe, atropellando a todo el mundo, enorme, tosco, insolente y oliendo a cerveza como un tonel, transportando castillos ambulantes de equipajes y trastos, con una fuerza y agilidad que parecen prestadas al caballo normando y a la locomotiva. Ora nos codea el «steward», sonriéndonos con malicia porque nos muestra suspendida del brazo la «Calipso» a quien ha consignado todos los chelines escamoteados en la navegación, y porque en vez de la humilde servilleta, esa blanca y prosaica librea del comedor flotante, ostenta una levita azul de botones amarillos o blancos, la cachucha del doméstico marino y el estrecho corbatín del «dandy». En fin, el guarda de la aduana, con sus aires de persona importante o cancerbero del puerto, arroja sobre el recién venido una mirada escrutadora o de protección, como para hacer comprender que tiene en sus manos las llaves de las puertas.

La segunda parte de la ciudad, separada del puerto, aparece luego pintoresca, alegre y agradable por la elegancia de sus casas, fondas y palacios, la hermosura de sus alamedas, el aseo exquisito de sus anchas calles macadamizadas, la gracia de sus jardines, el humo de sus altas chimeneas, sus azoteas de techos cubiertos de nieve, sus ricos e innumerables almacenes, las románticas torres de estilo gótico de sus templos, y el movimiento incesante de paseantes, de vendedoras de fruslerías, de hermosas damas y «loretas», de coches, de carretas, de barateros, de muchachos gritando, y de cuanto puede hacer la animación de una ciudad comercial Southampton es una ciudad renovada, y de esto dependen en mucha parte sus bellezas materiales y el carácter de su población. Esta es de cuarenta a cincuenta mil habitantes, que el movimiento exterior aumenta accidentalmente más o menos. La ciudad tiene un teatro, que regularmente está cerrado; y carece de periodismo, pues solo cuenta una hoja hebdomadaria. Su verdadero periodismo está en Londres, a causa del movimiento activo de la telegrafía y los ferrocarriles; y por lo que hace a teatro los ingleses no le tienen mucha afición. El francés ama el teatro, el café y el periódico; el inglés las carreras de caballos, la Bolsa y el almacén. Y en una ciudad tan esencialmente comercial como Southampton, donde se cruzan día por día millares y millares de viajeros sucediéndose con rapidez, los espectáculos carecen naturalmente de importancia. Allí el silbido incesante de la locomotiva, al partir o al llegar, en la amplia estación que centraliza muchos ferrocarriles en actividad prodigiosa; los numerosos partes telegráficos haciendo vibrar los alambres eléctricos a todas horas; las especulaciones consiguientes a los negocios trasatlánticos, y el movimiento aturdidor de grandes carretas de mercancías cruzándose en todas direcciones, le hacen comprender al viajero que en Inglaterra no hay casi tiempo para vivir, ni mucho menos para divertirse. En este país del comercio, de la especulación, de la vida práctica, de los espíritus serios, reflexivos, glacialmente calculadoras, el tiempo es el capital más valioso, y para sacarle interés o hacerlo producir todo el mundo anda como en ferrocarril, no obstante la frialdad de los caracteres. Cada palabra sale medida, tasada por los labios, por economía; cada hombre es una locomotiva, un tren expreso; cada acción es un cálculo; el ser humano es el número hecho carne y hueso, la aritmética pensando u obrando. En Inglaterra se vive tan aprisa, que la nación entera es un circo de corridas de caballos o un inmenso «railway».

Allí no hay tiempo para sentir el corazón, porque el bolsillo es todo. Ser inglés negociante no es una «manera de ser moral»; es apenas una operación de aritmética, formulada por una cabeza, un par de brazos, otro de piernas, etc. Southampton es una bella ciudad. Carece de monumentos, porque es casi nueva, pero tiene varias iglesias de estilo gótico normando algo curiosas. Su verdadera edilidad se reduce a puentes secos muy sólidos, muchas líneas de ferrocarriles, grandes y espléndidas fondas, hermosísimas quintas en los alrededores, algunos edificios públicos muy bien mantenidos, y un sistema generalmente elegante en las construcciones de las casas. Las calles son en lo general muy espaciosas, muchas de ellas cortadas en ángulos rectos, y casi todas con el suelo macadamizado. No faltan bellos paseos, grandes plazas muy bien mantenidas y abundantes mercados. El barrio opulento, donde tiene sus grandes y lujosos almacenes el comercio, es el del lado occidental, comprendiendo principalmente las calles magníficas de «High» y «Oxford», en cuyas innumerables tiendas se encuentra reunido cuanto la civilización de Europa y el comercio del mundo pueden producir. En el centro están los talleres o fábricas y las habitaciones de la clase media; al sur, cerca de la grande estación del ferrocarril y el telégrafo, y de la aduana, se encuentran los famosos «hoteles» para los viajeros; y en el barrio oriental viven los obreros, se cruzan las vivanderas y hormiguean los campesinos, terminando la ciudad hacia el norte y el éste por una serie de quintas, huertas de hortalizas y jardines que tienen el aspecto más pintoresco aún en los días helados de invierno riguroso.

    Recorriendo rápidamente los barrios de la ciudad pude penetrar en varias iglesias y recorrer sus cementerios adyacentes. Al entrar en un templo anglicano, vacío, oscuro, sin adornos de ninguna clase, sin imágenes ni ficciones, se siente (la primera vez) una vivísima impresión. Allí toda poesía falta: aquel no es el reino de los sentidos, sino el de la razón. Se comprende que el templo del protestante no es lugar de fiesta mundanal o de espectáculo, sino de recogimiento solemne; que Dios no es allí el actor de formas humanas impíamente rebajado a figurar en un teatro lleno de colores, colgaduras y cuadros de pintura, sino un poder invisible y supremo, adorado con infinito respeto, y tan grande, tan inefablemente bello, que no puede ser representado, porque no hay en el mundo nada que se le parezca, excepto el alma del hombre, partícula misteriosa de un poder inescrutable. Jamás he creído en eso que se llama sofísticamente «el destino de las razas»; sino que, para mí, son las instituciones, no la sangre (ni los climas en tanto grado) las que forman el carácter moral de los pueblos. Pude confirmar esta opinión al visitar, por la primera vez de mi vida, en Southampton, una iglesia protestante. Ningún pueblo fue más feroz hasta la edad media, que el de Inglaterra; ninguno más turbulento y antipático para la civilización. Y sin embargo, hoy es frío, reflexivo, civil, pacífico, humano, moral y eminentemente progresista. ¿Quién ha operado este prodigio? El protestantismo y las libertades públicas aseguradas en las dos revoluciones del siglo XVII. Si ellas le han dado al pueblo la vida civil y la moralidad con la conciencia del derecho, el protestantismo ha fundado en Inglaterra el reinado de la razón, del libre examen, de la veneración profunda, sin los atavíos de la superstición y de la idolatría moderna. No hay en Inglaterra objeto tan respetable como las tumbas; un cementerio es allí positivamente el templo de la muerte, que goza de absoluta inviolabilidad. El extranjero quo ignora esto, se admira mucho, al recorrer a Southampton u otra ciudad inglesa, de ver los cementerios al lado de las iglesias, separados de la calle solo por una verja con entradas libres, y ostentando sus sencillos y severos monumentos entre yedras y pequeños cipreses, sin que esto desagrade en manera alguna. Muchos de esos monumentos, con inscripciones ordinariamente en latín (esa lengua de los muertos, hombres, siglos o imperios) se reducen a piedras talladas, colocadas de pie como linderos. No dudo que este sistema de panteones al aire libre, dentro de las ciudades, sea pernicioso para la salud; y en Inglaterra se trabaja ya por suprimirlos. Pero hay para mí no sé qué de filosófico, de solemnemente epigramático en esa unión de la vida y la muerte. La multitud, al desfilar por la calle delante de un panteón, comprende cada día que la tumba es el fin de las miserables pasiones de una vida que la virtud no engrandece, y fortifica su conciencia para la peregrinación mundanal con el pensamiento de ese «algo» misterioso que se adivina detrás de la losa.

Pasemos de la muerte a la vida. Inglaterra es el país de las mujeres hermosas, admirablemente hermosas, pero no bellas, es decir, estatuas de nácar primorosamente modeladas, con cabellos de oro, crespos y abundantes, ojos azules o castaños, morbidez de formas, piel rosada y purísima, brazos encantadores, y todo un conjunto de Venus «corporal», salvo eso sí los pies, que pertenecen al género fósil o antediluviano, porque son mastodónticos. Pero esas mujeres de tan completa hermosura, carecen, en general, de esa vida en la mirada, ese fuego en la sonrisa, esa poética expresión reveladora del alma y del sentimiento, que constituyen la «belleza». No hay que confundir jamás la bonita, la graciosa, la linda, la hermosa y la bella en una vulgar y común denominación, porque cada una de ellas es un tipo especial que corresponde a condiciones diferentes. Pero si Inglaterra es el país de las hermosas, y Londres encierra centenares de miles de esas hadas engañosas (verdaderos sofismas, puesto que lo moral no corresponde con la seducción física), las ciudades como Southampton y Liverpool son los puestos avanzados de ese admirable ejército de caras admirables. Como allí se reúnen tantos extranjeros, ricos americanos, gallardos españoles y elegantes franceses, pasando del uno al otro mundo, el diablo (por sí o por no le echaré la culpa) el diablo que no se duerme y es muy previsor y hospitalario, ha tenido el talento de inspirar a muchas de sus más hermosas parroquianas un loco entusiasmo por las brisas marítimas de Southampton. ¡Infeliz del extranjero que no tenga fuerza para resistir a la seducción de esas sirenas peligrosas, y crea en los tesoros del amor de puerto de mar! Conozco la historia auténtica de un excelente hispano-colombiano, solterón sencillo, que acostumbrado a ver las caras aceitunadas de su parroquia de indígenas, se vino a «desaburrirse» en Europa. Al llegar nomás a Southampton, el buen descendiente de Colombia, que nunca las había tenido tan gordas, se encontró lelo. Empezó por enamorarse de todas las hembras que veía, porque todas le parecían señoritas de rango, supuesto que usaban gorras de terciopelo, trajes de seda y elegante calzado, atavíos que en Hispano-Colombia corresponden solo a las damas de buena sociedad. Pero luego fue reparando que sus «señoritas» vendían frutas o baratijas, o llevaban distintivos de domesticidad, y perdió sus primeras ilusiones, en asocio de unas cuantas manotadas de libras esterlinas representantes de las viejas onzas desempaquetadas. Con todo, la fascinación seguía, y nuestro solterón aprecia confinado a Southampton, mirando en derredor cómo aturdido y con los ojos claros y sin vista. Un día «vio» pasar una hermosa sirena en un lujoso coche, y luego descender sobre el enlosado de la calle. Se cruzaron, y la inglesa que adivinó bajo el «paltó» del colombiano la existencia de una mina de oro, le arrojó una de esas miradas que tumban de redondo como las bolas del gaucho de Buenos Aires, y le magnetizó. Lo demás siguió como todas las historias de amor. Ello es que a vuelta dé dos meses nuestro solterón del Nuevo Mundo se apercibió, en un momento lúcido, de que apenas le quedaban unas 150 libras por todo fondo, sin relaciones ningunas que le sacasen del apuro. Preciso le fue resignarse. Hizo su paquete, se le huyó a la sirena y se embarcó para Colombia, con el placer de haber conocido a Europa... Él tenía la persuasión de que después de Southampton el mundo se acababa de este lado del Atlántico. ¡Bienaventurado! En Southampton fui testigo de un episodio graciosísimo, cuyo resumen daré apenas. En el hotel en que permanecí en esa ciudad con mi familia, durante cuatro días, había una señorita sumamente linda, llamada Fanny, y estaba hospedado un joven compañero mío de navegación. La ley de la atracción produjo sus efectos y mi compañero (le llamaré H) se enamoró perdidamente de Miss Fanny. Esta no fue insensible, y concedió algunas coqueterías inocentes, propias de los dieciséis años. H no pensó más en seguir a Londres o París, y cada momento hacía ingeniosas evoluciones para lograr instantes de conversación a solas con la «chica», como él, a fuer de español, la llamaba, un día entraba yo a la casa, vi a Miss Fanny en un balcón y me detuve a saludarla y hablarle algunos momentos en muy macarrónico inglés. Subí, y al pasar por un corredor di con H, que salía de una sala común frotándose las manos y muy alegre:

—¿Qué tenemos? —le dije.

—¡Que la chica Fanny acaba de darme el beso más suculento del mundo!

—¡Diantre! —le repuse—, si yo acabo de verla en el balcón...

—Es imposible, porque yo salgo de hablar solo con ella en el salón opuesto.

No quise adelantar la discusión por prudencia, pero quedé persuadido de que la afirmación de H no era más que una «chapetonada», mentira de amante jactancioso. Al siguiente día un lance muy cómico nos aclaró el misterio. Miss Fanny tenía una hermana gemela, tan perfectamente igual en todo, que ni mi esposa con la penetración de una mujer había podido distinguirlas. Como el joven español no sabía una jota (o una «h») de inglés, su lenguaje había sido el de las sonrisas y señas, las flores y regalos de fruslerías elegantes, etc., etc., y había podido sostener, sin saberlo él y sin que lo comprendieran Fanny y Caroline, un sistema de amorcejos por partida doble; no sin admirarse algunas veces de la rapidez con que Fanny entraba por una puerta y salía poco después por la contraría, fenómeno de bilocuidad que se comprendía al saber que había en la casa dos Fannys o una Fanny por duplicado.

Debo hacerle a mi español la justicia de advertir que al punto de comprender el juego en que una rara casualidad le habla mantenido, se fue a tomar su billete para el tren de Londres, resuelto a evitar unos amores por «duplicata» que podían tener mal fin después de un principio tan risible. Aconsejo a los lectores muy respetuosamente que eviten en todo caso los amores de fonda, tan peligrosos como las amistades de corrillo. El 12 de marzo tomé el tren expreso que partía para Londres a las once y media de la mañana. ¡Qué impresión tan vigorosa la que experimenté al sentirme por primera vez arrastrado, con la rapidez del huracán, por ese animal de hierro, animado por el espíritu del hombre y silbando como una enorme serpiente enfurecida, que se llama «locomotiva»! El alma se siente fascinada por ese poder que la hace delirar, soñar con la vista de regiones misteriosas cubiertas por la niebla luminosa de la ciencia, y asistir a la maravillosa generación infinita del progreso. Los bosques, las quintas, los castillos aristocráticos, las chozas rústicas, las colinas, las llanuras, los riachuelos, las sementeras, los ganados y las poblaciones, pasan por delante del viajero como visiones fantásticas o cuadros de leyendas fabulosas; y la ilusión es tan poderosa algunas veces, según la hermosura del paisaje, instantáneamente descubierto y perdido, que se llega hasta dudar de sí mismo y palparse para convencerse de que aquello no es un sueño, sino una gigantesca y sublime realidad de los prodigios de la civilización. ¡Es en presencia de esos espectáculos que se aprende a: estimar el mérito del hombre, a respetar la ciencia, adorar a Dios como el germen supremo del espíritu soberano que agita a la humanidad, y tener fe en el progreso como el destino interminable de la Creación! La línea férrea de Southampton a Londres gira por en medio de un interminable paisaje de los más bellos colores, de una riqueza vigorosa en todos los pormenores como en el conjunto, en donde se confunden, formando un juego encantador, las obras de la industria con los encantos de una naturaleza apacible y de contornos suaves. Sin embargo, la rapidez del tren no permite apreciar bien los objetos, salvo en las numerosas estaciones cerca de las ciudades y las villas que demoran sobre el trayecto. En Inglaterra hay una absoluta libertad industrial que permite el establecimiento de trenes, ferrocarriles y telégrafos sin sujeción casi a reglamentos de la autoridad, y por eso cada compañía se esfuerza por rivalizar a las demás. De aquí proviene la rapidez muy notable de las locomotivas inglesas, que hacen 35 a 40 millas por hora, mientras que en Francia no vencen sino unas 30. Los ingleses estiman en mucho el tiempo y no evitan nada por economizarlo. También es de notarse la gran multiplicación de alambres en los telégrafos que están adjuntos a las líneas de ferrocarriles, circunstancia que se presta a una mayor precisión y un servicio más extenso de la telegrafía en Inglaterra. El hecho que resalta más a la vista del viajero al atravesar las campiñas inglesas es, aparte del orden admirable en los establecimientos agrícolas, el tino con que se aprovecha todo el terreno sin desperdiciar una partícula. Así, al lado del parque aristocrático destinado solo a los placeres campestres, se ve la magnífica huerta de preciosas legumbres y árboles frutales, admirablemente bien conservada y tan limpia como el pavimento de un salón; y el jardín mismo, que parece no ser sino un objeto de recreo, da sus productos a merced de un cuidado singular. Mientras que la estéril colina arenosa o de terreno calizo es aprovechada con bosques artificiales de pinos y otros árboles alpestres, en extensión muy considerable y con gran provecho por la renta que procuran, al mismo tiempo que hermosean primorosamente todas las eminencias, las llanuras están pobladas de ganados lustrosos y robustos, de razas cuidadosamente educadas y mejoradas; los cuadros de plantaciones ostentan su variada vegetación, o el arado vigoroso del agricultor inglés (siempre movido por caballos enormes) abre los surcos fecundantes que preparan la simiente. Por todas partes se cruzan las acequias, en una red inteligentemente preparada, para la irrigación de los campos; el obrero trabaja con laboriosa asiduidad aún en medio de los depósitos de nieve que salpican de trecho en trecho los setos de las llanuras y blanquean bajo la sombra oscura de los pinos y abetos; innumerables quintas y casas campestres de construcción pintoresca y caprichosa, se destacan en todos sentidos de entre los grupos de pinos enanos y los jardines y huertos; los puentes, los caminos vecinales, los pequeños diques de irrigación, las fábricas y los rediles se multiplican hasta lo infinito, dándole al inmenso cuadro los más graciosos contornos; y de tiempo en tiempo se alcanza a ver el grupo encantador de las casas de alguna pequeña ciudad, dominada por las altas torres de las iglesias, católicas y protestantes, mientras que atrás oscurece la perspectiva el ancho lomo de alguna colina cubierta de negros pinos repartidos en interminables callejuelas sombrías, o brilla a la luz momentánea del Sol algún pequeño río de graciosa configuración.

Al recorrer los campos de Inglaterra se comprende el misterio de la grandeza universal que favorece a esa nación, porque se ve que aquel pueblo, que vive como en el puente de un inmenso navío flotando entre dos mares, ha comprendido que su aislamiento físico le impone la necesidad de desarrollar simultáneamente todos los intereses. En presencia de la riqueza británica no se sabe qué decir de su carácter —si es agrícola, industrial o comercial—, porque lo es todo, y en alto grado en todo. La agricultura inglesa no tiene rival en Europa, por su irrigación, su régimen de cultivo, la educación de las crías, sus instrumentos de labor, sus excelentes abonos, la fecundidad del suelo, la paciente laboriosidad de los obreros y otras circunstancias Pero si al recorrer los campos se cree que Inglaterra es principalmente agrícola, después se la juzga fabricante al visitar las inmensas, poderosas e innumerables fábricas de sus catorce ciudades manufactureras, así como al conocer a Londres, Liverpool, Bristol, Southampton y otros muchos puertos de mar y de río se inclina el viajero a reconocer que el carácter comercial es el predominante. Al cabo es preciso persuadirse de que Inglaterra es todo en primera línea, excepto espiritual y artística, pues sus géneros de trabajo son los que los especuladores llaman «positivos», como, si todo lo que es útil en el mundo no produjese riqueza. Las más importantes ciudades del tránsito, entre Southampton y Londres, son las de Winchester y Bishopstoke. La primera es de gran celebridad histórica y bien considerable por su población y su sociedad literata; es el asiento de un arzobispado de primer orden, y a parte del mérito de muchos de sus edificios antiguos tiene una famosa catedral de arquitectura gótica que es uno de los más notables monumentos de Inglaterra y aún de toda la Europa. El exterior es imponente y majestuoso por su tamaño y por el carácter secular y admirable de su arquitectura, y el interior tiene mil primores de arte y reliquias históricas (no obstante que es catedral protestante) que son consideradas como de mucho valor. Bishopstoke es mucho más reducida en todos sentidos, y es una ciudad prosaica y sin particularidad alguna en lo material, pero tiene su especialidad para la agricultura y el comercio que la hace notable. Es un gran mercado de quesos, tan valioso, que de allí parten para todo el país y el extranjero valores muy considerables en ese artículo que es al mismo tiempo fruto pecuario y fabril. La igualdad del terreno, que es perfectamente plano para el viajero, y la multitud de puentes secos, «tunels» y bosques de pinos en todo el trayecto, no permiten registrar de lejos el inmenso panorama de Londres. El viajero presiente que va a llegar, porque ve que los jardines, los parques, los caminos y las quintas se multiplican de un modo prodigioso, y siente muy cerca, casi de minuto en minuto, los silbidos de las locomotivas que arrastran los trenes de otras líneas cercanas de ferrocarriles dirigidas a la colosal metrópoli. Al fin se alcanza a ver una larga fila de colinas, a la derecha, poblada de arrabales de Londres y de castillos y quintas; luego se descubre a la izquierda la primorosa planicie o valle del Támesis que se extiende hacia Richemond, y se ve serpentear el opulento río por entre alamedas y edificios, a algunas millas de distancia; enseguida se atraviesan los arrabales de la ciudad, y cuando menos se piensa está uno en el corazón de la metrópoli monstruo, bajo la techumbre monumental de hierro y vidrio que cubre el embarcadero del ferrocarril en la estación de «Bishops Road».

Hay no sé qué de fantástico, algo que hace recordar las románticas visiones o las extravagantes maniobras del «Diablo Cojuelo» de Lesage, al pasar en alas de un vagón por encima de una ciudad, como una gigantesca bruja saltando de torre en torre, de chimenea en chimenea y de cuadra en cuadra. El ferrocarril está construido sobre un piso artificial muy elevado que forma un inmenso puente sobre la ciudad, a fin de poder penetrar hasta el centro, sin interrumpir el tránsito de las calles; así es que, al pasar el viajero, ve debajo, en la profundidad, las casas apiñadas en interminables filas, y las gentes hormigueando por las calles como enanos o liliputienses. Todo contribuye, pues, a producir una ilusión completa de viaje aéreo y extravagante, una profunda impresión que, por su novedad, persiste grabada en el espíritu por muchos días. La idea de Londres no se puede adquirir al llegar, por falta de un punto de vista que ofrezca el panorama completo. Para saber lo que es Londres —ese mar de casas, de humeantes chimeneas, de torres y fábricas, de parques y jardines, de coches, carros y almacenes, de moles gigantescas salpicadas de niebla, por cuyo centro se desliza el Támesis, cubierto de navíos y botes como un largo arrecife de millares y millares de rocas multiformes—; para comprender la grandeza de ese mar artificial, repito, es preciso subir a las cúpulas de San Pablo o del «Coliseo» y hundir la mirada, pasmado de admiración, entre Dios y el hombre, el cielo y la tierra, el horizonte y la pequeñez del balcón que sirve de mirador. ¡Entonces se comprende que, desde que se ha penetrado a esa Babilonia, la personalidad ha desaparecido ante una grandeza que aturde, que abruma, que pulveriza sin misericordia! ¡Londres es una inmensidad compuesta de ceros, es la paradoja de millones de «nadas», de seres nulos ante el conjunto, formando la suprema grandeza! Londres, bajo ese aspecto, es la verdadera imagen de la civilización, del progreso, de la humanidad en su obra secular. La partícula parece insignificante y lo es aisladamente; pero la armonía y la cohesión providencial de todas las partículas producen la fuerza de la Creación y de la humanidad y el admirable fenómeno de la civilización. Desde el momento en que el viajero extraño desciende del vagón del ferrocarril, su persona es libre, enteramente libre, pero su bolsillo, su fortuna portátil queda a discreción de una legión tan extensa, tan complicada y hábil de «filibusteros desarmados», que toda defensa es imposible. Disputado por un enjambre de cocheros y carreteros que se apoderan de todo el equipaje por sí y ante sí para llevarlo a su destino, y pelotean al paciente-propietario como una jauría de perros al derredor de un ciervo humilde y aturdido, el recién llegado se resigna a abdicar su voluntad y entregarse al que tiene más fuerza para estrujarle y pulmones para ofrecerle a gritos sus servicios. El cochero y el carretero son los reyes de las calles de Londres, como el mendigo y el salteador entre las ruinas de Roma. Además, aquellos dos personajes clásicos de Inglaterra son los «Carones» de esa laguna Estigia de Londres: ellos se apoderan del extranjero, le despojan de una parte del capital de viaje y le consignan al infierno del «hotel» para que la obra se complete. Francamente, no he conocido ladrones iguales a los cocheros de Londres (salvo los dueños de «hotel», a quienes no quiero defraudar en su honorable reputación); y lo peor de todo es, que aquellos salteadores de «chelines» despluman a la víctima con una insolencia sin igual. El hotel es en Londres la forma conspicua del sofisma, pues está preparado según todas las reglas de la fascinación para recibir dinero sin ofrecer en cambio casi otra cosa que apariencias o ilusiones. Edificios inmensos y sombríos, que son como una ciudad bajo un mismo techo; escaleras de mármol, suntuosas en apariencia; colgaduras, lámparas, espejos, alfombras, camas monumentales; muebles brillantes y todo lo que puede fascinar y excitar la vanidad, he ahí lo que constituye un hotel inglés, servido por criados que parecen miembros de Parlamento. Todo aquello es suntuoso y promete un excelente servicio para el viajero que llega fatigado y hambriento.

Pero luego viene la realidad a establecer una triste compensación. Comidas pobres y vulgares servidas con una calma capaz de hacer perder el apetito, completando la digestión entre plato y plato; un café detestablemente preparado; sopas inmundas (cuyo secreto vine a descubrir por medio de un sirviente) que salen de una caldera general en donde arrojan las sobras de los platos servidos a otros en el «restaurador» del hotel; dificultades y dilaciones para todo; criados que el huésped tiene que pagar de varios modos, y por remate de cuento y mil contrariedades una «cuenta» escandalosa, de proporciones judaicas, llevada hasta el abuso más grosero de la superioridad del empresario: he ahí lo que son los hoteles de Londres. En resumidas cuentas, lo que el viajero paga no es lo que se «come» o le «sirven», sino lo que ve, es decir, los espejos, los mármoles, las alfombras, las lujosas casacas de los lacayos y todo el tren de ostentación; sin que haya modo de evitarlo, porque todos los hoteles que no son inmundos son así. Allí no hay elección posible (si no se apela al «boarding house», en caso de larga residencia) entre el hotel-palacio, que saquea y arruina sin provecho para el viajero, o el hotel-figón, indigno y repugnante por su desaseo y su vulgaridad. En Inglaterra todo es extremoso, en general: allí la riqueza colosal vive al lado de la miseria suprema; lo admirable alterna con lo inmundo. Pero en materia de hoteles, como de cafés, almacenes, etc., el inglés hace conocer que le falta absolutamente la noción del arte y casi del todo la del gusto delicado. Allí todo es vigoroso, según la idea materialista que se tiene de lo útil, y se piensa más en la especulación y el lujo suntuoso y muy fascinador u ostensible, que en el arreglo agradable de las cosas que consulta al mismo tiempo la economía, la delicadeza de gustos y la comodidad. Ese es el genio del pueblo inglés, y sería inútil rebelarse contra los resultados que de él se derivan.

Capítulo II. Aspecto general de Londres
Las grandes calles. Costumbres diversas. Miseria y beneficencia. Contrastes dolorosos. Reflexiones sobre el pauperismo

Mi residencia en Londres fue tan corta que a decir verdad, no alcancé a ver sino los rasgos generales de su fisonomía. Londres es tan colosal, tan complicada en su estructura material, que para recorrerla en todas direcciones y escudriñar sus secretos se necesita un estudio permanente de algunos años. ¡Y sin embargo, qué extraño fenómeno se encuentra en el carácter de esa inmensa metrópoli! Si para averiguar toda la estadística de Londres es indispensable una larga observación, para comprender su estructura general bastan quince días bien empleados.

París tiene apenas la mitad de la grandeza positiva de Londres, y sin embargo, para estimar en todo su valor la capital francesa se requiere más tiempo que para conocer a Londres perfectamente. ¿Por qué? La razón es obvia: Londres no es absolutamente otra cosa que la metrópoli de la industria y del comercio del mundo, es decir, el reflejo colosal de una de las grandes faces de la civilización; mientras que París es la metrópoli de la civilización en todas sus manifestaciones; es una fisonomía compleja y de mil colores. En Londres todo se reduce al movimiento de la riqueza material, con raras excepciones. En París no solo se ve la riqueza en acción, sino que también se encuentran reunidos todos los tesoros del arte, de la ciencia y de cuanto hay de espiritual y delicado en el refinamiento de la humanidad. Si la gran capital británica tiene espléndidos jardines y museos, famosos templos, palacios y puentes, parques magníficos, bancos opulentos y multitud de monumentos dignos de atención (generalmente nuevos), los lugares donde esa sociedad debe ser estudiada preferentemente para comprender su condición moral, social y económica, son: la «prensa», las «calles» y el «Támesis». Es allí donde Londres se revela con toda su evidencia, al través de su ruido ensordecedor, a los ojos del viajero que observa y medita sin preocupación. Si los monumentos públicos acreditan la fuerza y el orgullo del pueblo inglés, las calles de Londres y las orillas del Támesis revelan conjuntamente las debilidades y los vicios profundos como las cualidades de esa sociedad, y la prensa su vida política y económica. Pero para adquirir la idea completa, no basta recorrer las grandes arterias de Londres donde está acumulada su vitalidad: al contrario Londres tiene dos caras, la una que aterra y acongoja, y otra que deslumbra. Es preciso verlas ambas casi simultáneamente, y compararlas sin prevención, para comprender los contrastes asombrosos del conjunto. Quien saliese de Londres después de haber estudiado una sola de las faces del coloso —verdadera esfinge de la humanidad—, llevaría las ideas más erróneas, creyendo, según la parte de fisonomía que hubiese visto, que Londres es todo opulencia maravillosa, todo progreso y bienestar, o bien todo miseria, inmundicia y degradación suprema... Examinemos, pues, a Londres, empezando por sus calles. No debe olvidarse que Londres se ha formado por la reunión paulatina de muchas pequeñas ciudades circunvecinas, o distritos, a la antigua «City del Támesis», privilegiada y poderosa, que ocupa casi el centro de la inmensa población actual. Así, aunque la ciudad es una sola en su apariencia, se observa una profunda diferencia entre el centro y los arrabales. En estos reina principalmente la actividad de la fabricación, mientras que en el interior está la del comercio; de manera que en aquella parte están aglomerados centenares de miles de obreros, las calles son más amplias, las casas más diseminadas y menos altas, y se nota por punto general cierto grado de bienestar modesto que está tan lejos de la opulencia y el bullicio como de las miserias de los barrios centrales. Allí se levantan por millares las altísimas chimeneas de las fábricas, el elegante coche aparece rara vez, los carros repletos de mercancías se cruzan en inmensa multitud, la mendicidad es menos visible, y el trabajo activo se manifiesta donde quiera, sin el espectáculo del lujo y de los suntuosos palacios y almacenes brillantes. Pasando de esos arrabales al centro de la ciudad hay un terreno de transición generalmente apacible y hermoso, que se compone de barrios aristocráticos y elegantes, establecidos al derredor de parques de una magnificencia agradable, particularmente hacia el oeste de la ciudad. Allí, en las cercanías de los parques del «Regente, San James, Green-Park, Hyde Park» y otros varios, están los ricos palacios, las elegantes quintas de suntuosas fachadas, las bellas casas de tres o cuatro pisos nomás, que habitan las gentes acomodadas, los palacios de recreo y de residencia real, y en fin toda la parte de la ciudad destinada exclusivamente al «comfort», donde en vez de fábricas y almacenes no hay sino paseos, mansiones más o menos aristocráticas, calles anchas, limpias y tranquilas, plazas en cuyo centro se mantienen dentro de verjas de hierro bellísimos jardines, y todo lo que puede revelar el buen gusto y la comodidad. Si las fábricas y las clases trabajadoras sedentarias ocupan los arrabales, y la sociedad elegante está agrupada al derredor o en las cercanías de los parques, así como en algunas grandes calles del centro, tales como la de «Piccadilly» y otras vecinas, el gran foco de los negocios y la actividad comercial se encuentran en los barrios centrales. Es recorriendo a «Oxford» (la calle) «Regent», el «Strand» y las calles más animadas de la «City», como «Ludgate, Cornhill, Cheapside, etc.», que se puede admirar ese flujo y reflujo de gentes, de coches, de mercancías y de cuanto puede causar ruido; ese hormigueo de mendigos asquerosos frotando sus harapos con las capas suntuosas de las damas elegantes; ese inmenso conjunto de almacenes y tiendas de variedad y riqueza increíbles; ese ruido sempiterno y complejo de mil ecos que proceden de las voces más heterogéneas; ese conjunto grotesco de ventas de víveres, de órganos de Berbería, de artistas callejeros y extravagantes, de saltimbancos brutales y adiestrados en la explotación de los necios, de pilluelos ladrones espiando toda ocasión de hacer su negocio; ese ir y venir de cocheros insolentes, verdadera canalla entre todos los bribones del mundo; ese espectáculo de oro y mugre, de grandeza y oprobio, de orgullo y prostitución, de hambre y egoísmo, de lujo y aniquilamiento social... Londres tiene dos grandes aristocracias, a cual más curiosa, que reinan en todos sus barrios: la nobleza, orgullosa en extremo, pero que, no obstante su orgullo, fundado en el nacimiento y la riqueza, tiene cierta elevación de ideas debida a la instrucción y a la injerencia activa en los negocios públicos; y la aristocracia monetaria, familia de banqueros y especuladores de bolsa, de comerciantes, fabricantes y usureros que, salidos de la nada, a fuerza de especulaciones laboriosas, cuando llegan a la opulencia suelen olvidar su origen, renegar la santidad del trabajo que les dio fortuna, y sentados sobre pilas de oro como sobre tronos invulnerables, miran con desprecio a veces a la multitud como un enjambre de viles insectos! Esta segunda aristocracia, la más noble por su origen —el trabajo—, pero la más odiosa en parte, por su conducta —el egoísmo y el orgullo—, es la que tiene la soberanía en el centro de Londres. ¡Y qué contraste el que hacen las carrozas doradas de esos banqueros millonarios y esos nobles opulentos, con los harapos hediondos y ridículos de millares y millares de mendigos! Los unos salen a ostentar su grandeza, y brillan a la luz del Sol o de las innumerables centellas de gas que iluminan las calles, persuadidos de que la turba los admira como semidioses. Su orgullo les hace mirar como animales a sus semejantes que rodean la carroza, hambrientos, agotados de fatiga, degradados por todos los vicios y luego pisoteados en las grandes calles por los caballos que tiran la envidiada carroza. ¡Engaño miserable del orgullo! Esa turba macilenta y enhambrecida ve pasar a los poderosos con un sentimiento de odio profundo que los contrastes envenenan. Cada uno de esos pobres parias de la sociedad se dice con despecho sombrío: «Muchos de estos hombres tienen 100, 200, 500 o más libras esterlinas de renta "por día", o cuando menos veinte, mientras que yo apenas puedo conseguir, cuando mejor me va, 3, 4 o 6 peniques para mantenerme con inmundicias... Lo que uno de esos señores gasta en uno solo de sus magníficos caballos sería bastante para asegurar la subsistencia de toda mi familia... Los perros de ese Lord son más respetables y felices que yo; y la querida de ese banquero gasta en sus guantes cada semana mucho más de lo que mi esposa, que es honrada, gana con sus fatigas de un año entero...». ¡Quién sabe cuántas maldiciones acompañan los suspiros del miserable indigente que así piensa, en tanto que el noble Lord medita en el proyecto de una cacería o en la seducción de una joven, o el banquero egoísta va calculando las ventajas de su juego de bolsa! La noche es el momento más propicio para recibir el golpe de vista de las calles de Londres en su parte más concurrida. La luz del Sol es casi siempre triste y opaca, y solo al reflejo de la iluminación deliciosa que produce el gas se destacan las figuras con toda su energía y se ven en toda su verdad los contrastes de luz, de sombra y claroscuro. Es entonces que «Oxford» y «Regent street», el «Strand», y todas las grandes arterias del movimiento tienen su espléndida fisonomía que pasma. Téngase presente que Londres cuenta casi 3.000.000

de habitantes —que la afluencia de viajeros de todos los puntos del globo es inmensa—, que durante la noche toda la población indigente y la obrera sale a buscar en las calles limosna o distracción, que la circulación de coches es de 13.000 por hora, por término medio, sin contar los millares de ómnibus y carros, cuyo conjunto asciende en la ciudad a la enorme cifra de 80.000 vehículos de ruedas, y por último, que la noche favorece las transacciones de todo género y las escenas de galantería a que da lugar la prostitución, y se comprenderá toda la complicación del cuadro inmenso que se ofrece a la vista. Los almacenes y las tiendas, espléndidamente iluminados por el gas en el interior y el exterior, ostentan la infinita variedad de los valores que contienen, en términos que las muestras nomás, expuestas en las fachadas y entre vidrieras luminosas, representan capitales o fortunas considerables. El oro, la plata, el cobre, el acero y todos los metales bajo mil formas, brillan donde quiera en moles tentadoras para la multitud, mientras que los diamantes, todas las piedras preciosas conocidas y los cristales de imitación, incrustados en una joyería de inagotable variedad, multiplican los reflejos de la iluminación, dándoles a las calles no sé qué aspecto de fantasmagoría hechicera o prodigiosa como los cuentos de las «Mil y una noches». Todo lo que la industria puede producir, lo que el arte y el refinamiento son capaces de labrar para alimentar la pasión del lujo, y cuanto es posible desear para satisfacer todas las necesidades y todos los caprichos, se ve allí detrás de los cristales, realzado por la reproducción de la luz y por el bullicio de un mundo que fermenta sin cesar, mirando, comprando, codiciando, vendiendo, agitándose en todas direcciones. El viajero que no está habituado a esas escenas, que viene de las soledades del Nuevo Mundo y trae nociones y recuerdos enteramente exóticos en esa Babilonia del comercio, cree asistir a una representación fantástica, vivir soñando o contemplar, al través de los lentes de un cosmorama, una colección extravagante de dibujos chinescos o de figuras producidas por el delirio de un artista invisible y febricitante. ¡Dichoso el que, trayendo formado su corazón y preparado su espíritu a todas las sorpresas y al estudio atento de todos los prodigios y fenómenos de la civilización, tiene la fuerza de resistir, sin dejarse deslumbrar, a esa fascinación que todo lo desconocido y lo grande ejercen sobre las almas impresionables y sencillas! En ninguna parte es más extremoso el lujo que en Londres, ni se exageran con más extravagancia las modas y toda clase de invenciones. Allí falta en general la verdadera elegancia —la que consiste en la sencillez y el gusto delicado—, y hasta en el modo de insinuarse las gentes de la clase media y de las masas hay un fondo de grosería y de insolencia, no sé qué de tosco y áspero que repele y produce disgusto. Allí faltan ese pulimento y esa gracia que cautivan, y que son siempre el resultado de la educación social y de los espectáculos que le inspiran a la multitud el gusto por el arte y la espontaneidad seductora en las maneras. Como en Londres todo es frío y severo, cuando no sucio, en los edificios públicos, el pueblo no ha podido hacerse fino ni simpático. Y como la libertad individual no está unida a la igualdad social, sino que el orgullo de las aristocracias ha establecido una valla profunda entre las clases, todo el mundo, altivo con su personalidad e insociable, se cree con derecho de ser brusco y ordinario en su porte, sin cuidarse del efecto que produce su modo de insinuarse. Allí se considera tiempo perdido el segundo que se gasta en saludar o pronunciar una frase cortés y agradable. El interés domina en todo y cada palabra tiene su precio Recuerdo à propósito de esto un incidente que me impresionó mucho. Una noche, paseándome por «Regent Street», tropecé con una mujer hermosísima y lujosamente vestida, que me miró al pasar, como por casualidad. Después de dar dos o tres pasos dejó caer un pañuelo de olan, y yo con mis preocupaciones colombianas de consideración hacia las señoras, tomándola por tal, levanté el pañuelo y quitándome el sombrero para saludarla con respeto, le presenté su perfumado batista. La contestación fue darme un apretón en la mano, muy significativo, y engarzar su brazo del mío sin decir una palabra. Lleno de admiración, la miré con extrañeza, apartándome, para hacerle comprender que sin duda se había equivocado; pero sin desplegar los labios volvió a darme un apretón capaz de magullarme el brazo, Entonces comprendí que estaba al lado de una indigna «loreta» y le volví la espalda con desprecio. Más tarde supe que esas bellas y lujosas cortesanas, que se cruzan a millares por las calles de Londres, se valían siempre de artificios como el del pañuelo para sus imprudentes provocaciones.

Todas esas mujeres son como estatuas, a juzgar por su exterior. Hermosas admirablemente, frías y calculadoras, sin gracia ninguna en su actitud, recargadas de seda, volantes y cadenas (fruto de su degradación), y siempre con el ojo atento a adivinar al extranjero que pasa por delante para atraerle con demostraciones descaradas, esas mujeres son la ignominia mayor de Londres, mil veces más despreciables que el ratero o el mendigo borracho a quien pisan al pasar. ¡Feliz el viajero que, sabiendo estimar su propia dignidad y toda la santidad y el espiritualismo del amor, desdeña a esas mujeres, mercancías que se venden públicamente al mejor postor, sin pensar en el hospital que las aguarda para el tiempo de la miseria, la fealdad y el remordimiento! Uno de los rasgos característicos de Inglaterra es la tendencia hacia la ostentación aristocrática, que se manifiesta en todas las clases, y sobre todo ¡quien lo creyera! en los mendigos y las gentes más miserables. En Inglaterra, y particularmente en Londres, el indigente carece de la «conciencia» de su posición. Si hay un estado que exija mayor dignidad o estimación de sí mismo para soportarlo, es el de la pobreza. El indigente debe llevar en su exterior «la lógica de su indigencia», que es su dignidad. Pero eso no sucede en Londres, la tierra clásica de la «librea» y la ostentación. El mendigo se viste como el Lord, con la casaca del conde o baronet, del banquero o del ministro, con la diferencia de que los vestidos de estos son brillantes, limpios y magníficos, mientras que sobre los miembros del obrero enhambrecido o del indigente que pide limosna están asquerosos y hechos hilachas. He visto innumerables fruteras en las calles con gorras y chales de las señoras aristocráticas; los limpiabotas cubiertos de oropeles y bordados, y los salta-caños y «chimny-sweepers» (frotadores de chimeneas) ataviados con casacas y sombreros que en su primera época de servicio activo cubrieron a millonarios y lores del Parlamento. ¿Por qué esos disfraces innobles y ridículos que hacen de la escena pública un carnaval? El espíritu aristocrático y la vanidad los explican. El lacayo hereda los ricos vestidos del amo, ya usados; el mercader de trapos se los compra al lacayo cuando están viejos; el remendón y el limpiabotas los toman del ropavejero, ya remendados, y al fin, cuando los harapos galonados empiezan a deshacerse de viejos e inmundos, llegan hasta donde el mendigo o el salta-caños, en cambio de algunos peniques. ¡Tal es la sucesión de las clases sociales en Londres! Ellas descienden de lo más alto hasta lo más bajo, sin que en todas las gradas de la escala falten el orgullo, la vanidad y el espíritu de ostentación e imitación. Es increíble hasta dónde llega la fecunda inventiva de los vagamundos, los caballeros de industria, grandes y pequeños, y los perezosos e indigentes, para crearse pequeñas manipulaciones y oficios de explotación de los ociosos, en infinita variedad. Podrían escribirse volúmenes enteros solo para explicar las más conocidas de esas «pequeñas industrias» que ocupan a los que quieren vivir en la vagancia, degradándose en las calles con ejercicios que son el deshonor de la sociedad, porque presentan al ser racional como inferior al bruto. Entre esas industrias hay una que tiene verdadera utilidad, pero que provoca la risa por su original extravagancia: la del «hombre-aviso». Como Inglaterra es el país de los anuncios y los rótulos en supremo grado, no se considera bastante hacerlos circular en los diarios y en los cartulones de las esquinas, y así como hay «individuos-escobas» y de peor condición aun, hay «hombres-avisos». El hombre-aviso es de dos especies: parlante o «berreante», y de «bulto»; el primero no tiene más oficio que andar por las calles dando gritos atroces, que parecen graznidos de un ganso, cuando no berridos de un ternero, haciendo saber al público un suceso industrial cualquiera, con la dirección del empresario o interesado en el asunto. El segundo es un aviso mudo: el pobre diablo va metido entre un enorme farol de papel o de género blanco, iluminado durante la noche, en cuyas cuatro faces está escrito en letras monumentales el anuncio de alguna empresa, artículo en venta o cualquier otro objeto; y la obligación del portador o esquina ambulante es vagamundear por todo Londres, en absoluto silencio, mostrando su armazón elocuente, y soliendo a veces, por vía de figura oratoria, estrellar su farol contra las narices de algún pasante distraído. ¡El «hombre-aviso» gana por día 3, 4 o 6 peniques, cuando mejor le va! Si en general los saltimbancos innumerables de las calles no inspiran sino desprecio por su desvergüenza en escamotear, y si los mil y mil vagamundos de órgano berberisco llevan su impertinencia hasta hacer desesperar, hay entre las muchas clases de artistas y pobres ambulantes una que suele inspirar simpatías al viajero: es la de los músicos. Verdad es que muchas veces el músico de callejuela o de plaza no es más que un perezoso y un vulgar rascador de violín o de arpa, sin gracia ni atractivo alguno; pero de tiempo en tiempo se da con bandas de verdaderos artistas nómades que encantan y merecen aplausos y favor. En una de mis nocturnas excursiones en Londres me hallé cerca de siete u ocho músicos italianos que daban un concierto público en una esquina de la gran calle del «Regente». La tropa tenía mucha popularidad, porque se componía de proscritos italianos de Milán, Venecia, Roma y Nápoles, hombres de familias honradas, y que careciendo de recursos para subsistir habían organizado una compañía filarmónica para no ser gravosos a nadie y vivir honradamente. Como en Italia todo el mundo sabe algo de música, y el pueblo entero es artista, fácilmente se forma con italianos proscritos una banda escogida. Creo que jamás la música me había impresionado tanto como aquella noche. Los ocho artistas tocaban por nota deliciosamente, sobresaliendo en el violín y la flauta, y pude saborear las admirables cavatinas y particiones de «Norma, il Trovatore, la Traviata» y el «Himno de Italia». Aquellas armonías, los recuerdos de Colombia que me hacían evocar, esas caras varoniles, de barba negra y crespa, llenas de la melancolía del proscrito y de la del artista, el efecto de la iluminación sobre el inmenso grupo de espectadores, y sobre todo, la profunda emoción con que el concierto me hacía pensar en la desventurada y noble Italia, cuyos hijos sufrían la esclavitud, el calabozo o la proscripción, sin perder nunca la esperanza de la libertad y la independencia: todo eso contribuyó a dejar en mi alma un sentimiento de indefinible pesar que no he olvidado nunca. Después de poner mi óbolo humilde en él gorro de uno de los artistas proscritos, me alejé acongojado, sintiendo que llevaba en mi oído como el eco vago de los últimos aires del himno italiano, y orgulloso de haber nacido en el seno de la democracia para poder ofrecer desde el fondo de mi corazón un voto de fraternidad a los hermanos oprimidos. Cuando volvía pensativo, en la dirección de «Hyde Park», pasando por entre los grupos animados de la opulenta calle de «Oxford», me decía con tristeza: «¿De qué sirve toda esta grandeza deslumbradora, si ella es el testimonio de un malestar profundo consistente en las más crueles y dolorosas desigualdades? ¿Es esta la civilización? ¿Es este el progreso, o es más bien la decadencia? ¿Esta sociedad no está en peligro inminente de una descomposición completa? ¿Este coloso que se llama Inglaterra no está minado por su base?». No encontrando fácil solución a tales problemas, y comparando a Londres con los pobres pueblos de Colombia me dije luego:

«¡No, la civilización no es el refinamiento del bien y del mal, no es la exuberancia de prodigios, de invenciones y descubrimientos! ¡La civilización es "justicia", es el acuerdo de la sociedad con la naturaleza, es la armonía de los hechos humanos con el derecho eterno y divino, es la equidad en la distribución del bien —herencia divina— no del mal, que es un accidente del error! ¡Ese heroico y hospitalario pueblo de Colombia no es una sociedad bárbara, como la califican los afortunados en Europa, puesto que allá ninguno se muere de hambre, la igualdad avanza día por día, el corazón es generoso, la noción de la justicia es más general, y el desgraciado no necesita para buscar la subsistencia de entregarse a oficios infamantes que degradan el alma, envenenan el corazón y hacen descender la humanidad hasta el nivel del bruto!...».

Solo a los genios privilegiados es dado adquirir la noción de la verdad por intuición; el común de los hombres no conoce otra vía que la de la comparación. Como en las cosas humanas casi todas las verdades son relativas, porque lo absoluto en la tierra excluye la idea del progreso indefinido, nada puede conducir el espíritu hacia la luz tanto como la observación de los contrastes Londres, esa mole colosal de grandeza y podredumbre, de oro y de hierro, como de lodo y amarguras, es por excelencia la metrópoli del romanticismo social. Allí el drama se confunde con la comedia, como el millonario se codea con el mendigo, el dandy superficial y afeminado con el bandido de larga experiencia en los misterios del crimen, y la elegante y bellísima lady de esmerada cultura y candorosa pureza con la meretriz infame que vive del inmundo comercio de la lujuria.

Pero el tiempo y el desorden en las construcciones de la gran ciudad han confundido los escenarios del drama, de tal manera que el observador no necesita de largas peregrinaciones al través de los barrios desiertos para descender al abismo de miseria y degradación que se esconde bajo el oropel y la ostentosa opulencia de una industria exuberante pero viciosa en su organismo. El cuadro se ofrece allí con una pasmosa energía, presentando a la sociedad de Londres como uno de esos suntuosos palacios, entre cuyos bajos relieves, mármoles, cornisas doradas y preciosos mosaicos se complace la brutalidad de los ociosos en trazar caricaturas y mamarrachos con carbón, o pegotear inmundicias de todo género. No tuve en 1868 tiempo para estudiar detenidamente las condiciones de la sociedad inglesa, ni aún de Londres siquiera, y si pretendiese pasar por conocedor, cien libros me servirían para ostentar el barniz del viajero erudito. Pero mi propósito es describir mis propias impresiones, no las ajenas, y por tanto mis pequeños cuadros solo pueden abarcar algunos pormenores. Más tarde debía adquirir, en un viaje completo por la Gran Bretaña, las nociones que me faltaban. Entretanto, pintaré lo que «he visto», rápidamente es cierto, pero guiado por el deseo de encontrar la verdad Londres tiene aglomeradas sus principales miserias en el inmenso barrio de «Southwark» comprendido entre la parte fronteriza de los «Docks de Londres y Vauxhall Gardens», con el Támesis de por medio que lo separa de los cuarteles de «Westminster», el «Strand» y la «City», y además en el corazón de los barrios más activos y opulentos de la vieja ciudad. En el primero de esos territorios de la miseria viven amontonados, enhambrecidos y generalmente miserables, más de novecientos mil individuos. Allí se encuentran fábricas valiosas y en número muy considerable, tienen su término tres grandes líneas de ferrocarriles, hay cinco o seis pequeños parques o jardines públicos, vastas arterias de comunicación y un gran movimiento que ensordece, no obstante que, en lo general, esa es la peor de las inmensas porciones de población que constituyen a Londres ¡Pero qué de tristes compensaciones de lo que en ese barrio interminable revela algún bienestar! Es allí donde viven los ociosos amontonados como brutos, harapientos, semi-proscritos como gitanos, lívidos como el hambre que los devora, y hormigueando en las callejuelas, los sucios y ennegrecidos patios y las cloacas, como semilleros de gusanos. Es allí donde vagan ciento o doscientos mil obreros sin trabajo, levantando su triste clamoreo por do quiera, ostentando sus harapos, pidiendo limosna a todo el mundo, aplacando el pesar con la embriaguez, y ofreciendo en sus riñas, sus escenas de pugilato y sus mil actos de brutalidad salvaje el espectáculo de la cólera, la degradación y la miseria a que la falta de trabajo, la absoluta ignorancia y los vicios de la ociosidad los han conducido. Pero el cuadro es muy extenso. Como una enorme serpiente que enrosca sus anillos y se intercala por entre las hendeduras de un viejo tronco roído, dejándose ver de trecho en trecho, pero asida a todas las sinuosidades, la miseria oprime a Londres y la estrecha en todas direcciones, asoma en todos los barrios y parece asfixiar con su aliento y su presión horrible a la parte de la sociedad que vive en la abundancia o en la loca indolencia del lujo sibarita. Varias veces, al recorrer las brillantes calles de «Oxford» y el «Regente», las bellas plazas cubiertas de jardines («squares») o las calles enlosadas, amplias y repletas de gente en actividad incesante, donde se ostentan los tesoros del «Strand» y de la «City», tesoros de arte, de elegancia, de industria colosal y maravillosamente avanzada; al recorrer esas calles, repito, pensaba con tristeza que a dos pasos de allí está una raza proscrita del bien y de la vida, raza de mendigos y bandidos, de prostitutas y muchachos hambrientos, de criaturas condenadas a la más espantosa degeneración, que se revuelcan en el fango físico y moral, como un sarcasmo animado que desmiente la civilización sofística de los barrios vecinos.

Los barrios que sirven de asilo o de foco principal a esa raza degradada son los de «Saint Giles, Spitalfields, Bethnal-Green» y «White-Chapel»; pero no todos tienen el mismo destino ni una situación análoga. Si «San Gil» ocupa el centro mismo de Londres y es principalmente el barrio de la indigencia, la inmundicia y la suprema desnudez, «Bethnal-Green» y «Spitalfields» son los asientos del vicio en todas sus formas y con toda la hediondez de la crápula infame, en tanto que «White-Chapel», que recoge sus reclutas en las filas de la miseria, es la espantosa madriguera del crimen. El ser que en «San Gil» es mendigo hambriento y lastimoso, en «Bethnal-Green» es jugador, concupiscente y ebrio, y en «White-Chapel» se convierte en bandido No pude tener ni el tiempo ni las facilidades necesarias para visitar con «provecho» los barrios de «Bethnal-Green, White-Chapel y Spitalfields», muy excéntricos y complicados pero vecinos de las extremidades lejanas de la «City». Hube, pues, de limitarme a «San Gil», a donde es fácil penetrar por cualquiera de las grandes calles del centro aristocrático. Y con todo, mis visitas, que no pasaron de dos, fueron diurnas, escogiendo algunas de las callejuelas más horribles, como la de «Church-Lane», tan a la vista de todo el mundo que desemboca nada menos que en la espléndida calle de «Oxford» y el «Strand». El barrio de «San Gil» está enclavado, como un cangro ulcerado y fétido, entre las magníficas vías públicas de «Picadilly», la plaza de «Trafalgar», el «Strand» y las calles de «Regent, Oxford» y «Holborn». ¡Una red inescrutable de callejuelas oscuras y estrechísimas, de patios húmedos o infectos, de calles tapadas o laberintos sin salida, de cuevas y guaridas horribles, con alguna que otra plazuela que horripila por su mugre, tal es la estructura exterior u ostensible del barrio de la muerte que se llama «San Gil»! Dicen que aquello es aún más espantoso durante la noche que en el día; y lo creo así, porque aún a la luz nebulosa de las doce de la mañana sentí, al recorrer una parte de ese laberinto, una impresión de angustia, de dolor y espanto que jamás había experimentado. Los cabellos se me erizaban, la carne me temblaba, sentía la sangre helada y la respiración difícil, y algo como un sudor frío, como un vértigo de horror, me hizo, después de dos horas de examen la primera vez, decirle al amigo bondadoso que me guiaba: «¡Salgamos, salgamos de aquí, porque en esta cloaca se siente la tentación de blasfemar, se pierde la esperanza, la vida se esconde bajo el fango y se adquiere una idea de la degradación humana que abruma y trastorna la razón...». Muchas de aquellas callejuelas se hallaban, aún a medio día, en una oscuridad casi completa, producida por la estrechez de las casas y la elevación de los muros; y muchos de los patios, los vericuetos y las encrucijadas de aquel cementerio de cadáveres ambulantes, tenían el frío, la fetidez y todo el aspecto de una fosa de cien cuerpos removida por los cerdos... Donde quiera la oscuridad, cien agujeros sombríos, la humedad glacial, el fango pútrido, los muros negros y medrosos, los depósitos de inmundicias, los harapos enmohecidos por la mugre flotando delante de las troneras irregulares habilitadas con el carácter de puertas y ventanas... ¡Y al pie de cada uno de esos edificios cubiertos de hollín y de lama húmeda, una tumba subterránea! ¡Allí no hay más que tumbas, porque no hay más objetos que abrigar que enjambres de esqueletos disecados por el hambre, la impiedad y la prostitución!.. Como los edificios tienen cuatro, cinco o siete pisos exteriores y las aceras distan entre sí dos, tres o cuatro metros, cada callejuela tiene el aspecto de un abismo o de una grieta enorme producida por algún terremoto en los estratos rocallosos de una montaña caliza. Los pisos ostensibles o visibles se componen de una multitud de cuartos o alcobas de lamentable desnudez, sin aire, luz ni fuego, amontonados en desorden, y a donde los miserables inquilinos trepan por andamios medrosos que no merecen el nombre de escaleras. ¡Y sin embargo, como todo en el mundo tiene sus gradaciones, esas habitaciones, que son las de «la aristocracia de la miseria», parecen paraísos en comparación de las cloacas subterráneas que constituyen la base de cada uno de esos palacios de la lujuria en harapos y del hambre y la intemperancia!

—¿Tiene usted valor para entrar? —me dijo mi amigo «cicerone», mostrándome un agujero practicado al pie del muro exterior de una casa mohosa.

—¿Entrar a dónde? —le contesté.

—¡Pues... al infierno! —me repuso con profunda emoción—. Sí; aquí «vive» una parte de la especie humana, de la Europa «civilizada», en el corazón de Londres, como el enjambre de gusanos que vive en el centro de una hermosa fruta. Vea usted; asómese por ese hueco, y dígame después si su Nuevo Mundo no vale mucho más que esta podredumbre dorada...

En efecto, tuve valor para acercarme y ver... Una estrecha escalera de piedra bruta descendía de la abertura o «puerta», practicada al pie del muro, al fondo de una cueva o sótano húmedo y pestilente, sin más luz que la muy confusa que entraba de la calle por entre los barrotes de una reja de hierro. El piso de esa cloaca era de tierra apenas apretada y estaba casi todo cubierto de montones de paja sucia y empapada por la humedad. Ningún mueble se veía en el centro, y solo en dos rincones se destacaban las sombras de algunas esteras de tamo en forma de colchones enrollados Entre uno de los montones de paja se movía un pequeño objeto revolcándose sobre algunos harapos: un grito agudo me hizo ver que era un niño. Muy cerca estaba sobre otro montón de tamo una vieja tullida que pocos momentos después se arrastró sobre las manos y las rodillas para recoger la limosna que mi compañero le arrojó desde la escalera. En otro rincón roncaba un hombre, con ese estertor característico del sueño brutal de la embriaguez, tirado como un tronco negro, y a su lado se rascaba un perro que empezó a gruñir con desconfianza al vernos aparecer sobre la cima de la escalera. Cuando saqué la cabeza al aire menos infecto de la callejuela, sentí como si me hubiesen sometido a la acción mortal de una máquina neumática...

—¡Oh, esto es espantoso! —exclamé al respirar—. No es posible que criatura humana viva allí...

—Y sin embargo —me dijo mi compañero—, usted no ha visto sino la muestra. La cueva está vacía porque sus habitantes andan ahora por las calles opulentas buscando la subsistencia con la mendicidad, el hurto ratero, los más viles «oficios», los tratos de la prostitución, o los desperdicios, huesos y cortezas que recogen en las orillas de los caños o en las puertas de los mercados y las tiendas de víveres. Cuando llegan las ocho de la noche, se ve un largo cordón de miserables que vuelven lentamente por sus oscuras callejuelas a buscar el rincón de sus cloacas. Hombres y mujeres, ancianos y niños, adultos que pasan de la pubertad a la vejez del cuerpo y del alma con una precocidad increíble, por la acción de los vicios y de las privaciones, todos van entrando, descendiendo esa escalera y aglomerándose como los insectos sobre una charca pútrida, para pasar allí la noche, confundidos, revueltos, medio ebrios, medio idiotas, extenuados de fatiga y hambrientos, odiándose a veces mutuamente, sin conciencia de su ser, ni noción de Dios, ni amor a la humanidad, ni resignación, ni remordimiento, ni aspiraciones, ni esperanza...

—Hebetados por la miseria —continuó diciendo mi guía—, estos seres no distinguen lo pasado de lo presente ni del porvenir, y como el bruto, solo comprenden que existen porque tienen hambre o sed, cansancio o frío, paja dura o sueño... ¡El dolor no tiene para ellos ninguna significación moral; su espíritu ha muerto asfixiado por la inmundicia que rodea la materia! ¡Y a pesar del hambre y del dolor físico, esos seres que se amontonan allí sobre esa paja enmohecida por la humedad, buscan frecuentemente los deleites asquerosos de la concupiscencia! Ahí los sexos se confunden, y entre las treinta o cuarenta personas que yacen en el fondo de la cloaca sombría, suceden cosas que solo el ojo impasible de Dios puede mirar sin estremecimiento, y que no tienen nombre en el vocabulario de la civilización...

—Pero esas gentes que viven en los pisos altos ¿cómo pueden habitar tan espantosa madriguera? —le dije a mi interlocutor.

—Ellas viven donde les conviene —me respondió— solo que, siendo menos miserables, pueden pagar alojamiento en las piezas altas, sin que por eso sea su degradación muy inferior a la de los mendigos de los subterráneos. En esas piezas altas tienen sus puntos de reunión los caballeros de industria subalternos; ahí duermen los limpiabotas y los saltimbancos de menor cuantía, las fruteras de calle, los vendedores de baratijas, los músicos de callejuela, y multitud de vagos de diversas clases que no son literalmente mendigos; ahí esconden sus andrajos los rateros de alguna importancia y los pillos que especulan con las intrigas de los seductores; ahí descansan de su larga fatiga del día, después de doce o dieciséis horas de trabajo, millares de esos pobres obreros ambulantes de pequeño salario, así como los repartidores de diarios y sus semejantes; y por último, ahí tienen su hogar envilecido las innumerables prostitutas y meretrices que hormiguean por las calles de Londres, pero que, por su fealdad, su edad u otras circunstancias, no pertenecen sino a la «plebe de las infames».

—Toda esta inmensa y heterogénea turba se levanta por la mañana, entumecida y macilenta, y al sentir el ruido cercano de los coches que circulan por las calles opulentas, recuerda que es en medio de su bullicio donde puede encontrar las limosnas y los desperdicios de la sociedad, o la fácil explotación del orgullo, de los vicios o la credulidad de los que se tienen por dichosos. Entonces, la chusma entera se cierne sobre Londres como una nube de cuervos, y el barrio de «San Gil» queda desierto durante todo el día...

Habíamos recorrido tres callejuelas y algunos patios y laberintos, y mi compañero, temeroso de que nos extraviásemos sin encontrar salida, me dijo:

—Salgamos de este país maldito. Lo que usted ha visto es suficiente, porque todo es igual, cuando no peor.

Cuando salimos a la plaza de Trafalgar, nos parecía que en realidad resucitábamos, o que salíamos si no de un sepulcro, del infierno de una pesadilla estranguladora.

¿Podía Inglaterra permanecer indiferente a ese profundo malestar, cuando la gangrena se manifestaba principalmente en el corazón de sus más grandes ciudades manufactureras y comerciales? ¡No! Inglaterra es el país del egoísmo y del orgullo, pero esos mismos sentimientos que la deslustran le dieron la conciencia del peligro y la fuerza de aplicarse a conjurarlo. Ese mal crónico y profundo de la miseria y del vicio, fruto de la ignorancia de las masas, de la desigualdad de las condiciones sociales y de las leyes de privilegio, se palpaba y se palpa aún con suma intensidad, no solo en Londres, sino en Liverpool, Birmingham, Leeds, Manchester, Glasgow y otros de los grandes centros de población y movimiento industrial. El cangro abarcaba con sus fibras y raíces todas las entrañas de la sociedad... Se creyó posible disolverlo con emolientes y todo el mundo se puso a la obra de la «beneficencia» y la «instrucción». Noble error, en cuanto a la primera parte de la obra. La miseria, el vicio que ella engendra, y el crimen que se deriva del vicio, no son más que efectos de una causa orgánica. Si la instrucción «prepara» a la virtud, es impotente por sí sola para producirla: ella necesita por auxiliares la «libertad», la «justicia» y el «trabajo». La beneficencia no es más que un bálsamo: alivia o cálmalos dolores, pero deja subsistir el mal. He ahí lo que ha sucedido en Inglaterra. El grito de desesperación y agonía lanzado por la muchedumbre extenuada, corrompida o culpable, despertó a los ricos o afortunados de Inglaterra en 1847, y ese pueblo, que en todas sus manifestaciones es grande y fuerte, pero siempre fiel a las tradiciones y antipático a las reformas «radicales», levantó donde quiera templos magníficos a la beneficencia bajo todas las formas anodinas, derramando el oro a montones para conservar su opulencia misma. La ruda Inglaterra sintió el peligro inminente de una profunda conmoción social, y tuvo vergüenza de su deshonor, publicado por todos los viajeros que estudiaban a fondo la organización tradicional de la «poderosa Albión». Hoy gasta Inglaterra más de 35.000.000 de pesos anualmente en solo las atenciones «visibles» de la beneficencia pública. Una suma tan enorme, y sin embargo tan insuficiente ¿qué es lo que revela? Si prueba la increíble riqueza de las clases acomodadas, revela aún más la enormidad de la indigencia en que viven las otras clases, es decir, la espantosa desigualdad con que, por la influencia secular de instituciones viciosas, se ha podido «repartir» el bienestar. Después de haber sondado el abismo de putrefacción que se llama «Saint-Giles» y de haber escuchado las relaciones más lamentables acerca de «White-Chapel» y los demás antros de la miseria en Londres, quise conocer lo que los afortunados hacen para conjurar el cataclismo que los amenaza. El contraste de los edificios es curioso. Se ven los grandes hospitales al lado de los grandes bancos; los hospicios repletos de gentes socorridas cerca de los almacenes repletos de mercancías, y las escuelas primarias y de artes y oficios a pocos pasos de las colosales fábricas. Todo eso establece el conjunto romántico de la vida y la muerte, de la opulencia y la desventura, de la especulación y la caridad. Tal parece como si los capitalistas quisieran decir al observador: «Esas casas de asilo que se tocan con nuestros bancos son las válvulas de seguridad para nuestros tesoros; nuestros gastos de beneficencia figuran en nuestros libros como "gastos de conservación" —y cada guardián o enfermero de esos hospicios y hospitales, cada preceptor de una de esas "escuelas de harapientos (Raghed-Schools)" es un obrero que trabaja indirectamente en servicio de nuestras especulaciones—». Tal es el carácter de la beneficencia en Londres. Allí se gastan sumas enormes en hospicios, casas de asilo, hospitales y escuelas gratuitas de enseñanza elemental y de artes y oficios, y estos establecimientos, en general, le hacen honor a Inglaterra. Pero todo eso es impotente: el mal sigue y el número de los indigentes aumenta sin cesar, no obstante el oro que se gasta para oponerle una barrera. Habladles a esos poderosos propietarios de tierras, a los altivos gobernantes, y a cuantos tienen en sus manos la fortuna y la fuerza, habladles de una reforma decisiva que cambie la organización social para abrir campo a la regeneración de las masas indigentes, o de un sistema de emigración gratuita bien dirigido para enviar a los demás puntos del globo los brazos que la industria necesita con urgencia, y os responderán negativamente. Rechazarán la emigración por «orgullo nacional», considerándola como humillante para el pueblo inglés, y resistirán la reforma radical por «egoísmo» personal y «orgullo» de casta o de posición social, como un trastorno de las leyes naturales, como el advenimiento de una igualdad absurda y disolvente. Así, por conclusión de este capítulo, diré que he deducido de mis rápidas observaciones en Londres una convicción desoladora: como el mal de la miseria es profundo, radical, inmenso, el remedio debe ser lo mismo; y como el remedio actual, por grande y ostentoso que sea en sus formas, es ineficaz en sustancia, la Inglaterra no tiene más que tres caminos posibles para salir de la situación presente: o una reforma social completa y sin restricción; o la organización oficial de la emigración gratuita, descargándose de millones de individuos sobrantes en su suelo, en beneficio de la población del Nuevo Mundo (donde el trabajo los rehabilitaría); o una revolución terrible que aniquilaría por muchos años la opulencia de la Gran Bretaña.

Capítulo III. El Támesis en Londres
Los puentes, la navegación y las márgenes del gran río. Las Casas del Parlamento. Westminster. La Torre de Londres. Los Docks del comercio. El Túnel, Greenwich. El Hospital militar. El «Leviatán» en obra

Si la Inglaterra ostenta en todas sus grandes ciudades comerciales y manufactureras la espontaneidad, la grandeza y todas las condiciones de un pueblo positivista, vigoroso y libre, en ninguna parte se revela ella mejor que en los objetos acumulados sobre las orillas y las ondas del Támesis. Sus parques y jardines admirables demuestran su universalidad de relaciones y su lujo de ostentación, así como el Museo Británico es el testimonio del poder que alcanza la infatigable investigación del viajero. La catedral gigantesca de San Pablo no es un monumento de la arquitectura sino del orgullo de un gran pueblo. El Palacio de Cristal es la prueba de su poder de apropiación cosmopolita; y la Abadía de Westminster, la Torre de Londres y el Palacio del Parlamento, que dominan el Támesis, son más bien los testimonios de la soberbia aristocrática. Por último, la Bolsa, el Banco nacional y los monumentos de las plazas de Londres revelan todo lo que hay de opulencia y de gloria, de culto a la riqueza y al patriotismo en ésa nación maravillosa. Todo eso es magnífico, y a cada uno de esos monumentos consagraré algunas pinceladas. Pero, lo repito, donde la Inglaterra, por medio de su metrópoli, revela mejor sus verdaderas condiciones como pueblo comercial, marítimo y manufacturero, en proporciones colosales, es en el Támesis. Sus «diques» estupendos («docks»), con vastísimos almacenes de «depósito»; sus «puentes» admirables tendidos en diversas formas sobre el opulento río; su maravilla del «Tunnel» (lujosa inutilidad que admira); sus millares de «vapores», de navíos mercantes y de guerra, y de botes costaneros o pescadores, que cubren literalmente la superficie del río; sus grandes «fábricas», cuyas altísimas chimeneas ciernen sus nubes de negro humo y de vapor entre las nieblas que vagan sobre las ondas; su espléndido «Hospital» militar de Greenwich, sin igual en el mundo; su monstruo marino de hierro llamado «Leviatán», y sus innumerables «astilleros» de construcción naval y hermosos «muelles» sobre una y otra margen, todo eso le da al Támesis un aspecto de universalidad, de grandeza y de vida que aturde al viajero y le obliga a respetar la fuerza de ese gran pueblo que, sentado sobre un lecho de carbón de piedra y separado del mundo entero por los mares, ha llevado a todas las regiones su bandera, su opulencia y su audacia, y ha hecho de su capital la metrópoli económica de la humanidad, la Babilonia inescrutable de la civilización industrial.

Recorramos rápidamente las grandezas del Támesis La ciudad de Londres cuenta sobre el Támesis apenas once puentes, desde las alturas de Chelsea hasta las cercanías de los «Diques», donde se ostenta el puente monumental llamado «London bridge». Cualquiera pensaría que esas once vías fijas de comunicación entre las dos grandes porciones de la ciudad son insuficientes para la enorme población sedentaria y el inmenso cúmulo de viajeros que se cruzan en Londres en todas direcciones; y en efecto, aquellos puentes, sobre todo el de «London» que es libre; están siempre tan colmados de gentes y vehículos de transporte, que las comunicaciones se hacen muchas veces casi imposibles. Pero la libertad del Támesis es una necesidad imperiosa que se opone a la multiplicación de los puentes, porque es en ese río fabulosamente agitado y rico, donde Londres tiene su vida o su corazón. Por otra parte, las facilidades que ofrece la navegación por medio de los vapores y faluchos, compensan aquel inconveniente, manteniendo a lo largo y al través del río una cuádruple corriente de pasajeros que hormiguean por millares y millares por en medio de los puentes o bajo sus colosales arcos. De los once puentes de Londres cuatro me llamaron principalmente la atención por su novedad: el «London bridge», que liga la City con el inmenso barrio de Barmondsey, del sur; el de «Southwark», situado un poco más arriba; el de «Waterloo», que da sobre el Strand; y el de «Hungerford», inmediatamente superior. El de «Vauxhall», cuyo servicio data de 1816, es un sólido y hermoso puente, pero no llama particularmente la atención, así como el de «Westminster». Esas obras son tan poderosas por su extensión y el cúmulo de trabajo que ha entrado en ellas, que los cuatro puentes nomás de «London, Waterloo, Southwark y Vauxhall» han costado 20.000.000 de pesos. El primero es de una estructura monumental, de un atrevimiento admirable, y ofrece una vista espléndida sobre el

Támesis y gran parte de la ciudad. Fue reconstruido en 1831, tiene 782 pies ingleses de longitud y unos 80 de anchura; es todo de granito, compuesto de tres enormes arcos casi horizontales de un mérito arquitectónico insuperable. El de «Southwark» fue terminado en 1819; es todo de hierro y su masa gigantesca está dividida también en tres arcos de los cuales el del centro mide un espacio de 240 pies. El de «Waterloo» se compone de nueve arcos, cada uno de 120 pies de diámetro, es todo de piedra, data de 1817, y costó 1.000.000 de libras esterlinas. Ese puente es un verdadero monumento de arquitectura moderna, tiene una hermosura pintoresca, y es en su género uno de los mejores de Europa. Por último, el puente de «Hungerford» es colgante o suspendido sobre dos estribos, uno de los cuales sirve de embarcadero muy ingenioso, descendiendo a la mitad del Támesis por grandes graderías, y tiene un aspecto tan elegante como singular. Como en Inglaterra el gobierno jamás es empresario de vías de comunicación o cosas semejantes, el paso de los puentes no es gratuito, excepto en el de «London». El espectáculo que ofrece el Támesis, bajo el aspecto de la navegación, es incomparable: aquello no solo impone, admira y entusiasma, sino que aturde. Como ese río es la vida de Londres y aún del comercio del mundo, sus ondas no están aprisionadas sino por las dos altísimas hileras de edificios, de manera que no hay muelles de mampostería para la carga y descarga de las mercancías. El río es libre para todo el mundo y los cargamentos descienden sobre los botes desde las puertas y ventanas de los almacenes que dominan el Támesis en incalculable número. En cuanto a los pasajeros, ellos entran y salen de los vapores y los botes o faluchos, ya llegando hasta la orilla misma, cuando la marea lo permite, ya pasando por una serie de viejas barcas formando puente y que terminan en muelles de madera establecidos hacia el centro del río. El Támesis de por sí es un río de muy mediano caudal, sobre todo a los ojos del viajero que acaba de surcar en el Nuevo Mundo ríos colosales profusamente encadenados. En Londres el Támesis tiene la anchura media de 250 metros, que disminuye bastante hacia Chelsea y aumenta hasta 400 abajo del Tunnel. La profundidad media es de 2 metros, que disminuye mucho cuando las mareas se retiran, y llega hasta 7 y medio bajo el puente de «Londres» en la más alta marea. Así, la navegación de los vapores y grandes buques está sujeta, en lo general, al flujo y reflujo del mar del Norte, que recibe las ondas del Támesis Cuando la marea sube, se ve un interminable cordón de navíos marítimos de todas las naciones, remontando el río a remolque de pequeños vapores hasta llegar a los «Diques de Londres», esos almacenes colosales de madera y piedra que guardan en su seno los tesoros del mundo comercial. Entonces el espectáculo hace comprender el secreto de la grandeza británica y del progreso de todos los pueblos, la «libertad», que hace aglomerar sobre un solo río millares y millares de navíos y vapores, entre cuyos arbolajes y ennegrecidas chimeneas flotan al viento del libre cambio las banderas cosmopolitas que distinguen sobre los mares a todos los pueblos de la humanidad. ¡Con cuánto placer vi agitarse sobre un solo bergantín la bandera tricolor de mi querida pero pobre patria!... ¡Yo la saludé con respeto y amor, entonando en el fondo de mi corazón un himno de gratitud a los fundadores de la independencia de mi país! Era una sola, entre mil banderas distintas, pero una sola me bastaba... Es incalculable, sin ocurrir a una laboriosa estadística, el número de botes y faluchos de todas clases que pueblan y surcan en un incesante hormigueo las ondas del Támesis. Que el lector que nunca ha viajado imagine un lago en cuya superficie entera se cierne una inmensa falange de aves acuátiles de todos colores y dimensiones para nadar en la más pintoresca confusión, y, prescindiendo del efecto que hacen los arbolajes, las velas y las humeantes chimeneas de los vapores, se tendrá una idea aproximativa del aspecto general del Támesis. Si Londres tiene en su laberinto de calles un enjambre de millares de ómnibus para el servicio de la multitud, y de pequeños coches de alquiler, en el Támesis tiene también un servicio permanente de buques, que llamaré «vapores-ómnibus», y una nube de góndolas o faluchos para la travesía, que equivalen a millares de puentes flotantes. De trecho en trecho hay muelles avanzados de madera que sirven de estaciones, y a cada diez minutos llega de subida o de bajada un vapor, largo, delgado y ligero como una anguila, que lanza de su seno una multitud de pasajeros, recoge otra, hace silbar su locomotiva y se escapa caracoleando con maravillosa destreza por entre los estrechos intersticios que dejan los botes y navíos que tapizan las ondas. Las comunicaciones son tan excesivamente baratas y la regularidad de los viajes a lo largo del río, hasta abajo de Greenwich, es tan completa, que un paseo por el Támesis reúne todas las condiciones deseables por el pasajero negociante o el viajero curioso. En esas rápidas peregrinaciones todo interesa, hasta el menor objeto; todo llama la atención, y el paseante va admirando, en una sucesión de sorpresas e impresiones diferentes, cuanto contiene el Támesis de pintoresco y magnífico, de opulento o singular desde la una hasta la otra extremidad de Londres. Fue así como pude ver, al pasar y apenas exteriormente, muchos suntuosos o interesantes monumentos, ya que me faltaba tiempo para un estudio minucioso de Londres, en mi primera visita. Comenzando la peregrinación desde el pie del puente de «Battersea», arriba de Chelsea, para terminarla por una visita a Greenwich, he aquí lo que más me llamó la atención. A la izquierda vi sobre la orilla destacarse los árboles del pequeño parque en cuyo fondo se ostenta el famoso hospital de «Chelsea», edificio gigantesco y que, por su interior y la manera como está servido, pasa con justicia por ser uno de los primeros hospitales del mundo. Bajo el punto de vista del aseo, la comodidad, la extensión y el orden, no hay en Europa hospitales que puedan rivalizar con los de Inglaterra. Tal parece como si esa nación, ostentosa en todo, hubiese querido alojar lujosamente aún a los inválidos y miserables acogidos a la caridad pública. Un poco abajo del enorme puente de Vauxhall está la penitenciaria de «Millbank» («Mill», molino, «bank», casa), testimonio grandioso de ese espíritu de progreso que anima hoy a Inglaterra en favor de los sistemas y actos humanitarios. La Gran Bretaña, la Suiza, Bélgica y Baden son los únicos Estados de Europa que han sabido emprender la aplicación a su suelo del régimen penitenciario de la Unión Americana, a fin de llegar a la abolición completa de la pena de muerte (esa grande infamia de las sociedades feudales que deshonra la civilización, insultando a Dios y la naturaleza humana), y de sustituir a la penalidad salvaje del dolor físico y de la degradación, la influencia de la soledad moderada que enseña, del arrepentimiento que purifica al extraviado, y del trabajo que fortifica su organización y rehabilita su alma y su nombre ante la sociedad y ante Dios. La penitenciaria de «Millbank» debe quizás su nombre a la forma singular del edificio, pues tiene la figura de una rueda horizontal de molino «(mill)», compuesto de un cuerpo central y sexágono que sirve de eje y seis cuerpos separados entre sí tocando con el centro, de manera que el todo se parece a una estrella o una rueda de seis aspas. Según se me informó, la penitenciaria produce los más benéficos resultados, reposando en el principio de la combinación del aislamiento con el trabajo en común. Casi tocando con el antiguo puente de «Westminster» se ostenta el famoso edificio moderno que sirve de recinto al Parlamento británico, y detrás se destacan las dos enormes torres de la Abadía de Westminster, el panteón consagrado a los glorias nacionales y el más grandioso y bello monumento de la Gran Bretaña, tanto por su arquitectura como por su riqueza interior y su importancia histórica. El Palacio del Parlamento, que es muy nuevo y ha reemplazado al que se incendió en 1834, tiene una grandeza de formas que corresponde a la de la influencia que ejercen sobre la política del mundo la elocuencia y las leyes de los 900 representantes de la corona, la nobleza y el pueblo de la Gran Bretaña que se reúnen allí. La fachada es monumental, inmensa y de proporciones góticas, que constituyen una de esas estupendas pero desgraciadas imitaciones que la extravagante o ecléctica arquitectura moderna hace de las románticas e incomparables creaciones del arte popular de la edad media. Aquella es una obra que asombra por su magnificencia, pero que carece de la misteriosa majestad de la poesía artística. El interior vale mucho más que el exterior, pues el Palacio que sirve de Areópago a la nación inglesa, no solo es inmenso y complicado, sino que tiene notables riquezas de valor artístico y lujo de decoraciones. Ese palacio es digno del pueblo inglés, aunque en mi opinión sus legisladores debían haber sido más modestos en tanto que hubiese en el seno del país miserias que curar y prevenir. El lujo de las naciones es tan culpable como el de los individuos, cuando contrasta con algún testimonio de ignorancia o miseria. En el límite del opulento barrio del Strand está situado, sobre el muelle contiguo al magnífico puente de Waterloo, el famoso palacio de Somerset, cuya construcción fue emprendida por el fastuoso cuanto desgraciado duque del mismo nombre, ministro de Eduardo VI, que después de haber gobernado altivamente a Inglaterra fue depuesto en 1549 y decapitado en 1552. El palacio, que tiene también por su actual aplicación el nombre de «Colegio del Rey», tiene una extensa y hermosa fachada de arquitectura complicada y mixta, y se destaca de entre las aguas del Támesis con el doble aspecto de un palacio real suntuosísimo y una fortaleza desarmada y elegante.

Casi inmediatamente después del «London Bridge», domina el río con sus altos muros de sencilla arquitectura el enorme edificio de la Aduana («Custom-House»), que es el «palacio real» del algodón, los frutos de la India y todo lo que producen las cinco partes del mundo. Este edificio no es en manera alguna un monumento, pues su arquitectura no ha consultado el «arte», sino la solidez, la comodidad y el orden, como conviene a un establecimiento de esa clase. Pero su interior es en extremo interesante, por el orden admirable que reina en la distribución de las localidades, según su aplicación a todas las necesidades de una aduana. Enseguida de «Custom-House», se alcanzan a ver, empinadas por encima de sucios edificios y almacenes de desordenada construcción, las complicadas torres, almenas y pequeñas fortalezas que constituyen aglomeradas lo que se llama la «Torre de Londres», que es uno de los monumentos más históricos de Inglaterra. De todo el conjunto de antiguos edificios que lleva ese nombre común y absurdo, el más notable es el que tiene la especial denominación de la «Torre blanca» («the White-Tower»).

Este solo compartimiento tiene una circunferencia de 3.156 pies. El monumento entero fue fundado en 1066 por Guillermo el Conquistador para la defensa de Londres, compuesto de una gran torre central y trece pequeñas que la rodeaban, de las cuales algunas no existen. La Torre de Londres ha sido el teatro de los más terribles dramas políticos, mucho peores aún que los de la «Bastilla» de París. Es en esa gran tumba de piedra donde han terminado su carrera de prosperidades, de glorias o de crímenes muchos príncipes, gobernantes y poderosos. Alcázar sombrío de la historia de un gran pueblo, esa torro es un recuerdo permanente que después de ocho siglos de peripecias sangrientas hace comprender, con la pasmosa elocuencia del granito histórico y ennegrecido por el tiempo, cuan horrible es a veces la justicia de los reyes, y cuan vanas son siempre las promesas de la ambición y la fortuna.

Hoy la Torre de Londres no es una fortaleza, sino apenas un museo de guerra, es decir, el museo de la muerte; o sea una lápida de la tumba de ocho siglos de violencias, de crímenes y de gloriosas revoluciones también.

Una dé las torres se llama la «sangrienta»: fue en su recinto donde tuvo lugar el horrible asesinato de los hijos de Eduardo IV, en 1488. En otra de esas torres, la llamada de «Wakefield», fue asesinado otro rey —Enrique VI—. Nada ha sido más común en la historia de Inglaterra que las ejecuciones de reyes y reinas, por obra de los de la misma familia. No sé por qué hacen los reyes tanto escándalo cuando ven que los pueblos, imitándolos, se hacen los ejecutores. El oficio de verdugo ha comenzado por ser aristocrático, y al fin, los pueblos lo han repudiado dejándolo a los dictadores, los reyes, los inquisidores y los togados, como cosa que les pertenece en propiedad. Casi pensaba omitir en esta relación algunos pormenores relativos al primero de los monumentos que dominan el Támesis, la Abadía de Westminster, no obstante su importancia, porque me he propuesto no describir sino lo que haya «visto». No tuve tiempo para recorrer todo el interior de aquella catedral de las glorias británicas, que es el reverso de la Torre de Londres. El aspecto exterior es de una magnificencia imponderable, consideradas la fachada y las torres, pues el cuerpo del edificio es muy sencillo. La iglesia data del principio del siglo XI, y es en ella donde tiene lugar la coronación de los monarcas de la Gran Bretaña.

Como he dicho antes, Westminster es el «Panteón» de las grandes figuras de Inglaterra, en la ciencia, la literatura, la oratoria, el gobierno, la guerra, la marina, la poesía, las bellas artes y todo lo que puede abrir el camino a la inmortalidad. Con todo, Westminster ha dado asilo a notabilidades de muy dudosa ortografía, muchas de las cuales han «pagado» más bien que «merecido» el pasaporte para descansar en algunas de las gloriosas tumbas de la venerable catedral de los muertos y de los reyes, poblada de estatuas, bustos y obras soberbias de escultura. Una de las más notables de esas obras es la gran tumba de Eduardo IV, cuajada de esculturas magníficas, y que tiene una forma singular por las torres circulares que la encuadran. Son muy interesantes también las tumbas de Eduardo el confesor, rey anglosajón, de Enrique III y Enrique V, de la desgraciada cuanto terca María Stuart, y de Isabel, su sobrina, su rival y verdugo, de Jacobo I de Inglaterra, Carlos II, hijo de un monarca decapitado por sentencia de su pueblo, y de Jorge II, que engrandeció a su patria con el apoyo de los talentos de Walpole y el primer Pitt.

El cuerpo principal ostenta en sus naves laterales los monumentos consagrados a los hombres de genio. Allí, en el lado del norte están las tumbas de Pitt, Burke, Sheridan, Fox, Canning (ese gran protector de la independencia de las Repúblicas Colombianas), de Robert Peel, el afortunado ejecutor de la gloriosa reforma comercial que ha hecho la fuerza y opulencia de la Gran Bretaña, y en fin, de todos los hombres de estado más eminentes. En una de las capillas, cerca de las tumbas reales, están las de Buckingham (raza de favoritos y ministros, algunos mártires de su ambición), y de Monk, ese Judas militar de la democracia británica En el lado meridional de la misma Iglesia están los sepulcros y bustos de los escritores, poetas y artistas, desde el admirable Shakespeare hasta los más recientes. Son notables por su significación los monumentos de los famosos actores dramáticos Garrick y Kemble, soberanos de la escena. ¡Cuán grato es encontrar bajo un mismo panteón, al lado de las tumbas de los «soberanos» de la tierra y de los hombres de estado y generales victoriosos, las de los poetas y artistas, humildes hijos de la nada, pero levantados por su genio y por la conciencia de los pueblos a ser los monarcas de la luz, del sentimiento y de la gloria, y vivir eternamente en la memoria de la humanidad! El pueblo inglés, aunque preocupado por las tradiciones aristocráticas, sabe ser justo, y eleva a sus hijos inspirados al alcázar de los reyes, para probarle al mundo que al fin el pueblo es el verdadero rey, porque es en su seno que reside la potencia del genio. Los «Docks», lo repito, son la creación característica de Londres, el monumento típico de la grandeza comercial de los ingleses. Estudiar los museos, los palacios, las bibliotecas y los parques de Londres es detenerse ante las manifestaciones soberbias del lujo de la civilización, más aristocrática en la Gran Bretaña que en ningún otro país. Pero contemplar sus «Docks», principalmente los de Londres y Liverpool, es asistir al movimiento de las arterias de ese pueblo mercantil y cosmopolita por excelencia. Allí se ve, por decirlo así, palpitar el corazón de Inglaterra, revelarse toda la energía, toda la fuerza de su vitalidad, Desde la vecindad o el pie mismo de la Torre de Londres hasta muy abajo de la vuelta de Greenwich, es decir, hasta el fin de la isla artificial llamada «Isla de los Perros», las dos márgenes del Támesis están casi literalmente cubiertas de «Docks», complicados en inmenso laberinto, y astilleros o grandes canteras de construcciones navales. Primero se encuentran los de «Santa Catarina» contiguos a la Torre de Londres; poco más abajo siguen los llamados particularmente «London Docks», de una magnificencia admirable; descendiendo algunas millas aun, en el vértice de la «Isla de los Perros», se encuentran los enormes diques «de las Indias Orientales». El resto de la isla se puede decir que es un solo dique dividido en innumerables compartimentos o cavidades Además, en la vasta porción de Londres que se extiende al frente de la City, del lado sur del Támesis, hay en la especie de península de Rotherhithe una multitud de grandes diques de no menor importancia que los de la banda septentrional. Es a esos depósitos universales a donde llegan las mercancías de todo el mundo en los navíos que remontan el Támesis, y a donde afluyen los productos de las fábricas y minas inglesas para ser embarcados a bordo de esos mismos navíos y enviados a todos los puertos marítimos del globo. Así, cerca de cada grupo de «Docks», hay una grande estación de ferrocarriles, y por lo mismo la comunicación marítima y fluvial está íntimamente ligada a la terrestre, consultándose ante todo la economía y la rapidez de las operaciones comerciales No me fue posible examinar de cerca otros «Docks» que los de «Santa Catarina» y «Londres», ni tenía precisión de visitar los demás, puesto que aquellos son los más completos, aunque los de «las Indias Orientales» son los más considerables. El «Dock» tiene por base la margen del Támesis, cuyas aguas lo alimentan constantemente y le facilitan la entrada y la salida de los buques en los momentos en que las mareas suben. El «Dock» se compone de una inmensa alberca de mampostería, muy profunda y dividida más o menos regularmente en compartimentos que se comunican o incomunican, según que se abren o cierran, por medio de máquinas, las enormes compuertas de hierro y madera. Estas funcionan estableciendo entre dique y dique el nivel de las aguas interiores estancadas, con el de las exteriores del Támesis, y un ancho canal de mampostería, que mide la cala de los navíos, les da entrada o salida con la mayor facilidad y en pocos minutos. El laberinto de albercas o diques penetra al corazón de la ciudad por en medio de vastos muelles planos y altísimos edificios, y de este modo se produce el extraño fenómeno de una ciudad flotante compuesta de navíos de todos tamaños metida literalmente en el seno de la ciudad de piedra y ladrillo que se llama Londres.

Los buques entran allí con tres objetos, pagando un moderadísimo derecho: 1.º descargar sus valores en los vastísimos almacenes de depósito; 2.º carenarse y ponerse a cubierto de todo accidente que pueda sobrevenirles en la mitad del Támesis, evitando embarazar la navegación; y 3.º buscar en los mismos depósitos («stocks») la carga de retorno que necesitan. De todo eso resulta que los «Docks» están siempre colmados por centenares y aún millares de navíos de todo porte cuyo conjunto ofrece el espectáculo más admirable. Una infinita red de cascos, arbolajes en interminable bosque, banderas de todas las naciones, etc., etc., se extiende por todo el laberinto de diques, cuyo aspecto es al mismo tiempo sombrío y pintoresco en alto grado. Al derredor, sobre los muelles, se destacan las alas de inmensos almacenes, provistos de sótanos o subterráneos para los vinos y otros muchos artículos, y es allí donde se depositan todos los valores que el comercio de Londres hace girar por medio del Támesis. ¡Y qué movimiento el que reina en aquel escenario de la industria! Aquí, los grupos de marineros se destacan sobre los altos puentes o las vergas de sus navíos, llamando la atención por sus vestidos, dialectos y tipos diferentes, que corresponden a todas las regiones; y en medio de esos grupos circulan millares y millares de obreros, unos trabajando en la carga y descarga y la conducción de los efectos, y otros ocupados en obras de carpintería o en la carena de los buques. Allá se agitan los negociantes y corredores en mil especulaciones de simple crédito, o de compraventa, cuando no en el examen de las mercancías; y todo es actividad, trabajo, movimiento incesante en aquella Babilonia de gentes, buques y mercancías. El «Dock» no es solo un establecimiento comercial y creado para el servicio de la navegación: es también un elemento poderosísimo de crédito. Desde el instante en que la mercancía entra al «depósito» en el «Dock», queda avaluada por peritos, asegurada y bajo la responsabilidad de los empresarios del mismo «Dock». El propietario de la mercancía recibe un documento («warrant») que acredita su propiedad, con expresión de la cantidad, calidad, valor, etc., y debe pagar un derecho de depósito. Con ese documento puede ir a cualquier banco, si no quiere o no puede vender la mercancía, y obtener, obligándola en garantía, todos los fondos equivalentes que necesita para sus especulaciones; sin perjuicio de poderla enajenar luego a mejor precio, quedando la deuda a cargo del comprador. Es incalculable el bien que semejante institución hace al comercio y la industria, multiplicando los capitales y las transacciones por medio del crédito Los «Docks» «de las Indias Orientales» son enormes. Es allí donde se acumula esa famosa «escuadra pacífica», si se me permite la expresión, compuesta de millares de navíos de grandes dimensiones, que alimentan el comercio entre Inglaterra y las regiones del Indostán y la China que han sido explotadas hasta ahora por la compañía de las Indias. Contemplando aún de lejos el bosque colosal de mástiles de aquellos buques nomás, puede tenerse una idea de la opulencia de esa compañía y de la magnitud de sus especulaciones.

Al frente de los «Docks de Londres» está el famoso puente subterráneo llamado el «Tunnel», obra audaz y grandiosa de un ingeniero francés, Brunel, que fue construido con el objeto de establecer la comunicación entre las dos márgenes del río. Como los barrios fronterizos son muy activos, contando centenares de miles de obreros, y no era posible echar un puente sobre el Támesis sin impedir la navegación a los grandes buques, se ocurrió al puente subterráneo. Desgraciadamente ha sido inútil para la comunicación, por causas locales, y después de tan prodigiosos esfuerzos y de gastar en la obra 3.070.000 libras esterlinas, ha quedado reducida al carácter de «curiosidad» o monumento de la audacia del genio y de la grandeza industrial de Inglaterra. El «Tunnel» es una cavidad practicada bajo las aguas del Támesis, separada apenas por una capa de tierra de 15 pies de espesor. La bóveda se compone de dos galerías paralelas, de muchísimas arcadas, con una longitud de 1.300 pies, y se desciende a las extremidades perpendicularmente, del nivel de las calles de Londres, por medio de enormes escaleras de caracol. Una de las galerías ha sido destinada a tiendas de curiosidades, mercerías, cosmoramas, etc., que producen el más curioso contraste con la sombría majestad de la bóveda iluminada por el gas. Aquello es curioso y admira mucho, pero el viajero que visita semejante monumento no puede explicarse cómo un pueblo tan práctico y previsor como el inglés pudo acoger la idea de una empresa tan absurda bajo el aspecto industrial como fabulosa bajo el de la ciencia y la tenacidad.

A unos diez kilómetros del puente de «Londres», sobre la margen del Támesis, se encuentra la pequeña pero muy visitada y graciosa ciudad de Greenwich, interesante por diversos motivos. Desde la terraza del muelle y los edificios vecinos se goza de una vista admirable, pues no solo se alcanza a ver una inmensa porción del Este de Londres y se domina el curso del Támesis en algunas millas, sino que se admira al frente la selva de mástiles que se destaca de todos los «Docks» en la Isla de los Perros. Greenwich cuenta unas 8.800 casas de habitación con cerca de 30.500 almas: y como tiene un magnífico parque dependiente del antiguo palacio real y varias curiosidades, contando con un ferrocarril hacia Londres, que pasa todo por debajo de arcadas, y el servicio permanente de los vapores, los habitantes de la metrópoli han hecho de esa pequeña ciudad uno de sus paseos favoritos, así como de Windsor y Richemond. El parque de Greenwich es el «Saint-Cloud» de los vecinos de Londres. En el fondo de ese hermoso parque se levanta el famoso observatorio astronómico, cuya cúpula tiene unos 250 pies de elevación sobre el nivel del Támesis. El edificio contiene una riquísima colección de instrumentos y trabajos de astronomía y marina, y aunque los ingleses se sirven con frecuencia del meridiano establecido sobre la catedral de San Pablo, el de Greenwich no ha perdido nunca su importancia científica. Ese monumento, que ha servido al mundo entero, fue fundado por Carlos II y terminado en 1675. El vasto edificio principal del famoso Hospital de inválidos de la marina, fue en su principio un palacio de residencia real creado por Enrique VI. Carlos II lo reconstruyó mucho más tarde, y al fin Guillermo III lo convirtió en Hospital de la marina británica, en 1705. El palacio tiene la majestad del tamaño y de la sencillez, pero es de una arquitectura pasada y fría, sin ningún mérito artístico notable en su exterior. Todo el Hospital se compone de varios grandes cuerpos enteramente separados por anchas calles, y reinan en todo su conjunto y sus detalles el orden más admirable, el aseo, la comodidad y la dignidad. Había unos 3.000 inválidos cuando visité el establecimiento, y se me informó que además de esos, que son internos, muchos millares de externos recibían pensiones y servicios del Hospital. Visité detenidamente la capilla, el museo, el refectorio, las cocinas y despensas y tres de los dormitorios en los dos grandes edificios principales, y en todos esos sitios recogí las más gratas impresiones. La capilla, espaciosa, seria y sencilla como todos los templos de los protestantes, no contiene cuadro ni adorno alguno. Como allí no se reúnen los hombres sino para leer la Biblia, orar y ensalzar a Dios, sin confundirlo con el hombre bajo forma alguna, ni rodearle de ídolos rivales, la ausencia de imágenes y «santos» y de todo lujo o adornos, es absoluta. Nada me parece tan digno de la religión como esa soberanía exclusiva acordada en el templo a la idea de Dios y al Evangelio, tan distante de la impiedad que esteriliza el alma, como de la idolatría miserable que la degrada, haciéndola caer en un paganismo contrahecho, que no tiene siquiera la poesía y la espontaneidad del paganismo griego y romano. El Museo de los inválidos es en cierto modo la hoja de servicios de la marina británica, orgullo y gloria de los viejos marinos llenos de cicatrices. Cada cual en el mundo tiene su punto de vista especial; así, no es extraño que, mientras un inválido erudito me explicaba con todo el entusiasmo posible lo mismo que cada día explica a todos los viajeros curiosos, considerando como semidioses a los personajes más históricos, yo maldecía interiormente el genio destructor de esos gloriosos filibusteros a quienes las naciones llaman almirantes cuando les dan el encargo de ir a ensangrentar los mares con sus atroces combates, no contentos los gobiernos con ensangrentar la tierra. Digan lo que quieran los señores marinos, para mí no será nunca Nelson otra cosa que un heroico y sublime devastador del Océano, como Drake un gran pirata, y Napoleón el Atila de la Europa, matador de la libertad. Aunque los ingleses no se pican mucho de fuertes en las bellas artes ni de selectos en sus colecciones de cuadros en los museos públicos, el museo del Hospital contiene algunas cosas buenas. No faltan allí frescos de mérito real, y algunos cuadros (entre los muchos de combates navales históricos para Inglaterra, o de retratos de famosos marinos) de indisputable valor artístico. De resto, el salón contiene muchas reliquias, modelos de navíos, armas, instrumentos náuticos y todo lo que, interesando a la marina de guerra, se refiere a los hechos históricos más notables. El refectorio, las cocinas y las despensas del Hospital admiran por el orden con que todas las operaciones están arregladas para consultar la higiene, comodidad y economía del establecimiento. Las cocinas sobre todo, servidas apenas por unos pocos brazos perfectamente, brillan por el esmalte de sus hornillas y su menaje, con limpieza incomparable. El vapor y las máquinas lo hacen todo, y allí se confeccionan las comidas como se hacen en una fábrica cualesquiera manufacturas. Todo es regular como lo exige la acción mecánica del hierro agitado por el vapor, y todo conduce allí a hacer bendecir los progresos de una ciencia que atiende con maternal solicitud a todas las necesidades del hombre. Si los inválidos tienen en Greenwich una admirable vista, paseos hermosos, su templo, su museo, refectorio y todo su menaje común inmejorable, no es menos cómoda y feliz la situación particular de cada uno en los extensos dormitorios o alojamientos. Puede decirse que cada cual tiene su casa propia, así como tienen sus buenos vestidos confortables y característicos. Los dormitorios son anchas y extensas galerías situadas en pisos altos, con mucha luz, aire puro y libre, y una soberbia vista desde las ventanas. A cada lado de la galería hay una fila de alcobas independientes, cada una con su puerta sobre el centro del salón, y habitada exclusivamente por un inválido, con todo su menaje particular. Algunos trabajan espontáneamente en fabricar curiosidades de mano que venden a los visitantes de la ciudad; pero todos gozan de las ventajas de la comunidad y del aislamiento al mismo tiempo, y son tan dichosos cuanto su situación física se lo permite. Ellos, como ancianos e inútiles, viven de recuerdos, y si alguna vez interrumpen su apacible calma es entusiasmados por sus propias narraciones de combates navales. No es de extrañarse que la Inglaterra sea poderosa en los mares, puesto que, ya que lanza a sus hijos a morir o vivir como proscritos en las soledades del Océano, les ofrece asilo para la vejez, cuando cansados de matar y llenos de cicatrices o mutilados horriblemente, necesitan reposar la frente azotada durante muchos años por los huracanes y las trombas marinas. Muy cerca del muelle de Greenwich estaba anclado el enorme coloso marítimo llamado «Leviatán», la más soberbia y la más errada ostentación del orgullo inglés, como soberano de los mares. Había olvidado proveerme de un billete de entrada, y por eso no pude ver el monstruo sino exteriormente, todavía en construcción en el interior, y por lo mismo muy incompleto. Muchas descripciones del «Leviatán» han circulado en la prensa del mundo, y no las repetiré aquí, tanto más cuanto que no quiero hablar sino de lo que veo. La impresión que me produjo aquel gigante fue la del asombro, y la admiración hacia el poder de asociación y de industria de los ingleses, capaces de emprenderlo todo y de realizar todo lo que emprenden. El «Leviatán», no siendo más que un buque mercante o de transporte, es tan gigantesco que costó más de 5.000.000 de pesos. Baste decir, como término de comparación, que al lado del «Leviatán» se veía como un pigmeo un enorme navío de tres puentes, de primer orden, anclado allí constantemente y que sirve de hospital para los marinos extranjeros. Al pasar por el pie del gigante de hierro (que respira por siete enormes chimeneas) yendo a bordo de uno de los vapores ordinarios del Támesis, veía las gentes que estaban sobre el último puente del «Leviatán» como se ven sobre la alta eminencia de una catedral los campaneros repicando. Uno de esos vapores del Támesis pasa por junto al «Leviatán» como una inquieta hormiga por el pie de un elefante inmoble y adormecido. Tal es la proporción.

Sin embargo, temo que ese navío se reduzca a ser en los mares lo que el «Tunnel» en la tierra: un monumento de fuerza y perseverancia, tal vez inútil por su excesiva grandeza, aunque siempre glorioso.

Capítulo IV. Jardines y monumentos
El Jardín Botánico; el Zoológico. El Coliseo. El Museo Británico. San Pablo
Si Londres tiene poquísimos monumentos antiguos o modernos que merezcan la atención por los tesoros de su arquitectura, cuenta algunos establecimientos que son verdaderas maravillas de la civilización moderna. Entre estos ocupan un lugar eminente los jardines científicos. Londres, el país de la niebla y la tristeza, es sin embargo la ciudad clásica de los espléndidos jardines artificiales. En ellos se revelan no solo el gusto y la sencillez encantadora que imita la naturaleza, sino también la opulencia y la universalidad de relaciones de Inglaterra. Es proverbial la habilidad de los holandeses en horticultura. Es en medio de sus lagunas marítimas que ha nacido el gusto por los estudios y refinamientos de ese arte encantador, y es la Holanda, sin disputa, la que ha hecho adelantar más ese género de agricultura. Francia, Inglaterra, Bélgica y Rusia, han sido las más felices imitadoras; y sin embargo, los jardines zoológico-botánicos de Ámsterdam y Amberes son más recientes que el de París, sin cederle por eso en mérito. Si París y las dos ciudades belga y holandesa que he citado, y Berlín y San Petersburgo, han

avanzado tanto en sus museos de historia natural y botánica, Inglaterra puede gloriarse de no tener rivales todavía por sus jardines de Londres, que son tan perfectos cuanto el estado de la ciencia y de los viajes y el arte lo permiten. Los jardines privados de Londres en las casas aristocráticas son numerosísimos y espléndidos. Y fuera de Londres, en Richemond, Windsor y otros lugares pintorescos tienen una magnificencia afamada. No hablaré sino de los que conocí personalmente, el «Zoológico y» el «Botánico», que ocupan el parque vastísimo del «Regente» en el Oeste de Londres. A primera vista, al penetrar en esos inmensos museos «vivientes» de historia natural y de botánica, se comprende que aquella es la obra del espíritu industrial, fruto de la libre iniciativa y de la expansión que es propia de los pueblos que gozan de instituciones liberales. Como la autoridad no figura como empresaria en ningún establecimiento de carácter Industrial, o aunque sea complejo, el orden, la economía ilustrada, la grandeza y la perfección se ostentan en cada objeto que el viajero contempla. El interés individual hace maravillas donde quiera, y sus obras en Inglaterra contrastan con la incuria y el desarreglo de las análogas que en otros países dependen exclusivamente de la autoridad. En esa misión de iniciativa o de poder de la opinión todo es grande, todo refleja la fuerza de un pueblo colosal, perseverante y puntilloso. Penetremos en los jardines científicos de Londres y hallaremos un espectáculo digno de admiración. En la época en que los visité el invierno apenas concluía; la vegetación al aire libre estaba muerta, y faltaban por lo mismo todos los encantos del bosque y el jardín; que dependen de la naturaleza. Pero en compensación, el arte maravilloso, la abundancia de objetos en el escenario y los mil grupos de pequeños arbustos melancólicos de hojas persistentes, o de plantas acuáticas, hacían un juego muy interesante. El parque del «Regente» tiene como unos 80 acres de superficie, y está surcado en toda su extensión por un ancho y hermoso lago y canales de navegación e irrigación, cuyas aguas alimentan las fuentes, los estanques, los arroyos y todos los receptáculos que las conservan para los animales y la vegetación. Dividido en tres partes, la una es propiamente un pequeño y hermoso parque sombreado por árboles seculares y magníficos; las otras dos contienen separadamente el jardín «Zoológico» y el «Botánico». En el segundo se encuentra, durante la primavera, la más variada y completa colección de plantas raras, representantes de la vegetación del mundo entero. Allí nada hay de menos ni de más; todo lo que es vulgar está desechado, y en vez de la inútil profusión de árboles o plantas de un solo género, cada familia, cada especie y cada género están representados por las más hermosas muestras, en corto número y con un orden perfecto de clasificación. El visitante puede hacer un verdadero estudio de la botánica cosmopolita, siguiendo paso a paso los grupos científicamente preparados al aire libre o en invernáculos, dentro de las aguas de los estanques pintorescos de agua dulce o marina, o sobre los emparrados, enrejados y techos que les dan protección a las lianas, enredaderas parásitas y plantas trepadoras de todo género. La falta de abundante vegetación exterior, que era efecto de las nieves del invierno, me hizo buscar de preferencia los invernáculos de cristal. Esos palacios de Flora, construidos por el hombre para dar abrigo y calor a la naturaleza, son verdaderamente espléndidos. Allí cada planta, la palmera colosal, como la humilde violeta japonesa, vive lujosamente, con toda la frescura, la belleza, el brillo, el perfume y los tesoros que les dan el Sol, las brisas y el rocío en los climas ardientes o templados a que pertenecen. La arquitectura grandiosa de los invernáculos, y las condiciones que cada uno tiene, según el grupo de plantas que abriga, para darles el grado de luz, calor, libertad, humedad y tierra especial que necesitan, favorecen maravillosamente el crecimiento, la nutrición fecunda, la reproducción y la conservación de todas las especies interesantes. Bajo las bóvedas tibias y perfumadas de los invernáculos, el visitante asiste a un espectáculo encantador de magnificencia y contrastes. Yo recorría allí todas las regiones de la tierra, en cuanto a su vegetación, con solo trasladarme sucesivamente de un invernáculo a otro. Admiraba la flora europea de todas las latitudes, educada en cierto modo por la civilización, embellecida con el arte, en cuanto este puede embellecer la naturaleza. Adivinaba los desiertos de África, retostados por un Sol ardiente que mantiene la, vegetación como febricitante en su lecho de arena calcinada, y asistía a las escenas suntuosas de las selvas y montañas asiáticas, donde todo es exuberante y voluptuoso, por el tamaño, los colores, los perfumes, las formas y el crecimiento de las plantas, como de los animales; donde todo maravilla y aturde, dando la idea de un mundo semi-bárbaro, inmenso, cuya grandeza provoca la codicia de los pueblos gastados y empobrecidos por el tiempo en Occidente. Pero nada llenaba tanto mi espíritu y mi corazón como la vista de los grupos de plantas colombianas. Allí se alza la palmera cerosa de los Andes, que vive azotada por los huracanes de los páramos, como la que mora en los valles ardientes y produce el marfil vegetal u otras materias. Lo mismo el arbusto crespo, oscuro y melancólico de las alturas pobladas por los líquenes, que el árbol aromático y gentil de las faldas y planicies intermedias, o la liana estupenda y la planta enana de hoja monstruosa, que crecen en la humedad y la espesura sombría de las selvas, en las márgenes ardientes de los grandes ríos. Yo creía vivir en Colombia, respirar su aire vigoroso, contemplar su cielo espléndido, calentarme con su fuego, o levantarme sobre sus cordilleras empinadas, devorar sus frutas deliciosas y embriagarme con los perfumes de ese mundo de luz, de fuerza y majestad natural que había dejado del otro lado del Océano. En presencia de esos portentos de la ciencia, del arte y del comercio y los viajes, y agitado por tan profundas impresiones, sentí duplicarse mi fe en el progreso infinito y fortalecerse mi creencia en la mancomunidad de todos los pueblos en la obra inmensa de la civilización. ¿Para qué ese lujo de plantas de todo el globo en prodigiosa variedad? ¿Qué significa esa asamblea universal de verdura, de perfumes, de colores, de formas singulares, de familias de la vegetación de todas las regiones? ¿Es solo en servicio de la ciencia y la industria que el viajero naturalista recoge del uno al otro polo los matices vivientes del manto con que la naturaleza cubre el seno de la tierra? ¡No! Cada familia y cada especie, cada grupo de la Flora representa allí la unidad, la armonía, la vida progresiva y la fecundidad de la creación, concurriendo al servicio de la humanidad, según el destino que el clima le da a cada uno de los objetos que la inteligencia humana puede aprovechar. Esa centralización o reunión de todas las plantas, sublime asamblea cosmopolita, es la imagen de la unidad en la civilización, de la gran mancomunidad de derechos, misión e intereses que liga a todas las razas, las naciones y las generaciones que figuran en el movimiento de la humanidad. Los pueblos son como las plantas: miradas aisladamente, los rasgos característicos asoman, los contrastes son vigorosos, el antagonismo aparente es sensible; pero consideradas en los invernáculos, en un grandioso conjunto que las reúne sin confundirlas, aparece patentemente la suprema armonía que las enlaza a todas y les da la perfección de la hermosura y la grandeza. El jardín «Zoológico» tiene el triple interés del arte en la distribución, la hermosura vegetal y el movimiento animal que revela la vida de las innumerables familias sometidas al poder o al servicio del hombre. La concurrencia de visitantes es siempre muy considerable, y los grupos movibles y variados a que ella da lugar aumentan el interés de la escena. No pretendo hacer una descripción completa de aquellos jardines, cosa imposible para el que apenas ha podido recorrerlos durante algunas horas. Así, solo indicaré algo de lo que fijó más mi atención. La colección en todo su conjunto es inmensa y de una maravillosa variedad, conteniendo solo dos o tres individuos de cada especie y género para no complicar el estudio que puede hacerse de todas las familias. El orden reina en todas partes, consultando simultáneamente las exigencias de la nomenclatura científica y los hábitos y condiciones de las especies. Aquí se halla el visitante en presencia de los animales feroces, debidamente clasificados; más allá admira los grandes rumiantes de primer orden; acá una familia, allí otra por grupos homogéneos, y en circos, chozas, jaulas y alojamientos especiales; de manera que, con el auxilio de los rótulos claros y precisos y del severo arreglo que preside a todo, se puede seguir un curso de zoología en todos sus ramos, superficial, es cierto, cuando no se tienen los conocimientos necesarios, pero bastante para darle a un observador que no conoce la ciencia una idea general de las formas, la manera de alimentación, crecimiento, reproducción, etc., de cada animal, y de las costumbres, necesidades y destino que, según su clima, su talla, configuración, piel y demás circunstancias, les ha asignado la previsora y admirable naturaleza a todas sus criaturas susceptibles de movimiento espontáneo. No hay duda que la admirable colección de fieras, de mamíferos de todas clases, ofensivos o inofensivos, de rumiantes, monos, etc., etc., es maravillosa, y que el visitante goza mucho admirando las corpulentas jirafas de ojo melancólico; los elefantes, hipopótamos y rinocerontes monstruosos; el enorme tigre de Bengala, de fisonomía traidora; el grande oso blanco del norte en eterna agitación; el león de Numidia, de mirada indiferente y sombría; el triste orangután, caricatura de hombre degradado, que parece afligirse de su inferioridad y su mudez; el curioso bisonte; el corpulento búfalo crinado; la linda y esquiva cebra, y tantos otros animales en extremo interesantes y curiosos. Todos esos grupos llaman la atención por su ferocidad, o su inteligencia, o su corpulencia, o Sus particularidades. Pero lo más acabado y bello en el jardín Zoológico, o al menos lo que más interesó mi curiosidad, fue la inmensa variedad ornitológica, el pequeño palacio de los peces y animales marinos y la colección de los reptiles. Es tal vez en esas grandes familias, hijas del viento, de las aguas y de las grietas sombrías, donde mejor se revela todo lo que la ciencia y los viajes han podido avanzar, y todo el poder de domesticación que el hombre es capaz de ejercer sobre el reino animal entero. Al pasar por delante de las vastas pajareras al aire libre, que son los palacios enrejados de innumerables lindísimas aves, un torrente de las más variadas armonías se difunde en el viento, formando el concierto más encantador. Allí todo es movimiento, alegría, canto inagotable, como si los millones de voces de la creación tuvieran sus ecos en el seno de las lucientes jaulas. Los más bellos y distintos colores, las más inesperadas combinaciones de formas y matices en increíble asociación, atraen las miradas del visitante, haciéndole tener por momentos la ilusión de que un artista caprichoso en extremo es el que ha pintado esos millares de alas, cabezas, picos y colas donde el oro, la esmeralda, el rubí, el lápiz-lázuli y cien tintas primorosas alternan y se combinan para hacer brillar el plumaje del inquieto pájaro. En el gran salón de bóveda de cristal y temperatura cálida, que cubre a los pájaros parlantes y silbadores más ruidosos, la armonía se pierde en el confuso eco del inmenso ruido que hace la gran familia de los papagayos multicolores. Algo como la locura de una orgía o el estrépito de un claustro de colegiales aturde en ese santuario alegre de los gallos turpiales, mirlos; toches, pericos, loros, guacamayos y demás análogos, que forman con sus plumajes pintorescos una interminable y movible sucesión de arcos iris, de sombras y luz, y tienen una gran sonata de mil flautas y flajolés en desacuerdo. Aquello hace reír, divierte, aturde y enloquece, como un remedo de la algarabía humana en un mercado público. Sobre grandes grupos de rocas (cerca de los estanques donde nadan los anfibios mamíferos o los ánades innumerables, entre preciosas plantas) alzan las cabezas, admirados unos, escrutadores otros, indiferentes aquellos o desconfiados los más, los buitres, los cóndores gigantescos de los Andes, las águilas de los Alpes y todas las demás aves de presa. Al ver a esas soberanas del viento reducidas a la esclavitud, me aprecia asistir al espectáculo del orgullo humano sometido y vejado. El águila parece haber depuesto la altivez de sus días de libertad, y su ojo se fija en el cielo y en los perfiles de las rocas artificiales; con la codicia del que condenado a ver de cerca un tesoro no puede alcanzarlo jamás. Confieso que sentí despecho y tristeza al contemplar el palacio de los cuadrúmanos. ¿Qué cosa es un mono sino un remedo, una caricatura de este mono sublimo que se llama el hombre? Todo el espíritu de imitación y ostentación, la vanidad, la inquietud, la curiosidad insaciable y otras «cualidades» parecidas que tiene el hombre, son el distintivo del mono; prescindiendo de ciertas tentaciones traviesas y malignas en que los monos no nos llevan mucha ventaja a los animales parlantes de espíritu inmortal. A veces pienso que Dios, al crear en el mono nuestra caricatura, haciendo eternamente muecas, ha querido ofrecernos el espejo del ridículo a que conducen las vanidades de la vida. Y bajo este aspecto, no hay duda que el mono es un preceptor muy importante; solo que, como sucede siempre, los discípulos no hacemos caso de la lección y nos burlamos del maestro en caricatura. La galería de los reptiles no es menos abundante y curiosa que las mencionadas; y lo que más llama la atención allí es el estado de mansedumbre a que llegan entre sus lechos de arena y celosías de alambres y cristal esos terribles envenenadores del desierto, condenados a arrastrarse, por el pecado original de la serpiente corruptora de Eva y su compañero. Muy resentida debe de haber quedado la familia de la corruptora, puesto que sus interesantes miembros no desperdician la oportunidad de hincarle el colmillo a cualquier descendiente de la crédula Eva, que no sea domesticador de profesión. ¡Qué profesión! Lo mismo valdría vivir domesticando un fraile mexicano, un guerrillero de ley o un recaudador de peajes. Y sin embargo... ¡lo que es el hombre!... ¡Las serpientes se aplacan, y aquellos no se domestican nunca! Es cosa averiguada que la serpiente es inofensiva durante una larga parte de cada año, en que reposa y duerme, y que su agresión requiere casi siempre alguna provocación, y obedece a intermitencias producidas por el frío, el calor, el hambre o el estado sexual. Y esos fenómenos, que la ciencia explica por el análisis del organismo animal, se patentizan fácilmente en las galerías zoológicas. Allí el observador puede leer en la mirada del reptil, sobre todo del enorme boa, las gradaciones de la irritabilidad. Hay algo en el ojo, el aliento y los movimientos espirales de ese monstruo, que atrae, fascina y magnetiza, como la tentación del pecado, y que al mismo tiempo cede a la influencia magnética del hombre. He visto en las serpientes del jardín de Londres contrastes muy curiosos de expresión (según las personas que las miraban de cerca), y que me han hecho pensar mucho en los fenómenos del magnetismo animal y la electricidad, explicándome ciertas singularidades que algunos suponen fabulosas, pero que son perfectamente exactas. El olor y algunas otras cosas influyen mucho respecto de los reptiles. Así, notaba con admiración que las culebras cambiaban de actitud, agitándose o adormeciéndose, mirando con mansedumbre, con desconfianza o con ira, alejándose o acercándose, escondiéndose o descubriéndose más o menos, según la diferente impresión que les producía la presencia o la mirada, el olor, la voz o la fisonomía de los concurrentes. Tal vez un día la ciencia demostrará que no es la inteligencia o un «instinto espontáneo» lo que induce al animal a ejecutar bajo la atmósfera del hombre o en cualquiera situación estos o los otros actos, que hacen vacilar al filósofo entre hipótesis más o menos aventuradas; sino que solo la acción de un fluido magnético o eléctrico, común a todos los objetos de la creación (aunque con diversas inflexiones de intensidad, residencia y modo de obrar), produce las analogías y los fenómenos que hacen creer en la comunidad de «inteligencia». Y el día que la ciencia física demuestre eso, si no es un delirio, la psicología habrá avanzado inmensamente, iluminando el camino de la humanidad, donde reinan todavía las tinieblas de la hipótesis. El palacio de cristal destinado a los peces y animales marinos de pequeña talla, y principalmente a los moluscos, es pequeño pero primoroso. Allí cada grupo se encuentra en una urna transparente, viviendo en su elemento y entre las rocas, las arenas y la vegetación del fondo del mar. Los corales y otros animales arborescentes, los moluscos más bellos, y todo lo que hay de caprichoso, admirable y diminuto en ese mundo de vidas misteriosas que se agita bajo las ondas, aparece allí en miniatura y de bulto, a la vista del visitante, para revelarle muchas de las maravillas del océano. Todo eso tiene una infinita poesía, un encanto indefinible, que patentiza el sistema de las compensaciones creado por la naturaleza, y la suprema previsión con que cada órgano de respiración, de movimiento o de nutrición ha sido arreglado para corresponder a las necesidades propias de la región o el elemento en que vive el animal Al dejar el espléndido jardín Zoológico de Londres (para cuya descripción completa serían necesarios muchos volúmenes) me hacía una reflexión sobre la mancomunidad de la industria y la ciencia física, y de estas y la moral, o mejor dicho, de todos los hechos que representan el progreso humano. A primera vista ese magnífico jardín o paraíso mixto de Londres no es más que un establecimiento científico, un estímulo para las excursiones del naturalista, y un elemento de especulación, y de recreo. Pero observando atentamente se encuentra que aquello es además una escuela práctica de moral y una enseñanza filosófica para los pueblos. ¿Por qué? Fácil es demostrarlo con tres reflexiones que vienen naturalmente al espíritu. La multitud que visita esos lugares incesantemente, adquiere un hábito de sociabilidad con los animales que le suaviza muy notablemente las costumbres y pasiones. Lo que el hombre no comprende, respecto a sus deberes sociales, acostumbrado a estar siempre en relación casi exclusiva con su especie misma, lo aprende al observar la sociabilidad de los animales entre sí y respeto del hombre, que es su señor y generalmente su estúpido tirano. Todo el mundo se acerca y rivaliza en agasajos con los brutos domesticados, y cada cual tiene «su preferido», a quien obsequia en cada visita con golosinas que el pobre animal recibe con gratitud y cariño. Si en general el elefante, las jirafas, los camellos, las cebras y otros brutos igualmente curiosos reciben los homenajes de la mayor parte de la turba, no faltan «amadores» o aficionados que tienen su oso, o su tigre, o su boa «predilecto». Una verdadera emulación caritativa se establece allí, y una visible correspondencia de amor entre el hombre y el ànimal. ¡Cuántos habrá que no teniendo en el mundo ningún vínculo de ternura, sino pesares y desengaños, van al jardín Zoológico a cultivar una dulce amistad con este o el otro animal, según las analogías de inclinaciones! Lo que más se observa allí es que los ancianos, las mujeres y los niños son los más afectuosos y caritativos con los animales; cosa natural si se considera la benevolencia y sociabilidad que distingue a los dos extremos de la vida, y a la mujer, que es su lazo de unión. Por otra parte, los concurrentes se habitúan a ver que todos los animales, aún los más feroces, son tratados con dulzura por los empleados del establecimiento, mostrándose infinitamente más accesibles y dóciles a la benevolencia que al rigor. De ese espectáculo se deriva toda una enseñanza filosófica que es y debe ser la base de toda legislación penal. Si la fiera misma cede a los medios suaves ¿podrá sostenerse como aplicable al hombre el sistema draconiano, el régimen de la violencia, del dolor, de la venganza, de la severidad excesiva y de las penas «preventivas«? No sin razón la posteridad ha considerado a Montesquieu y Buffon como apóstoles de una misma causa humanitaria; el uno analizando el «espíritu de las leyes» de los hombres, y el otro investigando y revelando las leyes y las propiedades de la sociabilidad del «animal». Creo que donde quiera que un jardín Zoológico figure como ornamento de una sociedad y testimonio de las conquistas del hombre sobre la naturaleza, la moralidad recibirá un gran servicio, y la enseñanza de la beneficencia y la dulzura tendrá fecundos resultados.

Al frente del parque del «Regente», sobre la misma calle o avenida, se encuentra un curioso edificio, el «Colosseum», que en otro tiempo era muy concurrido y ha perdido casi toda su importancia. El cuerpo principal es una inmensa y altísima rotunda doble, de construcción muy particular, que figura como una pirámide en el centro de un globo. La parte baja y central contiene un bazar de curiosidades para vender a los visitantes, donde hay conciertos permanentes, cosmoramas y otras diversiones instructivas. La pirámide o el cuerpo que cubre el centro tiene una estupenda elevación, y el visitante sube a la cima por escaleras de caracol que hacen pensar en los Titanes escalando el cielo, o por medio de una maquinaria ingeniosa que levanta suavemente docenas de curiosos, produciendo la misma sensación de uno de esos sueños de encantamientos en que algún poder misterioso nos lleva a las regiones aéreas. A una altura muy considerable se detiene el visitante, sobre un balcón circular, para asistir a un admirable espectáculo de arte y perspectiva. La ciudad entera de Londres, tal como se la ve desde la cima exterior del «Colosseum», está pintada con todos los perfiles y colores de su fisonomía y todos los cuadros que revelan su movimiento diario, sobre la concavidad de la enorme rotunda, cubierta por un techo de cristal, que rodea y abarca al cuerpo o edificio central donde está colocado el observador. Así, recorriendo todo el balcón circular del centro, se van registrando sucesivamente todas las partes unidas que componen en un solo cuadro circular todo el inmenso panorama de Londres. La perspectiva es tal, que la ilusión es completa. Me creía conducido por Asmodeo en alas del viento para ir registrando el escenario entero, sin los inconvenientes de la niebla que cubre casi continuamente a Londres. Aquella obra colosal de pintura, que consumió muchos años de fatigas de un artista aristocrático, aunque ha sido después superada por trabajos más perfectos y de otro orden, merece siempre admiración. Subiendo un poco más en el edificio central, la bóveda se cierra, y afuera, sobre un balcón circular al aire libre, el espectador registra el original del cuadro interior, es decir el inmenso Londres, en cuyas calles hormiguean millones de hombres que parecen insectos y millares de millares de vehículos; en cuyo río se cruzan los vapores, los navíos, los botes y las góndolas en asombrosa multitud; y de cuyos centenares de miles de chimeneas se desprenden las negras columnas de humo o las blancas espirales de vapor que componen el manto lúgubre o sudario que ha de envolver algunos momentos después a la metrópoli gigantesca del comercio y la navegación, de la industria y el movimiento, de la suprema opulencia y de la suprema degradación y miseria... La contemplación de esa capital, desde tan alto observatorio, causa un vértigo semejante al que producen el movimiento y la faz del océano; y el observador que busca hechos y enseñanzas útiles no puede menos que hacerse las más contradictorias reflexiones acerca del modo como el bienestar se encuentra, no diré «repartido», sino «clasificado» entre las grandes capas de la sociedad... Londres es la ciudad-escuela por excelencia, porque abriga en su hirviente seno todos los elementos de la lucha terrible empeñada entre la civilización y la barbarie, es decir: la justicia y la iniquidad, el goce fecundo y la miseria. El «Colosseum» contiene otras muchas curiosidades que, en general, son muy inferiores a las de otros establecimientos más nuevos. Su verdadera maravilla es la Gruta artificial de estalactitas, imitando la de Fingal, si no recuerdo mal. Es una admirable caverna construida con cristalizaciones y rocas porosas, larga y estrecha, iluminada de un modo fantástico que produce efectos singulares de luz y sombra, llena de infiltraciones que hacen caer las gotas de agua por entre millares de cornisas truncadas, columnas retorcidas, pedestales rotos, grietas luminosas u oscuras, alquitraves, molduras, relieves y todos esos primores de arquitectura caprichosa que el artista invisible produce en las cavernas, las cataratas, los torrentes, etc., sin más buril que la gota de agua cristalina, la paja o el chorro estrepitoso, cuyo eterno curso o golpe taladra, hiende, labra y modula todas las rocas; imagen pintoresca del pensamiento humano obrando sobre la inmensa roca del error.

El Museo Británico es, sin disputa, un grandioso monumento que refleja la gloria, el poder y el cosmopolitismo de la Gran Bretaña; y, prescindiendo de su carencia de buenos cuadros de pintura y frescos, cosa general en casi todos los establecimientos «públicos» de Londres, puede decirse que no tiene rival en el mundo, bajo muchos aspectos. Si el edificio es espléndido, y el orden, la comodidad, la claridad y la clasificación exacta reinan en todas partes, tanto en el Museo mismo como en la magnífica biblioteca anexa, no brilla menos el interior por la abundancia y maravillosa universalidad de las colecciones, y la perfección de los métodos de dirección y conservación.

No me detendré en descripciones inútiles sobre la gran masa o el conjunto, porque todo el mundo sabe lo que es un museo, y los libros de «guías» ofrecen al viajero cuantos detalles necesita. Solo citaré especialmente lo que, en mi concepto y según las impresiones recibidas, constituye el gran mérito del Museo Británico, dándole ventaja sobre los más afamados de Europa. Las colecciones de fósiles de toda clase, de restos de monumentos orientales, africanos, etc. («antigüedades»), y de focas y toda clase de animales marinos de talla superior, me parecieron lo más raro en ese santuario de curiosidades, magnífico en todas sus partes. En efecto, los salones que contienen los fósiles de todas clases son de una riqueza imponderable, ofreciendo entre otros objetos los colosales esqueletos de «dinoterios, megaterios, mastodontes, iguanodones» y otros monstruos de la época antediluviana, en tan perfecta organización y conservación, que el visitante encuentra en esas osamentas seculares la clave de la historia geológica, animal y vegetal del globo, y del progreso incesante que se ha verificado en la transformación y el pulimento de la materia, como base del progreso lógico e indefinido de la civilización. ¡Por cuántos cataclismos y fenómenos mecánicos y de electricidad, magnetismo y calor ha tenido que pasar la creación (salida de las manos de Dios perfecta por sus «fuerzas», pero perfectible en sus «formas» como un elemento de actividad interminable), para llegar al estado actual, que apenas es un punto en la escala infinita del desarrollo de las fuerzas «creadas» y «modificadoras»! ¡Noble ciencia esa que se llama «historia natural», que nos revela con la energía de los «hechos», y no de las suposiciones metafísicas, la infinita previsión del mecánico invisible del universo en perpetua acción! El salón de los mamíferos anfibios es admirable. Aquellos monstruos del Océano inspiran horror, por sus formas y su aspecto, y sin embargo, algunos, como las focas, ejercen, aún así disecados, no sé qué misteriosa atracción que parece ser la simpatía de las homogeneidades. Hay algo en las formas, la fisonomía y la mirada de la foca, que ofrece la imagen brusca o brutal de la mujer, y que hace por momentos sospechar la inteligencia escondida en el cráneo de ese animal, extraordinario por sus costumbres; noble por su tendencia a la fraternidad y su valor en la defensa de su familia. Francamente, yo desearía que muchos pueblos egoístas o que viven despedazándose entre sí, aprendiesen un poco, en la escuela marítima de las «focas», a estimarse, defenderse y vivir en la fraternidad íntima de la causa común. Las más notables maravillas del Museo Británico están en los salones «Egipcios», los de «Nínive, Cartago, Menfis», la «India, Herculano, Pompeya», etc. Allí está reunido todo lo que la civilización moderna ha podido recoger de más admirable y más curioso y característico entre los resto de la civilización antigua, convertida por el tiempo en escombros y cenizas. Allí la arquitectura, la escultura y otras artes semejantes reflejan vivamente (como en todo tiempo y país) las creencias religiosas, las costumbres, las instituciones y el estado más o menos primitivo y tosco, más o menos refinado, del desarrollo social. El mundo moral se muestra allí en su infancia exuberante, y sin pulimento como el mundo físico. La esfinge colosal, el centauro, el buey sagrado, el animal-hombre, el monstruo humano bajo todas las formas extravagantes y brutales, cuajados de relieves toscos, de jeroglíficos sintéticos, de signos incorrectos están revelando una época en que todo fue gigantesco y monstruoso como el «iguanodon» o el «megaterio»; en que todo vivía con exceso, sin los perfiles y el pulimento que el trabajo secular de la creación ha traído lentamente para perfeccionar las cosas. Así, lejos de asombrarme la pretendida grandeza de la antigüedad egipcia o de otras regiones, no veo en sus obras sino la demostración de la exuberancia titánica de la barbarie, y la «debilidad», que el curso de los siglos ha ido modificando con la sustitución de la «inteligencia» a la «fuerza», del arte espiritualizado, al simple remedo material de las cosas, de la fisonomía delineada y pura, a la masa enorme, fría y sin expresión. ¡Cuán grande y noble aparece la humanidad, contemplando sucesivamente, en diferentes salones del Museo, la imagen de sí misma que ella ha ido dejando trazada, siglo por siglo, en innumerables monumentos, como el testimonio elocuente de sus progresos, de su destino, de su inmortalidad, de su inteligencia y de los prodigios de su fuerza y su libertad!

Si «Westminster-Abbey» y «London-Tower» son los monumentos de la historia, «London Bridge» y el «Tunnel» los de la industria, y el «British-Museum» y el «Zoological y Botanical-Gardens» los de la ciencia, la catedral de «San Pablo» es para los ingleses el monumento de su grandeza, su religión y su orgullo, así como el «Cristal-Palace» lo es de su cosmopolitismo y su progreso artístico «San Pablo», construida en mucha parte según el modelo de la catedral de San Pedro de Roma, ocupa casi toda la superficie de una plaza en la «City», dejando apenas a los cuatro lados espacio para la circulación. Si el monumento no fuese tan imponente por su grandeza pasaría desapercibido, pues los ingleses han tenido el mal gusto de encuadrarlo en el barrio más complicado, irregular y agitado que tiene Londres, encerrándolo miserablemente en medio de negras chimeneas, fardos y almacenes. Excepto el caso de hacer una ascensión en algún alto monumento cercano, es imposible ver a San Pablo en perspectiva. Hay que tomarla a quemarropa, como quien se pone a mirar el cielo hacia el cenit. La gran catedral de los anglicanos costó cerca de 7.000.000 de pesos; fue construida por el famoso arquitecto Wren, en 1675, habiéndose invertido en la obra treinta y cinco años de labor. A pesar del matiz negro y sombrío que le da el humo del carbón de piedra, el edificio interesa mucho en su exterior, tanto por la belleza de su gran pórtico griego, como por el juego que hacen en un grandioso grupo sus altas y estupendas columnas, la cima triangular de la fachada, las dos hermosas torres laterales y la cúpula suntuosa que domina el centro del monumento. Sin embargo, confieso que San Pablo no me impresionó mucho por su exterior. La arquitectura del Renacimiento, así como la que imita los antiguos templos griegos, me parece demasiado clásica y fría por el exceso de compostura y simetría y la carencia de audacia. Y todavía es mucho peor esta arquitectura contemporánea, ecléctica y trivial, que parece hija del compás y la escuadra más que de la inspiración; que combina todos los órdenes sin respeto por la poesía del arte y las especialidades de cada estilo, haciendo del arquitecto un albañil pulido en vez de un poeta que traza sus cuadros en la piedra. Prefiero la majestad de conjunto, la audacia de ángulos, ojivas, rosetones y flechas, y el capricho romanesco y la espontaneidad fabulosa o excéntrica, que distinguen a la arquitectura gótica, toda inspiración y vida. Si el arte moderno no ha de hacer otra cosa que «copiar», preferiría las imitaciones góticas, como expresión del sentimiento cristiano. El interior de San Pablo sorprende más que el exterior. Es allí donde puede apreciarse mejor la grandiosidad de la cúpula, las enormes proporciones y el estilo austero del edificio. Afuera anuncia algo del paganismo y del Partenón griego; pero al entrar, el visitante ve muy bien que ese es un templo de protestantes, libre de las serviles e impías señales de la superstición y la idolatría. Es la catedral de un «pueblo» para adorar a «Dios», no el santuario de un paganismo evangelizado. Como Dios es la suprema fuerza y el supremo espíritu, ningún objeto lo representa allí, puesto que el hombre no puede concebir la forma de su Creador. Todo es sencillo, severo y solemne, sin ostentación ni espectáculos. Algunas tumbas gloriosas, como la de Nelson (todavía el mundo cree en la gloria de los grandes matadores), y las del mismo arquitecto Wren y de artistas eminentes en pintura, como Lawrence y Reynolds; algunos objetos históricos de primer orden para el orgullo de todo pueblo, como las banderas tomadas por los ingleses, a sus enemigos, he ahí todo lo que adorna, con varias estatuas profanas, la catedral británica. No carece de interés esa evocación de las batallas homicidas en un templo ofrecido al Dios de paz, de caridad y amor. ¡Mezcla de religión y de impiedad! Ese es el mundo: adoración a Dios y guerra al hombre... San Pablo tiene como unos 150 metros, de longitud interior, de oriente a poniente, y algo más de 80 de anchura, de sur a norte, con una circunferencia total exterior de más de 680 metros, y la altura máxima de 121. Si un templo tan enorme tuviese una plaza en derredor proporcionada a su tamaño, el aspecto sería admirablemente magnífico. Pero los ingleses son legos en eso de buen gusto, y no perderían en obsequio de la hermosura y majestad de un monumento el espacio que puede servir para los almacenes y las cervecerías.

Capítulo V. Curiosidades
El Diorama. La galería Tussaud. El Palacio de cristal. El Banco de Inglaterra. La Bolsa. Diversos objetos interesantes

Entre los monumentos y varias curiosidades que visité durante mi corta permanencia en Londres, no olvidaré dos de un género histórico y artístico que merecen atención, aunque de carácter muy secundario; tales son: el «Diorama» y la «Galería» de madama Tussaud. El Diorama, establecido en el centro de la plaza de Leicester, es un edificio circular, cubierto con una cúpula de cristal, y muy semejante al cuerpo central del «Colosseum», aunque mucho menos grande. Comprende una exposición de objetos algo curiosos de etnografía, y es al mismo tiempo diorama, panorama y cosmorama. Allí se dicta todos los días una lección de geografía muy útil para los que necesitan nociones elementales. Lo que en el «Colosseum» presenta el panorama de Londres, en el Diorama ofrece en una concavidad circular la imagen en relieve del globo terrestre, con la demarcación exacta de los mares, los continentes y las islas. El trabajo es ingenioso y muy interesante como elemental. En la parte baja del edificio se encuentran los más curiosos grupos de indios, negros, chinos, europeos, etc., con sus vestidos, armas y mil especialidades, que ofrecen el cuadro de la fisonomía de casi todas las razas de la tierra, y una multitud de nociones históricas para instrucción del vulgo o de las gentes de mediocre educación. No faltan allí muchas muestras de objetos algo raros en todas las bellas artes, la mecánica, la navegación, etc., que atraen justamente las miradas del visitante curioso. Aquel establecimiento me pareció no solo un bonito museo, sino un bello instituto democrático destinado a enseñar a las clases pobres, con suma facilidad y baratura, los elementos de la geografía, ciencia tan útil y simpática de por sí, como fecunda en mil resultados para la industria, el comercio, las letras y la política. Sería una gran fortuna que ese instituto-pasatiempo fuese imitado en las principales ciudades de las repúblicas colombianas.

La «Galería» histórica y artística de madama Tussaud, tan afamada en el mundo, continúa con toda su popularidad en Londres, gracias a la perseverancia de los herederos de la artista original que la fundó. Es una encantadora curiosidad que ningún extranjero debe dejar de visitar y que, lejos de perder su interés, lo aumenta a medida que el tiempo aleja más a los personajes puestos en escena. Lo describiré rápidamente para que se vea todo el partido que de allí puede sacar el viajero observador. La descripción de la localidad es inútil; los salones son como cualesquiera otros, y su distribución depende solo de la clasificación de los objetos históricos. Una iluminación magnífica, un concierto permanente y cierto lujo artístico de decoración, que hace juego con enormes espejos para aumentar la ilusión, tales son los accesorios que realzan el mérito de la galería, dividida en cuatro partes. Desgraciadamente las divisiones no están arregladas a épocas históricas, rigurosamente, lo que da lugar a algunos anacronismos. Toda la galería, salvo algunos objetos históricos y mecanismos famosos, se compone de estatuas, de formas perfectamente naturales, o de bustos o cabezas, todas fabricadas con cera blanca, imitando con admirable perfección las fisonomías, las actitudes, la expresión y cuanto ha sido característico en cada uno de los muchos personajes representados allí. La perfección artística de los bustos y las figuras es tal, que el visitante se siente a veces tentado a saludar respetuosamente a esos personajes de cera o entablar conversación con ellos. Por ejemplo, al pasar de un salón a otro, está sentado bajo el umbral un pobre viejo que lee con atención, sin mirar a nadie; y como es imposible dejar de pisarle y estrujarlo al pasar, porque el hueco es muy estrecho, el buen viejo alza la cabeza y mira con extrañeza al visitante descortés. Este no puede menos (y a mí me sucedió) que presentarle excusas y pedirle perdón. El viejo lector no responde, vuelve a agachar la cabeza y continúa su lectura. Después viene uno a saber que su hombre es de cera, y que su movimiento muscular es debido a un mecanismo Los vestidos, todos conformes a la época y los usos de cada personaje, aumentan la ilusión poderosamente. Aquellas figuras parecen agitadas por una corriente oculta de electricidad nerviosa; sus miradas son vivas y elocuentes; sus sonrisas expresivas, su actitud imita enteramente la vitalidad. Tal parece como si el pensamiento calentase aquellos cerebros de cera y animase sus gestos; y el visitante se impresiona de tal modo, que por momentos cree que la voz va a salir de los labios casi convulsos de aquellos «seres» artísticos, que tienen el calor, el aliento, la luz y la fascinación de la vida física y moral.

En la galería, tan presto se ven los personajes en grupos homogéneos como aislados a ciertas distancias. Entre la multitud de personajes aislados, ora históricos, ora contemporáneos, se distinguen principalmente, por su interés o por el mérito artístico de las figuras: «Guttenberg», meditando en su invento; «Shakespeare», sombrío y burlón al mismo tiempo; «Pedro el Grande», en su traje de carpintero en Holanda; «Newton», ideando su admirable sistema del mundo físico; «Voltaire», con su fisonomía de zorra, su sonrisa irónica y su mirada de apóstol; «Rousseau», pensativo y dulce como la idea de redención que le dominó; «Walter Scott», con su actitud tranquila, como la poesía risueña que inspiró su gran genio; «Byron», sombrío y lanzando de su ojo de fuego algo como la luz del rayo o como las revelaciones de un poema terrible. De otro lado se ven figuras de una personalidad especial: aquí «Nana-Sahib» en gran pompa y fumando en su pipa llena de pedrerías, sentado a estilo oriental; allí «O'Connell», en la actitud del orador; más acá «Abd-el-Kader», con su sable de árabe defendiendo la independencia de su pueblo; allá «Manín» u otro de los mártires de la libertad que han personificado una causa.

Los grupos son aún más interesantes por el juego y contraste de las fisonomías y actitudes, y por los hechos históricos que ellos personifican. En una parte los «Girondinos», condenados a muerte, «Carlota Corday» matando a «Marat», o un grupo de «Robespierre, Danton» y otros jacobinos; en otro sitio, «Milton» rodeado de sus hijas, dictándoles su admirable «Paraíso perdido»; en el centro de un salón, «Napoleón» con todos los «soberanos» y principales ministros de su época imperial; en el de otra sala los monarcas; presididos por «Victoria» y el emperador «Napoleón Bonaparte». En un rincón figuran: «Isabel» la católica, «Fernando», su marido, y el inmortal «Colomb»; en otro sitio, «Lutero» enseñando su doctrina, o «Calvino» demostrando la justicia del libre examen. Los tres primeros salones están literalmente colmados de figuras históricas y de contemporáneos, pertenecientes a todos los géneros de celebridad. La ciencia y la poesía, la navegación y la filosofía, las bellas artes como la elocuencia y la política, la guerra como la religión, las grandes virtudes como los grandes crímenes y las heroicas expiaciones, todo está representado allí, para dar una idea general de las evoluciones de la humanidad en su carrera de progreso y luz. Todas las grandes glorias están reunidas en congreso para manifestar la unidad del espíritu humano en sus infinitas manifestaciones, y poner en evidencia el cosmopolitismo histórico de la civilización y el contraste perdurable entre el poder y la libertad, la inteligencia y la fuerza. Pero si la Galería Tussaud es en lo principal una bella escuela de historia, escultura y aún fisiología, al mismo tiempo que un museo de curiosidades, el último de sus salones, el salón horrible («The chamber of horrors») es de un interés extremo y un carácter sombrío que impresiona profundamente. ¡Cuántas enseñanzas no encuentra en esa espantosa cámara del crimen y de la expiación el espíritu del observador atento, que busca las revelaciones de la ciencia física como el elemento más sólido de las doctrinas de la ciencia social! El «salón de los horrores» pudiera llamarse la escuela práctica de frenología, pues tal es su verdadera significación. La célebre «máquina infernal», ideada para aniquilar a Napoleón (ese gran político incorregible); el hacha que decapitó a «María Stuardo»; la que ejecutó a «Carlos I»; la guillotina que degolló a «Luis XVI», como a los Girondinos, a los Jacobinos y a Carlota Corday, y todos los instrumentos empleados para perpetrar los más célebres asesinatos, se encuentran allí perfectamente imitados. La colección de cabezas dé los más famosos bandidos o criminales es tan variada como perfecta, por la exactitud de imitación, que revela el gesto, la mirada, el pensamiento, los instintos y los sentimientos de cada individuo; reproduciendo con absoluta fidelidad todas las protuberancias, los perfiles y las especialidades de cada cabeza y cada faz humana que ha figurado en los fastos del crimen. Por último, en una extremidad de la sala, oscura y medrosa como las escenas sangrientas, está el cadalso revolucionario (levantado por un pueblo febricitante y acosado por mil enemigos implacables) sobre cuyas tablas yacía el tronco de Luis XVI, cerca del noble sacerdote que le acompañó en la hora solemne; mientras que el verdugo (representante de la tiranía) se ostentaba, como una irrisión de su destino contraproducente, mostrando a la multitud delirante la cabeza ensangrentada del rey condenado a expiar sus crueles debilidades y los crímenes y vicios de sus predecesores en la obra secular de la opresión... ¿Qué es lo que se aprende en esa galería de la muerte y la iniquidad? ¡Oh! se aprende mucho!... Desde luego, al evocar los recuerdos históricos, se comprende toda la inutilidad de la «fuerza», del derramamiento de «sangre», como medio político, social o personal. El mismo instrumento de muerte sirve para el monarca o el tirano que lo inventó, como para el súbdito oprimido; para el mártir generoso, como para el malvado. La cuchilla, el hacha o el «garrote», establecen entre los más opuestos extremos la atroz igualdad de la violencia cobarde y sanguinaria... El instrumento creado por el republicano «Guillotin» (como un «bien relativo») devoró a los republicanos mismos... La matanza, bajo cualquiera forma, tiene su lógica terrible en la expiación. El hacha destruye una o muchas cabezas; jamás una idea, un principio o un interés social. Así como el individuo se prepara un castigo en el momento de perpetrar un crimen, los gobiernos y los pueblos labran sus futuras expiaciones con la misma hacha de que se sirven para «asesinar en nombre de la ley»... ¿De qué sirven la violencia y la venganza, si no destruyen el mal cuando pesan sobre tal o cual «cabeza?» De nada. El hacha británica que degolló a «María Stuardo» y «Carlos I», no destruyó ni el fanatismo católico representado por la una, ni el espíritu de opresión encarnado en el otro. Ahí está la historia probando la inutilidad de esas violencias «regias o populares». La cuchilla que decapitó a la «legitimidad» en la persona de Luis XVI, no decapitó la «tiranía» en Francia, puesto que, bajo diversos nombres y formas y a la sombra de otros gobiernos, algún poder opresor, con o sin el auxilio de la legitimidad anticuada, ha pesado sobre el pueblo francés.

El estudio frenológico a que se presta la «Cámara de los horrores» es muy interesante como auxiliar de la fecunda ciencia de la legislación penal. Al ver todas esas fisonomías repugnantes, no puede uno menos que sentir la conmoción nerviosa que acompaña al miedo y al espanto. ¡Qué colección de cráneos! Yo iba observándolos, y los clasificaba (sin conocer sus biografías, ni sus nombres siquiera) como asesinos, ladrones, lujuriosos atroces, traidores, etc.; y luego, al ver el catálogo de noticias biográficas, encontraba la confirmación de mis suposiciones instintivas. La forma de la cara, la estructura de la frente, el ojo, la nariz, la boca, las grandes líneas, los angulos huesosos, las protuberancias, el color mismo de la piel y aún la naturaleza del pelo, contienen mil revelaciones del carácter del hombre. La nulidad o depresión de los órganos centrales que corresponden a los «sentimientos»; la exageración asombrosa de los que revelan los «instintos», en la parte posterior del cráneo; y las extrañas formas y sombríos perfiles de la faz y la frente, signos de la manera como obra la inteligencia en el bandido, todo eso impresiona hondamente al observador de aquella horrible galería Me preguntaba si la ciencia de la frenología no es la ciencia de la desesperación, de la fatalidad, puesto que ella comprueba la infalible relación de cada órgano con un poder de inteligencia, un instinto y un sentimiento. «Pero no —me decía al reflexionar un poco—: esa noble ciencia de la mecánica del cerebro, al revelar las "leyes permanentes" que rigen al hombre, no le condena a aceptar un fatalismo cruel. Al contrario, ella enseña el juego, la íntima relación, el equilibrio y las compensaciones de los órganos, y demuestra que la "educación", modificando, deprimiendo o acrecentando su desarrollo, puede infaliblemente corregir los defectos naturales de ese misterio de la organización, que tiene tan infinitas combinaciones.» Y una vez que esta doctrina adquiere la fuerza de la experimentación, naturalmente se pregunta uno: ¿por qué han creído los gobiernos que el «rigor», la penalidad «terrible» es el remedio seguro para corregir el crimen? ¡Lamentable error, fruto de la barbarie de las sociedades! Si el hombre es educable y perfectible, ¿por qué descuartizarle, en vez de mejorar su condición, purificarle, y destruir el mayor número posible de los alicientes que estimulan al crimen? ¡Bendigo la fisiología y la frenología, nobles y audaces ciencias que, revelando los misterios de la estructura del ser humano, están preparando al mundo para vivir en la era de la justicia, la previsión filosófica y la piedad, renunciando a esas escenas de sangre, de terror y venganza, que constituyen la historia del hombre en su tránsito laborioso de la barbarie a la civilización!

Diecisiete millas de Londres, cerca del pueblo de Sydenham, se encuentra el nuevo «Palacio de cristal», en el centro de una área de 300 acres, y dominando sobre una colina todo el pintoresco paisaje que se extiende hacia el Támesis, ya en la dirección de Londres, ya en la de Greenwich, así como en opuestos sentidos. Un ferrocarril especial ha sido destinado al servicio, y el tránsito desde la estación de «London-Bridge» hasta el palacio mismo se hace con suma comodidad en poco menos de media hora.

    El panorama que se extiende a la salida de Londres, hacia el sudeste, es por lo menos tan interesante como el del sudoeste, por la vía de Southampton. Por todas partes, durante los primeros minutos, aparece Londres como una inmensa fábrica-factoría, bajo el tren en que el viajero ve pasar los objetos con la rapidez del rayo. Las líneas de ferrocarriles se cruzan, enlazan y complican en todas direcciones; los trenes se multiplican, conduciendo viajeros a millares y en incesante movimiento; los cambios de perspectiva son infinitos, ofreciendo los más variados cuadros. Se siente una especie de vértigo al ver aparecer repentinamente y esconderse al instante entre nubes de niebla y humo, o detrás de algunas colinas cubiertas de quintas, pequeñas villas en una serie que parece interminable. En breve Londres y sus arrabales y pueblos circunvecinos se pierden de vista en la base, mientras que sus altas torres y elevadísimas chimeneas humeantes se muestran como suspendidas en el aire sobre un vasto cimiento de niebla. Las innumerables fábricas han quedado atrás, y al movimiento de las gentes y la monotonía melancólica y prosaica de los edificios urbanos suceden el capricho, la variedad, la alegría risueña y la frescura de todo lo que constituye la campiña en Inglaterra, hermosa aún antes de que el verdor de la primavera haya hecho olvidar todas las tristezas del invierno. Ya se ve como una fantasmagoría la mole romántica de un castillo aristocrático; ya la alegre fachada de una quinta primorosa encuadrada entre jardines, pequeños bosques e invernáculos; ora el campo cultivado con admirable esmero, surcado por canales de irrigación más o menos considerables o de pequeña navegación; ora el prado en que saltan y relinchan los bellos potros ingleses, o balan en tropel las blanquísimas y corpulentas ovejas; tan presto un «tunnel» elegante en sus formas y cuyas tinieblas hacen extraño contraste con la escena anterior; y luego, al salir de la caverna artificial, un vasto parque poblado de pinos y otros árboles de vegetación permanente, cuyos negros follajes sacudidos por la brisa los hacen parecer de lejos fantasmas que bailan entrelazados sobre vastos salones tapizados de nieve y bajo una inmensa cúpula de niebla. Al ver en perspectiva el Palacio de cristal, se le tomaría por un palacio chinesco o un templo de hadas en medio de escombros antediluvianos y mil primores de la Flora moderna, como un punto de alianza entre el mundo primitivo y el contemporáneo. Lagos artificiales; planos inclinados cubiertos de verde musgo y finísima grama; colinas pobladas de bosquecillos caprichosos; miradores y pabellones de cristal de mil colores, alzándose entre limpios jardines; altos plumajes de agua arrojados por cien bocas de bronce, de los estanques circulares, en juego encantador; y allá en los lagos, o al pie de las colinas, enormes «iguanadones» y otros animales antediluvianos, audazmente imitados en metal o piedra; he ahí el vasto y caprichoso conjunto que sirve como de cuadro de relieves al enorme y luminoso palacio que se destaca en la cima de la gran colina, como una mansión encantada, aérea, transparente y multicolora, construida durante la noche por una legión de hadas, al rayo de la Luna, y repleta de perfumes y tesoros, para brillar luego a la luz del Sol, cuando la niebla se disipa, con todo el esplendor de una suntuosa maravilla

No ensayaré hacer una descripción, ni rápida siquiera, de ese admirable monumento de la grandeza británica y del progreso cosmopolita de la civilización moderna. Para adquirir una idea completa del «Palacio de Cristal», es preciso estudiarlo muy atenta y minuciosamente por lo menos durante dos semanas sin cesar. Y como mi propósito es solo el de manifestar mis «impresiones», toda reflexión crítica sería un plagio o una pedantesca mentira, no habiendo pasado sino unas seis horas en «mirar» apenas lo más interesante y bello del maravilloso monumento. Más tarde, a virtud de una residencia detenida en Inglaterra, podré describir pasablemente lo que ahora solo me es dado mencionar.

El exterior del palacio tiene un conjunto de grandeza, originalidad, capricho artístico y noble majestad al mismo tiempo, que fascina, haciendo pensar en la civilización asiática. Podría pensarse que el palacio, por sus formas, sus pormenores, sus colores, su arquitectura singular y las inmensas graderías que les sirven de base a sus fachadas complejas, representa la alianza del Oriente, voluptuoso y colosal, con el Occidente, refinado y artístico; o bien, que está destinado a revelar en su exterior el cosmopolitismo de luz, artes, industria y riqueza, de historia y magnificencias, contenido en la prodigiosa combinación de objetos del interior. El solo «palacio» de cristal, asentado sobre una bella colina, ocupa, sin contar sus graderías exteriores, que son inmensas y de un efecto majestuoso, una área por lo menos de 80.000 metros cuadrados. El edificio, aunque unido, presenta el aspecto exterior de tres palacios, por sus fachadas colosales. Todo reposa sobre columnas gigantescas de hierro, y la cubierta en todos sentidos es de cristales unidos por una inmensa armazón de metal. Aunque las torres, las cúpulas y los minaretes tienen grande elevación, la de la masa del monumento, sobre su piso bajo, es poco más o menos de 40 metros. Se compone el edificio de tres pisos de tablas, inclusive el de nivel del suelo, donde se encuentra, una considerable multitud de máquinas y muestras de todo género, que fueron presentadas en la Exposición de Londres de 1851, y que la Compañía empresaria del palacio compró para establecer en su recinto un verdadero museo industrial, artístico y científico. El examen de los objetos aglomerados en los vastísimos salones del piso bajo exigiría un estudio detenido, durante algunas semanas. Bajo la dirección de un hombre inteligente, el visitante puede adquirir un gran caudal de variadísimos conocimientos, con solo hacerse explicar la procedencia de cada máquina o aparato, su objeto, la clave de su construcción y su manera de funcionar.

Al subir la grande escalera que conduce al primer piso, la impresión que se experimenta tiene al mismo tiempo mucho de profundo y vago: profundo, porque uno se siente embelesado, lleno de una especie de asombro delicioso, de admiración infinita hacia tantas maravillas; y vago, porque no se sabe qué admirar más, si los tesoros inagotables de la naturaleza, o los prodigios realizados por el hombre, como sabio, ingeniero, artista, viajero, arqueólogo, historiador, etc. Hay allí un cuadro tan complicado y vasto, tan encantador y sorprendente que el visitante no sabe por dónde comenzar ni a qué objetos dar la preferencia. Repito que no pretendo «describir», porque no alcancé ni a medio-«mirar» la mitad siquiera de los tesoros de arte y curiosidades que en el «Palacio de cristal» se encuentran. Si el palacio solo es una maravilla de arquitectura, de mecánica y de «originalidad» ecléctica, cada uno de los objetos del interior es maravilloso en su género también. La atmósfera que allí se respira está cargada de perfumes, porque el interior del palacio es como un inmenso jardín aéreo, donde alternan en admirable contraste los arbustos, las flores, las palmas, las lianas, los helechos, los árboles frutales y cuanto hay de más bello o curioso en la flora del mundo. El Asia, la América, todas las regiones del globo, tienen allí sus más primorosos representantes en el arte, la vegetación, etc., y cada visitante puede estar seguro de encontrar un rincón de su patria, con la misma temperatura, las mismas aguas y cuanto puede producirle una ilusión completa. Al subir al primer piso nomás se tropieza con un contraste que impresiona mucho: se ve a un lado el estupendo esqueleto de un árbol de la América del Norte, y al otro una galería de estatuas y bustos de mármol, y cabezas aisladas que son las imágenes de los más eminentes pensadores y artistas contemporáneos, principalmente franceses. El árbol a que aludo, cuya sola corteza está armada verticalmente, con todas las proporciones que tenía el tronco en su selva del Nuevo Mundo, es el representante de esa fuerza exuberante, salvaje y asombrosa que distingue a la naturaleza americana. El tronco tiene todo el aspecto de una torre sin molduras, y es tan enorme que de él solo saldría el casco entero de un bergantín. Más de doscientas personas caben en la concavidad del tronco, desde su base hasta la cima. Así es la América en todas sus producciones. La galería de estatuas, bustos y cabezas es encantadora. Tal parece como si la Europa inteligente, la Francia sobre todo, palpitase allí en esas fisonomías de yeso, que despiden con sus reflejos de la luz que les viene de la techumbre transparente, no sé qué del rayo luminoso y del calor que agita los cerebros inspirados de Lamartine y Víctor Hugo, de Guizot y Luis Blanc, de Quinet y Michelet, de Jorge Sand y Alejandro Dumas, y de tantos otros pensadores o escritores eminentes. Muchos de aquellos bustos son evocaciones históricas, porque son las imágenes de Voltaire y Rousseau, de Mirebeau y Danton, de Vergniaud y Chénier, de Chateaubriand, Byron, Walter Scott, Lamennais, Eugenio Sue, Balzac y muchos otros genios que pertenecen a la historia de la política, la filosofía o la literatura. Por lo que hace a salones artísticos, el Palacio de cristal contiene admirables cosas. No solo conserva una inmensa porción de curiosidades que lo hacen rivalizar con los mejores museos de Europa, en lo relativo a antigüedades y artes plásticas, sino que tiene en los muros y artesonados de sus salones, como en los pavimentos, la imitación prodigiosamente fiel de los más preciosos modelos del arte egipcio, griego, índigo, romano, morisco, gótico y del Renacimiento, que se han conocido hasta ahora. La perfección imitativa es tal que la ilusión es completa. Ya recorre el visitante un salón egipcio que le hace evocar las sombras de los Tolomeos o de Cleopatra, con sus relieves toscos, sus momias mitológicas, sus extrañas combinaciones de colores, su arte brutal y misterioso al mismo tiempo, pero expresivo, y sus interminables jeroglíficos. Ya penetra en una sala griega, sensual, poblada de recuerdos heroicos, revelando el arte por excelencia, que toma todas sus inspiraciones de la naturaleza, pero que, a fuerza de ser imitativo y plástico, carecía de ese espiritualismo, celeste o sombrío, poético siempre, que nació con la idea cristiana. Ora, saliendo de los templos artísticos o salones griegos y romanos, opulentos de tradiciones e historia, se recorren vastas cámaras que pertenecen al estilo gótico, profundamente inspirado, espontáneo, sombrío como una leyenda religiosa, caprichoso como los movimientos de la sociedad en recomposición, fantástico, solemne en muchos de sus rasgos, revelador y caballeresco. Ora cruza el visitante esas salas-mosaicos, encantadoras, que pertenecen al afeminado pero poético estilo oriental o morisco, con sus techumbres cuajadas de filigranas, sus mil colores pintorescos, sus caprichos de inspiración, su regularidad de ejecución, su voluptuoso refinamiento de combinaciones. Aquí está la «sala de los Abencerrajes»; allí la de «las Sultanas»; a un lado, «El patio de los Leones»; al otro «el retrete de Boabdil»; en fin, todos los primores de la Alhambra y los recuerdos de Granada y de la gentil dominación morisca. Por último, llaman la atención dos preciosos salones que imitan la arquitectura interior del «Renacimiento», regular, simétrica, demasiado imitativa, delicada y culta pero sin espontaneidad; llena de perfiles, de relieves mitológicos, pero exenta de atrevimiento, de verdadera inspiración, de vida. El tránsito de uno a otro de esos salones primorosamente esculpidos y pintados, de tan magistral imitación, es inolvidable: la impresión que deja es profunda, porque es una mezcla de admiración y tristeza respecto de lo pasado; de santa y silenciosa veneración tributada al genio de la humanidad misma, y de esperanza suprema en el progreso y el bien del porvenir, que se funda en la idea de la indefinida renovación de las fuerzas vitales de la especie humana. Allí, en esa serie de galerías admirables (que reproducen el arte cosmopolita, desde la India y la China hasta la Bretaña, y desde el Egipto hasta la patria de los Aztecas o los Incas) el visitante cree asistir a una justa literaria mantenida por todos los estilos ideados por el genio de los pueblos; ve pasar en tropel todos los siglos con su cortejo de creaciones propias y mitologías; y quisiera descifrar en los relieves y las inscripciones, en los mosaicos y arabescos, en los inescrutables jeroglíficos y las transformaciones plásticas, el misterio de la civilización que, conducida por el tiempo, va propagándose o reproduciéndose como el movimiento del Océano, de onda en onda y de reflejo en reflejo, sin acabar nunca, porque entraña la idea de lo infinito, de lo divino y supremo, de Dios invisible y Creador. Si muchos de los salones están en el palacio consagrados al culto del arte y de la historia, hay otros, espaciosos como jardines, verdaderos bosques en miniatura, que reproducen los caprichos de esa suntuosa y perfumada arquitectura de la naturaleza, que se llama vegetación. ¡Qué de primores aglomerados allí! Tan presto se cruza un jardín europeo, literalmente cuajado de tesoros de jardinería refinada, donde la rosa y la camelia alternan con mil otras flores educadas con el arte más minucioso y delicado; como se pasa por en medio de un vasto huerto colombiano, bajo las anchas hojas del plátano, de la caña de azúcar y de las palmas de «chontas, hacumas» y cocoteros, y rozándose con las cepas de pinas olorosas, las lianas flexibles y aéreas, las parásitas más bellas, los helechos arborescentes más elegantes, y muchas plantas de hermosura en extremo caprichosa, que crecen a una temperatura artificial propia y al derredor de anchos estanques de lecho musgoso, donde se agitan los peces de la zona tórrida entre las yerbas acuáticas entretejidas caprichosamente. Pero hay sobre todo un salón vastísimo, imitando la naturaleza de la India, que produce la más viva ilusión. Arroyos, fuentes, pequeñas cascadas, peñascos sombríos y musgosos, todo está preparado allí con cuidadosa imitación, poblado el escenario de las plantas especiales y más interesantes. En el fondo reposan la enorme serpiente enroscada al pie del peñasco, en medio de la hojarasca; el terrible león dormido a la entrada de su gruta sombría; la pantera lamiendo tranquilamente a sus cachorros, con la voluptuosidad del calor de aquel clima de fuego, a la sombra del árbol indostánico. Y a un lado, al través de un bosquecillo de pequeñas palmas, se deslizan cautelosamente seis u ocho indios armados de sus lanzas, sus cuerdas y sus mazas y dardos, en persecución de un tigre negro, cuyos ojos chispean y en cuyas garras y contracciones musculares se ven las crispaturas del miedo y de la rabia feroz que dominan a ese gran bandido del desierto, cuando se ve atacado y se dispone a destrozar para defenderse. Los grupos son muy naturales, y tanto que por momentos siente uno el terror de la realidad, creyendo oír entre el tupido bosque el grito salvaje del indio cazador o el rugido de la fiera acosada. Las actitudes de los indios, su casi completa desnudez, sus miradas astutas, sus rostros mates y cobrizos, sus armas primitivas, todo en fin revela o finge en esas estatuas de cera, la vida, la pasión, la energía de su modo de ser y de su peligrosa situación del momento. La India está allí, con su grandeza que asombra, con sus cosas terribles, sus estranguladores, sus mitologías que espantan, sus miserias sociales, su exuberancia física que abruma al espectador nacido en Occidente... Para hacer más vivo el contraste, la música de un gran concierto resonó de repente bajo la inmensa bóveda de cristal. Era sábado, día en que los visitantes pertenecen a la buena sociedad, porque se da en el palacio un gran concierto y la entrada cuesta el doble de los demás días de la semana. La concurrencia era muy numerosa, y el vastísimo salón de los conciertos particulares estaba colmado. Salí de la India para pasar a Europa, trocando las escenas salvajes por las arias y oberturas de la civilización refinada; y a fe que no gané gran cosa con el cambio. La música inglesa, a juzgar por aquel concierto ruidoso, no es muy delicada ni noble. Había en los acordes del salón no sé qué de vulgar y prosaico, de áspero y poco espiritual, que me desagradaba en extremo, no obstante mi ignorancia del arte musical. El canto era todavía peor. Una señorita «Luisa», que estaba muy en boga como cantatriz indígena en aquellos días, hizo el gasto principal, en algunos solos, dúos y tercetos, que el público la estimuló a repetir. La ejecución era correcta, como una factura inglesa; la voz pura y deliciosa por el timbre espontáneo; pero le faltaba el calor de la inspiración, el entusiasmo, la vida. Así es la sociedad inglesa en punto a bellas artes; muy correcta, pero fría, sin expansión ni fuego. Hay no sé qué de parsimonioso en la cantatriz o el artista inglés, en lo general, que hace pensar, al través de la armonía, en las letras de cambio, los navíos mercantes de las Indias Orientales y las fábricas de madapolanes. El pueblo británico es una sociedad de fuerza y grandeza sociales, que no se amalgaman bien con las delicadezas del arte y las inspiraciones fantásticas de la poesía. ¡El público del palacio el día en que lo visité, era en general muy escogido; y sin embargo, sus más ruidosos aplausos fueron para un coro vulgarísimo pero extravagante (en inglés, se entiende), que tenía todas las apariencias de los gritos atroces —«hip-hap-hurrah»—! con que los ingleses alborotan todas sus diversiones y sus banquetes. La Inglaterra es un pueblo positivo, honrado y calculador, pero de muy mal gusto y de costumbres demasiado prosaicas. Cuando salí del «Palacio de cristal», por necesidad, porque la noche se acercaba, me parecía que una fuerza secreta me retenía, fascinándome y debilitando mi voluntad. Después de penetrar a ese templo colosal del arte, de la historia y de las maravillas diversas de la civilización universal, no quisiera uno salir jamás. Se desea seguir viviendo allí con las sombras y los recuerdos de todas las generaciones, y entregar el corazón y el alma a la voluptuosidad de los contrastes y de una admiración sin límites. Diez minutos después de alejarme de aquel monumento que es el orgullo del poder industrial de Inglaterra y el más noble testimonio de su cosmopolitismo civilizador, arrastrado en el fondo de un vagón por ese huracán de hierro que se llama «locomotiva», sentía esa sensación vaga que nos queda siempre en la memoria después de un sueño magnífico. Me parecía ser el juguete de una ilusión, de un encantamiento sin nombre ni semejanza, en cuyas sombras, luminosas vagaba la espléndida imagen de Colombia; pero luego, al sacudir el mágico estupor me decía: ¡No! esto es todo verdad; es la realidad del progreso; es la fotografía admirable de este ser múltiple, imperecedero, divino, conducido por la mano de Dios en su peregrinación al través de los siglos, que tiene por nombre HUMANIDAD, y que va elaborando día por día, momento por momento, sobre la faz entera del globo, esa inmensa obra de luz, fuerza, vida y bienestar que nos protege a todos y se llama la CIVILIZACIÓN!..

Aparte de lo que llevo rápidamente indicado, Londres tiene muchos, muchísimos objetos dignos de estudio atento, porque son del mayor interés para la ciencia, la industria, el comercio y la vida social. Sus centenares de «imprentas» y otros establecimientos destinados a la publicidad del pensamiento, merecen mucha atención, por su grandeza, la enormidad de su producción y los brillantes progresos a que han llegado el mecanismo y el arte tipográfico. Baste decir que hay imprentas, como la del «Times», que dan ocupación permanente a millares de escritores, compositores, correctores y empleados de todo género, y cuyas prensas colosales, que tienen las proporciones de un edificio, producen por día más hojas impresas que las prensas reunidas de toda Colombia. La estructura material del «Banco de Londres», su administración, su riqueza prodigiosa y su manera de funcionar, son objetos que por sí solos provocan la atención y la curiosidad del viajero deseoso de comprender y apreciar las condiciones económicas de la Gran Bretaña. Aturde el pensar nomás en el valor de las transacciones de cada día que se verifican en el Banco de Londres, sin contar centenares de bancos particulares que gozan de un inmenso crédito y guardan en sus cajas y subterráneos más dinero del que hay repartido en todo el mundo. Es de esos Bancos que sale la savia que vivifica todas las empresas industriales del globo; y es en los gabinetes de esos banqueros millonarios, como Rothschild, donde se combinan las más colosales especulaciones de canales, telégrafos, ferrocarriles, minas, etc., para todos los continentes, o se resuelven las grandes cuestiones de la política internacional, a virtud de los empréstitos y otras combinaciones. La «Bolsa», edificio monumental, como el del Banco de Inglaterra, no es menos interesante, ya por su organización, ya por el papel complicadísimo que hace en todas las operaciones económicas y los grandes sucesos políticos. La «Bolsa» de Londres es el termómetro infalible del crédito, de todos los gobiernos y de los grandes bancos del mundo, del movimiento general de la política, de las fluctuaciones de los cambios y del valor de la moneda, así como de la popularidad de las empresas más notables. Inmenso santuario del crédito, la Bolsa es al mismo tiempo la necrópolis de mil fortunas derrumbadas y consumidas allí, y la cuna de mil otras que se levantan de improviso sobre las ruinas de los imprudentes, los engañados o los que cuentan demasiado con los caprichos de la suerte. Vorágine para unos, onda benéfica para otros, la Bolsa —océano del crédito y la especulación— tiene la pérfida movilidad del mar, guardando en su seno inescrutable la vida como la muerte. ¡Dios libre a los pueblos colombianos de esa institución, a pesar de los grandes servicios que puede prestar! Los pueblos republicanos no necesitan para medir su prosperidad y su crédito de otro termómetro que el de la libertad y la opinión. Los «vapores», la «Aduana», la «Casa de correos», las «estaciones» de ferrocarriles y telégrafos, los institutos voluntarios y populares de «beneficencia», las sesiones del «Parlamento», y muchos otros objetos de carácter público, exigen en Londres un estudio detenido y muy concienzudo; así como sus grandes «fábricas», que son el verdadero símbolo de la prosperidad de Inglaterra como país productor y comerciante. Pero ¿cómo investigar todo eso? Estudiar tales objetos es conocer la Gran Bretaña, y para alcanzar semejante resultado se necesita de años de minuciosa observación, recorriendo el país en todas direcciones. En tanto que no haya tenido esa fortuna debo confesar mi ignorancia, puesto que apenas he mirado, al pasar, una parte de la fisonomía exterior complicadísima de aquella gran sociedad.

Esto mismo me dispensa de hacer reflexiones generales que resuman el resultado de mis impresiones. No solo pasaría con justicia por un pedante insigne, sino que me expondría a ver contradichas todas mis apreciaciones, que tendrían mucho riesgo de ser equivocadas, faltándome el conocimiento del conjunto como de los pormenores. He dicho hasta ahora cómo he sido «impresionado» por lo poquísimo que he visto «personalmente» en Inglaterra. La observación me dará más tarde algún derecho para juzgar a esa sociedad que me ha parecido tan grandiosamente contradictoria en el primer momento Londres tiene también, como curiosidades artísticas, algunas plazas públicas muy notables, no por lo que son en sí mismas, sino por los bellos monumentos que contienen en su centro. De este género son: la espléndida plaza de «Trafalgar», que contiene la estatua monumental de Nelson, cuya elevación es de 276 pies, las de Jorge IV, sir Charles James Napier, etc.; la plaza de la Bolsa, donde se levanta la magnífica estatua ecuestre de Wellington; la de «Cheapside», en cuyo centro está la figura severa y varonil de Robert Peel, el gran reformador inglés; «Hyde Park», donde se ven la estatua de Aquiles y otra de Wellington; y otros cuantos «squares» que ostentan estatuas consagradas a hombres más o menos históricos.

En general esos monumentos son muy severos y sencillos, pero las estatuas ecuestres o pedestres son de mal gusto y ejecución artística imperfecta. La contemplación de esos monumentos de la gloria de los grandes ciudadanos y de la gratitud o admiración del pueblo, me causaba profundo placer, porque en Inglaterra esas demostraciones no son obra de los gobernantes, sino de la espontaneidad de la opinión pública, que discierne el premio con independencia. Un pueblo que sabe honrar la memoria de sus grandes ciudadanos, eternizándola en el bronce o el mármol, en las plazas publicas, a la vista de todo el mundo, no puede ser jamás esclavo. Su culto consagrado a la figura inmóvil del patricio, mantiene el fuego del patriotismo, el orgullo nacional legítimo, y el estímulo que impele a buscar la grandeza y la gloria en los actos sublimes de abnegación, desinterés o heroísmo. Y el día de un conflicto popular, la multitud sabe que su punto de reunión es al pie de la estatua venerada, porque ella le recuerda al ciudadano lo que valen el derecho, la libertad y el honor del individuo y de la patria. Sin embargo del grandísimo interés que encierra Londres, esa capital-nación, millonaria en todos sentidos, no se siente una impresión penosa al dejarla. Cuando uno llega a los últimos suburbios de la inmensa metrópoli (viniendo de Colombia), experimenta una sensación inexplicable, en la cual hay como una mezcla de miedo y curiosidad, de ilusión fantástica o fascinadora y duda. Uno se prepara a no encontrar donde quiera sino grandeza y maravillas. Al salir de Londres con dirección a París (de cuyas condiciones se tiene por prevención una idea muy simpática) el viajero no siente ni alegría ni tristeza, sino laxitud, cansancio o cierta indiferencia. Lleno de desengaños, lleva la impresión del contraste social que se revela en la suprema opulencia y los más admirables progresos de la civilización, al lado de supremos infortunios, horribles desigualdades, y espectáculos de miseria y degradación increíbles y jamás conocidas en el Nuevo Mundo. Así, al dejar a Londres se siente no sé qué alivio, porque se ha librado uno de aquel hormigueo de gentes que desvanece, de aquel inmenso ruido que aturde, y de la fascinación opresora de tanta grandeza (en lo bueno como en lo malo), que le arrebata al espíritu su libertad de acción y su personalidad. El 23 de marzo, a las ocho de la noche, esperaba yo en la vastísima estación de «London-Bridge» el momento en que debía partir el tren expreso por el ferrocarril de Dover. Las gentes de la Aduana hacían su oficio, pesando los equipajes, sellándolos, etc., de manera que, desentendiéndome de mi equipaje, pude ir hasta París libre de registros e incomodidades fiscales. Al cabo se oyó el silbido prolongado de la locomotiva; tomamos nuestros asientos en los mullidos vagones, y partimos como el huracán bajo las sombras interrumpidas de las bóvedas del embarcadero y de los «túneles» del camino ya lejos de la ciudad, la cual parecía un colosal fantasma, de formas extravagantes e indefinibles.

Capítulo VI. De Londres a París
En el vagón. Dover. El paso de Calais. La entrada a Francia. Calais. Amiens. Las cercanías de París
Toda descripción me sería imposible si pretendiese dar una idea muy somera al menos del paisaje interesante que se extiende a los dos lados del ferrocarril, desde Londres hasta Dover. La rapidez de la marcha y la noche me impedían mirar siquiera los objetos exteriores. La Luna brillaba con esa triste palidez que le dan a su lumbre las nieblas heladas del mes de marzo; y si de trecho en trecho reverberaba un parque, un pequeño canal, o los muros blanquecinos de un puente; o se destacaban a uno y otro lado las sombras majestuosas de las arboledas, los castillos rurales o los edificios de algunas poblaciones o pequeñas ciudades, la variable escena tenía un aspecto fantástico, más propio para impresionar al poeta que para ofrecerle nociones provechosas al viajero. En el interior del coche (vagón) en que iba yo con mi familia, había un interés de otro género, curioso en realidad, como lo es todo cuadro de costumbres. Los ocho asientos del mullido coche se completaban con un inglés y una pareja francesa. El inglés, especie de tonel de dimensiones colosales, roncaba y silbaba como la locomotiva, entregado al más profundo sueño. Aprecia que el movimiento del tren, lejos de incomodarle para dormir, le diese con su andar rápido y vibrante una especie de dulce vaivén. Con todo, de cuando en cuando se despertaba sobresaltado, como si algún resorte le hiciese saltar; y dos veces le oímos pronunciar dormido, las palabras «a thousand pounds!» (1.000 libras) con un tono de

alegría muy notable. Acaso el buen «John Bull» soñaba con alguna especulación ventajosa. Un inglés hace negocios hasta dormido La pareja francesa era uno de esos matrimonios «bourgeois» que son el término medio entre la vulgaridad y el buen sentido. Como yo hablaba en español con mi familia, o algunas veces en mal inglés, los dos franceses creían poder charlar francamente en su propia lengua sin temor de ser comprendidos. La señora, francesa bastante bella (cosa rara en una francesa), mostraba los más vivos deseos de volver a París por gozar de los placeres de la moda, que parecían su sola preocupación; en tanto que el marido solo pensaba en futuras especulaciones, profundamente penetrado del espíritu yankee. Por sus disputas extravagantes y grotescas comprendí que venían del interior de los Estados Unidos, donde habían pasado algunos años y hecho fortuna El contraste que hacían los dos tipos me interesaba, porque en cierto modo me daba la clave del carácter francés en ambos sexos. El francés, sumamente elástico por temperamento, aunque conserva en todas parles su espíritu burlón y mucho de su jovialidad superficial y sus rasgos distintivos, se acomoda fácilmente a todas las situaciones. Saliendo de su patria con instintos generosos, se metaliza en los Estados Unidos, si la fortuna le protege, y vuelve Yankee por todos cuatro costados. Un francés se hace Turco o Chino, si es necesario, adquiriendo todas las condiciones de la raza o la sociedad adoptiva, con rara facilidad. La francesa, muy al contrario, conserva su personalidad en todas partes. Ella es siempre coqueta (en la acepción inofensiva de la palabra), y lejos de adquirir la altivez de la inglesa, la austeridad algo gazmoña de la española, la modestia apacible de la alemana, o la petulancia pretensiosa de la mujer de Norteamérica, se mantiene fiel a ese conjunto de ligereza y galantería, de independencia y seducción, de indiferencia aparente y futilidad constante, que constituye el tipo un tanto contradictorio de la francesa. Por eso, no olvida jamás su preocupación dominante de buscar el placer, tributar culto a la moda, seducir por la gracia, y brillar donde quiera por los atractivos de un espiritualismo «de forma» (si se me permite la paradoja) aliado a ese materialismo de las futilezas que tanto provoca a las mujeres en general. El digno inglés roncaba aún con toda la energía de un opulento abdomen, y nuestros dos franceses disputaban todavía con calor sobre sus proyectos de vida parisiense, cuando el tren se detuvo en el embarcadero de «Dover». Todo el mundo corrió hacia el puerto, en solicitud del vapor-correo que debía conducirnos a Calais, al través del canal de la Mancha. Eran las once y media, y la Luna iluminaba melancólicamente la magnífica escena del pequeño puerto de Dover, en cuyo fondo se destaca, como un inmenso puente de mampostería y madera lanzado hacia las ondas, el muelle que facilita el embarque sobre los vapores. Dover (el puerto «Dubris» de los Romanos) es una ciudad relativamente nueva, pequeña pero muy bonita, perteneciente al condado de Kent; tiene una población de unos 16.500 habitantes, cuya vida es casi exclusivamente marítima, por sus ocupaciones, y está situada a 43 kilómetros de Calais, y 113 de Londres, siendo su costa la que más se aproxima a la de Francia. Además es una plaza militar, con una extensa ciudadela que data del principio de este siglo; allí mismo tuvieron los romanos una estación, y mucho más tarde los normandos una fortaleza, que fue sorprendida por los republicanos en la época de Carlos I. Aparte de la Aduana, que es un buen edificio, y de sus cómodos docks o canteras para construcciones navales, Dover es interesante por la belleza de sus calles rectas y anchas, sus casas elegantes y su gran establecimiento de trabajo para los pobres, donde se fabrican en gran cantidad velas y cables y otros objetos análogos para la marina mercante. Como el paso de Calais es tan estrecho, y su servicio de vapores y correos tan bien mantenido, el puerto de Dover es quizás el más frecuentado para las comunicaciones anglo-francesas. Dover es muy notable también por su telégrafo submarino, que lo comunica con Calais, y que fue el primer cable telegráfico establecido en Europa.

Al separarse del muelle el vapor-paquete que me conducía a Francia, sentí una triple sensación profunda, que me mantuvo por más de una hora sobre el puente, preocupado y en silenciosa contemplación. Por una singular fortuna, el canal de la Mancha estaba tranquilo y luminoso como un lago terrestre, reposando bajo la luz apacible de la Luna. La escena tenía un aspecto de dulce majestad que provocaba a soñar y entregarse a las memorias queridas. Detrás, al norte, en el fondo del pequeño puerto, se destacaban las sombras gigantescas, abultadas por la óptica del mar, de la aduana, los muelles, la estación del ferrocarril y otros edificios del puerto, quedando más lejos, medio confusas entre los vapores de la noche, las moles de la parte interior de la ciudad. Y a uno y otro lado se extendía la costa británica, como una cinta mortuoria vastísima, de crespón blanco sobre fondo negro, tendida sobre el regazo del mar, cuyas ondas sollozaban de un modo casi imperceptible. La limpia estela del vapor brillaba con un resplandor mate y fosfórico; el cielo tenía una serenidad admirable, cuya hermosura hacía olvidar el frío glacial de la brisa, y a lo lejos, en todas direcciones, se veían efectos de luz y sombra deliciosos, producidos por la suave ondulación del mar. Pero si ese espectáculo impresionaba mi corazón soñador y atraía mi curiosidad de viajero, encontraste de los países entre cuyas costas navegaba, me produjo, como observador, una profunda preocupación. Al norte quedaba Inglaterra; al sur iba a descubrir en breve, la costa de Francia. De un lado tenía un pueblo libre, una tierra de independencia y de individualidad, país clásico de los viajes cosmopolitas, de las empresas universales, de la publicidad, del comercio, de la maquinaria y la marina. Del otro Francia, tierra de gloriosos recuerdos, pero algo versátil; infinitamente simpática, a pesar de sus graves defectos; país clásico de la ciencia y el arte, de la literatura y las heroicas hazañas, de la omnipotencia «social» que suprime al individuo. En Inglaterra dejaba la libertad sin la igualdad. En Francia iba a encontrar la igualdad sin la libertad... Me apartaba de la costa británica sin pesar pero con respeto. La Inglaterra es un país que no inspira simpatías, por muchos motivos, pero que conquista siempre la estimación, o por lo menos el respeto. El viajero siente muy bien, al alejarse, que aquella noble isla es el santuario y la esperanza de la libertad del antiguo mundo, y el puesto avanzado de la humanidad en la vía del progreso. Al acercarse uno a la Francia, cuando es republicano de Colombia, fácilmente comprende que, si su espíritu va a encontrar su verdadera patria (porque Francia es el país del pensamiento iniciador y de la actividad literaria), su corazón va a vivir, en cierto modo, en el silencio, porque la Francia de hoy, modificada en lo moral y político, es un país donde el espíritu subyuga al sentimiento, donde no existe el ciudadano, y el «individuo» ha abdicado su personalidad en las aras de la «comunidad social». Cien minutos después de salir de la bahía de Dover, entraba el vapor en la estrecha y difícil rada de Calais, inabordable para los grandes buques. El puerto es tan malo y embarazoso, que solo al favor de un inmenso muelle, prolongado muy al exterior de los diques, pueden atracar los vapores para descargar. Después de una larga travesía sobre el muelle, que se hace a pie o en coche, el viajero penetra a los estrechos salones de la Aduana, pasando sucesivamente, de antesala en antesala, bajo la inspección minuciosa de los guardas, empleados de aduana y agentes de policía. Un momento distraído por la curiosidad de observar la estructura del edificio (en que la aduana está en combinación con la estación del ferrocarril), había olvidado a la policía francesa, con esa tranquilidad del que nada tiene que temer y está habituado a viajar libremente en Colombia. De repente, una voz imperiosa me dijo:

—«Vuestro pasaporte!»

Desperté, y disimulando mi indignación me dije por primera vez: «Ah! estamos en Francia; comencemos a ser sumisos».

—Presentamos los pasaportes, dimos nuestros nombres y pronombres, firmando para que comparasen los caracteres; y después de sufrir durante cinco minutos las miradas escrutadoras de los cancerberos, la misma voz imperiosa nos dijo:

—«¡Pasad!»

Pasamos bajo el umbral de la «puerta crítica», y entramos al imperio francés. Para entrar a Francia no era bastante pisar el territorio francés: se necesitaba ser timbrado, registrado y filiado, o pasar bajo las horcas caudinas de la aduana y la policía. La Francia, como nación, no es un «pueblo»: es una aduana y un puesto de guardia. Al dar el primer paso, por entre filas de guardas y soldados, se comprende que se ha penetrado en una región donde reinan la «burocracia» y la policía. Y sin embargo, sería injusto (relativamente) si me quejara. Si el extranjero que llegaba solo era sometido a rigurosa inquisición (sobre todo si tenía nombre italiano), el padre de familia, que no inspiraba desconfianzas iguales, era (en 1858) mucho mejor tratado por los «dragones» del fisco y de la policía. Con todo, sería mucha candidez la del viajero que se fiase de esas apariencias. Las cosas están arregladas de tal manera en Francia, que ningún acto del individuo, aún el más inocente, escapa a la vigilancia de la policía. En 1858 el cónsul en Londres, por ejemplo, no extendía el «visa», sino después de un examen minucioso que se le hacía al viajero, sin saberlo este, por un empleado de la policía secreta que lo observaba en silencio, y tomaba nota de la filiación del individuo. Esa filiación iba a Francia inmediatamente, y servía en la aduana para verificar la identidad; sin que uno se apercibiese de nada. Después, al llegar a París, era preciso sufrir un nuevo examen escrutador, tomar un coche que la policía conocía, hacer registrar el pasaporte, etc., etc.; y si se cambia de hotel o habitación, la policía tiene el informe al instante por medio de los porteros y los criados que son sus agentes secretos, por interés o por miedo. Calais es una ciudad antigua, de mucha celebridad histórica, bastante bien edificada en su conjunto, pero muy fea y de calles estrechas y tortuosas. Su población no pasa de unos 14.000 habitantes, y no cuenta de notable entre sus monumentos sino la iglesia comunal, construida durante la dominación inglesa (de 1347 a 1558), y que pertenece al orden gótico; el Hotel de Ville (casa municipal) y un magnífico faro que fue establecido en 1848. La ciudad es notable por sus fábricas de gasas muy bellas de algodón, que son muy activas, su modesta biblioteca y su escuela de hidrografía. El puerto es interesante por su aduana, sus baños de mar, sus numerosos vapores-paquetes, su telégrafo submarino, sus extensas pesquerías y sus nuevos muelles artificiales Calais, es célebre en la historia militar de Francia por el famoso sitio de trece meses sostenido por el heroico Eustache de Saint-Pierre; que hubo de capitular con las tropas de Eduardo III de Inglaterra en 1347; y por haber sido la base de la dominación ejercida por los ingleses sobre una parte de Francia hasta las épocas de Juana de Arc y del duque de Guise. Calais es una especie de ciudad militar, a pesar de su comercio y sus pesquerías, porque tiene muy considerables fortalezas, que datan desde la edad media, cuyo fundador fue Felipe de Francia, llamado conde de Boloña.

En el trayecto de Calais a París las ciudades más notables son Lila, Doual, Arras y Amiens. Las tres primeras, que reservo para otra narración, estaban invisibles cuando tocamos en ellas. Algo nos detuvimos en Amiens, ciudad histórica por más de un motivo, y tan antigua que remonta a los tiempos anteriores a la conquista romana. Los Romanos la llamaban «Samarobriva», y ella fue la capital de la Francia merovingiana, residencia de los primeros reyes francos en la Galia. Amiens tiene algunos monumentos interesantes, sobre todo su hermosa catedral, que fue construida en el siglo XII, y es reputada como uno de los más bellos monumentos de la arquitectura gótica que posee Francia.

Por su tamaño y población (50.000 habitantes), Amiens es una ciudad de tercer orden en Francia; pero por su carácter de capital de departamento y obispado, sus institutos de enseñanza pública y su activa fabricación, figura entre las ciudades de segundo orden. Amiens es plaza fuerte respetable, y aparte del papel muy notable que ha hecho en la historia de Francia, es célebre (como se recordará) por el famoso tratado de paz celebrado allí en 1802 entre Francia, Inglaterra, España y la República batava u Holanda. Tiene también la celebridad histórica de haber sido la patria de Pedro el Ermitaño, predicador de las Cruzadas. La ciudad tiene en su recinto muchos colegios importantes, de todas clases, una hermosa biblioteca de 50.000 volúmenes y un regular jardín botánico. Posee en el interior y los arrabales muchas fábricas, haciendo una activa producción de gasas y terciopelos de seda y algodón, paños negros de «satín», telas finas de lana y otros tejidos de mérito. Fabrica también sustancias químicas, tafiletes, cuerdas, etc., y tiene numerosas tintorerías. Cuenta unas ocho o nueve imprentas, y es el asiento legal de un consistorio protestante que pertenece a la comunión calvinista. Los alrededores de Amiens son muy bellos por la extensión de los cultivos, las fábricas que se destacan donde quiera en las praderas, las casas de campo pintorescas y variadas, y el vasto panorama que se extiende en todas direcciones casi sin interrupción de inflexiones en el terreno Si en las cercanías de Amiens el paisaje es muy interesante por la proximidad del río de la «Somme» (que corta el departamento) y cerca del cual pasa el ferrocarril del «Norte», cuando el viajero va acercándose a París pasando por Clermont, entre Beauvais y Compiégne, la campiña toma proporciones más interesantes. Al sudeste desciende el río «Marne», que se une al Sena cerca de París, desprendiéndose de las aguas de aquel un estrecho canal artificial; mientras que al lado del ferrocarril corre del nordeste el río «Oise», ya engrosado con el «Aisne» en Compiegne, angosto y miserable por su volumen (para el viajero colombiano acostumbrado a ver ríos enormes), pero muy útil para la navegación interior secundaria y para la irrigación. El ferrocarril pasa por encima del Oise, y este río sigue su curso hacia el occidente para irse a confundir con el Sena abajo de París. El espacio que media entre el Oise y el Marne es vastísimo, y como las colinas son muy raras la llanura forma una especie de horizonte de praderas, campos de cultivo, parques y pequeños bosques, poblaciones rurales, canteras y molinos dispersos en todas direcciones de aspecto muy interesante. Hacia las cercanías del Oise y de París se ven extensas canteras de piedra de sillería, caliza en apariencia, pero en su mayor parte de una greda arenosa que se presta mucho a facilitar las inmensas construcciones actuales de París. La mayor cantidad de aquellas piedras sale de las canteras en enormes trozos o moles que, cuadradas en bruto, van a París por medio de canales, o en carros gigantescos tirados por tres, cuatro o seis de esos caballos normandos que parecen tener la constitución de la roca, a juzgar por su tamaño, su musculación y su fuerza.

Los al derredores de París son bellísimos, en general, haciendo en ellos un raro contraste los fuertes militares y la enorme muralla de circunvalación que encierra a París, con los mil objetos pintorescos de la campiña y los grupos desiguales de las poblaciones vecinas. El tren pasa cortando la hermosa llanura de Saint-Denis, dejando al occidente la pequeña ciudad del mismo nombre (cuyas torres y chimeneas dominan el horizonte), y penetra luego en la gran metrópoli francesa, al norte, después da cruzar el distrito de la «Chapelle», enclavado entre las fortificaciones, hacia Saint-Denis, y la «barrera» de París, como lo está una multitud da pequeñas ciudades o distritos que son como la continuación o el inmenso suburbio circular de la capital.[1] La ciudad tiene a su derredor no solo la muralla (con su foso profundo) al nivel del campo exterior, cubierta de bosquecillos de pinos, sino también unos catorce o dieciséis fuertes de defensa, entre los cuales figura en primer lugar la antigua y famosa fortaleza de «Vincennes», la Bastilla exterior de París, de lúgubre memoria para Francia. Todas esas fortificaciones, a excepción de Vincennes, fueron establecidas, como es bien sabido, por orden de Luis Felipe, obedeciendo a la doble preocupación de defender a París de una nueva invasión como la de 1815, y de dar trabajo a los obreros. Después de haber gastado una enorme suma de millones, ese rey sin

---

[1] Posteriormente París ha sido agrandada, extendiéndose hasta la línea circular de las fortificaciones.

previsión no hizo más que causar un grave daño a París y sus al derredores, y al porvenir de la libertad. En efecto, las fortificaciones, sin ser de provecho positivo bajo el punto de vista militar para la «defensa», de París, no solo han encerrado la ciudad, embarazando el ensanche de sus suburbios, sino que, en realidad, pueden servir apenas de instrumento para la opresión. Aquellos catorce fuertes son otras tantas ciudadelas que servirán de punto de apoyo a toda tiranía militar, puesto que, cuajadas de soldados, cernirán a París en cualquier tiempo en que su población haga algún movimiento en el sentido liberal. Así, los obreros de París al trabajar en esas vastas fortificaciones, no hicieron otra cosa que asegurar la clausura de la ciudad, poniéndola bajo el poder de una presión militar. Tal es siempre el resultado de las fortificaciones. La libertad y la justicia son los mejores baluartes de defensa para un pueblo civilizado; mientras que las «ciudadelas» son en todo caso los cerrojos que encierran, dominan y esclavizan a las «ciudades». Los ingleses, muy al contrario de sus rivales de Francia, han tenido el buen juicio de comprender que las fortalezas no deben estar al lado de las fábricas, las academias y los monumentos de la civilización, porque hay un poder que defiende mejor que todos los cañones el santuario de una ciudad ilustre y los tesoros del arte, de la industria y del comercio; ese poder es el de los «intereses» sociales apoyados en la libertad. Londres no tiene más fortalezas que sus puentes, sus vapores, sus ferrocarriles, sus fábricas y monumentos de toda especie. La civilización es la mejor garantía de esa inmensa metrópoli de la opulencia. Pero Francia es un país militar por excelencia, y no es extraño que París, la capital del mundo del «espíritu», esté rodeada de los instrumentos de la «fuerza».

Tercera parte. De París a Madrid

Capítulo I. La Borgoña y Lyon
Los ferrocarriles. Melun. Fontainebleau. Montereau. Sens. Joigny. Tonnerre. Dijon. Impresiones nocturnas. Panorama de Lyon

Si se quisiera tener una idea comparativa y completa de la revolución social que han producido en Europa los ferrocarriles, nada tan adecuado para formarse una profunda convicción como un viaje de París a Madrid, por la vía de Lyon, Marsella y Alicante, o un paseó por en medio de las ásperas montañas de la Suiza, a orillas de sus lagos encantadores ¿Quién hubiera pensado ahora veinte años que la Suiza, que es una colosal montaña dividida por profundos y pequeños valles lacustres, sería surcada en breve por las locomotivas? Y más aún: ¿quién hubiera pensado que en 1858, desdeñando los mares y los Pirineos, pudiera pasar un viajero de París a Madrid en setenta y dos horas, con mil comodidades y venciendo tan multiplicados obstáculos? Y con todo, los ferrocarriles acortarán aún la distancia. Dentro de dos años las dos grandes vías de Valladolid y Zaragoza, como dos enormes brazos oprimiendo los Pirineos de un lado y otro, ligarán a Madrid con Burdeos, por el occidente, y con Perpignan por el oriente, y entonces las capitales de Francia y España estarán solo a treinta y seis horas de distancia (puesto que ella se mide por el tiempo) y los Pirineos no figurarán sino como un monumento de granito y nieve levantado por la naturaleza para ser un día el más grandioso, el eterno testimonio de los prodigios de la obra infinita de la civilización, en que Dios trabaja como supremo inspirador y artífice, y el hombre se le asocia como un obrero infatigable que recibe su salario en libertad, bienestar y progreso. Estas reflexiones me hacía el 24 de marzo de 1859, precisamente al año de haber llegado a París, al partir del inmenso embarcadero del ferrocarril de Lyon, dando un adiós a la metrópoli del mundo intelectual, donde quedaba la mitad de mi vida y el tesoro supremo de mi amor.

Sentíame casi fatigado ya con la vida artificial que se lleva en París, donde todo es el resultado de una especie de convención tácita de la sociedad, donde la moda reina como soberana absoluta, y el corazón no encuentra su espontaneidad ni se siente a sí mismo sino cuando se encierra en el santuario de la familia, huyendo del bullicio fascinador de un mundo que se agita en interminable torbellino. Iba a visitar a España, la vieja y heroica patria de los fundadores de la mía, la patria de mis abuelos, de mi lengua y de todo lo que nutrió mi espíritu en los alegres días dé la primera juventud Un tiempo magnífico, da prematura primavera, convidaba a buscar deleite en la aspiración del aire libre y en esa contemplación inquieta, fantástica en cierto modo, de las campiñas y las pequeñas poblaciones, a que nos conduce la ubicuidad de la locomotiva, haciéndonos pasar con la rapidez del huracán por entre castillos y colinas, bosques y ciudades, y cuanto constituye el poco accidentado pero admirable panorama de la Francia central o meridional, pues en todas direcciones la opulencia de cultura produce los mismos resultados. La poesía falta, porque donde quiera el arado ha civilizado la tierra hasta el refinamiento; pero si el poeta tiene pocas impresiones que recoger en la carrera, el viajero hallará en todas partes la revelación de un progreso relativamente consolador. El fuerte de Charenton quedó atrás, y los últimos suburbios de París se perdían detrás de las ligeras inflexiones del terreno, mientras que al oriente se desarrollaba la vasta campiña, despojada de encantos naturales pero rica en pormenores de civilización y cultivo. Al volver un recodo del ferrocarril se descubre un escenario en extremo pintoresco. El Sena, todavía poco importante, porque no ha recibido aun las aguas del «Marne», que le aumentan su caudal en las cercanías de París, hace allí un arco, dividiendo la pequeña y graciosa ciudad de Melun, reclinada sobre la falda de una colina, cuyos bordes salpican pequeños bosques de pinos y encinas. Nada se alcanza a ver entre los edificios de Melun que llame la atención como objeto de arte; pero la población no solo es risueña como todas las que demoran a orillas de un limpio y murmurante río, sino que tiene interés bajo el aspecto comercial. Es por allí que descienden a París las pesadas barcas de remo, o tiradas por caballos, repletas de pipas de vino de Borgoña, de trigos y leñas, maderas de construcción y carbón, procedentes de las vastas florestas que en esas llanuras se conservan con el mayor esmero. De allí en adelante, hacia el sudeste, el horizonte se abre y extiende, sin que lo interrumpan más que colinas verdes o amarillentas, aisladas y distantes, siempre redondas y casi todas de formación caliza o de arenisca, cuya elevación varia entre 80 y 200 metros al parecer. Por todas partes se ven hermosas quintas de sencilla y pintoresca arquitectura, rodeadas de sauces y pinos persistentes, o de álamos empinados y flexibles; donde quiera praderas simétricamente deslindadas, y entables pequeños de cultivos diversos (viñas, trigos o legumbres) que revelan por su esmerada condición y sus multiplicados lindes esa maravillosa división de la propiedad territorial tan benéfica para Francia, debida a la gran revolución que desamortizó los bienes inactivos o estancados y fundó la igualdad hereditaria. El tren corta la comarca ondulosa de Fontainebleau, y no permite distinguir ni la ciudad cercana ni el palacio famoso, teatro de los amores y las fiestas voluptuosas de la corte de Luis XIV, como de la abdicación o caída primera del orgulloso Napoleón. Apenas, al pasar por entre bosques de encinas y abetos, se ve a un lado la famosa floresta que constituye la especialidad de Fontainebleau, rica en preciosas y aromáticas maderas de ebanistería y construcción, y de una suntuosa hermosura, verde y brillante en la primavera y el estío, variada y melancólica en el otoño. Al dejar atrás la vastísima floresta se descubren las altas colinas de Montereau, campo de la heroica batalla ganada inútilmente por uno de los mariscales de Napoleón en vísperas de la abdicación de Fontainebleau. Al pie demora la ciudad de Montereau, población algo considerable y de bellísima situación en la confluencia del «Yonne» con el Sena, ya engrosado algo por la unión de las aguas del «Aube». El juego de las colinas con la llanura, los dos ríos y la ciudad le dan al paisaje un encantador aspecto de frescura y alegría. Montereau es un punto de escala importante en el comercio interior, tiene algunas manufacturas apreciables y es sobre todo un centro agrícola notable; pero la ciudad carece de interés por su estructura, pues las cuatro o cinco torres que se destacan sobre el fondo pálido de las colinas son de una arquitectura vulgar. El ferrocarril sigue costeando la orilla izquierda del Yona (Yonne), río apacible, lento y silencioso, de bajas márgenes y claras ondas como todos los ríos de Francia, que corren por llanuras casi totalmente niveladas. En Joigny, pequeña y pintoresca villa, y punto de escala en la navegación, se verifica la confluencia del riachuelo «Armanzon», con el Yona, que corre paralelo a un canal, como elementos uno y otro de vasta irrigación y de comunicaciones algo lentas pero seguras y baratas. Entre Montereau y Joigny el viajero tiene una bien agradable sorpresa pasando por delante de la ciudad de «Sens», que demora a la margen izquierda del Yona, teniendo a su espalda un bello grupo de colinas. Sens, ciudad de más de 25.000 habitantes, muy comerciante, agrícola y manufacturera, ostenta en su plaza principal un bellísimo templo en cuya fachada de un gusto delicioso se reposa con placer la mirada, puesto que puede hallar un contraste del arte grandioso con la prosaica agricultura. El monumento, a juzgar de lejos por la magnífica fachada y la torre, pertenece al género gótico de la segunda parte de la edad media, en que el arco pleno y la grande ojiva hacen juego con los grupos de columnas acanaladas y los relieves pacientemente caprichosos. El curioso observa cómo el sentimiento de lo pintoresco, el instinto comercial y la previsión higiénica han determinado la formación uniforme de todas las poblaciones del trayecto. Rarísima es la villa o ciudad, grande o pequeña, que no reposa sobre la margen de un río, al pie o en la falda de una o más colinas que la defienden de los vientos helados y violentos del este. Esta homogeneidad de situación les hace tener mucha semejanza en su aspecto general a las poblaciones que demoran entre París y Lyon Por otra parte, la industria y la naturaleza del suelo guardan también una completa homogeneidad en toda esa vasta llanura cubierta de viñedos, que se llama la Borgoña, y que, teniendo por centro a Dijon, se extiende desde Joigny hasta cerca de Lyon. A veces se descubren a lo lejos grupos de altas chimeneas que revelan un pequeño centro de fabricación; ya se costea un canal o un río donde se arrastran lentamente las barcas que alimentan el comercio de artículos de consumo inmediato; ya las colinas desaparecen del todo, el suelo pierde hasta el más ligero accidente que lo haga pintoresco, y la inmensa llanura, al parecer desolada, se pierde en un horizonte sin límites donde la vista vaga buscando inútilmente algún objeto en qué reposarse. A veces también ese horizonte se estrecha un poco, de un lado a otro, según el agrupamiento de las colinas, y se ven en sus suaves faldas (protegidas contra los huracanes que suelen llegar desde las montañas del Jura o de los Vosgas) graciosas poblaciones cimentadas en anfiteatro, en cuyo fondo se destaca algún viejo castillo de la feudalidad, y que ofrecen un conjunto lleno de gracia y capricho; salpicadas de grupos de pinos y otros árboles, y coronadas de cintas de pequeñas florestas cuya sombra parda hace contraste con el azul pálido y las blancas nubes de un magnífico cielo. La Borgoña es en realidad un inmenso viñedo, pues si sus redondas colinas interrumpen de trecho en trecho la llanura, donde quiera se ven las mismas hileras de cepas que la primavera cubrirá de verdura y el verano de generoso licor. Con frecuencia se destacan al volver un recodo pequeños caseríos miserables, compuestos de chozas negras, deprimidas y desmanteladas, que revelan muy poco bienestar y demasiada incuria. La mayor parte de esas casuchas raquíticas son de adobes o piedras brutas mal unidas, cubiertas de paja o de tejas destrozadas, que las lluvias y el viento han agujereado por todas partes. El campesino de esa comarca tiene una fisonomía poco inteligente y viva, y su pobre vestido de tela azul de algodón, indica que la falta de abrigo aflige en los inviernos a la población rural. El asno, de muy miserable dimensión, reemplaza allí al caballo (animal «urbano» por excelencia en Francia, que, sea dicho de paso, es tratado allí a palos, como casi todos los «ciudadanos» de vida y obediencia pasiva). Y no solo se hace del humilde y resignado burro un agente de labor agrícola, sino que se le honra con el tiro de las tartanas y ligeras carretas rústicas, o cabalgándole con descuidada confianza Tonnerre es una ciudad bastante considerable (aunque de quinto orden en Francia) por algunas manufacturas, por su gran comercio de vinos y por ser un centro de producción de ese artículo. Está situada a la margen izquierda del Armanzon, riachuelo de donde parte el canal de Borgoña que liga al Saona con el Sena, permitiendo así el maravilloso paso de una barca al través de toda la Francia, desde la boca del Sena en el canal de la Mancha hasta la del Ródano en el Mediterráneo.

Tonnerre carece de todo interés en materia de monumentos, y después de perderla de vista, el terreno toma proporciones que lo hacen parecer triste y desolado.

Al pasar por el trayecto de Montbard a Vitteaux el ferrocarril lleva su curso por en medio de ásperas colinas agrupadas como enormes peñascos, algunas perforadas por «túneles» más o menos profundos, cavados en rocas graníticas, de cuarzo esquistoso o de cristalizaciones siliceosas sumamente duras, sin ninguna estratificación visible, y aglomeradas en masas perpendiculares. No hay en todo el trayecto hasta Dijon ningunas otras colinas de esa formación, aunque a lo lejos se divisan algunas altas rocas de granito azuloso, que brillan a la luz del Sol como lápidas monumentales. Dijon es una grande y bella, ciudad de cerca de 60.000 habitantes que merece sumo interés tanto como capital histórica, asiento que fue de los antiguos y poderosos duques de Borgoña, como por sus monumentos de arquitectura superior, sus institutos literarios, científicos y de beneficencia, y su movimiento fabril, agrícola y comercial. La ciudad reposa en una llanura abierta por tres lados, teniendo del uno el «Ouche», pequeñísimo río, y del otro un grupo de bellas colinas. Además de su vastísimo comercio de vinos, muy baratos (puesto que son los de mayor consumo popular), y algunos bien estimables, tiene varias manufacturas dignas de aprecio. Sus fábricas son muy numerosas, y con especialidad es afamada por las de sombreros de lana y felpas que representan fuertes valores. Desde la estación del ferrocarril se alcanzan a ver las flechas y empinadas torres de muchos monumentos importantes. Los más bellos son (en cuanto puede juzgarse desde lejos por la estructura de las torres y fachadas): 1.º la magnífica iglesia de «Notre Dame», que data de los siglos XIII y XIV, y ostenta con exquisita pureza toda la majestad y las maravillas del arte cristiano; es una obra maestra y sus atrevidas columnatas superiores son de suma belleza, reposando sobre un pórtico suntuoso de tres grandes ojivas cuajadas de grupos y relieves góticos: 2.º la iglesia de «San Miguel», que fue construida en los siglos XV y XVI, y manifiesta en su arquitectura mixta o de transición (muy hermosa pero sin la severidad de la edad media) el paso que hacía el arte del romanticismo gótico a la elegancia afeminada del Renacimiento: 3.º la catedral de «San Benigno», también de transición, pero mucho más antigua, pues corresponde a la época en que la arquitectura pasaba de la sencilla majestad del arte romano a la paciente excentricidad y las angulosidades y relieves del arte gótico, cuyas obras son verdaderas leyendas religiosas escritas en piedra por los pueblos artistas.

 Dijon es el vértice del ángulo formado por el ferrocarril de París a Lyon, pues la línea, después de haber seguido la dirección sudeste, tuerce al sur para costear primero el Saona y luego el Ródano, a lo largo de valles pintorescos. Pasa el tren por delante de poblaciones importantes como Beaune, Chalons, Mâcon y Villefranche, centros de producción agrícola todas. Los vinos de Beaune y de Mâcon son muy estimados, el primero por su mérito, y el segundo por la gran cuantía de producción variada, que lo adapta a un extenso consumo entre todas las clases sociales. La noche cubría con sus sombras la inmensa llanura, y no pude tener siquiera una idea general del aspecto del país entre Dijon y Lyon. Solo diré que al pasar por Mâcon, preocupado con un recuerdo grato, me sentí como poseído de cierta veneración hacia esa comarca interesante. Mâcon es la patria del glorioso Lamartine, ese patriarca de la poesía en el siglo XIX; y no podía menos que gozar aspirando las brisas del país inmortalizado por la juventud, la lira sublime, la gloria y hasta los infortunios del Tasso francés. Allí nació y comenzó a soñar, cantar y crecer el divino poeta, y él ha conservado su hogar con una amante veneración, haciendo de «Milly» el santuario de las más puras armonías y de las más nobles meditaciones. El tren rodaba entre las sombras con la rapidez del viento, lanzando la locomotiva de cuando en cuando sus silbidos agudos que no despertaban eco en la llanura; y yo, mientras que los demás viajeros dormían a mi lado, fumaba con deleite, dejando vagar mi espíritu en un torbellino de recuerdos de amor y de cavilaciones sobre el porvenir del hombre, al mismo tiempo que, hundiendo la mirada en la sombra interminable que cubría la campiña, buscaba en su seno alguna luz fugitiva o alguna otra sombra más pronunciada y vigorosa producida por un edificio destacado aquí o allá cerca del camino. De repente pasaba rozándose casi un tren en sentido contrario que, como un dragón enfurecido, lanzaba su aliento de fuego y de vapor para desaparecer al mismo instante. Nada más fantástico que uno de esos cruzamientos de trenes, sobre todo bajo la bóveda sombría de un «túnel», donde el silbido de la locomotiva parece un grito de muerte o de agonía suprema. Es muy trivial la opinión de que los ferrocarriles han suprimido la poesía de los viajes dándoles un carácter en extremo prosaico. En efecto, si en una estación, cerca de alguna bella ciudad o de un rico paisaje, se compara el espiritualismo poético de un monumento cercano, con las pilas de carbón de piedra y los prosaicos vagones, la desventaja es para ese instrumento poderoso de locomoción, que ha hecho del viaje una carrera, un tropel de huracanes y de impresiones que apenas comienzan a nacer cuando ya se disipan como una pesadilla. El ferrocarril, nivelando el terreno y acortando inmensamente las distancias y el tiempo, ha suprimido la «peregrinación» y el viajero es una especie de Asmodeo que no alcanza a contemplar lo que se le presenta al lado del rápido vagón.

Y sin embargo, creo que los ferrocarriles, suprimiendo en gran parte la «poesía de la materia», han creado una nueva poesía, mucho más vigorosa y fecunda, poesía mixta que pudiera llamarse la «poesía del espíritu». Encuentro en la locomotiva que silba y da resoplidos como el viento, y devora el espacio como el rayo, un espiritualismo singular, prosaico si se quiere en sus resultados aparentes, pero infinitamente grandioso en su «forma» sensible y en sus lejanas o trascendentales consecuencias. El siglo XIX, que en apariencia es el de la industria o la especulación, me parece en realidad el más poético, por sus creaciones fantásticas y fecundas al mismo tiempo, como el ferrocarril, el telégrafo y tantas otras maravillas. ¿Cuál es la preocupación, la tendencia dominante en el pensamiento del poeta? un triple ideal que, teniendo por objetos cardinales a Dios o el infinito, el Hombre o el sentimiento, y el Espíritu como soberano del mundo, lo resume todo en la noción de lo «bello», lo «bueno», y lo «justo». ¿Y a qué resultados pueden conducir las maravillas de la ciencia y la industria? En mi concepto el ferrocarril, como instrumento de comunicación activa, de baratura y de fecundidad universal, es un elemento de luz, de religión, de paz, de bienestar, de igualdad en la vida, de fraternidad entre los hombres y los pueblos, y de predominio del pensamiento o la idea sobre la fuerza física. Esa máquina de hierro que, animada por el espíritu del hombre, devora las distancias, reduciendo los días a minutos y haciendo los minutos días, me parece una inteligencia en acción. Las ruedas, las válvulas, los frenos, los resortes, la caldera y toda la maquinaria de la locomotiva son la imagen de la musculación y de los órganos del hombre; y el fuego que produce el vapor y el movimiento maravilloso, es una hoguera encendida con una chispa del fuego divino del progreso, que arde constantemente en el cerebro y el corazón de la criatura humana. El ferrocarril ha espiritualizado y cristianizado el mundo, como el navío-vapor, el telégrafo y el diario, porque ha fundado la ubicuidad del ser, la fraternidad o mancomunidad de los intereses, y la omnipotencia del espíritu sobre la materia. Si Lyon, la segunda capital de Francia, es en extremo interesante bajo el punto de vista industrial, agrícola y comercial, no lo es menos por su topografía y su valor artístico, moral y arqueológico.

Allí encuentra el viajero la vida confortable de París y al mismo tiempo cierta espontaneidad provincial con las bellezas típicas del medio día; y el que busca objetos de observación y estudio halla un vasto campo donde recoger agradables impresiones e instructivas nociones. Acaso no hay en Francia una ciudad que revele mejor que Lyon el paso sucesivo de las razas y las dominaciones que en esa nación han figurado, y el contraste vigoroso de los escombros o monumentos de la vieja civilización con las maravillas de la época presente. La situación de Lyon es admirablemente feliz para el comercio interior y exterior, y su variada topografía la apropia para lo útil igualmente que para lo pintoresco. Dos pequeñas montañas o colinas y dos magníficos ríos le sirven de base, determinando su estructura y su fisonomía. Las colinas son las de «Fourières» y la «Croix-Rousse»; los ríos el «Ródano» y el «Saona». Al norte se alza la colina redonda de «Groix-Rousse», que es el remate de una cadena de colinas rocallosas; al occidente domina el horizonte otro cordón de colinas cuyo centro es la de Fourvières (asiento que fue de la ciudad romana anterior a Nerón); y al oriente y el sur se extiende una vasta y magnífica llanura de admirable panorama. El Ródano desciende del nordeste, por el lado oriental y el pie del cordón rocalloso que termina en Croix-Rousse. El Saona, que nace en las llanuras de Epinal, y viene del norte, engrosado con las aguas del «Doubs», procedente de las montañas del Jura, y que se le une en Verdún, desciende por entre las colinas de Fourvières y Vaise; corta en dos porciones la ciudad de Lyon en la parte occidental, y va a reunirse al extremo meridional con el Ródano. Aunque la antigua Lyon no se componía sino de las construcciones establecidas en anfiteatro y desordenadamente en las faldas de Fourvières y Croix-Rousse y sobre las márgenes del Saona, la nueva Lyon se compone de elementos diversos adquiridos por aglomeraciones sucesivas. La ciudad ha ido extendiéndose en todas direcciones hasta tocar con los distritos vecinos de las colinas, abarcar toda la angosta lengua de tierra que desde Croix-Rousse se prolonga al sur hasta la confluencia de loe ríos, y confundirse al fin con los distritos importantes y muy nuevos de la «Guillotière» y «Broleaux», tendidos en la llanura a la margen oriental del Ródano. A virtud de ese ensanche progresivo, Lyon tiene en su totalidad una población de 390.000 habitantes fijos, dividida en tres partes desiguales y variadas por el

Ródano y el Saona. Antes de buscar los pormenores de interés en Lyon quise darme cuenta del conjunto, subiendo a las colinas para tomar el golpe de vista; y puedo asegurar que, en su género, no he hallado jamás en Europa ni Colombia un cuadro tan magnífico y soberbio como el que allí se ostenta a los ojos del viajero. Trépase a la cima de Fourvières por entre las horribles y sucias callejuelas del viejo Lyon, llegando al anfiteatro pintoresco del jardín de Fourvières por una serie de escaleras interminables que pasan de algunos centenares y hacen de la ascensión una verdadera empresa. Atravesando en calles espirales el jardín, y un puente de madera echado sobre altas rocas, se llega al observatorio astronómico y la iglesia de Nuestra Señora de Fourvières, cuyo alto campanario es el mirador más precioso que conseguirse puede. Al encontrarme en ese campanario, cerca del cual pasa el ferrocarril por un famoso túnel, me sentí pasmado de admiración. El panorama es inmenso y de una variedad encantadora. Al oriente veía la vasta llanura, cortada por algunas bajas colinas que dan asiento a una multitud de poblaciones, entre ellas «Grenoble» (al sudeste), y que, surcada por el alto Ródano, es la base de un extenso cultivo, principalmente de moreras, trigos y viñas. Al norte registraba el valle del Saona y las ricas llanuras de la Borgoña, en dirección a Mâcon. Al occidente llanuras y colinas también hacia la ciudad fabricante de «Saint-Étienne», de fabuloso progreso; y al sur contemplaba con encanto el valle del majestuoso Ródano, de imperceptible descenso, extendiéndose por «Vienne, Válence» y «Avignon» hacia el Mediterráneo. Por todas partes campos cultivados primorosamente, ciudades y pueblos, casas; campestres, anchurosos caminos carreteros, numerosísimas barcas en los ríos, viejos castillos feudales sobre las cimas escarpadas de los cerros; y todo cubierto por un cielo magnífico, muy de extrañar en el mes de marzo aun. Pero nada me producía tan profunda sensación como el contraste del espectáculo lejano con el que tenía a los pies. Al oriente cerraban los Alpes el horizonte con su corona inmensa de blanquísimas nubes, levantándose desde la llanura en escalones sucesivos y en perspectiva, para terminar como titanes de nieve con sus cabezas brillantes hundidas en el éter, distinguiéndose entre ellas, muy lejana, la mole grandiosa del «Monte Blanco», ese rey de los Alpes que tiene por cortesanos a todos los reyes y los viajeros de Europa. Aquella cadena de montañas, unas azulosas, otras brillantes por sus nieves, tenían uña majestad arrobadora que yo, con mi corazón de Colombiano, comprendía perfectamente y contemplaba con amor. Pero al pie veía la vasta ciudad, cuya cabeza es una inmensa roca y cuyas arterias son los dos hermosos ríos, atravesados por quince o dieciséis puentes, que son como las venas ligadoras. Aquí, casi bajo mis plantas, la ciudad romana y gótica, triste, sucia, sombría, en laberinto inexplicable, pero llena de misterio, de tradiciones y monumentos típicos. Al frente, sobre la izquierda del Ródano, hacia la llanura, la «Guillotière y Broteaux», barrios anchurosos, cortados en ángulos rectos por calles de una regularidad matemática, con grandes muelles y vastos cuarteles, prolongándose hacia la campiña en un arco de fortalezas y casas de campo. Y por último, en medio de los dos ríos, la parte aristocrática y opulenta de Lyon, irregular, fea y repugnante al pie de «Croix-Rouese», pero luego elegante, suntuosa, rejuvenecida y llena de animación hacia abajo, hasta su límite en la confluencia de los ríos, al sur de la espléndida estación del ferrocarril, que pudiera llamarse el Palacio de las locomotivas. Al mirar hacia arriba, al este, creía contemplar a Colombia, con sus cordilleras prodigiosas y su salvaje grandeza, no obstante que los Alpes me parecían apenas un remedo humilde de los gigantescos Andes. Pero mirando hacia abajo, hallaba a Europa, con sus tradiciones romanas y góticas, sus prodigios de arte, su animación industrial y comercial, sus grandes progresos de locomoción, y sus lamentables contrastes de opulencia y miseria. La contemplación de aquel panorama desconocido me hizo meditar durante largas horas, y creo que nunca olvidaré las impresiones allí recogidas.

Capítulo II. La ciudad de Lyon
Hidrografía. Varios objetos. El Palacio de las Artes. Un contraste curioso. Varios monumentos. Las fábricas de sederías
Lyon mantiene sus comunicaciones que le dan extraordinaria animación, por medio de unos quince puentes, la mayor parte muy sólidos, pero de los cuales son los mejores dos de mampostería en el Saona y uno de madera en el Ródano. Algunos son colgantes, y casi todos están sometidos a pontazgo por ser de empresas particulares. En la parte central de la ciudad las calles son en lo general rectas y espaciosas, sobre todo las nuevas, entre las

cuales se distingue la espléndida calle «Imperial», reputada como una de las más hermosas de Europa. A lo largo de ambos ríos hay muelles espaciosos, donde atracan centenares de barcas y botes, y muchos vapores planos, de construcción especial para la navegación del Ródano y del Saona. La ciudad cuenta muchas plazas y plazuelas (hasta cincuenta y dos), entre las cuales son muy notables por su belleza y elegancia: la de «Bellecour» o «Luis el Grande», espaciosísima y de mucho gusto, con la estatua ecuestre de ese rey, en bronce, y bellos jardines y glorietas; la de «Napoleón», con la estatua de este, también de bronce y ecuestre, y muchos árboles, que se confunden con las vastas avenidas que tocan a la estación del ferrocarril llamada de «Perrache»; la plaza «Imperial», que es una especie de «square», muy bonita, y la de «Terreaux», en la cual se encuentran el Palacio municipal y el famoso Palacio de las «Artes» o de San Pedro. La plaza de «Tholozan», a la orilla derecha del Ródano, no es notable sino por la hermosa estatua de bronce del mariscal Suchet, duque de Albufera, que hizo la guerra en España en 1808 y los años siguientes.

    La historia de Lyon es muy interesante, ya por su antigüedad, ya por el gran papel que ha hecho desde la conquista de los Romanos. La ciudad antigua, que ellos llamaron «Lugdunum», estuvo toda sobre la colina y faldas de Fourvières, e incendiada que fue tocóle a Nerón mandarla reedificar, extendiéndola sobre ambos ríos. Hoy tiene doscientas sesenta calles, y cuatro larguísimas calzadas o avenidas que siguen las márgenes de los ríos; contando quince fortificaciones considerables al derredor. Algunas de sus más antiguas iglesias están en ruina, y hoy las restauran, al mismo tiempo que se concluyen o prosiguen vastísimas construcciones que rejuvenecen la ciudad. Al frente de los muelles o atracaderos de mampostería se encuentran muchos edificios de granito y piedra, que son verdaderos monumentos y llaman justamente la atención del viajero. Entre esos son de mucho mérito, por su majestad y su importancia, así como por su solidez, el «Palacio de Justicia», sobre la margen derecha del Saona, y sobre la derecha del Ródano los inmensos edificios, ennegrecidos por el tiempo y de grandiosas fachadas, donde se mantienen el Hospital y el Hospicio, que recogen a muchos centenares de huérfanos y enfermos, sirviendo también de bazares en el piso bajo, donde hay innumerables tiendas y almacenes de todas clases. También demoran sobre las mismas avenidas de los muelles otros edificios públicos interesantes, pero desnudos de todo valor artístico, tales como el de la Universidad y Biblioteca (que es de gran mérito y cuenta unos cien mil volúmenes); el Hospital militar, la fábrica de tabacos y las carnicerías, sobre el Ródano; y del lado del Saona, la Aduana, el teatro de Celestinos, los arsenales, etc. Lyon no tiene sino dos teatros que merezcan atención: el Gran Teatro, donde ejecutan óperas solamente, y hace juego con la fachada secundaria del palacio municipal; y el de los Celestinos, para comedias y dramas, construido con regulares proporciones en un local de un antiguo convento. Solo el primero puede figurar como monumento, aunque subalterno, pues está aislado y muestra pretensiones artísticas, no obstante que su arquitectura es pesada y grosera. El interior es muy espacioso, pero carece de lujo y elegancia, si se le compara con los más bellos de otras ciudades europeas. La ciudad cuenta ya con un hermoso mercado de estilo moderno, es decir de cimientos y zócalos de piedra y paredes y naves de hierro y cristal. Están acabando también la Bolsa, palacio espléndido, de mucho gusto y que será un verdadero monumento para las artes y la especulación. El Palacio municipal es un bello y elegante edificio, de una arquitectura sencilla que pertenece a la época del primer imperio, careciendo de carácter determinado, pero risueña y sin pretensiones plagiarias. En lo demás, las construcciones modernas corresponden en todo al estilo de las de París, con la especialidad de tender siempre a la sencillez característica del siglo actual. Si en lo material Lyon es una especie de copia de París, en lo moral tiene algo que se aproxima a la caricatura. Se echa de ver en las costumbres la pretensión de imitar en todo las de París; pero como el tipo meridional opone allí sus condiciones especiales, resulta una especie de lucha moral que destruye todo colorido local, sin permitir poroso la asimilación. De aquí proviene que muchos usos son exagerados, y que con frecuencia se tropieza en las calles con fisonomías y grupos que tienen sus buenas puntas de extravagancia.

 La población lionesa es muy liberal y aún republicana, revelando en su estilo general cierto carácter benévolo que estimula agradablemente al viajero. Y por una de esas excentricidades aparentes de los pueblos, que no carecen jamás de explicación, aquella ciudad, que es un emporio de riqueza y que vive en las faenas de un gran movimiento industrial y comercial, revela una inclinación decidida por las bellas artes, cultiva ese gusto con esmero y entusiasmo, y posee monumentos de todo género que pueden enorgullecerla por más de un motivo. Son afamadas las orquestas de Lyon, se busca el teatro con placer, se trabajan bellísimas obras de escultura, y Lyon conserva con justa vanidad sus ricos museos y monumentos y sus escuelas de pintura, escultura, arquitectura y música, y ha sido y continúa siendo la cuna de muchos artistas de gran mérito. El primer monumento que el viajero visita en Lyon es el Palacio de las Artes en el cual se encuentran los museos de antigüedades, de pintura, de escultura, de historia natural y de geología y mineralogía, así como el salón provisorio de la Bolsa. El vasto edificio tiene tal suma de curiosidades preciosas, desde sus claustros hasta sus altas galerías y sus terrazas, que requiere un estudio de muchos días. Que el lector me perdone, pues apenas me es dado ofrecerle una idea muy sucinta de las impresiones recogidas en solo unas ocho horas de observación muy rápida. Si el exterior del Palacio carece de mérito, en el interior el interés comienza desde que se entra en el extenso patio claustrado, que domina una terraza en circunferencia, con balaustradas de piedra, como todo el edificio, y una serie de grandes grupos y altos relieves representando multitud de pasajes históricos, al aire libre y la intemperie. La mayor parte son excelentes, a pesar de muchas mutilaciones en los pormenores; pero algunos grupos son de tanto mérito por la energía de expresión y la delicadeza y audacia del cincel y el buril, que deleitan y fascinan, maravillándose uno de hallar tan finas esculturas en la piedra bruta. Los cuatro claustros bajos contienen una abundantísima colección arqueológica exclusivamente lionesa, en la cual alternan los más curiosos objetos, unos (poquísimos) de la época anterior a la conquista de las Galias por Cesar, y la mayor parte correspondientes a las épocas romana, bizantina y gótica. Vasos etruscos, de imitación tosca, estatuas, bustos y grupos curiosísimos, planchas enormes de piedra bruta o trozos de mármol, con relieves preciosos, revelando toda una civilización, y sepulcros, lápidas y columnas truncadas, cuajadas de inscripciones que se conservan con maravillosa regularidad, y esbozos bizantinos en piedra que tienen el aire de caricaturas de una sociedad que el polvo de los siglos arropara, todo eso, colocado con inteligencia contra los muros del claustro, constituye no solo una escuela popular para los sentidos, sino la imagen sombría pero elocuente de las generaciones pasadas. Aquella es una verdadera colección de escombros de civilización y de enseñanzas del tiempo, desde la gran lápida en que Rómulo y Remo reciben el alimento fabuloso de la inmortal loba, hasta las últimas labores que la arquitectura gótica (espontánea, paciente y popular por excelencia) dejó profusamente diseminadas donde quiera.

El salón de antigüedades artísticas no es menos curioso, aunque comparativamente es pobre y subalterno. Contiene colecciones preciosas de monedas, medallas, pequeños vasos y placas y armas de metal, marfil, madera, etc., la mayor parte de mucho gusto por sus incrustaciones y relieves, entre los cuales hay grupos de increíble perfección, que admiran al que ha podido creer, alucinado por la fascinación de la industria moderna, que la antigüedad, bajo el punto de vista artístico, no ha producido maravillas superiores y aún inimitables cuyo genio y secreto se han perdido para la civilización. No es sobresaliente la colección de obras modernas de artistas lioneses, que compone el modesto museo de escultura o estatuaria. Aunque hay allí algunas estatuas en mármol y yeso de mérito indisputable, y algunos bustos de bronce superiores, la colección es algo pobre. Hay, sin embargo, allí una estatua de Pandora, en mármol purísimo, tan bella y delicada, que vale por todo un museo; así como llama la atención, al pie de una escalera, la colosal estatua de Minerva, en yeso, obra de un escultor contemporáneo, que puede figurar con honor en el más espléndido jardín de Europa. Después de la sala de escultura o estatuaria se encuentra en el vasto palacio de las Artes el interesante salón de pinturas que contiene la galería especial de los pintores lioneses. En general se observa en el estilo de esos artistas bastante vigor de colorido, y una marcada predilección por el paisaje y la historia. Aunque la colección no es muy abundante ni sobresaliente, merece bien fijar la atención. Llamaron la mía particularmente los cuadros de Claudio Bonnefond, artista de alto mérito, no solo por la maestría del pincel, sino por el profundo conocimiento que revela tener de los efectos de luz y de la perspectiva. Recuerdo haber gozado mucho con la contemplación de un cuadro pequeño que representa el refectorio de un monasterio en perspectiva, precioso por sus golpes de luz y su energía de claro oscuro. Con todo, no considero que los artistas lioneses tengan razón para aspirar a constituir una escuela, si se ha de juzgar por el Museo. Otra galería mucho más vasta y magnífica contiene los cuadros del Museo común, y en realidad hay obras allí de un mérito sobresaliente, tales como la muerte de Abel, por Orsel, y una Judith mostrando la cabeza de Holofernes, trabajo superior por su atrevimiento de formas y vigor de expresión y de pintura. Pero la mayor parte de aquellos cuadros son copias modernas, y aunque la galería es casi toda histórica, y contiene varios cuadros superiores, no es en realidad sorprendente, ni deja impresión como las obras maestras. Échase de ver que Lyon ha querido ser a todo trance un gran centro artístico, sin haber pasado de cierta mediocridad distinguida (permítaseme la expresión), porque el ruido de las máquinas y de los carros no permite allí un gran desarrollo espiritual como conviene a las bellas artes Mucho más estimables son en su género las demás galerías, puramente científicas, que contienen los Museos de Historia natural, de Mineralogía y de Geología. El primero, que no es muy considerable, aunque merece mucho aprecio en una capital de segundo orden, está muy bien conservado y es un conjunto escogido de las especies más raras y notables en las diversas familias del reino animal. Aquel es un verdadero museo de provincia, si se le compara con los de Londres, París, Berlín y otras grandes capitales, pero es completo y esmerado y hace honor a la opulenta metrópoli del Ródano, como a la Francia. Pero es todavía más interesante la galería mineralógica, ya por la belleza de sus muestras (aunque algunas algo desordenadas) en punto a cristalizaciones y aglomeraciones metálicas y metalóideas; ya por la riqueza y abundancia de los mármoles y piedras finas. Llegan a centenares las lápidas que contiene el Museo de mármoles de todos colores y tipos, de muchos puntos de Europa, como España, Italia, Suiza y Bélgica, y muy especialmente de las ricas canteras de Francia. Son admirables algunos mármoles negros, amarillos, y veteados, producto de los Pirineos, de las montañas del Jura, de los Alpes, los Vosgas, etc.; y al ver tan hermosas y variadas muestras se extraña que, comparativamente, no se dé a los mármoles en Francia toda la aplicación de que son susceptibles.

La inspección del Palacio de las Artes, por rápida que sea, produce en el extranjero visitante una impresión importante, a saber, que la sociedad de Lyon tiene evidentemente gusto «por» las bellas artes, pero no verdadero gusto artístico o «en» las artes, puesto que, en lo general, sus obras públicas adolecen de mediocridad, y sus costumbres no están en armonía con esa distinción exquisita que es el sello característico del arte. Tan cierto es esto, como que los Lioneses no se distinguen sino en esa especie de juguete artístico, que llamaré arte de capricho o de la moda, ajeno a toda inspiración, y que se manifiesta en los preciosos dibujos de las sederías que salen de las ochocientas pequeñas fábricas de Lyon. Allí donde el espíritu industrial se alía con el arte, se ve el refinamiento, el trabajo delicado y gracioso, porque Lyon, a pesar de sus pretensiones literarias y artísticas, no es por excelencia sino una gran ciudad manufacturera y comercial. En mi concepto, el arte verdadero, es decir el que se inspira de las grandes cosas y hace grandes revelaciones, no puede nacer y vivir hoy en las ciudades opulentas, entre el bullicio de la especulación, las miserias y vanidades de lo que llaman el «mundo» y las farsas de la moda caprichosa. Si la mímica o el arte dramático, la caricatura, el vals fugitivo y el palacio pintoresco pueden aparecer en las grandes metrópolis de la industria, la política y la moda, no así el poema sublime, el cuadro severo de pintura, la obra magistral y divina de arquitectura y escultura, o las solemnes y graves armonías de Mozart o Bellini.

En punto a monumentos, Lyon posee algunos bastante antiguos y de mérito, que llaman justamente la atención del viajero. De estos citaré: la catedral, la iglesia de San Pedro y la antiquísima abadía de Áinay («casa de Dios» en catalán); y entre los monumentos públicos de otro orden mencionaré el Hotel Dieu o Casa de beneficencia, y el Palacio de justicia Olvidaba hacer notar una circunstancia curiosa que observé en el Palacio de las Artas y me impresionó profundamente. La Bolsa de Lyon estaba provisionalmente establecida en la parte baja del palacio, en un vasto y oscuro salón que fue en otro tiempo una capilla. Cuando bajaba de contemplar los mil objetos de arte que encierran los diferentes museos, oí una espantosa gritería que, como una gran bacanal subterránea, ensordecía con sus ecos repetidos por la bóveda sombría. La curiosidad me hizo acercarme, y solo al hallarme en medio de la indescriptible escena pude creer que allí estaba la Bolsa de un país civilizado Todavía se conservan en los muros de la vieja capilla los grupos de piedra en grueso relieve, que representan los más notables sucesos de la historia de Cristo. Al pie de María estaba un corrillo de noticieros de bolsa propalando mil mentiras sobre la cuestión de Italia, y enfrente de un Cristo de grandes dimensiones debatían los agiotistas y jugadores de bolsa sus tratos sobre el «3 %», el «cuatro y medio», las «primas», las acciones de «ferrocarriles», etc. Había en el centro del salón una doble barrera, y en tanto que al lado exterior se agitaba el enjambre de embusteros, jugadores y especuladores, haciendo propuestas, difundiendo noticias contradictorias y remolineando en un hormigueo interminable, dentro del gran círculo estaban los agiotistas de primer orden, sosteniendo con admirable aplomo una telegrafía mímica que representaba el juego monetario, y en el círculo más reducido se agitaban los agentes de cambio o corredores, haciendo las muecas más extrañas los unos, los otros gritando como energúmenos para anunciar cada propuesta o pedido de fondos y cada «puja», y otro en fin, impasible como el sacerdote del culto monetario, alzaba el brazo de tiempo en tiempo para marcar en un tablero el movimiento de alza y baja, en cifras convencionales que son como la teología del dinero ¡Singular contraste, perfectamente característico del siglo actual! ¡El templo consagrado antes a la oración, convertido en casa de juego legal y al culto del becerro de oro; la estatua sublime de Cristo arriba, y abajo la figura codiciosa del agente de cambio; la especulación, prosaica y desenfrenada, en el fondo de un palacio cuajado de estatuas y tumbas de la antigüedad, de cuadros superiores, de mil tesoros recogidos por la mano paciente y desinteresada del sabio y del artista! Aquel espectáculo es más elocuente que muchos volúmenes para caracterizar el movimiento del siglo XIX.

La catedral de Lyon, situada en el fondo de la parte vieja u occidental de la ciudad, en medio de feas y tortuosas callejuelas, es un hermoso monumento que tendría mayor importancia si estuviese rodeado de mejores calles y edificios. Es una enorme masa de piedra pura, larga y angosta, y corresponde al estilo gótico de la segunda época, en que figura la combinación de la grande ojiva y el arco pleno. Si no me equivoco, data del siglo XII al XIII. La fachada no tiene particularidad alguna, ni la forma de sus torres, sus relieves, sus bastiones arqueados y todo lo demás que constituye el exterior, como remate de las capillas, obras todas que no corresponden al mérito del trabajo interior. Aparte de los dos órdenes de capillas laterales, el cuerpo de la catedral tiene cuatro naves, tres de fondo y una transversal para formar la gran cruz característica de las catedrales góticas. Toda la mole de piedra, vasta y atrevida, que compone la bóveda, reposa sobre dieciséis grandes columnas, cada una compuesta de nueve de espesor desigual, lanzadas con vigor a dar con el altísimo artesonado de mampostería, desnudo y sombrío. La nave central es de un grande atrevimiento, y hay en todo el edificio ese carácter severo de oscuridad y sencillez solemnes que distinguía sobre todo a la arquitectura gótica de Francia. La ausencia de todo lujo, de todos los dorados y adornos extraños al arte mismo, se manifiesta allí, revelándose en la mole colosal de pura piedra y madera (sin mármoles ni baldosas suntuosas) ese sentimiento austeramente religioso que dominó en sus grandes creaciones a los pueblos artistas de la edad media. Por lo demás, los cuadros religiosos pintados en los vidrios de colores de las altas ojivas, son de muchísimo mérito, y tanto que pueden rivalizar con los de Nuestra Señora de París. El coro tiene primorosas esculturas y bajos relieves muy bellos en encina y nogal; pero es difícil apreciarlos por la oscuridad del templo, siempre sombrío y solitario. La iglesia de San Pedro, que es también de estilo gótico, puro y de la misma época o quizás anterior, situada en el centro de Lyon, es todavía de un tipo más vigoroso por su desnudez, su tristeza y sus proporciones de conjunto. La fachada, que es bella, acaba de ser restaurada (como lo serán otros templos antiguos), y una de las torres tiene gran riqueza de esculturas o preciosos labrados. Larga y angosta, consta de tres naves también, cortadas hacia la testera, y su mérito consiste en el atrevimiento de la nave principal, de los arcos plenos y de las grandes ojivas. De resto, sus mosaicos en vidrio carecen de mérito, y el conjunto del edificio muestra una desolación y una pobreza que entristecen. Aquel templo parece una inmensa tumba de piedra, desnuda, negra, sombría como un castillo feudal. La pequeña iglesia de Ainay, antigua abadía, llama la atención de todos los viajeros, no por el mérito que tenga como obra de arquitectura, sino porque es una curiosidad histórica muy particular. Algunos pretenden que fue construida en el siglo III, pero lo más cierto es que data del V, habiendo sido restaurada en el IX bajo el papa Pascual. Es una construcción baja y reducida, de estilo bizantino puro, y por lo mismo de una sencillez que hace gran contraste con las recargadas labores de los templos de la edad media. La iglesia de Ainay es la más antigua de Lyon y la única que allí se conserva de los tiempos merovingianos. Consta de tres naves, y es casi tan ancha como larga; tiene bellos mosaicos en vidrio y grandes baldosas que contienen su historia en antiguos caracteres o jeroglíficos; y es notable también por sus cuatro enormes columnas de granito, de una sola pieza, dos de las cuales, de un azul delicioso, salieron de un trozo estupendo hallado en las cercanías de Lyon formando una columna romana. He mencionado antes el Hotel Dieu, que domina el muelle o parapeto del Ródano, como un hermoso monumento, digno de admiración por su grandeza y majestad. Citaré a propósito el palacio de Justicia, porque ambos pertenecen al estilo suntuoso del Renacimiento, en que el arte se muestra subyugado por las reglas y la simetría académica se ostenta en lugar de la inspiración. El palacio, situado sobre una plaza a la margen derecha del Saona y dándole el frente, tiene una espléndida fachada monumental reposando sobre un inmenso peristilo, que empieza en enormes graderías y remata en veinticuatro grandiosas columnas de orden dórico, de piedra pura, que sostienen la masa exterior. El cuerpo principal del palacio es un vasto y rico salón donde se celebran las sesiones públicas del tribunal de «Assises», y tienen su despacho todos los tribunales de Lyon. Una gran rotunda con frescos y bellos relieves cubre el salón principal, sostenida por ocho gruesas columnas de granito, y los mármoles y jaspes están prodigados en el pavimento y los muros para dar a ese «templo de la justicia» una majestad imponente.

Además de los monumentos y objetos públicos que he mencionado, posee Lyon muchos otros institutos de distinto orden, que merecen más o menos la atención. Tales son: la casa de Moneda, la gran fábrica de cigarros, el depósito de sales y el jardín de plantas nuevo, imitación en pequeño del bosque de Boloña, entre los de carácter material; entre los religiosos, una sinagoga y algunos templos calvinistas en ejercicio; y entre los que se refieren a la enseñanza, la beneficencia y la tipografía, un hospicio de sordomudos, varios hospitales selectos, una biblioteca escogida con 110.000 volúmenes, una academia y escuela de bellas artes, muchos colegios notables para todos los ramos del saber, escuela de artes y oficios, observatorio astronómico, un montepío, cerca de treinta imprentas, con doce o catorce periódicos permanentes, y otra multitud de establecimientos que hacen de Lyon una ciudad casi de primer orden. Como Lyon es el gran centro de la producción y fabricación de sedas, y hace tan considerable papel en el comercio francés y aún del mundo, se encuentran allí consulados de casi todas las naciones, y el movimiento de la especulación es enorme y general por la naturaleza de sus cambios. El viajero que ignora ciertos pormenores de la industria, llega a Lyon con el propósito de ir a maravillarse considerando las grandes fabricas de donde salen las ricas sederías, y que hacen trabajar a 80.000 obreros de uno y otro sexo. ¡Pero cuánta es la sorpresa al ver que semejantes fábricas no existen, y que tan enorme producción salida de Lyon no es el fruto sino de operaciones de detall, de pequeñísimas empresas y de esfuerzos aislados y pacientes, en que el gusto y la inteligencia del obrero hacen mucho más que la mecánica! En efecto, el sistema de la fabricación de sederías consiste en una especie de trabajo a «destajo» más bien que en esa organización del trabajo en grande escala que las fábricas han establecido en los centros manufactureros. La seda es cosechada en las llanuras del Ródano, el Saona, etc., por pequeños propietarios independientes, recogida después y preparada para los tejidos por grandes especuladores y en fábricas considerables, y luego distribuida por los empresarios de tejidos, a los tejedores. En Lyon se cuentan como ochocientas pequeñas fábricas, y aunque la mayor parte de sus propietarios tienen el fondo que les procura los telares y aparatos, algunos reciben avances o préstamos para los gastos de instalación. Cada una de esas pequeñas fábricas tiene cinco, diez, veinte, treinta o algunos más obreros (aunque son raras las de muchos), y el director, que es una especie de obrero-maestro, recibe de este o el otro empresario, a virtud de un convenio libre, las sedas preparadas, los diseños o modelos para los dibujos, labrados y demás obras que debe contener una pieza de sedería, y todas las instrucciones necesarias. El tejedor ejecuta su trabajo con el mayor esmero, sirviéndose del telar y los utensilios necesarios, pero haciéndolo todo a mano, pues ninguna máquina podría ejecutar los admirables caprichos de la moda, los bordados, los dibujos y matices finísimos que las sederías requieren cuando no son estampadas. De ahí proceden la exquisita superioridad y belleza y el alto precio y limitada cantidad de las sederías de Lyon, las mejores del mundo en su género. Pero de esa organización libre, espontánea y especialísima del trabajo, resultan al mismo tiempo muy importantes consecuencias económicas y morales que me llamaron la atención. Desde luego, el primer resultado es la independencia del obrero, el cual, no siendo esclavo de la fábrica, no está sujeto a recibir la ley del capitalista. La competencia sostenida entre ochocientas fábricas pequeñas y muchos empresarios que contratan con ellas, evita los vicios que resultarían de la aglomeración de producción en pocas fábricas de grandes proporciones; conjura los efectos generales de las quiebras y crisis; da por base al trabajo la libertad, y establece de un modo regular el valor del producto.

Vese al mismo tiempo que el obrero trabaja con más interés y estímulo, que economiza la materia prima, aprovecha más tiempo, trabajando en su domicilio, tiene menos ocasiones de vicio y por tanto más moralidad, se siente con la conciencia de su personalidad independiente, y está a cubierto, en lo general, de esas funestas colisiones que tienen lugar a menudo en las grandes fábricas donde trabajan centenares o millares de obreros. Por desgracia, no todas las producciones se prestan a esa feliz organización, pues en casi todas las demás las máquinas desempeñan admirablemente la labor del hombre, o los trabajos son esencialmente colectivos.

Capítulo III. El valle del Ródano
Aspecto general. La Provenza. Panorama de Marsella. Interior de la ciudad. Industria y comercio. Grupos sociales. Mendicidad

El extenso valle del Ródano, encerrado entre los Alpes o sus ramificaciones y la cadena de áridas montañas de las Cevenas, es una región en extremo interesante y hermosa. El Ródano, ya caudaloso, pero siempre lento en su marcha, y desbordando con frecuencia sobre la llanura, sigue la dirección norte-sur de las montañas Cevenas, casi siempre por el pie de sus rocas o colinas escarpadas y desnudas, fecundando una inmensa llanura que se extiende por la Provenza y parte del Languedoc hasta el Mediterráneo. El ferrocarril de Lyon a Marsella sigue la misma dirección del río hasta Tarascón, y allí se aparta en dirección al este, para ir a buscar la opulenta Tiro del comercio francés en el mediodía. Ese giro de la vía férrea hace que el viajero tenga un grande interés durante todo el trayecto, porque el paisaje es de una magnificencia encantadora. A la izquierda o el oriente corren de norte a sur los Alpes formando tres líneas superpuestas: una en que se destacan entre las nubes los empinados picos cubiertos de nieve; otra inferior, azul, vaga y casi nebulosa, de montañas gigantescas pero sin puntos culminantes, y otra, en fin, más baja y perceptible, compuesta de complicados cerros y colinas que van descendiendo en anfiteatro hasta encontrar su asiento en las llanuras del Delfinado y la Provenza, en uno de cuyos centros demora la ciudad de Grenoble. Al occidente, dominando el cauce arenoso del Ródano, que se esconde a veces entre pequeños bosques de sauces silvestres y álamos blancos de empinadas copas, corre la serranía del Ardeche, triste y estéril, compuesta de una serie de cerros quemados y rocallosos, de trecho en trecho cortados por algunas abras. Allí falta toda vegetación, porque los vientos de los Alpes asolan el terreno, y apenas se ven, de distancia en distancia, ya algunas ruinas gigantescas de castillos feudales dominando las más altas eminencias y como inclinadas sobre los abismos, ya algunas pequeñas poblaciones trepadas a la falda de los cerros como para recibir protección de esos castillos, y semejando desde lejos cada una un vasto nido de águilas adherido a los picos de las rocas. En medio de esas dos formaciones orográficas de tan distinto aspecto, demora el opulento valle, cruzado por pequeños afluentes del Ródano, entre ellos el Durance, que le trae las aguas de la poética Provenza. Donde quiera reina el más esmerado cultivo haciendo del valle una especie de huerto interminable. Ya son las innumerables plantaciones de moreras enanas, que brindan su alimento al gusano fabricante de la seda, y hacen un bello contraste por su verde oscuro y vigoroso, ordenadas en calles que se cruzan en todas direcciones, con el verde claro y vivísimo de los almendros o el casi amarillo de los viñedos intermediarios que comienzan a abrir sus primeras hojas. Después, a medida que uno se aleja de Lyon, va viendo disminuir el número de moreras, progresivamente reemplazadas en la bella Provenza por los olivares de ceniciento color, cuya tinta gris, melancólica en extremo, se destaca como un inmenso y moviente sudario sobre la verde alfombra de los trigos sembrados en medio de las anchas calles de olivos.

Desde Lyon hasta Marsella el ferrocarril pasa tocando en muchas ciudades y poblaciones importantes, algunas de ellas ricas en monumentos antiguos, romanos y feudales, y en recuerdos y tradiciones de mucha significación para la historia. Pasa primero el tren por un considerable túnel por debajo de la ciudad de Vienne, situada a la orilla izquierda del Ródano, sobre un lecho de rocas de sílex y granito, al parecer, y al pie de colinas donde vegetan las viñas escalonadas en anfiteatro; y luego se cruza la llanura que tiene por centro a Valence, ciudad algo considerable, y que se prolonga luego sin interrupción, por Montelimart, Orange, Avignon, Tarascón y Rognac, hasta dar con el Mediterráneo en las cercanías de Marsella. Donde quiera se encuentran allí tesoros de arquitectura, escultura y pintura, que le recuerdan al viajero todo lo que la civilización romana, y después la de la edad media hacinaron en los campos de la Galia meridional para dejar magníficas huellas de su paso. A poca distancia de la vía cerca de Tarascón, subsiste aún en Saint-Esprit un famosísimo puente monumental echado por los Romanos sobre el Ródano, que despierta la admiración hacia las obras admirables de esa raza de titanes, y que ninguno ha logrado imitar con perfección de grandeza y duración.

Al pasar por la Provenza se siente uno conmovido por un mundo de recuerdos que hacen soñar con los heroicos tiempos de los trovadores provenzales, esos inspirados y galantes fundadores de la lengua francesa y propagadores, de la poesía, la música, el canto, el sentimiento caballeresco y religioso y el espiritualismo de la idea cristiana. Delante de Avignon, en cuyo centro se ostentan aún magníficas ruinas, como las del famoso palacio del Papa, que fue su residencia durante el cisma, no puede uno menos que recordar a Vaucluse, idear la figura poética de la ingrata pero púdica Laura, y murmurar alguno de los dulces e inmortales sonetos de Petrarca, el rey de los cantores del amor. Se comprende bien aquella admirable pasión sentimental y heroica, al pensar en el carácter de los siglos XII y XIII, y al contemplar la encantadora comarca de la Provenza, que entonces debió ser mucho más bella y fecunda en inspiración. No menos interesante es Tarascón, donde se ven ruinas de monumentos importantes, testimonios de un antiguo esplendor. Pero desde allí hasta Marsella la vía pierde su interés artístico, porque el cordón de ciudades monumentales se aparta hacia el Sur cruzando el Languedoc, país semi-francés, semirromano y español. Es allí donde se encuentran sucesivamente las interesantes ciudades de Arles, Nîmes y Montpellier, esta notabilísima como centro literario y científico, no desprovista de bellezas de arte, y las otras dos como verdaderos santuarios que guardan dentro de sus muros los prodigios del arte plástico y de arquitectura y pintura que la civilización atesoró en su marcha sucesiva en el mediodía de Francia. La llanura pierde al fin su dilatado horizonte en Rognac, las colinas y los cerros se complican, anunciando la proximidad de la opulenta Marsella, y el Mediterráneo, penetrando por un pequeño golfo en medio de las redondas montañas de la costa, sorprende al viajero, ofreciéndole en las ricas salinas de Berre, Rognac y Martigues un hermoso lago circular, tranquilo y cristalino, cuyas ondas llegan hasta el pie de los olivos. La senda se estrecha, las graciosas quintas y casas de campo se multiplican a uno y otro lado, rodeadas de jardines y huertos, de olivos y viñedos, todo de una frescura encantadora; el movimiento comercial se hace sentir; las grandes fábricas e ingenios se destacan lanzando de sus altas chimeneas columnas de humo negro que van a desvanecerse en las rocas de las empinadas montañas, y al fin Marsella, la reina del Mediterráneo, se presenta a los ojos del viajero, irregular, agitada como una inmensa colonia de actividad cosmopolita.

Si la romántica y gentil Venecia, bañada en todos sus flancos por las ondas murmurantes del mar, ha sido llamada con razón la «reina del Adriático», Marsella, elevada por la actividad del comercio moderno a una importancia colosal, merece con mayor justicia quizás el nombre pomposo de «emperatriz del Mediterráneo». Su admirable situación, su fabuloso progreso, su mérito fabril, sus inmensas relaciones comerciales, el fuerte guarismo de su población, su grandeza material, su tipo social característico, su pasado y su porvenir, todo concurre a hacer en extremo interesante el estudio de la opulenta Marsella, la perla de la Francia meridional, la antigua colonia de los

Focios, capital de la extinguida República marsellesa, que Cesar no pudo vencer y conquistar, y que inmortalizó su nombre en la revolución francesa con su legión de héroes y el himno admirable que electrizara a la Europa entera en las grandes luchas de la libertad contra el absolutismo Marsella, la «Massilia» de los Romanos, a quien Tácito llamaba «la Atenas de las Galias» (con muy poca razón acaso, bajo el punto de vista literario), está situada a 813 kilómetros de París sobre la costa oriental del agitado golfo semicircular de Lyon, cerca de la embocadura del pequeño río Huveaunne y a algunas leguas al Este de las bocas del Ródano. Su bahía es pequeña, pero profunda y capaz de contener grandes flotas, y abrigada en todas direcciones por una red de colinas y montañas desnudas que se elevan al oriente en anfiteatro pintoresco. Como el Mediterráneo carece casi de flujo y reflujo, la bahía, dominada por rocas estupendas, fortalezas y montañas, está siempre llena, poblada de centenares y aún millares de embarcaciones, que producen no solo un movimiento comercial inmenso, sino también un espectáculo grandioso y del mayor interés. Las colinas, que arrancan desde la orilla del mar, se van elevando unas sobre otras, escalonadas y desnudas, calcinadas por el Sol y pedregosas, hasta alcanzar una altura de mil metros que permite dominar todo el espléndido panorama. En una de las montañas vecinas se encuentra, dominando la ciudad, el antiguo fuerte de Nuestra Señora de la Guardia, al lado del cual está la capilla del mismo nombre, cuya virgen goza de la más alta veneración de parte de los marinos. Frecuentemente, antes de emprender un largo viaje marítimo, los marinos suben en peregrinación a la capilla para hacer ofrendas a la virgen milagrosa y pedirle protección. Otras veces un voto, hecho en los momentos solemnes del peligro, en las soledades del Océano, es lo que va a cumplir sobre la árida montaña ese ser indiferente a todo, connaturalizado con la tempestad, que se llama un marino ¡Admirable poder el de la fe! Es bajo su impulso y por ella que el hombre es susceptible de hacer los más prodigiosos esfuerzos y los más sublimes sacrificios. Si la fe obra de distinta manera sobre el espíritu y el corazón, no por eso deja de ser el talismán universal. Para unos se llama gloria o «amor», para otros ambición o interés de fortuna; para muchos es un misterio indefinible, un misticismo poderoso y sencillo al mismo tiempo, que se traduce en la adoración de una imagen divinizada por el sentimiento. ¡Pero en todo caso, la fe, con la esperanza, con alguna ilusión para alimentar sus ensueños o sus recuerdos en los desiertos del Océano! ¡Dichoso el que cree y espera algo, aunque su creencia y su esperanza se hagan ver bajo las formas de la superstición! La altura de Nuestra Señora de la Guardia es el sitio más encantador que puede escogerse para tener una idea completa del soberbio paisaje complejo cuyo centro es Marsella. Desde allí se contempla un panorama inmenso, en varias direcciones. Al pie, al occidente, demora la ciudad, donde hormiguea una población activa y numerosa, de cuyas plazas y más grandes calles y avenidas se destacan grupos corpulentos de magníficos «plátanos» orientales, tilos, castaños y otros árboles de gran talla y tupido follaje, rodeando numerosas fuentes de mármol o de piedra. Vese distintamente establecida por el puerto y la espléndida calle «Canebière» la división de la ciudad en dos partes de tipo diferente: la antigua y la moderna. La antigua Marsella, al norte del magnífico puerto, se distingue por sus calles estrechas, irregulares, divididas en pequeñísimas porciones, sucias en extremo, con casas ennegrecidas y horribles y con una población que cruzan en incesante movimiento grupos de marinos, numerosas turbas de obreros y carreteros, lavanderas con trajes extravagantes, mujeres perdidas, mil mendigos y todas las clases inferiores de la opulenta Marsella. Esta parte de la ciudad forma lo que se llama el barrio de la «Joliette», y está limitado por los nuevos puertos y magníficos muelles y almacenes creados para los vapores, y la vasta área del antiguo Lazareto destruido y de algunas colinas arrasadas donde se ha trazado el plan de una novísima Marsella que contendrá 150.000 habitantes en bellísimas calles. Después se toca con el cementerio y la estación del ferrocarril, al sur, y enseguida se extienden en dirección al valle del Ródano los admirables campos poblados de fábricas diversas, quintas bellísimas, huertos, jardines y plantaciones de olivos, almendros, viñedos, moreras, trigales y hortalizas variadas. La nueva Marsella, vasta, regular y magnífica, se extiende hacia el sur, hasta tocar con las encantadoras alamedas del «Prado», orilladas por preciosas quintas-palacios a estilo de las «villas» italianas, donde el mármol y las flores revelan todas las gracias del arte; y luego, hacia el oriente, hasta trepar sobre las colinas escalonadas y terminar al pie de la que sirve de asiento al bellísimo jardín botánico-zoológico de aclimatación, que es uno de los tesoros de Marsella. En esa segunda parte de la ciudad las plazas son graciosas, las calles anchas y rectas y las casas muy elevadas: las magníficas arboledas hacen un juego pintoresco con las severas torres de las iglesias y las estatuas y fuentes que decoran las mejores plazas o plazuelas. Es allí donde está aglomerada la parte culta de la ciudad, y donde se ven los opulentos almacenes, las bellas tiendas de joyería y modas, los grandes hoteles, los suntuosos cafés, las damas elegantes, las ricas berlinas y todo el conjunto gracioso y variadísimo de una gran ciudad meridional, francesa y mercantil. Después de la ciudad que reposa sobre muelles vastísimos de mampostería, se completa el cuadro con la escena marítima. Vese la hermosa rada limitada al occidente por un cordón circular de montañas desnudas y rocallosas; al oriente el puerto antiguo de la ciudad, cuajado literalmente de embarcaciones de todos tamaños (trescientas por lo menos de larga navegación) que forman un inmenso bosque de mástiles, vergas y banderas, entre cuyas grandes moles cruzan centenares de lanchas o faluchas con sus cortinajes o toldos de colores vivos coronados de banderolas. Más al norte ostentan sus cien chimeneas los vapores que pueblan el nuevo puerto de los «Docks» (Diques), cercado de almacenes de depósito en su vastísima circunferencia. El solo puerto antiguo, con su canal accesorio que rodea dos manzanas de la ciudad, tiene en sus muelles de piedra una extensión total de 2.575 metros. Los nuevos muelles no tendrán menos de 4.000 en su circunferencia. Dos fuertes muy considerables, «San Juan» y «San Nicolás», cierran y defienden la entrada del puerto antiguo, que es el de los botes y buques de vela. Por último, extendiendo la vista, se ve la rada redondeándose para estrecharse a la salida y confundir sus ondas con las del Mediterráneo. Varios otros fuertes dominan ese punto, que es la verdadera llave de Marsella, siendo el más notable el afamado castillo de «If», que tiene su asiento sobre una enorme roca azotada por las violentas olas por todos lados. Aquel fuerte ha servido de prisión de estado a muchos hombres notables en la historia, y es allí donde Florentino y Dumas han puesto en escena al singular abate «Faria» en la admirable novela del «Conde de Monte Cristo». Como se ve, la escena que se contempla desde la altura de Nuestra Señora de la Guardia es una de las más soberbias que puede ofrecer una costa marítima. Al pie la rada y la ciudad, llenas de vida, de luz, de movimiento, caprichos y contrastes; al sur los castillos y la mar, inmensa, silenciosa, sombría, solitaria; y al noroeste las montañas vecinas, las campiñas pintorescas, y a lo lejos las llanuras del Ródano limitadas por los montes del Ardeche y Cevenas. Inmenso paisaje para encantar al viajero curioso que busca emociones donde quiera; pero más inmenso aún para el poeta y el estadista que pueden hallar al mismo tiempo materia de interesantes estudios sociales, y para remontarse hasta lo infinito en una contemplación profunda y soñadora... Bajemos de la montaña para echar una rápida ojeada sobre el interior de Marsella. Esta antiquísima ciudad, fundada por los Focios 609 años antes de Jesucristo, afortunada rival de Tiro, de Corinto y de Cartago, ha ido siempre en prosperidad, a pesar de los grandes desastres que la han puesto a prueba en varias épocas. Su población aumenta hoy de un modo prodigioso, puesto que en 1841 contaba apenas 160.000 habitantes, y hoy tiene el enorme guarismo de 360.000. Este hecho no ha podido verificarse sino a virtud de estupendos trabajos de mina y nivelación que, extendiendo mucho el área, han permitido emprender nuevas construcciones en inmensa escala. Si hoy es Marsella la primer ciudad marítima de Francia y la tercera en población, todo hace creer que antes de veinte años quizás tendrá 600.000 almas y figurará como la quinta o sexta ciudad de Europa.

 La gran prosperidad de Marsella, proveniente de su activa producción y de sus relaciones universales de comercio, que la hacen la puerta de Francia en el Mediterráneo, ha crecido a virtud del establecimiento de los franceses en Argelia, sirviendo poderosamente de lazo de unión entre la metrópoli y la Francia africana. Pero todavía tiene un porvenir más grandioso, que le están preparando en Asia y en Colombia y Oceanía los canales de Suez y Nicaragua en vía de ejecución. El día que esas grandes vías de comunicación estén abiertas al comercio del mundo, Marsella centralizará en sus puertos y almacenes la mayor suma del enorme movimiento cosmopolita que se producirá. El Oriente será en cierto modo trasladado a las costas del Mediterráneo, y Marsella será un opulento santuario donde se confundirán por el cambio Europa y Asia, África y Colombia, como en una colonia de la humanidad Marsella es interesante bajo todos aspectos: si su comercio es vastísimo para dar salida a los productos del suelo francés y de una parte de la Suiza, y entrada a los valores que proceden del Asia, de todo el Mediterráneo y de África, América y Colombia, el importe de su fabricación es muy considerable; sus construcciones navales son muy valiosas; los frutos de su agricultura son de no poco precio; y en su seno agitado da cabida también a los monumentos que atestiguan el progreso espiritual de la civilización. Verdad es que Marsella no tiene valor ninguno artístico ni brilla mucho en el campo de la literatura o de las ciencias. Mas no por eso carece de bellos institutos de instrucción y de gusto intelectual, entre los cuales se distinguen: el pequeño y reciente pero ya encantador jardín de aclimatación; la Biblioteca, que cuenta 60.000 volúmenes y 1.300 manuscritos interesantes; el Museo de pinturas, de antigüedades y de historia natural; tres o cuatro teatros siempre en actividad; academias científicas; ocho o diez periódicos permanentes, muchas tipografías y varias escuelas de mérito, entre las cuales es muy superior la de náutica.

Marsella tiene además un gran Banco y Bolsa, varios hospitales bien servidos, y numerosos establecimientos de crédito. Abunda en espléndidos cafés de mucho lujo y elegancia, aunque en lo general frecuentados por gentes de mala sociedad, y en ricos y espaciosos hoteles que nada tienen que envidiar a los mejores de las grandes capitales. El edificio de la Bolsa y el del «Hôtel de Ville», que están casi terminados, serán hermosos monumentos. Los paseos públicos son muy bellos, sobre todo el del «Prado» y el que domina el mar por el lado meridional; y hay en el centro de la ciudad hermosas plazas sombreadas, muy adecuadas a un país donde la tierra parece calcinada por el Sol. Como centro industrial o fabril, Marsella merece mucho interés, aun prescindiendo de su valiosa producción en buques, cordajes, velámenes y todo lo que se refiere a la marina. Posee en sus cercanías abundantes salinas, y tiene una gran fábrica de cigarros por cuenta del Estado. Sus principales fábricas de particulares, de enorme producción permanente, son: de jabones, pomadas, aguas de olores, bujías y muchos otros productos químicos, en grandísima escala; de destilación de aceites de todas clases y licores finos y aguardientes, y de preparación de pastas y frutos alimenticios, por valores muy considerables; cinco refinerías de azúcar, que producen cada una 58.000 kilogramos diarios sin satisfacer a los pedidos; extensas fábricas de instrumentos de cirugía, óptica, etc., y de máquinas de ingenios, destilación de aceites y licores y trabajos domésticos y de agricultura; fábricas de papel continuo y a mano, de todas clases, y grandes tenerías que producen excelentes tafiletes y toda especie de cueros curtidos. Como se ve, Marsella tiene una vasta y muy interesante producción propia. A ella se agrega su exportación de los vinos finos de la comarca de Tolón y de los ordinarios de Languedoc, como también de aceites indígenas y frutas conservadas, sin contar las grandes exportaciones procedentes del interior de Francia. El vastísimo comercio de Marsella, alimentado por el mundo entero, abraza todos los artículos que la industria exterior puede producir; pero hay algunos que merecen mención especial, porque constituyen por su naturaleza y su enorme valor total la base principal del tráfico alimentado por tantos millares de fragatas, bergantines, barcas y vapores que de todos los puntos del globo van a ofrecer su carga sobre los muelles de Marsella. Esta ciudad recibe especialmente: de Rusia trigos y cáñamo; de España vinos generosos, y aceite para purificarlo; de todas las costas de Turquía, Egipto y el resto de África, granos oleaginosos, esencias, especiería y cereales; de Colombia y las colonias francesas y asiáticas, azúcar, maderas de tinte y ebanistería, pieles de todo género, café, cacao, caucho, plantas medicinales y aromáticas, tintes finos y minerales. Marsella es, pues, a pesar de las instituciones fiscales de Francia, antes hostiles al comercio extranjero, uno de los más grandes y seguros mercados con que puede contar en Europa el Nuevo Mundo, en cuanto a exportaciones; y es al mismo tiempo un centro importantísimo para proveerse de ciertos artículos europeos que tienen gran consumo en Colombia. Si del examen puramente económico se pasa al estudio de la fisonomía social de Marsella, no se la encontrará menos interesante, o por lo menos curiosa. Allí parece haber una Francia distinta de la del interior, o algo que no pertenece a Francia. Las montañas estériles y tristes; la reverberación de un mar que se agita bajo el soplo de los vientos quemadores del África; el esplendor del cielo, azul y transparente; la naturaleza semi-oriental de la vegetación; el tipo vigoroso de las fisonomías algo retostadas; el lenguaje, el acento, las ideas populares, las costumbres y los usos, todo establece allí una distinción profunda, haciendo del marsellés una especie de Fenicio o de italiano, un ser que mira hacia el Oriente y el África; voluptuoso, altivo, independiente y que mira con antipatía lo que viene de las comarcas septentrionales. Al observar las fisionomías marsellesas, el viajero no puede menos que advertir que en las arterias de este pueblo hay mucha sangre africana. Si bien es cierto que todos los marselleses entienden y hablan pasablemente el francés, solo la parte superior de la sociedad lo habla bien y con frecuencia. En general el lenguaje es allí un «patuá» de sonidos vigorosos, áspero, y en extremo acentuado, muy expansivo y libre, y en muchas palabras duro hasta lastimar los tímpanos. Algunas de sus frases, entre las pocas que pude entender, me parecieron de una energía enteramente oriental y de una singular sencillez. El pueblo marsellés es muy altivo y orgulloso; se cree superior a todo el mundo, haciendo mucho alarde de los primores de Marsella, y tiene un desprecio profundo por los parisienses y aún por los de Lyon: no ha mucho los llamaba todavía «bárbaros». ¡Y cosa rara en ese país del Sol, del mar, de las montañas y del magnífico cielo! ese pueblo no manifiesta, como era de esperar, el sentimiento artístico. Así, viste con extravagancia, combinando los colores más chillones; no cultiva la música, ni la poesía, ni la danza, ni el canto en el grado que debiera, según el clima, el paisaje y las costumbres marítimas; se acomoda al desaseo con increíble indiferencia, y el hogar doméstico y la construcción de las casas manifiestan que carece de gusto por lo bello, elegante y gracioso. Es curioso ver en los puertos y las plazas y callejuelas de la antigua Marsella, la población que se agita bajo los rayos de un Sol ardiente, huyendo casi siempre de la sombra. Ora llaman la atención los variadísimos tipos de marineros, cuya fisonomía curtida, áspera y angulosa manifiesta la influencia de las brisas y las fatigas del mar; ora tropieza con el negociante cosmopolita o comisionista, tipo flotante que revela en sus rasgos el hábito de acomodarse a todo y el instinto de la especulación, y en su lenguaje, su porte y su marcha la indiferencia por todo lo que significa un goce social, el desprecio por las fórmulas, el abandono personal y la prisa de hacer las cosas en el menor tiempo posible. Ya se da con el «turista» o viajero elegante (casi siempre inglés), pulcro y acicalado, que se pasea negligentemente, observando con nimia escrupulosidad hasta los menores detalles; ya con el rico ciudadano marsellés, término medio entre el parisiense y el comisionista, que pasea las aceras de las calles y plazas, con las manos en los bolsillos, fumando un suculento habano, en busca de noticias o de especulaciones en grande. Y luego, tan presto se da con el obrero sucio y fatigado, sudando y riendo, alegre, alborotador y pendenciero, que tira de una carreta o dirige las mulas de un carro de mercancías, como se encuentra un enjambre de «grisetas» advenedizas, corredoras de aventuras que vienen del interior a buscar el rico botín de la corrupción en los grandes puertos; o se tropieza con grupos de vivanderas que hacen una infernal algazara, mujeres flacas, morenas, de ojos ardientes, de cara angulosa y líneas fuertemente pronunciadas; vestidas con enaguas o trajes de colores vivos, pañolones rojos o amarillos, un pañuelo atado a la cabeza, en forma de turbante o suelto por detrás, medias de algodón y alpargatas o viejos zapatos de cuero tosco, y llevando cada una un enorme cesto de frutas o legumbres, o una carreta de mano, para ofrecer el artículo con gritos incesantes y chillidos agudos que penetran el cerebro. En Marsella, como en Lyon, es ya muy notable la multitud de mendigos y el hábito de mendigar importunando, que caracteriza en Europa a todas las poblaciones meridionales. Mucho se habla de los mendigos que pueblan las calles y los caminos en Italia y España, pero los viajeros ingleses y franceses se olvidan de la mendicidad en Inglaterra y Francia. En ninguna parte he visto mendigos tan horribles y repelentes como en Inglaterra; pero es justo hacer una distinción: en Inglaterra el mendigo pide sin hablar, extendiendo la mano, y guarda silencio y se retira cuando no le dan. En el norte de Francia, y en París sobre todo, el mendigo es una especie de artista harapiento: pide su limosna con organito, clarinete, flauta o acordeón, y el que pasa le da si quiere, sin necesidad de plegaria. Pero en el sur de Francia, como en Italia y España, se pide la limosna peor que con «escopeta»; es una operación en cuatro actos, a cual más terribles: embestida brusca, horrible clamoreo, sitio riguroso y persecución hasta hacer sucumbir al pasajero. Aconsejo al que viaje por el sur de Europa que lleve siempre los bolsillos llenos de monedas de cobre, y al ver que le ataca la temible falange, que arroje al suelo una puñada y eche a correr, sin parar hasta la primera casa donde sea posible poner puerta de por medio. El 29 de marzo pasaba yo por delante de los tres fuertes de la «Cuarentena», que dominan la entrada de la rada, a bordo del vapor «Madrid», con dirección a Barcelona, como punto de partida en mi peregrinación por la península española. El mar estaba agitadísimo, y al surcar las encrespadas y menudas ondas del Mediterráneo, veía con indefinible encanto el admirable panorama de Marsella, iluminado por un Sol magnífico y encuadrado entre un cerco de montañas de una aspereza melancólica, pero de un efecto superior sobre el fondo azul del cielo. Poco a poco las formas desaparecieron, todo se convirtió en una inmensa sombra vaga y lejana, y al fin perdí de vista la estrecha faja de la costa marsellesa. La Francia quedaba atrás: iba a comenzar, al día siguiente, la hermosa tierra española, el país de mis antepasados que visitaba por primera vez. ¡Cuántos tesoros no debía encontrar como elementos complejos de contemplación deliciosa, de gratos recuerdos y de observación y estudio!

Capítulo IV. Cataluña
Orografía de España. El puerto da Barcelona. Condiciones sociales de Cataluña. Rasgos notables. Los catalanes. Centros manufactureros. Barcelona. Tarragona y Reus. Un tipo inglés

Las cuatro cadenas de montañas paralelas que cortan el interior del territorio español, de oriente a poniente, formando cuatro grandes hoyas bien determinadas, no son en realidad otra cosa que una sucesión de ramificaciones, admirablemente ligadas entre sí por curvas transversales, que se desprenden de la grandiosa cordillera de los Pirineos. Un cordón de cerros desnudos pero sin escarpes bruscos, se desprende en «Reinosa» de las montañas de Santander (los Pirineos), y tomando una dirección casi opuesta (al sudeste) separa a la «Vieja Castilla» del país «Vascongado» y la «Navarra»; se eleva en las cercanías de Sigüenza, después de formar una cuenca o semicírculo, y se abre allí en dos ramificaciones. La una, más colosal y rocallosa, sigue su curso hacia Portugal, y se llama la sierra de «Guadarrama», baluarte que separa las dos Castillas. La otra, suave y casi imperceptible al principio, sigue al este, forma otra curva, que separa al «Aragón» de la «Nueva Castilla», se reorganiza en la sierra de «Albarracín», y volviéndose otra vez hacia el occidente, repite su dislocación en el vértice de la provincia de «Cuenca», y continúa reproduciéndose en cadenas de montañas. En ese vértice, el sistema orográfico español, copiándose a sí mismo, lanza una alta cadena al occidente, paralela a la de Guadarrama, determinando al norte la altiplanicie inmensa de la Nueva Castilla (con el nombre de «Montes de Toledo») y al sur la hoya compuesta por la «Mancha» y la «Extremadura». La otra serranía, formando a su turno otro arco, siempre convergente hacia el poniente, y reproduciéndose en un círculo y dos ramales, determina al este la formación curiosa de Cuenca, con el valle marítimo de «Valencia», y vuelve a bifurcarse en las cercanías de «Alcaraz». De allí parte una serranía paralela a las anteriores, con el nombre de «Sierra Morena», separando las planicies manchegas y extremeñas, de la «Andalucía»; en tanto que la serranía reproductora se dirige al sur, como si buscase al África, para determinar al fin, con otro cambio brusco de dirección, la famosa «Sierra Nevada», que corta de oriente a poniente la Andalucía, creando una tremenda muralla entre su parte llana y la costa del Mediterráneo, después de haber separado en su línea transversal a la misma Andalucía del reino antiguo de «Murcia». Así, puede con razón decirse que los Pirineos, comenzando hacia la costa del golfo de Lyon, y reproduciéndose en una serie admirable de bifurcaciones, no terminan en realidad sino en la sierra de «Ronda», entre Cádiz y Marbella, después de haber surcado toda la península y determinado un vastísimo sistema de valles escalonados y centenares de ríos y riachuelos. En medio de los Pirineos propiamente dichos y las serranías de reproducción, hasta la sierra de Albarracín, se extiende un inmenso valle, regado por el Ebro y 150 afluentes, que tiene por vértice a la provincia vascongada de «Álava», al poniente, y por base la costa del Mediterráneo, en una extensión de 37 miriámetros, desde la frontera de Francia hasta tocar con el antiguo reino de Valencia. La parte superior de ese magnífico valle corresponde al país vasco y la Navarra; la parte media al antiguo reino de Aragón, y la baja o costanera (aunque tocando a las montañas) es la que se llama «Cataluña». Tal era el país por donde yo comenzaba mi excursión en España, la libre y activa Cataluña, al saludar las costas de Barcelona, el 30 de marzo de 1859, desde el puente del vapor «Madrid». Un magnífico Sol de primavera, que preludiaba los alegres esplendores del mes de abril, poblaba de encantadores reflejos las ondas del Mediterráneo que sacudían sus blancas escamas contra los peñascos y las playas de la costa, suavemente ondulosa. La faja de la tierra se extendía claramente a la vista, con un cerco de barcos pescadores desplegando al viento sus sencillas velas; y en la orilla se destacaban sucesivamente, como nidos de gaviotas, las alegres poblaciones vecinas a Barcelona, contando desde Badalona y Masnou hasta la activa Mataró y Arenys de Mar.

Al llegar casi al puerto de Barcelona sentí prolongarse en los aires un silbido agudo que me llenó de placer. Era el aliento de una locomotora, en uno de los ferrocarriles catalanes. La tierra enviaba como el mar su grito civilizador, saludando la locomotora de la estación a la que llegaba dominando las ondas. Aquel era un excelente augurio que revelaba este hecho: Cataluña es un país de actividad y civilización. Si Barcelona es una plaza fuerte o ciudad fortificada, este carácter, ya casi puramente histórico, desaparece ante las condiciones económicas que le dan su tipo especial. Plaza esencialmente fabril y comercial, es no solo el gran centro económico del vasto valle del Ebro, sino la primera ciudad mercantil de España y una de las más importantes del Mediterráneo. Barcelona es la Marsella de España. Al llegar al puerto, que es topográficamente malo, se comprende todo lo que ha influido la actividad industrial de los catalanes para darle una importancia a que la naturaleza no lo llamaba. En lo general España no ha sido inteligente en la elección de sus puertos del Mediterráneo, puesto que en vez de aprovechar sus bahías y mejores ensenadas o pequeños golfos, ha situado sus mejores plazas mercantiles, con raras excepciones, en puntos donde las flotas mercantes o de guerra no pueden encontrar el abrigo suficiente. Así, en Barcelona y Tarragona, en el Grao de Valencia y en Málaga, es el poder de la hidráulica el que ha logrado ofrecer algunas ventajas a la navegación y el comercio, creando verdaderos puertos artificiales. El viajero que llega preocupado con noticias falsas respecto de España, suponiendo que toda ella es un país uniforme en su civilización, encuentra un magnífico desengaño al llegar a Barcelona, ciudad que tiene la fisonomía de una colonia fundada por fenicios y conservada por ingleses y franceses. Todo tiene allí el tipo de lo extranjero, del cosmopolitismo y de la vida independiente de la influencia puramente española. El puerto, resultado de grandes pero incompletos trabajos hidráulicos, que avanzan hacia el mar por un lado, es una bolsa irregular, de unos 1.500 metros de desarrollo. Al entrar, se ve a la derecha la nueva y simétrica población de «Barceloneta», especie de ciudadela mercantil, que tiene en avanzada el muelle de descarga, el faro y la primera estación de ese cuartel de fiscalización egoísta que se llama «Aduana». En el fondo y hacia la izquierda están: la puerta principal, que da sobre la hermosa «plaza de Palacio», la Aduana, el palacio de las Bellas Artes y la Bolsa; y luego se destaca la colosal muralla hacia el sur, sirviendo de base a un vasto parapeto, dominado par una larga fila de casas espléndidas, elevadas, pintorescas, que tienen el aire de palacios de la clase media. Después, la curva se prolonga como queriendo cerrar el puerto, y su costa está dominada por una alta colina que sirve de asiento al fuerte de «Monjuí», centinela puesto allí por el genio de la guerra y de la desconfianza, como uña amenaza secular para el comercio, que es el genio de la paz y la prosperidad. Cataluña es un país que no puede ser descrito sino con grandes rasgos, porque es un país de carácter cosmopolita, donde los pormenores desaparecen ante el interés del conjunto. Si al penetrar con el lector en las demás provincias españolas me detendré mucho en pormenores, porque ellos son todo en la región goda, andaluza y vascongada, al indicar mis impresiones recogidas en Cataluña tengo que reducirme a la fisonomía general del país, que revela todas las condiciones Cataluña, comprendida entre los Pirineos, el Aragón, la provincia de Castellón y el Mediterráneo, ocupa una décima quinta parte del territorio español y tiene una población total de 1.700.000 almas, es decir, la novena parte de la población española en Europa. Esa desproporción nomás indica el mayor grado de actividad de Cataluña, por una más fuerte condensación de habitantes, lo que determina un mayor cultivo de la tierra y más industria, comercio y cultura social. La sola ciudad de Barcelona tiene 190.000, si no 200.000 habitantes, y se cuentan en Cataluña otras ciudades bien considerables, como Reus, Tarragona y Lérida, y algunas que no bajan de 14.000 almas; pero en lo general la población catalana está repartida en los campos y una multitud de pequeños centros fabriles muy interesantes. La propiedad territorial, por otra parte, está muy repartida; la navegación absorbe la actividad de una fuerte parte de la población, naturalmente independiente; y siendo tan esencialmente fabricante el país, sus masas de obreros en las poblaciones son de mucha consideración. Todos estos hechos son de la mayor importancia para poder apreciar las condiciones sociales de Cataluña. La naturaleza, como en todas partes, ha determinado todos los fenómenos característicos del país catalán. Un territorio fértil, de clima muy sano y en su mayor parte llano, se extiende allí, surcado por un río bastante considerable (el Ebro) y otros muchos no navegables pero excelentes para la irrigación de los campos y la propulsión de las fábricas. En todas direcciones, menos al oriente, ese rico país se encuentra rodeado por montañas que lo incomunican más o menos con el resto de España (excepto Aragón) y con Francia. La naturaleza, pues, invitaba a los catalanes a buscar la costa marítima para ponerse en relación con el mundo. Teniendo a la mano los puertos, los catalanes hallaban la más vasta vía para su expansión social o sus cambios. Su rico suelo los ha hecho agricultores; sus montañas, como barreras de defensa, los han hecho indomables y altivos; la igualdad del terreno les ha permitido las más fáciles comunicaciones, y la extensa línea de costa con numerosos puertos los ha convidado a la fabricación y la actividad del comercio. Al mismo tiempo, esa posición geográfica les preparaba sus condiciones etnológicas. Teniendo por vecina a Francia, en frente a Italia y a su disposición todo el Mediterráneo, sus costas han estado abiertas a todas las invasiones. Primero les dieron una forma los fenicios, después los cartagineses. Más tarde los romanos les imprimieron su sello, dominando en Cataluña más que en ninguna otra comarca de la Iberia. Por último, las invasiones sucesivas de galos y francos, y la dominación que en diversas épocas han ejercido allí, después de los Godos, los sarracenos, los franceses, los aragoneses, los napolitanos y aún los ingleses, han trastornado de tal manera el tipo primitivo, que al cabo Cataluña, como el reflejo de las más diversas razas, ha quedado en una situación peculiar de fusión y de poligenésis. Tal es su tipo esencial, que se revela en las costumbres, la lengua, la raza, la industria y aún las instituciones locales. Donde quiera, en Cataluña, la raza tiene en su tipo, su lengua y sus hábitos las cualidades y los defectos de toda sociedad mezclada, pronunciándose con rara energía. La mujer tiene allí formas varoniles, careciendo en lo general de esa suavidad, esa morbidez y gentileza que acompañan donde quiera, en mayor o menor grado, al ser femenino. Las hermosuras que allí se encuentran son altivas y de una expresión rígida y resuelta.

El hombre tiene por lo común la tez morena, el ojo vivo y penetrante, las facciones angulosas, las líneas fuertemente marcadas, el cabello negro, laso y abundante, la voz ruidosa y libre. Las organizaciones tienen el sello de la fuerza y del trabajo: robustas y vigorosas, pero sin elegancia ni pulimento. Es que en aquella sociedad la conciencia de lo «útil» ha predominado sobre las nociones del espiritualismo y del arte. La lengua, como la raza y la historia, es un compuesto. Y digo la «lengua», porque el catalán no es un dialecto, sino un idioma completo, que tiene su gramática propia y su literatura. Al escuchar atentamente una conversación animada en catalán, se cree asistir a un diálogo de hombres de todas las naciones. Tan presto se percibe la dulcísima palabra italiana, como la voz francesa, fuertemente acentuada y convertida en un sonido áspero; ya se siente el eco lleno y sonoro de la palabra española, ampulosa por su abundancia de vocales, como la acentuación aguda y el esfuerzo gutural de la «j» que distinguen a la poética lengua de los árabes. Así, el catalán es simultáneamente fenicio, italiano, godo, árabe y francés; pero en su tipo predominan los elementos italiano y francés. Y en efecto, el catalán, cosmopolita y negociante por excelencia, tiene en alto grado la ardentía impresionable del italiano, así como la chispa burlona y el espíritu especulador del francés. Los rasgos más característicos del catalán, que tiene bellísimas cualidades, son: la franqueza sin petulancia, la independencia, la severidad en el cumplimiento de un compromiso, y el sentimiento íntimo de la igualdad y la personalidad. Si un catalán os necesita, llega al círculo en que os halláis, se mezcla sin ceremonia, os dice lo que le interesa, y se retira sin hacerle cumplidos a nadie. Y no por eso es grosero o descortés, pues cuando no se trata de negocios se muestra cordial, expansivo y locuaz. Si vais a su casa, le hallareis hospitalario, generoso y fino, con tal que lo merezcáis.

Con excepción de los asuntos que exigen absolutamente escritura para su validez, el catalán hace sus negocios de palabra, y un asentimiento cualquiera vale más que el mejor documento. Varias veces vi en la Bolsa hacerse muy fuertes transacciones, sin la intervención de agentes de cambio y sin buscar testigos exprofeso. Un día que recorría yo, como observador, el vasto salón de la Bolsa de Barcelona, en el palacio de las Artes, me detuve delante de dos fuertes especuladores que hablaban así:

—¿Tiene usted renta del tres?

—Tengo unos 30.000 duros. ¿A cómo?

—Al precio cotizado ayer.
—¿Rebajaría usted 10 céntimos?
—Si no es a plazo sí.
—¿Podría usted conseguirme 10.000 duros más?
—Sí.
-¿Otros 5.000?
—Sí.
—«Dicho.»

Los dos negociantes, sin más conversación, se separaron, después de apretarse la mano. Al día siguiente supe, porque el asunto me había interesado mucho, que el negociante interrogado había ido, a las diez de la mañana, a casa del otro a entregarle 45.000 duros en renta del «tres», y recibir el dinero en billetes de banco. El vendedor había perdido 1.000 duros para poder conseguir los 15.000 prometidos de más que no tenía en caja. Sin eso, habría quedado deshonrado y perdido ante el comercio de Barcelona. La sola palabra «dicho», pronunciada después de una conversación clara, cierra un contrato y lo hace obligatorio. Si un negociante que acaba de hacer un cobro se apercibe antes de las veinticuatro horas de que ha recibido algo de menos, por equivocación, va donde el pagador, reclama, y sin más prueba que su palabra (si es hombre conocido), recibe el déficit. Como todo se puede verificar luego, no se piensa jamás que un negociante conocido pueda faltar a la verdad ni cometer un fraude. Un pueblo donde la palabra tiene tan alto valor, es evidentemente un pueblo honrado y activo.

El aislamiento relativo en que los catalanes habían vivido respecto de los españoles, ha creado allí un pueblo distinto del ibero en todas sus condiciones y especialísimo. Cataluña no se parece sino a Cataluña. El espíritu de independencia, desarrollado por los hábitos marítimos y comerciales, ha hecho calificar a los catalanes de revoltosos e ingobernables, y especialmente a su población montañesa de «terrible». Eso es un error. Los verdaderos intratables son los que han querido oprimir a los catalanes y privarles de sus libertades tradicionales, su lengua, sus costumbres y prosperidad. El montañés de Cataluña, el valeroso habitante de «Puigcerdá», no es el hombre feroz que se supone. Si se le deja en paz es excelente, laborioso y muy accesible; pero si se le ataca, es implacable en la guerra y no da tregua hasta que país queda libre de enemigos. El guerrillero catalán fue el más tremendo enemigo de Napoleón, y será en todo tiempo una garantía para la independencia española. Tan cierto es que los catalanes son opuestos a la guerra y tienen un profundo espíritu de progreso, que siempre han solicitado la demolición de las fortificaciones, a fin de poder ensanchar sus ciudades, confiando su defensa a los intereses más bien que a los cañones de las gruesas murallas. Apenas acaba de autorizarse la demolición de una parte de esas fortificaciones, y ya las ciudades de Barcelona y Tarragona crecen y se mejoran y regeneran como por encanto. Dentro de pocos años Barcelona será una vasta y hermosa capital de 350.000 habitantes. No hay en el pueblo catalán un sentimiento más hondamente arraigado que el de la igualdad y la personalidad. Esto procede del amor al trabajo y el respeto que allí se tiene por la industria. La muestra de su tienda o su taller es un verdadero blasón para el artesano o el tratante. El hombre más noble en Cataluña, es el que trabaja con más tesón, inteligencia y probidad. Allí no hay más aristocracia que la del trabajo; y como todos trabajan, todos se tienen por iguales y se tratan con una sencillez que permite la fusión de todas las clases sociales. Si el catalán es esencialmente independiente y liberal, el artesano es más. Un pobre tendero se cree soberano en su tienda, como el banquero en su escritorio y el batelero en su lancha. De ahí viene cierta dignidad altiva sin grosería, cierta conciencia de su personalidad, que impulsa al catalán a todos los géneros de trabajo imaginables y puros, pero que le hace absolutamente incapaz de degradarse en ocupaciones innobles, como la del rufián o el trapacero. Allí todo el mundo está ocupado en producir algo. Si el batelero es por lo común áspero y soez, como en todas partes, el artesano es atento y el campesino afectuoso. Al llegar a Barcelona se siente una penosísima impresión, causada por los muchos mendigos que rodean y atormentan al extranjero. La mendicidad me pareció muy extraña en una ciudad tan activa y opulenta. En breve supe que allí hay excelentes institutos de caridad para recoger a los mendigos, cuidarles y darles trabajo. Pero esos mendigos no son de Barcelona: vienen desde lejanas poblaciones del interior a explotar a los extranjeros; pero huyen y se esconden cada vez que se les quiere recoger, para reaparecer luego en bandas errantes. Los mendigos son en España el rastro viviente que han dejado los conventos y las instituciones viciosas. Los catalanes tienen dos cualidades muy fecundas para la industria y el progreso moral: un alto espíritu de asociación, y el puntillo de la imitación de todo lo bueno, para no quedarse atrás. Todas las grandes cosas, como las más pasajeras, se hacen en Cataluña a virtud de la asociación. Las empresas de navegación, de alumbrado y de diligencias, los ferrocarriles, los bancos, las grandes fábricas, los institutos numerosos de crédito, los teatros, los casinos, los cafés y hasta los bailes y fiestas, proceden de asociaciones voluntarias, sin ninguna injerencia ni garantía de la autoridad. De ese espíritu de sociabilidad resultan muy buenos efectos. Todo el mundo se interesa en las empresas, todo anda bien y aprisa, nada decae, y los monumentos de recreo, como los teatros, casinos, etc., están siempre en auge, aunque muchas veces sin producir utilidades. Como todos son accionistas en los teatros, todos concurren, y Barcelona tiene siempre excelentes artistas. Los pueblos catalanes son los primeros de España que han establecido el alumbrado de gas, ferrocarriles, compañías de crédito y aseguros, irrigaciones inteligentes y cuantas cosas distinguen la civilización avanzada de Inglaterra y Francia. Todo progreso tiene inmediata acogida entre los catalanes; y, lo que es más notable aun, sus progresos o sus obras son el resultado de sus propios esfuerzos y recursos. Sus ferrocarriles (que son ya numerosos) son «catalanes» casi en la absoluta acepción de la palabra. En Cataluña hasta los pueblos de tres mil habitantes tienen su alumbrado de gas, y el vapor ruge en todas partes como el motor de los grandes trabajos de fabricación. Aparte de sus carreteras excelentes, sus ferrocarriles, sus muchas líneas de diligencias y sus centenares de buques de vela, los catalanes tienen un buen servicio de vapores para la navegación internacional y costanera. Por eso sus puertos están siempre llenos de buques que alimentan poderosamente la actividad del país. El país catalán es sumamente agrícola, haciendo fuertes exportaciones en vinos, aceites, frutas y otros muchos artículos. Es también comercial por excelencia. Pero lo que le imprime su sello más característico es la industria fabril, que asemeja la Cataluña a una comarca inglesa. No hay género de fabricación que allí no tenga acogida, siendo los más importantes los tejidos de algodón, lana, seda y lino en grande escala, y la fabricación de papel de lino. Prescindiendo de las importantes ciudades de Tarragona y Reus, de que luego hablaré, y de las de Lérida y Gerona, que no tienen carácter industrial, las poblaciones más importantes de Cataluña son fabricantes por excelencia. Después de Barcelona, cuya producción es muy fuerte y en cuyo seno se centraliza todo el movimiento, merecen especial mención las siguientes: «Mataró», puerto de mar, con una extensa fabricación variada y 17.000 almas «Manresa», con 15.300 «Sabadell», con 14.000 y una fabricación muy fuerte y avanzada «Vich», con 14.000, importante también como centro agrícola «Badalona», puerto vecino de Barcelona, con 10.500 almas «San Andrés de Palomar», con 10.000 habitantes «Tarrasa», con 9.000, famosa por sus paños superiores. «Clot», con 7.000 almas «Arenys de Mar», con 5.000, notable también por sus tres excelentes astilleros Cataluña, por la naturaleza de sus producciones, tiene activas relaciones con todos los mercados del mundo. Aunque comienza a explotar activamente sus turberas y minas de carbón, recibe de Inglaterra una enorme suma de valores en hulla, para alimentar sus fábricas, ferrocarriles y vapores. Los aceites catalanes van a ser purificados en Francia, o al consumo general del mundo, como sus populares y baratos vinos. Sus tejidos abastecen no solo al país, sino a algunos pueblos del Nuevo Mundo, a donde va también su papel florete tan estimado por los abogados y notarios y los gobiernos que adoran el papel sellado. El Nuevo Mundo le envía a Cataluña sus algodones; Italia, Valencia y otros países sus sedas, cáñamos, etc. El catalán, aunque ama su país, es esencialmente viajero. No hay un país civilizado, en ambos continentes, donde no se vea la tienda del laborioso catalán, repleta de los más variados artículos españoles. El habitante de Cataluña considera su país como una nación. Jamás dice: «soy español», sino: «soy catalán». Si las clases mejor educadas de la sociedad hablan bien el español, cuando les es preciso, la multitud lo conoce mal, y en muchos pueblos lo ignora absolutamente y habla solo el catalán, idioma que abunda en consonantes fuertes y sobre todo en sonidos agudos. Tal es Cataluña, según he podido comprenderla con un rapidísimo estudio. Si mis impresiones son equivocadas, al menos tienen la cualidad de ser sinceras.

La interesante y bella Barcelona está dividida en sus dos partes, antigua y moderna, por su espléndida calle de la «Rambla» (que es también un paseo), donde se encuentran los dos grandes teatros, algunos suntuosos casinos, los mejores hoteles y cafés y los despachos de muchas diligencias diarias. Al norte está la ciudad antigua, aunque muy embellecida y renovada; al sur la nueva, con su hermoso paseo del «Prado». En los términos de la ciudad están: de un lado, cerca de Barceloneta, la magnífica «plaza de Toros» (monumento indispensable en toda ciudad española), y entre ella y la ciudad dos de las estaciones de ferrocarriles. Del otro lado, al poniente, hacia la llanura, parten los otros dos ferrocarriles Barcelona, pues, está ligada a los pueblos interiores y de la costa por cuatro ferrocarriles, y no muy tarde habrá terminado los que conducen a Madrid, por Lérida y Zaragoza, a Valencia o el sur, por Tarragona, y a Francia, por Gerona Barcelona es interesante bajo todos aspectos, porque ha querido conciliar la actividad económica con los goces refinados de la civilización. Hablaré primero de los monumentos que visité rápidamente, y luego de los rasgos de costumbres que pude percibir Barcelona es una ciudad antiquísima, en cuyos monumentos han dejado sus huellas, más o menos marcadas, las dominaciones diferentes. Sobre todo, el arte romano y el gótico levantaron memorias de piedra que el tiempo ha respetado. En general las casas tienen una planta sólida, elegante y levantada, y hoy se hacen innumerables construcciones muy bellas, en las cuales predomina siempre el estilo francés, realzado por lo pintoresco de los verdes o azules balconcillos del gusto español moderno. Entre los monumentos profanos se distinguen, por su forma o por la importancia de lo que contienen: el Palacio de las Artes, hermoso edificio de estilo del Renacimiento, que es al mismo tiempo Museo y Bolsa; el famoso archivo «Real», de la corona de Aragón, el más precioso de Europa en su género; la Biblioteca principal, muy considerable y bien mantenida (aparte de otras tres y varios archivos); la Aduana, edificio de grandes y bellas proporciones; y los teatros «Principal» y del «Liceo» (hay otros subalternos), que son de los mejores en España. El del Liceo es considerado como el más grande de Europa, y es de una sencillez elegante, pudiendo contener hasta 4.800 personas; pero su enormidad misma y algunos defectos de acústica lo hacen inadecuado para todo lo que no es ópera ruidosa

Barcelona tiene además hermosos paseos, algunos jardines públicos, un colegio-hospicio de sordomudos, y una multitud de establecimientos de enseñanza y beneficencia, de muy variados objetos, que le hacen alto honor a la capital de Cataluña. Como edificio histórico y curioso, es de citarse el antiguo palacio de los reyes de Aragón Merecen particular atención, entre los muchos monumentos religiosos (que no tienen gran mérito artístico), la catedral y las iglesias de San Jaime y San Miguel. La catedral, de estilo gótico del siglo XII, aunque carece de atrevimiento en sus tres naves, tiene una majestad imponente por su interior de sombría severidad. Al hallarse en medio de sus veinticuatro enormes columnas y delante de su coro de severas y ricas esculturas de madera, que se destaca en la sombra de los altos muros tristes y desnudos, se cree uno como encerrado en una catacumba con las osamentas de la edad media. Si el hermoso claustro, descubierto a la intemperie, llama con justicia la atención, lo más interesante del monumento son sus torres colosales asombrosamente suspendidas como en el aire sobre el arco gigantesco de la testera del templo. Esa construcción caprichosa en apariencia, pero que tiene su filosofía religiosa, es la más atrevida que he encontrado en toda la arquitectura gótica de España. La pequeña iglesia o capilla de «San Miguel» no es curiosa sino por su antigüedad y su tipo especial. Es una «cripta» romana, profunda en el centro, sombría como un refugio de proscritos y que está revelando la infancia del arte cristiano. Al penetrar allí no puede uno menos que evocar todos los recuerdos de los mártires del cristianismo naciente. Hay allí algo que guarda las tradiciones de la abnegación y del heroísmo resignado del creyente Para tener una idea de las costumbres catalanas, basta echarse a pasear, con el ojo alerta y el humor alegre, por la calle mercantil de «Fernando sétimo», o la ancha alameda de la «Rambla», orillada por hoteles y cafés. Una inmensa multitud circula por allí, sea matando el tiempo, sea buscando los negocios o algo que si es «negocio» no está exento de ser pecaminoso. Las francesas pululan, ligeras y provocadoras, arrastrando las anchas colas de sus trajes, y distinguiéndose perfectamente de las catalanas y españolas. Mientras que la francesa aventurera hace conocer su artificio y esconde bajo la gorra su cabeza de cabellos pobres, la española ostenta con garbo su rica mantilla, bate con maestría singular el inolvidable abanico, marcha con gracia y donaire pero sin esforzarse en la coquetería, y arrebata con su tez suavemente morena, sus grandes y negros ojos, su rica dentadura y su ampulosa cabellera recogida en un elegante peinado o en hermosas trenzas. Ella desdeña la prudente gorra, teniendo su soberbia cabeza, y la cubre apenas con un pañuelo (si es de noche) atado por debajo de la garganta no más, o con un chal de lana o algodón de colores graciosos, envuelto con mucha originalidad.

Si os fijáis en los hombres, les veréis divagar (envueltos en la inevitable capa española, algunas veces ricamente adornada) en grupos más o menos bulliciosos o siquiera por parejas, aspirando el humeante cigarrillo, con la mirada abierta, listos a la chanzoneta, la voz robusta y el andar ligero. En el teatro les veréis aplaudir con entusiasmo, aunque no siempre con criterio; en el baile, cordiales y contentos; en la mesa expansivos; en el carnaval hechos locos y muy espirituales en sus sátiras y disfraces. Donde más se revela el espíritu de asociación del catalán es en el casino o el café. El catalán no se resigna jamás al aislamiento. Por eso los cafés de Barcelona son la imagen de Babel. Centenares de hombres y señoras se amontonan allí, en grupos animadísimos, formando una alegre algazara que apaga casi los ecos del piano. En España hay la costumbre de establecer un piano en cada gran café para amenizar el pasatiempo; y todo el que va a uno de esos lugares, donde la democracia absoluta no degenera en desórdenes, pasa cuatro o cinco horas en tertulia sin dejar refrescar el asiento. El pueblo español, en su mejor sociedad, se congrega en la iglesia, la plaza de toros y el café Barcelona es residencia ordinaria de doce o catorce cónsules extranjeros, y ofrece amplias facilidades al viajero. Temiendo entregarme desde muy temprano al martirio de las diligencias, tomé pasaje en el vapor «Cataluña», que iba para Hamburgo, y me dirigí a la provincia de Tarragona. Sin haber tenido «amigos» en Barcelona, confieso que me alejé de su animado puerto con algún pesar. Aquel es un país libre, de población inteligente, activa y honrada, que me había impresionado muy agradablemente.

El Mediterráneo estaba tranquilo como un lago, y su silencio absoluto no era interrumpido sino por el estridor de la maquinaria del vapor, y los resoplidos que de tiempo en tiempo lanzaba ese dragón de hierro y de vientre inflamado que se llama «locomotiva». La Luna iluminaba las ondas deliciosamente, produciendo admirables reflejos en la limpia estela del vapor. Pero la tierra estaba velada por las nieblas de la costa, y no fue posible verla sino en el momento de entrar al siguiente día en el puerto de Tarragona. Centenares de presidiarios trabajaban allí en terminar el puerto con una gran muralla edificada entre las ondas. Al mismo tiempo entraba un bote guardacostas tripulado por dieciséis conscriptos de las «quintas» de marina. Así, la casualidad me presentaba en contraste dos clases de presidiarios: los unos, condenados por la justicia social, como «criminales»; los otros, condenados por la «suerte» a servir en la marina, por el solo hecho de ser «españoles». ¡Qué sarcasmo legal! Puesto que el mundo tiene presidios todavía, pasemos adelante. Una pintoresca llanura con suaves ondulaciones, primorosamente cultivada, sembrada de pequeñas y alegres poblaciones, y de una melancolía deliciosa, se extiende por el espacio de 30 kilómetros entre la costa del Mediterráneo y un cordón de bajos y redondos cerros que arrancan desde Teruel para seguir paralelos al mar hacia el norte de Cataluña. Tarragona, situada en una eminencia de la costa a 760 pies sobre el nivel del mar, y Reus, que reposa en la llanura, son las principales ciudades de esa provincia catalana. El origen de Tarragona es antiquísimo, y tanto que remonta a la dominación fenicia. Según la tradición, el inolvidable Poncio Pilato nació allí (así como el emperador Trajano), y fue gobernador o procónsul de la ciudad en tiempos en que ella tenía la friolera de millón y medio de habitantes. Hoy no cuenta sino 22.000, pero va en rápida resurrección, a virtud del ferrocarril que la enlaza a Reus y de la demolición de una gran parte de sus fortificaciones. Si el guarismo de la antigua población es exagerado, al menos las vastas ruinas que la rodean y los monumentos romanos que se conservan hasta una legua de distancia, revelan que la antigua ciudad, establecida sobre las márgenes del río Francolí, e incendiada en distintas épocas, fue muy considerable y de grande importancia. La pobre ciudad de hoy ha vegetado por siglos encerrada en su cárcel de piedra (sus fortificaciones), esa tortura secular que el genio de la guerra ha impuesto a los pueblos fronterizos. Por mucho tiempo Tarragona, trepada en su colina y divorciada del puerto por las murallas que la estrangulaban, no ha sido sino un apacible nido de canónigos, gorjeando en su catedral gótica, en medio de inscripciones, lápidas y escombros Tarragona, en efecto, es un cementerio de las razas y civilizaciones diferentes y sucesivas. Por cada calle que se recorre, el pie tropieza con algo que parece ser un pedazo del cadáver colosal de Roma. Donde quiera se ve alguna inscripción romana, bizantina o gótica, grabada en alguna lápida que un albañil iliterato ajustó de lado o a la inversa en el muro remendado de alguna casa de menguado aspecto. Entre las baldosas de las calles, en los portales, las escaleras, los patios y los corredores de las casas, se ven en increíble abundancia o losas de leyenda confusa, o bustos deteriorados y truncos, o columnas dislocadas y de formas diversas. Aquella ciudad es en gran parte una ruina formada con escombros antiquísimos, que el tiempo había dispersado en la falda y al pie de la colina. A una legua de distancia se ven todavía dos monumentos incompletos y en ruina: la «Torre de los Escipiones», de carácter sepulcral, conservando apenas una elevación de 30 pies, y el llamado «puente de las Ferreras», admirable acueducto que ligaba dos altas colinas para conducir las aguas potables a Tarragona. Todo el terreno circunvecino está cuajado de escombros, y cada vez que el arado pasa por allí arranca de entre la tierra algún músculo marmóreo de esa civilización romana inhumada por los siglos allí. La mención de esas ruinas me hace recordar una anécdota de viaje. No resisto a la tentación de contarla, porque ella manifiesta uno de los rasgos característicos del pueblo inglés, tan prosaico y excéntrico al mismo tiempo. Pocas horas antes de embarcarme en Marsella, llegó al hotel donde yo estaba un caballero inglés muy seriote, de porte distinguido y con toda la filiación de un «turista» o aficionado a viajes. Sentóse a la mesa, y habiendo oído decir que un vapor iba a partir para Barcelona, desapareció pocos momentos después. Cuando fui a bordo, al instalarme en un camarote, encontré al parsimonioso insular establecido en la tarima superior, tocándome la de abajo. Quise saludarle, a fuer de compañero de habitación, pero no se dignó mirarme sino con la esquina de un ojo. El insular, como todos sus compatriotas que viajan, tenía vieja amistad con el mar, y el puente del vapor le gustaba de preferencia. Yo, entretanto, leía o dormía en el camarote, una vez que se perdió de vista la costa de Marsella. Al día siguiente oí desde mi alcoba, en el hotel de las «Cuatro naciones», en Barcelona, que en la pieza contigua silbaba alguno el himno británico «God save the queen». Era el inglés consabido, instalado a quema ropa, al sentarme a la mesa, según mi número, el inglés quedó a mi derecha, mano a mano; pero no me miró tampoco. Durante muchos días yo rabiaba por entablar conversación, olvidando que si yo era expansivo a fuer de colombiano-español, mi vecino era de la raza taciturna y ceremoniosa de «John Bull». Todo lo que pude arrancarle, al cabo de cinco días, fue un «thank you, sir», sordamente pronunciado, por haberle acercado un plato de naranjas. Un día desapareció mi insular. Confieso que me hizo falta ese compañero mudo, que me picaba la curiosidad por su reserva. Por la noche subí a bordo del vapor «Cataluña». Al irme a acostar, hallé en la tarima superior de mi camarote un bulto con barbas rojas y cabellera crespa y rubia, que roncaba con la franqueza de un ciudadano libre. ¡Era mi inglés!... Pero aquello era ya un progreso: el hombre renunciaba a su silencio absoluto, puesto que roncaba. Al día siguiente, cuando me vio salir de debajo de su tarima, el insular se sonrió, mirándome con una mezcla de recelo y curiosidad. Sin duda hacia la observación de que si él era mi sombra de viaje yo era también la suya. Le saludé, y apenas hizo el sacrificio de inclinar la cabeza. Después nos tuvimos que sentar juntos a la mesa a fuer de vecinos. Cuando el vapor hizo escala en Tarragona, por veinticuatro horas, para tomar carga, salté a tierra y fui a recorrer la ciudad y los alderredores. Tres horas después, cuando contemplaba las ruinas de que he hablado, vi al pie de un árbol un hombre que tenía en la mano una cartera de dibujo... Era mi inglés, que tomaba el diseño de unas ruinas confundidas con un grupo de árboles, cerca del río Francolí. Volví a bordo y me puse a escribir unos versos para mi esposa. Después llegó el insular, se instaló en el extremo opuesto del salón y se puso a escribir también, interrumpiendo de tiempo en tiempo su tarea para meditar. Tentóme la curiosidad y pasé por detrás para ver lo que hacía. Eran líneas cortas e iguales, comenzadas con mayúsculas: «John Bull» rimaba también... Tantas coincidencias me desesperaban: aquel hombro mudo era, pues, mi sombra, y esto que el silencio no entra en mis hábitos de vida. En el Grao de Valencia, al día siguiente, el inglés desembarcó en una lancha y yo en otra. Entonces respiré como un hombre que despierta y se libra de una pesadilla. «Heme aquí emancipado!» me dije, y tomé el camino de Valencia. Poco después almorzaba yo en un vasto salón del hotel o fonda del «Cid», uno de los muchos que hay en Valencia. ¡De pronto volví la vista hacia un extremo del salón: el inglés, el interminable inglés estaba allí, en otro rincón, almorzando!... Me vio, me hizo un saludo, como diciendo: «¡Diantre! usted por aquí otra vez!» y ambos soltamos una ruidosa carcajada que causó extrañeza a los que no estaban en el secreto. Tales fueron «mis relaciones» con aquel honorable insular, inseparable compañero. En Valencia le perdí definitivamente de vista; y sin embargo, ahora que escribo estas líneas, en París, temo que de repente asome la cabeza por la ventana de mi gabinete para decirme, por un exceso de cordialidad y confianza: «Good morning, sir». Yo habría podido viajar durante veinte años junto con mi inglés, y es seguro que, en tanto que no le hubiese sido «presentado», jamás hubiera entrado en conversación conmigo, no obstante que, como pude observarlo, nos teníamos recíproca simpatía. Volvamos a Tarragona, y perdone el lector la digresión. La catedral de Tarragona, una de las más antiguas de España, es gótica y corresponde al estilo del siglo X. Aunque no carece de mérito, no llama mucho la atención sino por una curiosidad de arte que es única en España: es una inmensa alfombra gobelina, de una sola pieza, que cubre todo el pavimento del templo, en los grandes días. Ese magnífico tapiz contiene toda la historia sagrada, en cuadros admirablemente bordados de trecho en trecho. Los demás monumentos de la ciudad son insignificantes. Como he dicho, Tarragona estaba divorciada de su puerto. Pero apenas se ha permitido la demolición de las fortificaciones ruinosas que se interponían, y la ciudad se ha regenerado como por encanto. Sus dos partes están ya unidas por hermosas calles, y todo anuncia allí la resurrección y el progreso. La opulenta llanura que termina en Tarragona, entrecortada por suaves y bellas colinas, produce grandes valores en vinos, aceite, olivas, algarrobas, cáñamo, etc., que salen por los puertos de Tarragona y Salou. Tengo entendido que los habitantes de la ciudad se glorían más de producir mucho vino y aceite, que del honor que le cupo a Tarragona de ser en tiempos más ortodoxos el asiento de más de cien concilios. Un excelente ferrocarril de 13 kilómetros de trayecto, construido por una compañía francesa, y acaso el más lujoso de España, liga a Tarragona con Reus, pasando por el pueblo de Vilaseca. Tomé el tren, aprovechando la facilidad, y en veinte minutos llegué a Reus, encantado con la contemplación de aquella hermosa campiña. Por todos lados veía asomar a la vuelta de alguna colina, o desaparecer de pronto como una vista de cosmorama, alguno de esos pueblos, graciosos por su conjunto campestre y sus pormenores, que salpican la campaña. Constaty, Marricart, Moster, Salos, La Selva, Castellvertt y los demás pueblos de esa comarca, hacen un contraste primoroso, por sus casas pintorescas y sus campanarios, con la melancólica hermosura de esos campos cubiertos de olivos y algarrobos, cuyo color gris y pálida verdura dominan en las sinuosidades del terreno, ocultando las alegres cepas de viñedos Reus, aunque centro agrícola, es una ciudad esencialmente fabril. Su población no baja de 32.000 almas, y su actividad industrial es muy notable. Aunque en su conjunto no es una bonita ciudad, tiene muchas casas elegantes y nuevas, un bello teatro, y entre sus pocos monumentos la iglesia gótica de San Pedro, digna de atención. Reus tiene todo el tipo de una ciudad catalana, por sus progresos en la vida social, sus muchas fábricas servidas por el vapor, y sus comodidades. Los tejidos de algodón y seda, la peletería y la fabricación de pipas, así como las cosechas de trigo, aceite y vinos, constituyen su principal riqueza. Las chimeneas del vapor «Cataluña» lanzaban sus remolinos de humo que la brisa de la tarde dispersaba. Volví a bordo y seguí el rumbo hacia el puerto de Valencia. Después de visitar la Cataluña, iba a penetrar en la España morisca, de tipo enteramente distinto. España no es un pueblo: es un conjunto de pueblos o restos de naciones aglomeradas.

Capítulo V. Valencia y su valle
Una aduana española. Del Grao a Valencia. Estructura y panorama de la ciudad. Un juicio de aguas. Tipos sociales y costumbres
Al acercarse el vapor al seno del vasto golfo de Valencia, pude ver destacarse a lo lejos, confusa pero pintoresca en su llanura, la ciudad de Castellón de la Plana, situada a corta distancia de la costa. Casi oculto el caserío entre la vegetación de las cercanías, no se distingue sino como una sombra vaga; pero se reconoce dónde está situado. Después se penetra al seno del golfo, en el puerto del Grao; detestable de suyo, pero artificialmente mejorado en lo posible. Llegó el momento de tocar con la aduana y los carabineros, esos cuervos marinos del comercio. Honrado por inclinación y

educación y extraño a todo contrabando, me irritaba en el primer momento, a cada nuevo registro, como si por mi sola figura pudiera estar exento de inquisiciones aduaneras. Los compañeros me decían: «Haga usted como nosotros y no le incomodarán con el registro». Y las «pesetas» se deslizaban de las manos de los viajeros a las de los guardas y carabineros, con presteza y disimulo, dando por resultado infalible el paso de los baúles y maletas sin registro. Detesto con toda mi alma las aduanas; pero detesto mucho más la corrupción. Así, incapaz de incitar a ninguno a que faltase al cumplimiento de su deber, me resigné a dejarme registrar mis efectos tres veces entre el Grao y Valencia (¡6 kilómetros!). Los guardas me miraban con curiosidad, vacilando en abrir, como si pensaran en decirme: «No sea usted tonto; suelte unas pesetas al descuido, y adelante». España es el país de los trabajos y las formalidades inútiles, con el solo objeto de darle ocupación a la autoridad y de hacer reglamentos que no se cumplen. De ahí resulta que España es el país clásico del contrabando. El sueldo eventual que los viajeros le pagan a cada guarda es siempre superior al que le da el gobierno. Por tanto, el guarda es el mejor y más seguro agente del contrabando. Como la autoridad, con sus trabas inútiles, está en lucha permanente con el individuo, todo el mundo tiene la convicción de que es justo burlarse de la ley. Y como el guarda sería un mártir si cumpliese todo su deber, se limita a las apariencias, y tiene interés en dejarse corromper. No he visto un país donde haya, comparativamente, tantos empleados como en España. Allí, al contrario de un trivial axioma de administración, se profesa el principio de tener «muchos empleados, y mal pagados». La empleomanía es una enfermedad endémica; pero la corrupción oficial que la acompaña es un cáncer. Así se explican la corrupción general de los partidos y el desgobierno en que vive el país de más reglamentos y de más empleados. Es que el «gobierno» no es la obra de los gobernantes, sino de las instituciones y los pueblos. Más adelante tendré ocasión de hacer ciertas observaciones importantes de este género, pues Madrid, Málaga, Cádiz y Santander me suministraron la ocasión, como Valencia. El pequeño trayecto del Grao (población puramente marítima, de 2.800 almas y de regular movimiento) a la ciudad de Valencia, reina de la suntuosa «Huerta», se atraviesa de dos modos: o en «tartana», por la vía carretera, gastando tres cuartos de hora; o en ferrocarril, en seis u ocho minutos. Preferí la primera vía, por gozar de los encantos del paisaje, porque ver una comarca en ferrocarril es como tomarse un manjar a grandes bocados: ni se le toma el sabor, ni se mastica y digiere. El camino del Grao a Valencia es una espléndida calle, cuyo pavimento es la arena, cuyo cuadro es una primorosa campiña, y cuyos edificios son cuatro inmensas hileras de álamos y chopos gigantescos; de pompa secular, que enlazando sus ramas de un lado a otra forman una bóveda moviente de 5 a 6 kilómetros. A los lados se destacan graciosas casas campestres en gran número, cubiertas de paja, pulcramente blanqueadas y rodeadas de jardines y huertos perfumados. Detrás agitan sus copas de un verde oscuro las moreras, salpican el campo los simétricos viñedos, y ondean como lagos de verdura los entables de trigos, dominados a veces por las flotantes espigas y las rubias cabelleras de las cañas de maíz. Aquel paisaje es de suyo primoroso; pero cuando se le ve viniendo uno de surcar las soledades del mar, su encanto es indefinible. El corazón late y respira como si sintiese una resurrección. Es que en el mar el corazón enmudece y el espíritu trabaja solo; mientras que en la tierra el sentimiento recupera su imperio. No hay una ciudad que revele tanto como Valencia la lucha de siete siglos en que estuvieron tenazmente empeñadas dos razas y dos civilizaciones abiertamente opuestas. Todo indica allí la imposibilidad anterior de la fusión, y la existencia de una sociedad engendrada entre sangre y odios por el árabe conquistador en el seno de la goda vencida, y luego trastornada por la reacción de los conquistados sobre los conquistadores. La raza, la lengua, la arquitectura, las costumbres y la industria, son una «mezcla», no un «amalgama» de formas heterogéneas, conservando cada cosa su tipo característico. La vieja España y la Arabia moruna viven allí conjuntamente, codeándose, entrechocándose, y rara vez armonizando en realidad. Tal parece como si la guerra de los moros no hubiera terminado en Granada, sino que continúa en Valencia. Veamos el conjunto de Valencia y su valle, y después diremos algo sobre los pormenores. La renombrada Valencia, perla conquistada por el Cid campeador, cuya Huerta fue llamada por el historiador Mariana «los Campos Elíseos», está dividida por el río Turia (reducido en el verano a «cauce»), y tiene a su derredor muchos arrabales, así como vastas pero ya inútiles fortificaciones. La población interior alcanza a 66.000 habitantes, pero la total es de más de 106.000. Aparte de su importante y muy valiosa producción agrícola, de que luego hablaré, y de algunos trabajos de arte, se distingue por su fabricación de sederías y sus tejidos de lana muy graciosos, tales como las moriscas «mantas» de colores, que reemplazan la capa o hacen el papel de la «ruana», o «poncho» o «sarape» de Colombia. Valencia tiene numerosos y regulares institutos de instrucción y beneficencia, que la hacen interesante, y cuenta muchos monumentos en cuyo interior hay verdaderas preciosidades artísticas. Notablemente se distinguen en esto la catedral y la iglesia de los «Desamparados» únicos templos que pude visitar. Para tener una idea exacta de Valencia, ciudad de la más extraña fisonomía, es necesario subir hasta la altísima plataforma de la octógona torre de la catedral, edificio, singular, independiente del templo y que arranca desde el exterior del muro de la fachada, sobre la plazuela misma. El templo es sin duda interesante en su interior, por algunos detalles artísticos muy bellos, y sobre todo por su asombrosa profusión de mármoles que cubren los muros. Pero el conjunto carece de gusto. Es un templo remendado, construido en el sitio de la gran mezquita, con una mezcla informe de obras góticas en la forma general y complementos del Renacimiento, como la cúpula; donde se ven las ojivas góticas mano a mano con las molduras y los dorados de orden «compuesto», clamando a Dios unas y otros contra los incongruentes arquitectos. El templo es además muy sombrío, de modo que sus adornos interiores pierden por falta de luz gran parte de su valor. Súbese a la plataforma de la pesada torre por 206 gradas de piedra en espiral, y al hallarse en la altura se experimenta de repente una sensación indefinible. La hermosura del paisaje que de allí se contempla sobrepuja a toda ponderación, y el que por primera vez (como me sucedía) ve una ciudad como esa, tan esencialmente morisca en sus formas, encuentra poderosamente excitada su curiosidad de viajero. El espectáculo era simultáneamente grandioso, poético y repugnante. Al tender la vista sobre la ciudad, en derredor, veía el país morisco; y abarcando todo el horizonte, la magnificencia del suelo español y las huellas de una lucha secular de civilizaciones distintas. En el centro de la ciudad lo «pasado», la historia; al derredor la época moderna. En efecto, la parte central es la morisca. Calles tortuosas, estrechísimas y en laberinto inescrutable, sucias y con detestable pavimento; casas de una irregularidad absoluta, monstruosas, negras, desmanteladas muchas, semejando verdaderos palomares, agrupadas a la ventura y como encaramadas unas sobre otras. Y todo ese conjunto informe, semejante a un inmenso montón de peñascos despedazados, dominado por algunas cúpulas moriscas, por una infinidad de azoteas y miradores irregulares, enclavados sobre hileras de ventanillas y troneras y de lienzos de muros dentellados. Al derredor de lo que fue la Valencia moruna está la Valencia española y los arrabales. Allí hay más orden en las calles; las construcciones son de arquitectura vulgar y pesada, y se ven pulular por docenas las torres de los viejos conventos de frailes y monjas. Por último, cierran el cuadro de la ciudad las alegres casas campestres, las quintas elegantes, las grandes fábricas y la estación del ferrocarril, es decir, las señales de la civilización moderna, que significa igualmente actividad y comodidad. Al extender la mirada ¡qué paisaje tan vasto y admirable se registra! Al occidente el cordón de cerros o montañas desnudas de árboles, que determinan el valle marítimo de Valencia, cerrando el horizonte a distancia de seis o siete leguas. Al oriente el Mediterráneo, azul blanquecino, tranquilo, surcado por los buques, veleros y reflejando magníficamente los resplandores de un Sol casi africano. Encima un cielo purísimo y soberbio de luz y de belleza; y en el fondo del cuadro, hacia todos los lados de Valencia, la llanura más primorosa del mundo —la opulenta y renombrada Huerta— de donde se exhalan los ricos perfumes del azahar, el jazmín y la rosa, de entre bosques interminables de naranjos o limoneros que proyectan su oscuro follaje sobre campos de espigas, de simétricas moreras y viñedos, como sobre entables de caña dulce y plantaciones de algodón. Para completar lo pintoresco del paisaje, las innumerables y graciosas casitas campestres, las infinitas acequias de irrigación (que son las joyas de la Huerta) y los muchos pueblos dispersos en la vasta llanura en situaciones pintorescas, le dan a la escena el tipo de un país eminentemente agrícola y poético. Parece imposible hallar nada tan interesante como la campiña de Valencia. Había pasado tres horas en esa muda contemplación. Al descender de la torre me aguardaba, por una singular fortuna, un espectáculo social que en cierto modo completaba el físico. La plazuela de la catedral, que es muy pequeña, estaba casi llena de gente.

Pregunté la razón de aquella pacífica aglomeración de hombres que tenían el aire de campesinos, y me dijeron que acababa de tener lugar un «juicio de aguas». La frase me picó más la curiosidad y seguí preguntando. He aquí la explicación que obtuve: Los agricultores valencianos gozan de un fuero especial que les fue concedido por uno de sus reyes católicos después de la derrota o expulsión de los moros. Ese fuero consiste en el juicio de arbitramento respecto de los litigios que se suscitan entre los agricultores por las aguas o acequias de irrigación. En una comarca tan esencialmente agrícola, el agua es el principal tesoro, y ella está distribuida con admirable precisión en los campos, mediante una vasta red de canales y compuertas que hacen ir de los ríos a todas las campiñas y plantaciones la cantidad de agua necesaria. El gran beneficio del fuero consiste en haber librado a los agricultores de las garras de los abogados y curiales y de la absurda institución del «papel sellado». Cada dos años se reúnen los agricultores de la Huerta y eligen los jueces-árbitros de su tribunal, ancianos sencillos, de experiencia en el oficio del cultivador y venerables por su honradez y su buen sentido. Cuando se suscita una disputa entre dos o más agricultores por alguna acequia, sea en cuanto a su paso, su extensión o la cantidad de agua, sea en cuanto a la oportunidad del regadío, la cuestión viene al conocimiento de uno de esos árbitros (que muchas veces no saben ni leer) y las partes son convocadas para ir al juicio en cierto día, llevando sus pruebas testimoniales. El juez, si acaso no conoce (por rareza) el terreno especial de la cuestión, va y lo examina concienzudamente. El día del juicio, el tribunal se instala bajo el pórtico de la catedral, al aire libre, como en campo raso. Cada parte relata el asunto y defiende su causa como puede, sin más abogados que su buen sentido y su justicia. Los testigos son oídos, y el rústico tribunal, apoyándose en los hechos que conoce por sí mismo y las circunstancias probadas, pronuncia un fallo que es irrevocable, que todo el mundo respeta y obedece religiosamente y que jamás se escribe. La expresión de esa justicia sumaria y amigable no tiene más archivo que la tradición, porque allí no se falla sobre «dominio» o propiedad sino sobre servidumbres y usos de simple irrigación. ¡Jamás pueblo alguno de los tiempos modernos tuvo institución más sencillamente sublime! Ella es a la vez una idea democrática, una elocuente condenación de las manías reglamentarias de los gobiernos, y una prueba de que la mejor base de la justicia humana está en el buen sentido de los hombres libres guiado por la simple noción del interés común. Los abogados y curiales detestan los «juicios de aguas», y tienen razón, según su oficio. Pero los agricultores los veneran con mucha mayor razón, y no permitirán jamás que les arrebaten ese «fuero». ¡Es cosa bien triste que todavía se llame «fuero» o «privilegio» una institución que no es sino la forma más profundamente filosófica de la justicia social! Una reflexión me ocurrió, al observar el alegre grupo de agricultores que ya se disolvía, después de un juicio que solo había durado una hora. ¿Por qué ha subsistido esta institución en Valencia, mientras que el absolutismo ha destruido casi todos los fueros más importantes en el resto de España, excepto en las provincias vascongadas? Recordé la reciente lectura que había hecho de un libro sobre las costumbres de los árabes, y tuve la explicación del fenómeno. Es que aquella población valenciana, eminentemente morisca, ha encontrado una armonía perfecta entre el arbitramento de los «juicios de aguas» y las costumbres arábigas. Allí donde falta el antagonismo, las instituciones se perpetúan respetadas religiosamente. El juez de la Huerta, ese rústico «tío» (como los llaman en España), ¿no es la verdadera continuación del «Kady» árabe, que oye y falla patriarcalmente? No hay de estable y fecundo en las sociedades, sobre todo en materia de instituciones, sino lo que está en armonía con la naturaleza humana, esencialmente razonable. En punto a justicia, siempre me atendré más al juicio del hombre rústico, de conciencia honrada y sencilla, que a la elocuencia literaria de diez Cicerones.

Valencia es el país clásico de las mujeres hermosas, tanto que allí es casi difícil encontrar una fea. En las más espléndidas calles de París, Lyon y Marsella, y de Barcelona y Madrid me han mostrado soberbias valencianas, desgraciadamente... «desgraciadas». Pero aquellas mujeres, que fascinan todas con su hermosura, no seducen el corazón jamás, no embelesan el alma. Al contrario, hay en esa hermosura no sé qué de áspero y repelente que causa miedo, que hace adivinar las pasiones terribles y la navaja oculta bajo la falda de colores vivos; que hace pensar en la vengativa italiana, lo mismo que en la mujer africana que cruza los desiertos arenales al rayo del

Sol sobre la silla de su galante jinete, o que incita a las voluptuosidades del amor oriental bajo la tienda de la caravana.

La valenciana domina con su ardiente mirada, pero intimida o amenaza. Su abundante y sedosa cabellera, recogida en trenzas o en un moño, y cubierta con un pañuelo de listas, atado en derredor de la cabeza en forma de turbante; sus ojos grandes, negros, ardientes y de mirada profunda, que hieren como la hoja del cuchillo árabe; su aire garboso y audaz; su fisonomía más que redonda, casi ovalada, cortada por líneas sumamente rígidas; la energía de su voz; lo pintoresco de su estrecho vestido, compuesto de telas fuertes de colores brillantes, bajo las cuales palpita un seno incendiado y se dibujan las formas de una organización vigorosa; todo eso hace de la valenciana (considerada la masa más numerosa) un tipo especial, que impone la atención, y que resiste a todas las influencias fusionistas de la civilización moderna. El hombre de educación gusta mucho allí de las intrigas políticas, y tiene al mismo tiempo, por una aparente contradicción, muy pronunciado el sentimiento artístico. El noble, el individuo de la clase más alta, es absolutista por excelencia. No tuve tiempo para averiguar la causa; pero establezco el hecho. Valencia es en España la verdadera fortaleza de las opiniones absolutistas. El «pueblo» —lo que en Europa llaman simplemente así, y que en las democracias llamamos el «pueblo pobre», porque todos somos pueblo—, se deja guiar fácilmente por los absolutistas, mientras que la idea democrática no se abriga sino en la clase media. Donde quiera he observado, personalmente o por lecturas, que los pueblos más ásperos y brutales en sus costumbres son los más favorables al absolutismo. El pueblo de París, esencialmente culto, ha sido siempre el salvador o por lo menos el defensor de la libertad en Francia. Los bandidos y pillos de Roma y los «lazzaroni» de Nápoles, magistrales en el manejo del puñal, han sido los mejores apoyos del despotismo en la Italia meridional. Los salteadores de Grecia hacían la guerra a la noble causa que tuvo por mártir al sublime Byron. Hay en las clases inferiores (en educación) de Valencia, una distinción que establecer. El agricultor es un rudo tipo, pero es honrado y pacífico. El obrero, el habitante de los arrabales y el ganapán de las calles y del puerto, al contrario, son ásperos en todo, de mala índole, de instintos pendencieros y brutales. Después de las seis de la tarde es muy imprudente aventurarse a recorrer solo los al derredores de Valencia; y no porque estén plagados de ladrones y asesinos, como han dicho, exagerando mucho, algunos viajeros, sino porque es muy fácil tener una pendencia con un truhán de navaja lista y humor muy «despuntado», que termine por un drama sangriento, o cuando menos por un chaparrón de garrotazos. Sobre todo, si alguna hija de Eva anda en el asunto, el galante forastero puede contar con un mal día. Con las valencianas de cierta clase se cumplen a la letra las palabras de Cervantes: «hay cosas que es mejor no meneallas», y mujeres bonitas «que es mejor no tocallas».

El valenciano de los arrabales tiene una fisonomía que parece la amalgama del árabe guerrero con el napolitano. Si en lo moral se distingue por las fuertes pasiones, el sentimiento artístico, el humor pendenciero, y el gusto por la algazara, el baile frenético, la guitarra, la canción bélico-amorosa y las alegres libaciones, en sus hábitos exteriores tiene todo lo pintoresco de los pueblos apasionados. Donde quiera le veréis o con el sombrero calañés, que es la tradición del turbante, o con un pañuelo de colores vivos atado a la cabeza por detrás cayendo sobre la nuca. Y luego el calzón estrecho hasta la rodilla, con polainas hasta los pies, y siempre calzado con la sencilla «alpargata» nacional; el cuerpo medio cubierto por la «manta», especie de capa corta o «ruana» doblada, con listas de colores vivísimos y menudas borlas; y debajo, asomando como un traidor que medio se oculta, el afilado cuchillo o navaja de resorte, de larga y aterradora cuchilla, con muelle dentellado y cabo corvo y lleno de adornos más o menos artísticos. Organización enérgica, el valenciano lo hace todo con brío. En el puerto trabaja como si fuese de hierro; en el taller es listo; dirigiendo la tartana brincadora, la carreta pesada o el arado, se hace entender por el animal de tiro con fuertes gritos y terribles ejercicios de látigo y púa, y en el baile, la plaza de toros, los amores, las pendencias de arrabal y las guerras civiles, todos sus actos tienen el sello de la resolución y la violencia de sentimientos. Valencia es una ciudad muy digna de ser estudiada, por su curiosa fisonomía, pero donde no se puede vivir con placer una vez que se han recogido las impresiones más notables. Si sus campos arrebatan, sus calles dan horror, sus hermosas mujeres intimidan y sus gentes de arrabal asustan. Esa sociedad necesita para suavizarse del impulso poderoso del cosmopolitismo moderno. Los ferrocarriles, las fábricas, el trato activo con el extranjero y las instituciones liberales y humanitarias que supriman toda violencia legal y todo espectáculo de sangre, harán de Valencia un verdadero paraíso, extinguiendo todo lo que hay en las costumbres de áspero y brutal, y aprovechando todos los dones de una naturaleza admirable, que ha sido tan pródiga con la raza como con el cielo y la tierra.

Capítulo VI. Dieciocho horas de contrastes
La «Huerta» de Valencia. San Felipe de Játiva. La diligencia española. Almanza. La Mancha y el valle del Tajo. Un personaje de España
Una serie de curiosísimos contrastes me esperaba en el trayecto que debía recorrer desde Valencia hasta Madrid. El opulento valle se extiende, largo y angosto, al norte y sur de Valencia, limitado al poniente por las montañas que determinan la curiosa formación de la altiplanicie de Cuenca. Hacia las alturas del «Bonete» se desprende de la serranía circular un ramal de cerros que cierra por el sur el valle de Valencia y va a morir sobre la costa de Alicante entre Jijona y Denia. El ferrocarril de Valencia surca el valle hacia el sur, cortará la serranía por el abra o «puerto» de Almanza, y se ligará en la villa de este nombre con el ferrocarril que enlaza a Madrid con Alicante. El tránsito por la vía férrea desde Valencia hasta adelante de Alcudia, donde terminaba la sección en servicio, tiene no sé qué de fabuloso, que hace recordar los cuentos de las «Mil y una noches». Una campiña admirable, perfumada por las riquísimas esencias del azahar y el jazmín, se extiende allí encuadrada entre cerros desnudos y rocallosos, como una inmensa esmeralda engastada en acero oxidado. Por todas partes el cultivo más perfecto, los angostos canales de irrigación, los bosques de naranjos y limoneros cargados conjuntamente de flores y amarillas frutas en asombrosa profusión. Es de esa Huerta fabulosa que van a todas las ciudades de Europa las deliciosas naranjas de finísima corteza. Parece una tonta exageración; pero yo alcanzaba casi a tocar los racimos de naranjas, alargando el brazo desde el vagón del tren en que iba con la velocidad del rayo. Imagínese lo que será esa «Huerta de Valencia», cuando el ferrocarril gira en gran parte de su trayecto por entre una calle literalmente formada por bosques de

naranjos y moreras, donde se crían simultáneamente la almibarada fruta y el laborioso gusano de seda.

La parte meridional del valle, hasta el «puerto» de Almanza, excluyendo a Valencia, contiene en solo la línea del ferrocarril una población de 55.000 almas, robusta y laboriosa en alto grado, concentrada en once villas y distritos. Algunos de esos pueblos tienen una situación pintoresca y graciosa, haciendo descollar sus campanarios como los centinelas de la llanura. Causa un verdadero placer, mezclado de curiosidad, la rápida inspección, en las estaciones del ferrocarril, de aquellos grupos de labriegos encantados al oír el prolongado silbido de la locomotiva, que les ha sorprendido en sus hábitos moriscos y su ignorancia peninsular. Sus pardas o amarillentas mantas, sostenidas como capas; sus sombreros de anchurosas alas, cuando no de estilo calañés; sus pantalones cortos ciñendo la rodilla; sus polainas o calcetas de piel, y sus carcajadas francas y ruidosas que les dan un aire de placer y satisfacción, fijan la atención del viajero dejándole una impresión muy agradable. De todas las pequeñas poblaciones del valle solo merecen especial mención, por su masa o por su historia, las villas de «Alcira» (que tiene 14.000 almas), «Carcagente» (bonita y rica población, con 8.200) y «San Felipe de Játiva», que cuenta 15.800, y es bastante célebre en la historia de España. Alcira como un jardín flotante, ostenta sus tres torres entre dos brazos del río Júcar, sobre el cual existe todavía el puente romano por donde pasaban los ejércitos de Cesar. Es famosa en la historia la resistencia tenaz que le opusieron a Carlos V los comuneros alciranos, que les costó la pérdida de sus fueros.

Cerca de «Játiva» el valle se estrecha notablemente entre los cerros escarpados que por todos lados lo dominan, y sobre cuyas eminencias se destacan, como nidos colosales suspendidos de las rocas, los escombros de algunos castillos feudales, testimonios que el tiempo ha querido respetar en parte para recordarle al viajero la impotencia de las civilizaciones fundadas en la fuerza y el aislamiento egoísta. La pobre «Játiva», de heroica memoria, cuna del «Españoleto» y teatro secular de tantos combates, no es hoy sino una momia de plaza fuerte, con su castillo derrumbado y sus reductos en escombros. Parece la imagen de una de esas mujeres altivas que, después de haber brillado hermosas y lozanas, dejan enmohecer sus joyas y no presentan sino caras arrugadas, ojos enjutos, bocas sin dientes y cabezas calvas... El aspecto lamentable de esa ciudad «pretérita» hace un extraño contraste con aquella admirable campiña, llena de verdura, de galas y perfumes. Dichoso contraste que está mostrándole al labriego que si las glorias militares pueden engrandecer por un momento, se pierden luego en el olvido, en tanto que el poder adquirido con la industria se reproduce y perpetúa. En Játiva tuerce su curso el ferrocarril, dirigiéndose rectamente al sur hacia Almanza, por el fondo del estrechísimo valle, verdadera bifurcación del de Valencia. Allí, el terreno, careciendo de solidez y de humedad y aproximándose a las montañas rocallosas, pierde esa fertilidad de la gran llanura, y en vez de alimentar naranjos, moreras y trigos, se cubre de viñas dispersas sobre las colinas o de olivos que entristecen la campiña con su tinta gris. Así, instantáneamente se pasa de la vegetación risueña a la melancólica, y de la tersa llanura a los planos inclinados y a las sinuosidades profundas. La noche se acercaba cuando descendí en Alcudia del tren del ferrocarril. Después de aquellos contrastes puramente materiales iba a conocer otros de carácter social muy interesantes. Allí hube de tomar por primera vez esa «máquina infernal» que se llama «diligencia» y que caracteriza vigorosamente a uno de los tipos más curiosos, tipo que se divide en tres entidades homogéneas pero diversas: el «mayoral», el «delantero» y el «zagal». Francamente, creo que Santo Domingo de Guzmán, Felipe II y el amable Torquemada no entendían el oficio. Si hubieran sido maestros en el arte de torturar habrían inventado la «pena de viajar en diligencia», y no habría quedado un solo hereje en la piadosa España. En mis cavilaciones sobre el infierno, en los ratos desocupados, no había podido formarme sino una idea muy confusa de los terribles dramas de aquel mundo de cóleras, relámpagos y fuego. Cuando por primera vez viajé en diligencia española, tuve la noción completa de lo que debe de ser una legión de demonios que se lleva un racimo de almas al infierno, por entre precipicios espantosos y con grande orquesta de reniegos. En el momento del arranque, al sentir aquella casa de madera arrastrada por diez mulas frenéticas, como si la impeliese el huracán, la primera impresión es de miedo, de cólera y horror. Algunos minutos después, cuando se ha visto que el peligro era exagerado, se crispa uno de risa (porque tenderse ni exaltarse es imposible en aquella prisión celular), y se deleita como un salvaje en la contemplación del drama convertido en comedia. Figúrese el lector una enorme caja (los franceses la llaman «machine») dividida en cinco compartimentos en forma de palomares o gallineros, donde el viajero es la gallina y el «mayoral» el gallo-sultán. Arriba, una cueva que se llama «cupé», donde empacan a cuatro bultos numerados del género humano. Abajo, en primer término, la «berlina», donde va en número de tres la aristocracia de las víctimas; en el centro una cripta romana que llaman «interior», calabozo de seis rematados; y atrás la cocina del infierno, pomposamente decorada con el nombre de «rotunda». Encima, el departamento de equipajes, denominado la «vaca», Chimborazo ambulante que se parece un poco a la cueva de «Montesinos». Total, diecinueve Cristos que tienen la «idea» de viajar, bajo el poder de un Poncio Pilato que se llama el «mayoral», como quien dice, don Manuel Rosas y los «salvajes unitarios» de marras. Esto en cuanto a la parte animal que va adentro. Por lo que hace a la de afuera se clasifica, en el orden de bestialidad, así: el mayoral, el zagal, el delantero y las mulas. Esas cuatro entidades se agitan, se atacan, se estropean y golpean conjuntamente, formando los tres primeros individuos un alboroto infernal, y levantando las ocho o diez mulas bravías que les están asociadas una nube de coces y de polvo, dentro de la cual se cierne una lluvia de latigazos y garrotazos. Los tres directores de aquel convoy de veintinueve víctimas (sumando viajeros y mulas) llevan sus puestos respectivos. El mayoral, en el pescante, entre el «cupé» y la «berlina», como un Faetón que conduce su alado carro. El zagal, a su lado, o prendido de un garfio del pescante, a guisa de apéndice. El delantero, a caballo sobre la bestia primera de la fila izquierda, dando la dirección a las diez mulas. Estas, formadas en columna, en dos filas, van ligadas entre sí por un laberinto de pesadas cadenas, de garfios, correas y trozos de madera que aumentan el enorme peso y la extravagancia de aquella montaña portátil. De tiempo en tiempo, cuando alguna de las mulas afloja el paso (porque van siempre a galope largo y al coche rueda como un huracán por cuestas y valles), el zagal da un salto al suelo, y se lanza a la carrera, a la par de las mulas, armado de un garrote delgado o de un látigo fuerte. A cada mula le reparte (porque siempre los justos pagan por los pecadores) cuatro o seis golpes frenéticos; y cada una de ellas responde, según su estilo peculiar, con cuatro o seis coces furibundas, que el zagal evita con asombrosa habilidad. Entonces aquellos animales se enfurecen, brincan como cabras, corren como demonios y levantan una polvareda que hace perder de vista el horizonte e invade, a los viajeros en sus navetas martirizadoras.

El mayoral grita como un dragón, sacudiendo las riendas y el foete, agitando en una convulsión rabiosa todo el cuerpo; el zagal le acompaña en gritos, movimientos y reniegos; y el delantero, que les sacude también a veces a las mulas que están a su alcance, redobla la actividad para apurar la carrera. El viajero, entretanto, sintiéndose a discreción de aquellos salvajes y de diez mulas furiosas, se agita en un drama cómico de las más vivas emociones, acabando por resignarse a todo. Imagínese lo que habrá de sentir el que, saliendo de un magnífico tren de ferrocarril, se entrega por primera vez a esa pesadilla sin sueño que se llama un viaje en diligencia.

Cuando el viaje es largo los peligros aumentan. Como jamás se varía el mayoral ni el delantero, que son los pilotos de la diligencia, el sueño los domina a veces, y con frecuencia el coche vuelca y se despedaza, se estrella en un recodo, o se precipita en un desfiladero, sucediendo no pocas desgracias. Y no hay que hacer observación alguna, ni quejarse de hambre o cosa parecida; porque el viajero que sufre la ley tiránica de los empresarios, es un esclavo a la disposición del sultán que tiene su trono en el pescante. Todo eso sin perjuicio del escamoteo, al fin del viaje, que los mayorales, delanteros y zagales ejercen contra el viajero, mendigando como si no tuviesen dotación o paga.

Aconsejo a los que padezcan de los nervios y quieran obtener una curación violenta pero segura, que vayan a España a hacer un viajecito en diligencia. En España casi siempre que cae un ministerio le destierran, a lo menos diplomáticamente. No sé por qué llega el rigor hasta ese punto, cuando con unas doce horas de diligencia todo quedaría compensado, aunque, a decir verdad, los pecados de casi todos los ministerios españoles no son de los muy veniales.

Después de cuatro horas de diligencia toqué en Almanza con el ferrocarril de Alicante, empresa que, a pesar de los muy buenos elementos con que cuenta, se distingue por su mal servicio. Algún día se corregirá. Nada diré sobre la ciudad de Almanza, porque la noche me impidió observar siquiera su aspecto general. Con todo, de paso y al claroscuro tuve mis sospechas de que es una población que no brilla por la hermosura ni la actividad. Es una ciudad de antiquísima data, muy anterior a las guerras entre romanos y cartagineses. Así, aquella es una de las ciudades españolas cuya historia está ligada a las cuatro dominaciones sucesivas de más significación que han impreso su sello a la nación ibera. La llanura de Almanza es célebre por la famosa batalla ganada allí por los españoles, en abril de 1707, contra las tropas anglo-portuguesas, dándole a España la imponderable ventaja de cambiar de amos, puesto que los Borbones ocuparon con Felipe V el trono que la casa de Austria había tan atrozmente inmortalizado. Todavía se conserva en la llanura el obelisco que conmemora el suceso. En España se conservan esos monumentos muy bien, pero se dejan cegar los antiguos canales que datan del siglo pasado. De Almanza a Madrid el ferrocarril toca en veintidós poblaciones, sobre terreno llano, con un total de cerca de 100.000 habitantes, exclusivamente consagrados a la agricultura, cuyos productos principales son los trigos y vinos y algún aceite de olivas. De esas veintidós poblaciones solo tienen alguna importancia: «Almanza» fuerte de más de 9.000 almas; «Albacete», capital de provincia, con cerca de 17.000; «Villa Robledo», que cuenta 8.000, y «Aranjuez», ciudad cortesana, con más de 5.000, que es la Versalles de la corte de España, verdaderamente primorosa. Más adelante haré su descripción. Es curioso también, en el trayecto, el pueblo de Villacañas, correspondiente al país de don Quijote. Cuéntanse allí hasta trescientas cuevas, practicadas en las colinas del campo (que se desprenden de la sierra de Toledo), en donde viven todas las familias pobres. Esta singular arquitectura de la miseria no es rara en España, y en ninguna parte interesa tanto como en uno de los barrios de Granada. A su tiempo descubriré ese curioso pormenor. La travesía de la Nueva Castilla continuaba la serie de contrastes que yo iba observando. La noche me había hecho perder de vista las campiñas al salir del valle de Alcudia, continuación o inflexión del de Valencia. Cuando al siguiente día vi aparecer en el horizonte las tintas primeras de la aurora, el tren pasaba por las vastas y tristísimas llanuras de la Mancha. Así, había cerrado los ojos ante un paisaje en extremo pintoresco, para abrirlos después en el centro de un país singularmente notable por su desolación y su silencio. Ni la sombra de un árbol, ni el rumor de un arroyo, ni el canto de un gallo o de un pájaro campestre, ni el mugido de una vaca, ni el más leve ruido se sentía al atravesar aquel desierto... ¡Ni una choza en las praderas interminables, ni un cercado para manifestar la presencia del hombre por allí! Y sin embargo, la Mancha es un país asombrosamente fértil en la producción de trigos y vinos, que cuando está cubierto de mieses y sarmientos tiene una hermosura suntuosamente triste. ¿Por qué no hay allí ni un solo árbol, ni casas, ni jardines, ni otra cosa que inmensos prados o trigales solitarios?

—Porque no hay agua —dicen los optimistas, que creen que lo que no se hace es porque no se puede.

—Porque los manchegos son perezosos —indican a su turno los pesimistas que deprimen y calumnian al pueblo español.

Ambas disculpas son sofísticas. Donde quiera que en la Mancha se quiere tener agua, no hay más que cavar un poco y surge a torrentes. Además, a corta distancia están las serranías, de cuyas corrientes purísimas puede la industria obtener, por medio de canales, toda el agua necesaria. El pueblo manchego no es tampoco perezoso por índole, como se dice. Esa es una mentira que los malos gobiernos han inventado para encubrir su incapacidad. En materia de gobierno hay que optar entre uno de dos sistemas: o la represión reglamentaria, y entonces los gobiernos tienen el deber de hacerlo «todo», y son responsables del malestar social; o la libertad y la prescindencia, en cuyo caso el individuo tiene la iniciativa y los pueblos la responsabilidad de sus actos de todo género. Como en España se ha seguido el primer sistema, sus gobiernos son los responsables, los verdaderos haraganes, puesto que no han abierto canales y caminos (hasta ahora se trabaja en eso), a fin de que los pueblos manchegos tengan agua (y con ella árboles, irrigación, casas de campo, etc.) y medios de dar salida a sus trigos, vinos y aceites, con lo cual la agricultura tomaría un poderoso incremento. Si los gobiernos constitucionales tienen su proceso en los presupuestos, los absolutos lo tienen en el aspecto de las poblaciones y los campos. El primoroso valle de Aranjuez, regado por el «Tajo» y el «Jarama» (nuevo contraste en la topografía), me ofreció una prueba evidente en apoyo de las observaciones que acabo de hacer. Allí, en vez de la soledad y la tristeza del resto de Castilla, hay una pompa de vegetación que arrebata y deleita. Aquel país es un verdadero paraíso, durante la primavera. En un espacio pequeño se halla aglomerada una inmensa riqueza en ganados, bosques, hortalizas y otros frutos agrícolas, sin contar los tesoros artísticos. ¿Por qué tanta opulencia allí en el centro de una vastísima planicie desierta? Se dirá que todo se debe a la abundancia de aguas en Aranjuez. Error: he visto muchos otros valles de España, admirablemente dotados de aguas y fertilidad, donde reina también la soledad. El valle de Aranjuez es precioso, porque es un «dominio real»; porque no le pertenece al pueblo español, pobre y abandonado, sino a sus monarcas, opulentos siempre. Y sin embargo, los reyes que han gastado inmensos tesoros en embellecer ese «Real sitio», no han tratado de suprimir las fiebres, que son el real patrimonio de los vecinos de Aranjuez, a causa de las inundaciones que producen los ríos. En tanto que el Jarama y el Tajo desbordan por falta de canalización, los palacios de Aranjuez rebosan en maravillas de pintura y escultura, que han costado millones sin cuento. Mientras que los cortesanos se alojan allí en suntuosas habitaciones, el pueblo español sufre las fiebres «tercianas», o se «aloja» en Villacañas en cuevas húmedas y desabrigadas, abiertas en las peñas. Con excepción de tres o cuatro parajes bellos, como en las cercanías de Toledo, de Valladolid o de Palencia, no hay en las dos Castillas, otros puntos notables por su hermosura artificial que los «Reales sitios». Lo demás son llanuras desiertas, aunque cubiertas de trigos o viñas en gran parte. Con el valor de los cuatro «Reales sitios» podría el pueblo español pagar todas sus deudas, o cubrir de ferrocarriles todo el territorio nacional, quedándole algo para «alfileres». ¿Quién sabe si algún día se hará ese negocio...? Al tomar la diligencia en Mogente (o Alcudia) tuve por compañero en la «berlina» a un sujeto que me impresionó vivamente y a quien no olvidaré jamás. Era un doble tipo, como se verá, muy digno de atención. Un hombre corpulento, de unos cincuenta y cinco años, robusto y rosado, lleno de salud y de vida, con una fisonomía admirablemente honrada, una risa franca y llena de benevolencia, una mirada cordial, y una conversación en que se confundía la sencillez del lenguaje con el aticismo del estilo y la solidez de las observaciones.

Desde los primeros momentos de la conversación (que empezó casi al entrar a la diligencia) conocí que me las había con un liberal de puño cerrado, hombre de instrucción, con muy buen sentido y en extremo tolerante. A juzgar por su aspecto modesto y su lenguaje sencillo y chistoso, le tomé por un propietario campesino, de vida retirada, aunque muy culto. Pero luego fui cambiando de opinión. Al saber que yo era republicano de Hispano-Colombia, me tomó cariño y me hizo mil preguntas sobre la vida de perros que llevamos los demócratas en el Nuevo Mundo. Mis respuestas le encantaban, y se mostraba como triunfante cada vez que yo le indicaba algunas de las más bellas conquistas hechas en Nueva Granada por las ideas verdaderamente democráticas. Ya puede colegirse que mi excelente compañero y yo quedamos muy amigos, sin conocernos. La comunidad de creencia política y de toda clase de convicciones nos había ligado; y me aproveché de la ocasión para adquirir muchas luces sobre la situación de España. Al día siguiente, cuando aquel excelente caballero se despedía de mí en la estación del ferrocarril, en Madrid, ofreciéndome cordialmente su amistad, vine a saber que había viajado nada menos que con don José María de Orense, «marqués de Albaida», grande de España de primera clase, y jefe del partido «demócrata» español, cosa que vale mucho más que todas las grandezas de pergaminos. Así, aquel sujeto no solo me había ofrecido un notable contraste social, sino también un bello tipo de la sociedad española. En Barcelona había tratado en la fonda a un marqués de muchas campanillas, absolutista de «tuerca y tornillo». Era un sujeto de excelente corazón, pero de endemoniada cabeza, infatuado con su noble estirpe, intolerante en todo, porque no admitía contradicción, y energúmeno en su tenaz absolutismo y su odio a las ideas democráticas. El otro marqués, mi compañero de viaje —el noble demócrata— era un tipo enteramente opuesto. No hacía el menor caso de la pretendida nobleza; no se nombraba sino por su simple apellido de Orense (sin partícula); se distinguía por su sencillez modesta y su tolerancia; hablaba de los «pueblos», sin acordarse de los «reyes» (que eran la pesadilla del otro marqués), y no reconocía en los hombres otro valor que el de su mérito personal. Así, el estudio de las cuestiones sociales y el sentimiento profundo de la justicia, habían hecho un «ciudadano» de un «grande de primera clase». Orense me ofrecía, pues, el tipo del «noble moderno», que comprendiendo que los tiempos han cambiado y el mundo marcha hacia el reinado de la libertad y la igualdad, se ha puesto del lado del pueblo, para defender una causa que no ofrece medros sino gloriosa pobreza, dejando el viejo camino por donde con tanta comodidad se iba hacia el poder con la opulencia. Orense, además, me mostraba el noble tipo del viejo castellano (no del «castellano viejo»), tan simpático y respetable; es decir, del hombre sencillo, de sólido juicio, francote, honradote, lleno de chiste, espiritual en su conversación, agradable en su porte, y hospitalario y servicial en grado eminente. No se crea que he querido hacer un homenaje a una «persona», que acaso no leerá jamás estas páginas. El rápido estudio que pude hacer del pueblo español me convenció de que Orense era un tipo de doble carácter; y los hombres típicos son precisamente los mejores rasgos de la fisonomía de una sociedad. No era extraño que yo llegase a Madrid agradablemente impresionado.

Cuarta parte. La Nueva Castilla

Capítulo I. Madrid monumental
Aspecto general. Plazas, paseos y jardines. Museos y bibliotecas. Palacios, teatros y otros monumentos. Las caballerizas reales

El viajero que carece absolutamente de relaciones en Madrid no debe detenerse allí más de una semana. La capital de la nación española, relativamente nueva y mal favorecida por la naturaleza, no puede ocupar la atención, bajo su aspecto monumental, por más de ocho días; a no ser que se quiera hacer un estudio especial de bellas artes. Es que en Madrid lo más interesante no es lo que se ve, lo que está a la disposición del público, sino lo que «no se ve», o no puede estudiarse sino al favor de las relaciones sociales. Los templos de Madrid no merecen mención especial, ni por su arquitectura, pesada y vulgar, ni por sus tesoros interiores. Ese es un hecho que contrasta singularmente con las tradiciones del catolicismo español y con la pompa religiosa de las catedrales de España. La España religiosa no está en Madrid: es preciso buscarla en Toledo y Granada, en Sevilla y Valencia, en Barcelona, Burgos y León. Madrid es la imagen de la España política, mediocre, artificial y contradictoria. He residido veintisiete días en la metrópoli española, aprovechando todos los momentos y todas las relaciones para palpar y comprender los rasgos principales de su fisonomía social; y tengo la pretensión de no haber perdido mi tiempo. Seré tan minucioso en los pormenores cuanto lo permitan el interés de los objetos y la paciencia del lector. Desde que se llega a Madrid se comprende que allí reina con todo su poder y su abandono una autoridad que no emana del pueblo. La vasta ciudad, hermosa en su conjunto y en algunos de sus edificios, hace un extraño contraste con sus cercanías: es un oasis de piedra en medio de un desierto. En el interior de la ciudad algunos bellos y aun espléndidos jardines, las casas agrupadas y de elevada aunque vulgar construcción, la vida, el movimiento, la animación. Pero al derredor de la ciudad colinas desnudas, sin un árbol, sin población; campos calcinados, solitarios, sin irrigación, sin vida. El desierto por todas partes, la soledad, como si el África empezase a las puertas de Madrid... Me olvidaba; hay algo que no está desierto, que ostenta la verdura, la pompa de la naturaleza ayudada por el hombre, el lujo del arte: ese algo es, de un lado el «Buen Retiro», con sus parques magníficos y sus primores; del otro el «Pardo», inmensa propiedad riquísima y preciosa, que parece un pedazo de marco de esmeralda para cercar a Madrid, del lado del Palacio real. Esos dos algos le pertenecen a la familia real... Allí están la hermosura y la vida. En lo demás, que pertenece al pueblo, están la desolación y la esterilidad Verdad es que Madrid cambiará en breve, gracias al nuevo canal de Losoya, que le llevará abundantes aguas de los montes de Guadarrama. La capital de las Españas no tendrá sed y podrá fertilizar y embellecer sus campiñas. Aunque Madrid es relativamente nuevo (pues su habilitación como capital data del tiempo de Felipe II), sus calles revelan el contraste de la vieja sociedad española con la moderna. Sus paseos interiores, su espléndida calle de «Alcalá», su hermosa plaza de «Oriente» y las nuevas construcciones que dondequiera se levantan, manifiestan inclinación hacia el buen gusto, la comodidad, el aseo y el «comfort»; mientras que su vieja plaza «Mayor», de vastas y oscuras arcadas, cerrada por grandes pórticos, sus antiguas calles tortuosas, sucias y repugnantes, como las que avecinan esa plaza, y algunas callejuelas tristísimas mantenidas en los barrios centrales, están probando que todavía resisten a la acción del progreso las raíces de la España antigua, abandonada, rezandera, tolerante de la mugre, amiga del silencio y de la oscuridad. Por desgracia, ese noble país del arte y del orgullo, que a pesar de sus defectos de educación ha hecho tan grandes cosas, tiene pocas nociones del buen gusto. La arquitectura madrileña es pesada y carece de elegancia y majestad; sus monumentos no tienen valor sino por lo que contienen en el interior; sus edificios públicos son de suma vulgaridad, en comparación de su objeto (con rarísimas excepciones); sus calles, anchas y rectas en su mayor número, no tienen buen pavimento ni suficiente aseo; y las nuevas construcciones, aunque con pretensiones de suntuosidad, no hacen honor a los arquitectos españoles. El palacio inmenso del duque de Medinaceli (por vía de muestra) es una suntuosa caricatura pintorreada, sin dignidad; y el afamado «Palacio Real», sin nobleza artística, aunque, muy vasto, es inferior en su aspecto exterior a cualquier palacio notable de los que decoran a Londres o París. Es que (debo repetirlo) las buenas cualidades del pueblo español son internas o intimas. Si se quisiese juzgar a esa sociedad por sus exterioridades solamente, se la conocería muy mal, hallándola muy inferior a lo que es en realidad. Puesto que voy hablando de «Madrid monumental», detallaré los principales rasgos de su fisonomía.

La plaza de «Oriente», situada entre el Palacio real y el Teatro principal o de la ópera, es la única de Madrid que merece atención. Vasta, sombreada por magníficas arboledas, poblada de jardines alegres, encuadrada por bellos edificios y llena de luz, interesa también por su hermosa estatua ecuestre de Carlos V, en bronce, situada en el centro y rodeada por un vasto círculo de estatuas de todos los reyes godos y españoles, en piedra bruta, algunos del más macarrónico trabajo y en lo general escasos de mérito artístico. Los madrileños tienen por muy famoso su Palacio real, y lo es en efecto, para España; pero comparado con muchos otros de Europa no merece gran reputación, como obra de arte. Entre los paseos de Madrid, intramuros, su renombradísimo «Prado», su inmensa calle de «Alcalá», cubierta de alamedas en gran parte, y su laberinto y parque de la «Fuente Castellana», tienen sin disputa la preeminencia; sin contar los hermosos jardines «Botánico» y del «Retiro». Es allí donde se reúne por la tarde todo lo que hay de más bello, de más rico y elegante en la alegre sociedad madrileña; donde puede admirarse la hermosa raza española en sus variados tipos y tenerse una idea general de la fusión que se va produciendo en las costumbres y los elementos de diversas épocas. El Prado es una vastísima calzada sombreada por varias calles larguísimas de álamos y olmos gigantescos, y embellecida por grandes fuentes. Una parte del paseo es más espaciosa, encuadrada entre la ciudad y los jardines del «Retiro» y cuidadosamente macadamizada; y es en ese trecho, llamado el «Salón del Prado», donde reinan como soberanas las elegantes bellezas castellanas. De un lado, el Prado se prolonga en cierto modo hacia las alamedas de los «Recoletos» y la «Fuente castellana» (al norte) y del otro (al sur) hacia la puerta de «Atocha», los paseos de las «Delicias» y la estación de los ferrocarriles. Si la «Fuente castellana» atrae al curioso por sus laberintos de verdura, sus graciosos bosquecillos y sus elegantes quintas vecinas (verdaderos palacios campestres) que asoman sus enrejados, sus balcones cubiertos de guirnaldas y sus minaretes por entre las copas redondas de los olmos; si en los «Recoletos» se vaga, en la embriaguez de los perfumes, bajo bóvedas de follaje que incitan a la pereza; en el Prado el movimiento de las gentes, los mil coches tirados por hermosas mulas o yeguas andaluzas, y el extraño aspecto de los grupos de provincianos, hacen afluir la corriente de paseantes hacia el monumento del «Dos de Mayo», los reales jardines del «Retiro» y el vasto y bien mantenido jardín «Botánico», uno de los más hermosos que se conocen en Europa. Los parisienses tienen orgullo de poseer sus espléndidos jardines de las Tullerías, del Luxemburgo, etc. Dejándolos en su buena y merecida reputación, prefiero el del «Retiro» en Madrid, menos suntuoso sin duda, pero más agradable, más natural, más espontáneo, sin carecer por eso de bellas obras de arte, que adornan las alegres calles de árboles y las cercanías del enorme estanque establecido en el centro.

Yo me complacía, hijo del Nuevo Mundo y republicano, en recorrer aquellos bosques tupidos y suntuosos, aquellas alamedas perfumadas, aquellos jardines repletos de fuentes, estatuas y primores. Si me faltaban las florestas vírgenes de mi patria y los mil rumores de sus cataratas, sus torrentes, sus pájaros y sus insectos zumbadores, al menos veía fisonomías hermanas, reproduciendo muchas de mi tierra natal; oía hablar en la opulenta lengua que me enseñó mi madre a balbucear; contemplaba con recogimiento las numerosas estatuas de los reyes españoles, bajo los olmos corpulentos, no porque fuesen de reyes, sino precisamente porque ellas me aprecian escombros artísticos de épocas que la libertad y el progreso han trasformado profundamente, y me hacían evocar la historia de esa heroica raza ibérica que llevó su sangre al suelo colombiano para fundar pueblos que la revolución debía regenerar y que la democracia habrá de engrandecer. La primera vez que recorrí esos jardines espléndidos, iba de bracero con un marqués republicano, Orense, que no pensaba sino en la democracia, y le daba más energía al contraste mi situación. Allí, a la sombra de las alamedas y ante las imágenes de los monarcas, dos hombres enteramente distintos fraternizaban cordialmente. El uno, hijo de la aristocracia antigua, español y hombre de edad y de mundo, soñaba con la libertad y el progreso. ¡El otro, hijo del Nuevo Mundo, plebeyo por su nacionalidad, como todo demócrata, educado en la vida republicana, joven, inexperto, viajando en busca de luz, y buscando en la patria de sus abuelos la prueba práctica, pero negativa, de las verdades democráticas! Cuando nos estrechábamos la mano ¿no establecíamos en cierto modo, sin pensarlo, la alianza de los pueblos españoles en la democracia, en el amor de la libertad que nos había hecho amigos?

Madrid es digna de su rango de capital de una vasta monarquía, en cuanto a la posesión de buenos y numerosos museos y muy estimables bibliotecas, tanto públicas como privadas. Por desgracia, los españoles no les acuerdan a sus establecimientos de esa clase toda la atención debida. Verdad es que los estímulos faltan, porque allí no se puede ejercer ninguna profesión sin diploma oficial; los escritores, que podrían consultar las bibliotecas y estudiar los museos, hallan fuertes trabas legales que restringen mucho la publicidad; y los artistas han tenido que resignarse a la modesta condición de copistas de las obras maestras, por carecer de apoyo social Los pueblos que no tienen libertad de acción para darse una vida propia, se hacen noveleros y superficiales. Este hecho se nota en gran parte de la sociedad madrileña, dominada por un «francesismo» fútil, que la hace buscar con ahínco los objetos del arte parisiense, más o menos exagerados o fascinadores, en vez de proteger la inspiración de los artistas nacionales. En Madrid hay muchos y buenos artistas; pero ninguno de ellos «crea«: sus gabinetes están en los museos públicos, a donde van a hacer copias casi automáticas, en lugar de ponerse a copiar la naturaleza o sus propias inspiraciones y producir las grandes y nobles obras de que son muy capaces unos cuantos.. Madrazo mismo, tan superior artista, no hizo más que vegetar brillantemente en el arte divino de Rafael, de Rubens y Murillo.

Muy laboriosa sería mi tarea y superior a mis conocimientos (porque en materia de bellas artes no tengo sino instintos), si me detuviese a mencionar todo lo que hay de bueno, de interesante y primoroso en los numerosos museos de todo género que enriquecen a Madrid. Perdóneseme, pues, que solo me detenga en lo más sobresaliente, sin hacer más que apreciaciones someras. La verdadera maravilla de Madrid es, sin disputa, el Museo de Pintura y Escultura, situado en el paseo del Prado. El palacio es espléndido en su exterior, evocando en su fachada principal las figuras inspiradas y los nombres gloriosos de los más eminentes artistas españoles. Allí, en ese noble altar de piedra levantado al genio en presencia de un pueblo que ha sido tan heroico, se ven las estatuas de Alonso Cano y Herrera, de Velásquez y Murillo, de Ribera y Montañez, de Roelas y Zurbarán, y de toda esa pléyade de divinos maestros que le dieron a España el derecho de llamarse nación de artistas como de héroes y poetas. Ese museo hace honor a España y merece bien la codicia con que lo miran los artistas extranjeros El vasto edificio, construido «ad hoc», contiene en sus numerosos salones cerca de 2.000 cuadros pertenecientes a todas las escuelas de pintura, entre los cuales no sería difícil contar centenares de obras maestras o de gran mérito. Por desgracia, hay gran exceso de cuadros para el edificio, lo que hace que muchos estén como perdidos en oscuras y estrechas galerías o corredores, donde no pueden ser apreciados por falta de luz, espacio y buena colocación.

Pero la inmensa colección privilegiada basta por sí para embelesar y arrebatar. Allí se pueden apreciar y comparar todas las escuelas, en cuadros de primer orden cuyo valor es incalculable. Si los salones destinados a la pintura española son opulentos, la cosa es natural. Pero esa riqueza incomparable está equilibrada por la de los cuadros pertenecientes a las escuelas holandesa y flamenca, en que el Museo de Madrid es superior a todos los demás de Europa. Verdad es que en la parte italiana no hay comparación con el «Louvre» de París, pues aunque hay muy bellos «Correggios, Caraccios, Renis, Tintorettos, Tizianos, Veronés, Salvator Rosa», etc., etc., son escasísimos los «Rafael» y «Miguel Ángel». Con todo, el Museo posee la famosa «Perla», esa divina creación del pintor de Urbino, que haría adorar la Virgen al que no la hubiese comprendido ni soñado en sus fantasías religiosas. La parte flamenca y holandesa tiene cuadros en que se revela toda la grandiosidad caprichosa del genio de Rubens, todo el poder de imitación y fantasía de Van-Dick, toda la verdad y la energía de las risueñas escenas de Teniers, y toda la originalidad típica de esos cien pinceles holandeses y flamencos que buscaban en el hogar doméstico y en las realidades de la vida asuntos de inagotable inspiración. En cuanto a los grandiosos salones españoles, el visitante como yo, que no conoce el arte, sino que apenas siente en el corazón y en el instinto de lo bello y lo grande los rudimentos de un arte íntimo y natural, no sabe qué admirar más entre tantas obras maestras. Ora se siente uno atraído a la meditación religiosa por esas vírgenes y esos santos de Murillo, llenos de unción, de espíritu celeste, de majestad divina, como si el artista hubiese trabajado siempre al pie de los altares, después de sus comuniones que precedían al comienzo de cada cuadro. Ora se pone uno a reír, o se encanta imaginando risueños pasatiempos, al ver creaciones de Velásquez, ese crítico de pincel, donde el espiritualismo burlón se revela en cada pincelada; donde cada sombra es un pensamiento, cada rasgo un epigrama y cada golpe de luz o de colorido da la imagen de una sonrisa, de un retozo, de un chiste sarcástico. Ya se contemplan con recogimiento los severos cuadros de Ribera, profundamente filosóficos; o se admira la frescura lozana de las creaciones de Alonso Cano. Cuando yo terminaba la rápida inspección de aquel inmenso templo del arte más divino, más fecundo y elevado que el hombre ha podido cultivar, templo que sería preciso visitar durante meses para darse una idea cabal de su valor, sentía que mi espíritu se había ensanchado, que mis nociones intuitivas sobre lo sublime tomaban consistencia. Entonces me dije: si la historia no hablase tan alto, este museo sería bastante para probarme que España ha sido un gran pueblo. ¡Solo una raza eminente (por mal dirigida que sea) puede producir e inspirar artistas como los que tienen aquí un altar! El Museo de Escultura, que ocupa la parte baja del Palacio artístico, no corresponde en manera alguna a la magnificencia del Museo de Pinturas. Algunas antigüedades, más o menos mutiladas, procedentes de las excavaciones de Pompeya, varios bellos mosaicos, bastante raros, un grupo de «Castor y Pólux», admirable, magistral y antiguo (en mármol blanco), y las estatuas de bronce de Carlos V y su esposa, Felipe II y otro personaje que no recuerdo —obras superiores de un artista italiano—, he ahí todo lo que merece bien atención en ese museo todavía pobre. Madrid posee tres grandes museos militares de bastante mérito: el de la «Artillería», el de la «Armería» y el «Naval». En ellos se encuentran verdaderos tesoros y maravillas de arte; pero por desgracia los locales no son suficientes para contenerlos ni están bien apropiados al objeto. Allí no solo se encuentran obras maestras de exquisito primor en materia de cinceladura y forja, de bordado y otras artes, sino que puede seguirse paso a paso y metódicamente la historia militar de España, y la marcha no solo de su civilización especial sino de la de todo el mundo. Nada hay que haga comprender tan enérgicamente la tendencia de la humanidad hacia la supresión de la fuerza brutal (como potencia dominadora) y la suavización de las costumbres, ahorrando la sangre y evitando torturas y crueldades, como esos museos de la matanza y la devastación donde el hombre retrata en cascos y armaduras, alabardas, hachas y cañones la brutalidad de las viejas sociedades y las luchas cruentas por las cuales ha tenido que pasar la civilización para espiritualizarse y conducir los pueblos hacia el reinado del derecho, de la razón y de la opinión, en reemplazo del de la lanza y el tormento. Los museos militares de Madrid son triplemente ricos, porque, a virtud de las condiciones históricas de España, muy excepcionales, sus colecciones tienen que representar los elementos de combate de épocas y regiones muy diversas y la huella de las dominaciones romana, gótico-arábiga y austro-francesa, que han pesado sucesivamente sobre la sociedad ibérica. Aquellos museos no solo evocan la historia de esas dominaciones, sino también la de la conquista de «América», de las guerras en Italia y los Países-Bajos, y de la Inquisición, cuyos símbolos sombríos se ven en los instrumentos de tortura. La España moderna está representada allí por innumerables modelos de armas, buques y elementos de guerra, de planos en relieve, plazas fuertes y puentes civiles y militares, de estatuas y bustos, y de banderas y trofeos. Hay además riquísimas colecciones de muestras de maderas (de España y sus colonias) superiores para la construcción y la ebanistería. Entre las obras de arte llama la atención un enorme plano en relieve de la ciudad de Madrid, en yeso, que es de un mérito sobresaliente; así como entre las curiosidades históricas se notan: la famosa, tienda de los Reyes Católicos en Granada, trabajo exquisito y muy adelantado para su época, y la mesa y las sillas que sirvieron para redactar y firmar el convenio de Vergara, que puso fin a la guerra civil de los carlistas. Aquellos muebles, desfondados y cojos, me parecieron un poco epigramáticos en medio del vasto Museo de Artillería. Se me figuraba que por su cojera remedaban al gobierno español. Veinte años hace que Espartero y Cabrera inmortalizaron con sus asentaderas esas rústicas silletas de una choza, y todavía España está esperando la libertad y el gobierno sinceramente constitucional que debieron surgir del famoso convenio de Vergara. El Museo de Historia natural, que ocupa un vasto edificio en la gran calle de Alcalá, no parece haber merecido muy grandes atenciones de parte del gobierno. Me pareció, a pesar de su mérito real, un poco descuidado en la clasificación de las especies y familias, y relativamente inferior a los museos de ciudades mucho menos considerables que Madrid. Busqué sobre todo, con particular ahínco, las colecciones de objetos colombianos, y me parecieron lamentablemente pobres, en atención a las incomparables ventajas con que ha contado España para procurarse en el Nuevo Mundo una abundante y variada cosecha de productos de los tres reinos. Madrid es rica en bibliotecas universales y especiales que merecen alto interés, principalmente en lo relativo a Colombia, y posee también archivos abundantes con numerosísimos y muy raros manuscritos. Pero es preciso confesar que no se hace mucho caso de las tales bibliotecas, muy poco frecuentadas, según noté. Los duques de Osuna y Alba tienen bibliotecas particulares repletas de tesoros y primores, y casi nadie las visita ni consulta. Entre las cinco o seis públicas que pude ver debo citar la «nacional» y la del Congreso. La primera, casi escondida en un rincón de Madrid, en un pobre edificio, está muy mal alojada y en completo desorden. Los soldados y las mulas reales tienen palacios por habitaciones, mientras que los grandes pensadores de la humanidad viven como trastos inútiles encajonados en desconcierto, en una mala casa y cubiertos de polvo. Algunos salones estaban vedados, a causa del desorden ostensible; pero en los que estaban a la disposición de los lectores hallé tal mezcolanza de literatura y teología, ciencias y necedades, latín e inglés y todos los idiomas, que si los autores de los libros pudieran resucitar y asomar la nariz en los respectivos estantes, se hallarían muy asombrados de la compañía y mistificados por los anacronismos. La Biblioteca del Congreso, cuya base principal es la que perteneció al pretendiente don Carlos, no tiene de particular sino sus documentos políticos que le son especiales. El bibliotecario me mostró con suma galantería cuanto le pedí, y tuve la particular curiosidad de hojear y leer las famosas constituciones de 1812 y 1837, autógrafas y firmadas por todos los legisladores respectivos. Yo admiraba la audacia y el patriotismo de esos hombres eminentes, regeneradores de España; pero al ver los armarios repletos de códigos, constituciones y tratados, me decía con tristeza: «¡Cuánta letra muerta!». Entretanto pasaba por la calle un batallón, y el ruido de las cornetas penetró hasta la biblioteca del Congreso. «Esa es la verdadera ley —me dije entonces—, esa voz gobierna a los pueblos con más poder que la de sus pretendidos representantes...»

El palacio destinado al Congreso es un bello y noble monumento, de estilo griego en su fachada principal; pero carece de elevación, y las otras tres fachadas son absolutamente vulgares. En el interior se encuentra bastante gusto y sencillez de adornos, aunque los salones, demasiado multiplicados, son pequeños. Uno de ellos contiene un gran reloj-cronómetro, de armario, fabricado en Barcelona, verdadera maravilla bajo todos aspectos. El salón de las sesiones es elegante y posee muy hermosos frescos pero revela, por la distribución mezquina de las tribunas públicas, que en lo que menos se pensó fue en darle asiento al pueblo español para que, oyendo a sus representantes, pueda juzgarlos, formarse una opinión y hacer efectiva la responsabilidad moral. En el centro de la plazuela dominada por el palacio del Congreso está colocada, entre una verja de hierro, la bella estatua de bronce erigida a Cervantes, y cantada por Zorrilla, el bardo de las fantasías y las opulentas armonías. Los españoles no han sido muy pródigos en estatuas y monumentos para perpetuar la gloria de sus genios; pero ya comienzan a pensar en eso. Sin embargo, aunque el inmortal Quintana tendrá su monumento, ha sido asunto de grande y acalorada disputa entre los partidos la erección de una estatua a Mendizábal. El proyecto nomás hizo caer a un ministerio (o contribuyó en mucho a la fechoría), convertido en cuestión de gabinete. En un país donde no hay libertad para adorar a Dios como le plazca a cada cual, no es extraño que se prohíba dar culto a las ideas liberales representadas por un gran patriota. Hay en Madrid un monumento que prueba, por su popularidad o el respeto universal que le rodea, que los españoles, si bien se arrancan los ojos por las cuestiones interiores, están unidos por un solo sentimiento —el de la independencia— cuando se trata de la nacionalidad. Ese monumento, tan noble por su severa sencillez como por las epopeyas que evoca, es el del «2 de Mayo», que domina una de las espléndidas alamedas del Prado. Una pirámide de granito y piedra, algunos nombres escritos que valen por un poema, un león en relieve, una inscripción conmemorativa y un doble círculo de cipreses, he ahí lo que basta para recordar a los españoles que en aquel sitio sufrieron su martirio glorioso algunos defensores de la independencia y la libertad, y que no es digno de su patria ni de llamarse ciudadano sino el que sabe darse todo con abnegación a la causa que la justicia, el derecho y el honor santifican. Ese monumento me hizo fijarme en una observación curiosa que he podido repetir en muchos lugares de España. Los franceses, invasores y sacrificadores en la época del primer imperio, son muy simpáticos en España; en tanto que los ingleses, que le ayudaron al pueblo español a rechazar la invasión, no gozan de simpatías en la península. ¿De qué depende ese contraste al parecer injusto? Es que las razas llamadas «latinas» en Europa, tienen por distintivo esencial de su carácter la abnegación, el heroísmo y la iniciativa espiritual; y la nación francesa, que a pesar de sus defectos políticos, es la primera en todo lo que es generoso y magnánimo, ha adquirido un inmenso e indestructible prestigio sobre los pueblos que se le asimilan. Además, los españoles han hecho, como lo hace todo extranjero que visita el país, una observación muy importante. Durante la guerra de 1808, los franceses, como enemigos, hicieron volar muchas fortalezas, pero construyeron puentes, teatros y otras obras; en tanto que los ingleses, como aliados, aprovecharon la oportunidad para destruir en España las «fábricas» de porcelanas, paños y otros artículos, que podían hacerles competencia. Muchas veces los «amigos» hacen más daño que los enemigos. Madrid posee siete u ocho teatros, aunque regularmente no funcionan sino cinco: el de la «Opera», el «Francés», el de la «Zarzuela» y dos de dramas y comedias, con acompañamiento de baile, etc. Los demás son insignificantes. Con excepción del «Teatro real» o de la ópera, que es espléndido, suntuoso, muy vasto, bello como monumento y uno de los más grandiosos de Europa, en su género, los demás, aunque bonitos en su interior, carecen de positivo mérito en sus formas. Más adelante hablaré de la situación del arte dramático en Madrid, como un elemento de la vida social. Perdóneseme que pase de los monumentos personales y los teatros, «ex abrupto», a las «caballerizas reales», monumento elevado a los caballos y las mulas de la Corte con mucho mayor esmero que las vergonzantes estatuas o columnas consagradas a la gloria de los grandes genios. Si de la transición surge un curioso epigrama, la culpa no es por cierto mía. Las «caballerizas» reales son consideradas (con mucha razón por desgracia) como una de las maravillas de España, el país por excelencia de los contrastes y extraños fenómenos sociales. La Corte, que ocupa el palacio real (que no pude visitar por estar presente la reina), tiene a su derecha casi todas las Legaciones extranjeras, y a la izquierda las caballerizas: las unas que tiran del coche de la nación española, cada cual por su lado; las otras que sirven para las carrozas de la reina de España. No sé de qué lado tirarán con más fuerza o habrá genios mal recalcitrantes. Un inmenso palacio, aunque no de condiciones aristocráticas, sirve de alojamiento a los dichosos brutos que tienen el honor de llevar sobre sus lomos a las personas de la Corte o tirar sus doradas carrozas y berlinas. El edificio está dividido en grandes compartimentos adecuados para guardar los carruajes y arreos, en asombrosa profusión; abrigar los potros y las yeguas de primer orden, que están allí como joyas de primor; alojar setenta soberbios caballos de tiro, otros tantos de silla, doscientas mulas para los coches de palacio, y un enjambre de lacayos y mozos puestos al servicio de sus amos, cuadrúpedos de sangre azul. Los dignos brutos están todos enjaezados con hermosas libreas en sus magnificas e interminables cuadras, y parecen enorgullecerse al recibir las visitas de tantos extranjeros, ya pateando con garbosa satisfacción, ya irguiendo sus lustrosos cuellos y sus abundantes y crespas colas, como cisnes terrestres. La gualdrapa que viste cada uno de esos miembros de la aristocracia de los brutos, vale más que todo el vestido que un labriego español puede consumir en un año. Cada caballo es un príncipe, con su corte de lacayos, cada yegua una joven mimada, y cada mula una matrona respetable y corpulenta que, al mirar con desdén al español plebeyo que se acerca, parece tener la conciencia de su dignidad y su grandeza. Todo el edificio es admirable por la cómoda distribución, el aseo, la magnificencia de las razas de brutos y el buen servicio. Pero después de admirarlo pregunté si la Corte no permitía la propagación en el país de aquellas razas superiores, procedentes de diversas regiones del mundo, y me dijeron que no. Todos esos tesoros son, pues, de puro lujo, sin utilidad para el Estado. Y ese palacio de los brutos ha costado millones, esos animales valen millones, y su manutención espléndida cuesta enormes sumas anuales. Entre tanto, hay poblaciones enteras de mendigos, hay millares de familias que habitan cuevas practicadas en los barrancos, hay canales cegados, puertos inseguros, ríos sin puentes, calles sin salubridad, y muchas miserias que remediar y obstáculos que remover... Parece que no alcanza el dinero para hacer todo eso, ni hay urgencia, puesto que las mulas no tienen novedad en su importante salud.

Capítulo II. Madrid político y social
La Corte y la nobleza. La juventud española. Escenas matinales. Las calles de Madrid. El Prado. El teatro español. El café público en España. Tendencias sociales

No pretendo en manera alguna centralizar la sociedad española, bajo todas sus faces, en Madrid. Como he dicho, hay en España cuatro Españas distintas, que tienden a confundirse, que se van mezclando fuertemente y que no muy tarde formarán una sola. Pero Madrid, aunque no representa principalmente sino la España castellana, es, como centro político, un espejo fiel de la vida general de la nación española. Lo que sucede en Madrid, en lo político y social, so repite en las demás grandes ciudades españolas, con más o menos vigor según las costumbres características de cada provincia. Si la Corte es un elemento de estudio para el viajero en España, por sus especialidades, la sociedad de Madrid no deba observarse, para apreciar sus cualidades y sus defectos, sino en el Prado, en los teatros, la plaza de toros, los hoteles o fondas, los cafés, las calles y las reuniones públicas y privadas. En cuanto a «Madrid político», hay que buscarlo en las Cámaras, en el periodismo, los tribunales, las juntas anónimas, el Ateneo, y sobre todo los cafés. El que juzgase a los españoles por lo que «escriben» o «peroran» en público y solemnemente, formaría opiniones muy erróneas. Para conocer el tipo del español, como «ciudadano», hay que oír «hablar» en el café, donde se revela libremente tal cual es. La mesa del café público es la verdadera tribuna del español. La prensa en España está amordazada y generalmente prostituida en el periodismo, como sucede con todo elemento de civilización que se degrada cuando lo comprimen o guían artificialmente. Pero los españoles se desquitan de palabra de la esclavitud que les han impuesto en la prensa. No hay un país en Europa, inclusive Inglaterra, donde se hable con más libertad que en España, en los recintos que no tienen carácter oficial o político. Y puede decirse que donde realmente se discuten en ese país los asuntos políticos es en los cafés, las mesas redondas de los hoteles y los «casinos» o círculos privados. Hablemos primero de la Corte y después de los españoles. Pero no hay que confundir a la Corte y los cortesanos con la aristocracia. Tal vez la mayor parte de los verdaderos cortesanos no pertenece a la aristocracia, la cual, en España, si vale mucho menos intelectualmente que la de Inglaterra y Francia, tiene mejores cualidades morales. Ese orgullo insolente de los nobles de otros países no se conoce en España. Su aristocracia moderna, la que se ha formado por su acción en la política, en la literatura o en la guerra, es muy reducida, y no ostenta sus títulos (único distintivo), sino que se confunde con las demás clases sociales en todas las relaciones. La aristocracia antigua o tradicional gusta, en lo general, de ostentar sus títulos en grandes escudos de armas y blasones, en ruidosas denominaciones y en otras exterioridades. Pero en realidad, esas demostraciones no revelan una infatuación personal sino un alto orgullo de familia, sentimiento piadoso y patriótico en el fondo; puesto que consiste en el culto a las glorias de sus antepasados y a las tradiciones de la independencia y de las grandes proezas de la España antigua. Creo muy sinceramente que la aristocracia de títulos o hereditaria, no tiene de malo sino los privilegios y las desigualdades inicuas en que generalmente se apoya. Pero reducida a «títulos», sin prerrogativas injustas, es meramente ridícula, y por tanto inofensiva, o racional en cuanto se funde en la conservación incólume del honor, de la gloria y del respeto hacia los progenitores, y entonces puede ser un estímulo hasta cierto punto. Con todo, no vale la pena una aristocracia inofensiva o puramente titular de hacer tanto ruido y de empeñarse en conservarla legalmente. Mejor sería que su valor se estableciese por la opinión fundada en la libertad. Como quiera que sea, la aristocracia española es realmente un pergamino viviente. Sin mayorazgos ni privilegios ante la justicia, su poder es nulo; y como no ha procurado adquirir influencia moral por medio de las letras, la tribuna, etc., cada día se hace más insignificante, reducida a muchos blasones y algunos doblones. Los nobles de España son, de resto, los más demócratas (si los puede haber) de cuantos se conocen en el mundo. Ni piden limosna, como los de Italia; ni dan látigo, como los de Rusia; ni se hacen caballeros de industria, como tantos en Francia; ni viven a estilo feudal, como los de Alemania; ni viajan como los de Inglaterra con orgullosas ínfulas. Confundidos frecuentemente con el común de la sociedad, se les ve en la mesa redonda del hotel, en el corrillo de la calle o del café, en al «parterre» del teatro o en la «diligencia» de viaje, muy contentos de alternar familiarmente con todo el mundo. Vi en los cafés a muchos nobles discutiendo afectuosamente con estudiantes y periodistas, y siempre mostrándose tolerantes. Recuerdo que un día cierto barón o conde muy estimable, me invitaba a dejarme presentar en Palacio para conocer la Corte de cerca y besar la mano a la reina. Le contesté riendo: «Señor mío, no tengo inconveniente en besarle la mano a una dama; por galantería; pero cuando la dama fuese reina, me sentiría humillado en mi altivez de republicano. Además, los reyes no son para mí sino animales curiosos; y después de haber visto en los jardines zoológicos las jirafas, los hipopótamos y los orangutanes, no me siento con urgencia de ser curioso». El excelente sujeto, en vez de picarse de mi brusquedad colombiana, me dijo con suma amabilidad: «Vamos, tiene usted razón; cada cual tiene el punto de vista de sus ideas y de su educación social. Nuestra reina es una guapa señora; pero para usted no hay mejor reina que la libertad. Enhorabuena». Esas condiciones que distinguen a la aristocracia española (que no es egoísta ni avara) prueban dos verdades: 1.ª que la nación española es y ha sido en el fondo, por su carácter, esencialmente democrática, a pesar de sus detestables instituciones; y 2.ª que su regeneración actual es mucho más positiva de lo que las apariencias pueden hace creer. La «Corte» es un mundo muy diferente de la aristocracia. Tal vez la de España es la más corrompida de Europa, después de las de Turquía y Roma. Es allí donde se agitan y pululan los más extraños manejos y las más impuras intrigas, a despecho de la nación española. Es allí donde se hacen y deshacen ministerios, que no debieran tener su cuna ni su tumba sino en el seno de la opinión nacional. Y a decir verdad, hay casas entre las gentes de la Corte a donde las familias que se estiman no van jamás o van muy rara vez y por necesidades de etiqueta. La política más impura se elabora en esos salones y esas alcobas, donde tienen sus templos la lisonja, la empleomanía y el interés. No habiendo penetrado a las regiones de la Corte, ignoro personalmente (y espero seguir viviendo en mi santa ignorancia) los misterios de ese mundo de tinieblas. Pero he recogido en España abundante provisión de anécdotas que edificarían al mejor «amador» de escándalos. No las relataré, pues, gracias a los españoles, tengo mejores cosas de qué hablar... En España hay una cuarta clase de la sociedad, compuesta de brillantes parias, que inspira el mayor interés: la «juventud». Es observando su situación y desarrollo que puede comprenderse mejor la lucha actual, definitiva, entre la antigua y la moderna España. El ejército le es antipático a esa noble falange; el foro y el profesorado le están casi vedados, porque las leyes oponen poderosas cortapisas al libre acceso; la vida parlamentaria está monopolizada por los empleados públicos y los ministros, así como por los grandes capitalistas; el periodismo está sometido a la censura previa y la persecución, y la ingeniatura civil misma está sujeta a las influencias oficiales. Así, la juventud pobre que quiere avanzar y hacer carrera y se siente animada por las más generosas inspiraciones, vegeta en realidad, reducida a «rumiar» ensayos literarios, perorar en los cafés, mantener justas especulativas en los círculos literarios y gastar su vigorosa naturaleza de un modo estéril. Donde quiera, en Madrid, he visto una juventud muy inteligente, ambiciosa de luz y de condiciones excelentes para desempeñar un gran papel. La filosofía moderna alemana, la economía política y la historia son muy cultivadas por esa clase briosa y casi abandonada; y es de su seno que salen día por día, a pesar de mil dificultades, oradores elocuentes y escritores de buen temple, que un día serán hombres de estado, porque el viento del siglo los empuja, pero que harán su carrera muy trabajosamente. Toda esa juventud es liberal, demócrata, y es en sus manos que veo el porvenir de España. La gran mayoría social de Madrid es ardientemente liberal, y el espíritu de progreso y de independencia se revela en los obreros o artesanos de un modo inequívoco. Lo mismo sucede a casi todos los grandes centros de población, donde el fanatismo ha decaído notablemente y las ideas de gobierno civil son generales. Creo que la democracia española, antes de diez años, saldrá triunfante de esas grandes ciudades a dominar toda la península, porque en ellas se está verificando un trabajo de discusión privada y de propaganda que acabará por crear las convicciones correlativas de los instintos democráticos. Varias veces asistí a las sesiones del Congreso en Madrid, y tuve la fortuna de oír discurrir a los mejores oradores de todos los partidos. A juzgar por ellos, y teniendo en cuenta la intolerancia reglamentaria que les impide hablar con libertad, me pareció que España era superior en la oratoria a la España periodista o escritora. Y eso es muy natural, puesto que allí todo el mundo tiene en el café una tribuna, donde entre taza y taza de chocolate se producen excelentes cosas espontáneamente. En lo general, los discursos de los diputados tenían una fuerte dosis de personalidad, vicio que proviene de la organización artificial y contrahecha que tienen los partidos. También noté sobrada abundancia de palabras y repeticiones aún en el afamado Olózaga y el brillante Aparici; pero ese defecto no solo proviene del mal giro de la política española, sino también de la natural ampulosidad de la lengua castellana, de la cual se abusa más cuando, por falta de libertad en el discurso, se tienen que sacrificar las ideas a las formas. El mariscal O'Donnell, jefe del gobierno, se ponía furioso cuando le contradecían los oradores de la oposición, sin saberse sujetar a las buenas reglas parlamentarias. Es que; bajo todas las latitudes, los hombres de sable se creen siempre en el cuartel, cualquiera que sea su posición. Cuando parecen hacer un argumento, en realidad no tienen la intención sino de decir a la asamblea que los escucha: «¡Armas al hombro y paso redoblado!». Madrid, que cuenta 281.170 habitantes, no solo tiene muchos institutos literarios y científicos importantes, sino que revela su vitalidad política por medio de numerosas publicaciones periódicas. No tiene menos de veinte grandes periódicos, casi todos diarios, algunos muy bien escritos, casi todos llenos de aticismo y personalidades; y publica además gran número de revistas y periódicos «ilustrados», que no carecen de mérito.

Por desgracia, el periodismo español está demasiado afrancesado en algunas materias; se descuida mucho lo nacional por las traducciones de futilezas parisienses; y no pocas veces hay que recordar a «Fígaro», a propósito de ciertos traductores que no cuentan para su labor sino con «atrevimiento y diccionario, y algunos con el atrevimiento solo». ¿Queréis tener alguna idea respeto de «Madrid social»? Acompañadme a pasar allí un día ordinario, y en todos sus incidentes hallareis más de cuatro revelaciones. Son las siete de la mañana y salgo a buscar el Sol y el aire puro. Madrid despierta a medias. Sus ricos capitalistas, sus gentes de la aristocracia y sus hombres del mundo elegante y político, duermen profundamente. No se levantarán sino a las once, a medio día o más tarde, porque no se han acostado sino a las dos o las tres de la mañana. Esa es la costumbre. Las puertas de las casas y tiendas se abren lentamente, si son de rango subalterno. En la calle no se encuentra sino al pobre vendedor de legumbres, sucio y harapiento; los barberos afilan filosóficamente sus navajas, detrás de sus celosías bajas; los aguateros asturianos empiezan su tarea, arriando sus diminutos pollinos cargados de pequeños toneles de agua; los mozos de café, trasnochados por sus innumerables e inamovibles parroquianos, bostezan, se estiran voluptuosamente, y hacen traquear sus coyunturas como matracas. Las calles están... revelando que la noche ha pasado por encima de ellas, y saludan el día con los olores menos confortables del mundo. Oigo un extraño ruido sobre mi cabeza, cual si tuviese lugar un aéreo tiroteo. Vuelvo la vista y descubro a todas las cocineras y sirvientas de la real Madrid exhibiendo todas las curiosidades de los lechos conyugales, celibatarios y de párvulos. La una sacude en el balcón, sobre la calle, un viejo tapete, una sábana o un faldellín de lana, si no un cuero de oveja de indescriptible aplicación; la otra desenrolla una estera... imposible. Esa cuelga una crinolina al aire, como farol; aquella pone en exposición artística un colchón o algo peor. Madrid íntimo, el Madrid de la alcoba, sale a luz en toda su desnudez, asomándose a todas las ventanas, sacudiendo su polvo en todos los balcones, y ambas aceras quedan colgadas durante dos o tres horas, como si fuese a pasar alguna procesión de caricaturas Tal es Madrid por la mañana, en casi todas sus calles. ¿Queréis acompañarme al almuerzo? No vale la pena: es como en todas partes. Venid más bien conmigo al chiribitil del bárbaro español, que hallareis en cualquier entresuelo de casa vieja o en una tienda que da sobre la calle. Si no tenéis barba que rapar no importa: entrad siempre y os divertiréis, conociendo un interesante tipo español Todo barbero charla sin cesar: eso es trivial y universal. Pero el barbero español no se parece a ningún otro barbero en ciertas cualidades. El viejo «Fígaro» no existe: es un tipo que las revoluciones han suprimido. Su sucesor en Madrid no tiene los recursos de intriga, ni las mil habilidades, ni la «literatura» del héroe de Beaumarchais. Truhán por excelencia y amable y meloso, el barbero contemporáneo os hará reír, os hablará de teatros, de las corridas de toros, del ministerio y las Cortes, de las muchachas bonitas, y sobre todo de las vidas ajenas. Le hallareis malicioso, pero jamás calumniador; sumamente chistoso, pero sin grosería; instruido en todos los misterios de alcoba y de fortuna, pero sin llevar la indiscreción muy adelante. Una palabra, un gesto, una sonrisa burlona del barbero os dirá más que un discurso. El barbero español tiene la ática elocuencia del gesto.

No le habléis de religión, porque os barajará el asunto y agachará la oreja con malicia. Dejáis manosear libremente, si queréis complacerle y que os afeite bien. Su oficina carece de aseo, sus peines aterran por las plantas parásitas que contienen; os enjabonará la cara con las manos, en vez de la brocha; os raspará como si pelase a un cerdo; pero al fin os divertirá, os hará mil cumplimientos y un hermoso par de patillas andaluzas, y cuando le preguntéis cuánto vale su trabajo, os responderá con el tono más español, más generoso, altivo sin afectación: «Lo que usted guste, caballero».

Salgamos a dar una vuelta por las calles de Madrid. Su movimiento es interesante. El aspecto material de las calles tiene bien poco de importante, porque Madrid por ese lado es una mala copia de París. Hoteles y cafés, almacenes y tiendas, casas y coches, todo se parece en su exterior, si es nuevo. Es en los pormenores, en los grupos sociales donde, a pesar del «dandy» madrileño, del «león» español (bastante insípidos), se revela España, la verdadera España, compuesta de tantos tipos diferentes, pero que armonizan en Madrid de un modo singular. Apartemos la vista de lo que es puramente imitativo, exótico, aunque el contraste no carece de interés. Allí un grupo de rancios castellanos discurre bajo de un portal sobre las maravillas de una civilización que les sorprende. ¡Los ferrocarriles en España!, es cosa de perder la cabeza para un segoviano de puño cerrado, o uno de esos aragoneses o burgueños de la vieja estirpe. Más allá departen sobre el precio de los «pellejos» de vino algunos manchegos cosecheros, o echan sus cuentas sobre la escasez de los trigos, a la puerta de un ventorrillo de esquina, entre uno y otro largo trago de Valdepeñas; con la manta amarillenta de lana burda recogida sobre un brazo, medio levantado por delante el fieltro de anchas alas, y dándole a la conversación ese acento perezoso de los paisanos del inmortal Caballero de la «triste figura». Más lejos, al derredor de una fuente pública, se agrupan en desorden los aguadores asturianos, de calzón corto y alpargata, chaqueta remendada, camisa indefinible, sombrero diminuto y fisonomía contradictoria, en cuyos rasgos parecen luchar la imbecilidad del servilismo y la inquietud del genio pendenciero. Todos gritan, hormiguean al pie de la fuente, se restriegan, se apostrofan; pero al echar sobre la espalda el barril de agua, recobran no sé qué del aire paciente de la mula de carga.

 Al dar con una callejuela, de esas que son las vías de comunicación obligadas entre dos grandes calles, tropezáis con un enjambre de curiosos tipos. En la esquina grita con voz chillona la vendedora de papeles, casi andrajosa, anunciando la «Correspondencia» o la «Iberia», y tal o cual opúsculo del día; y a su lado le hacen mil reverencias al pasante el mozo de cordel y el limpiabotas, anhelosos de obtener clientela. Más adelante el baratero os pone en las barbas su pequeña Babel portátil de fósforos y lápices, jabones y pomadas y las más heterogéneas sustancias, que os ofrece sin gracia ni donaire. En España nadie tiene la gracia seductora del francés para vender, porque aquel ha sido un país poco especulador y condenado al aislamiento moral. Un paso más en la callejuela, y os codea la tentadora sevillana o madrileña de opiniones... muy despreocupadas, guiñándoos un ojo negro y candeloso capaz de tentar al diablo mismo si no tiene juicio; en tanto que al pie de cada muro veis una fila de mendigos lamentables, rascando sin piedad o punteando una raída guitarra para producir un ruido que punza los nervios, acompañamiento de la usual frase: una limosna por amor de Dios.

 Llegáis a la «Puerta del Sol» u otra plaza de primer orden por su posición central, y el espectáculo es variado. Al lado del espléndido carruaje a la francesa se cruzan las pesadas y monumentales diligencias, que afluyen de todas las provincias o van a ellas, con el tren de enganche más extravagante y tiradas por cuatro o cinco pares de furias que llaman mulas. Allí, grupos de «leones» afrancesados hablan de modas, cerca de otros grupos de especuladores o meros «chimógrafos» que le van tomando afición al deleite de la Bolsa. Acá ronda distraído, por una acera, un par de guardias civiles o gendarmes de estrambótico uniforme, que hacen recordar el carnaval; o se detienen, con la conciencia de su inutilidad, a departir con algún barbero desocupado que espera a sus parroquianos en la puerta del «taller», armado de su amenazante navaja.

Más lejos pasa un grupo de hermosas madrileñas, de majestuoso andar, fisonomías graves y cabezas de reinas, cubiertas todas con las opulentas mantillas nacionales; y ese grupo aristocrático hace contraste con otro de toreros andaluces que celebran los golpes de la última corrida, burlones, pendencieros, rumbosos, petulantes y simpáticos al mismo tiempo; llamando la atención por sus fachas vigorosamente varoniles, sus negras y abundantes patillas y el conjunto curioso del sombrero «calañés», redondo y recogido sin alas como un bonete de felpa o paño, la chaqueta de paño cuajada de bordados y botones lucientes, la ancha faja roja o azul en la cintura, el calzón corto, y el botín prolongado hasta la corva en polainas labradas, con borlas de menudas correitas.

Si además de los mil grupos diferentes que componen la fisonomía social queréis fijaros en algunos incidentes que la caracterizan, observad el movimiento en cada «estanco» de tabaco y en cada tienda de licores; oíd los gritos de los innumerables vendedores de billetes de «lotería», corredores de la corrupción explotada en beneficio del Fisco; contemplad a los paseantes ociosos, y en todas partes hallareis algo de original y especialísimo de España. Ved, por ejemplo, al obrero español, el tipo que más resiste a la invasión de las costumbres extranjeras: rebelde a la blusa, la cachucha y la actividad del obrero francés, el español conserva su sombrero redondo, su chaqueta y su manta para tener el derecho de conservar su inmovilidad e indolencia Llega la tarde: son las cinco y estamos en primavera. Dos largas hileras de caballeros y de carruajes se dirigen del centro de Madrid hacia el Prado por la gran calle de Alcalá y la carrera de San Jerónimo. En el Prado no encontrareis ni al torero ni al mendigo, ni al baratero ni al aguador; allí no pasea sino el Madrid dichoso o que hace el papel de serlo. Corrillos de periodistas y diputados, de financistas y de dandys, de extranjeros curiosos y de provincianos muy currutacos, hormiguean allí, en alegre confusión con las damas elegantes, todos en incesante vaivén, rozándose sin ceremonia, aspirando con libertad y espíritu expansivo el aire del campo. Allí las confidencias, los dulces y estériles coqueteos, los cumplimientos de todo estilo, y la ostentación del lujo, de la hermosura y de la charla. El Prado es

249

encantador. El tipo español, múltiple, se ostenta allí, a pie o en coche, en lo que tiene de más bello y distinguido. Y ¡qué lujo en las formas de aquellas naturalezas! La bella castellana, de tez pálida y fina, cejas arqueadas, ojos severos y andar aristocrático, sacude el abanico con una gracia inimitable, y lleva la mantilla medio caída con la majestad que una reina su manto. La picante andaluza, la valenciana de mirada de fuego y frente enhiesta, la locuaz y casi rubia bilbaína, la gentil madrileña medio afrancesada; todas seducen y forman un conjunto admirable de fisonomías generalmente simpáticas reuniendo la gracia expresiva a la hermosura. Todas sonríen, saludan, hablan con llaneza delicada y prohíben al extranjero la elección. Entre los hombres se hallan figuras distinguidas por donde quiera, revelando más corazón que espíritu, más vivacidad de pasión que reflexión. Grandes y negras patillas o retorcidos bigotes, cuerpos robustos, cabezas altivas; un poco de petulancia en todas las miradas y de benevolencia en todas las sonrisas; la conversación siempre ruidosa; el cigarrillo en todas las bocas, apoyado con gordas interjecciones por vía de puntuación; riqueza de fantasía y de proyectos; inclinaciones heroicas y poca formalidad: tal es el conjunto de circunstancias sobresalientes. Añadid, en cuanto a las mujeres, unas cabelleras admirables que parecen mantos, y un pie pequeñuelo que se asienta todo pero sin lentitud perezosa, y tendréis un mediano bosquejo.

De repente circula un rumor y se nota en todos los grupos cierta sensación: es que la reina va a pasar en su carroza. Todos se detienen un instante, saludan quitándose el sombrero, la reina hace sus graciosas reverencias, y asunto concluido. Ni un viva, ni una exclamación: es un pueblo galante que saluda a la primera de sus damas y que conserva el respeto tradicional hacia los reyes; pero nada de entusiasmo. Cuando más algún admirador anticuario dice por lo bajo: «¡Qué guapa moza es nuestra reina!». La España que creía en el derecho divino de los reyes ha muerto, y sobre sus ruinas se está levantando la España demócrata. Ni un soldado acompaña en los días comunes la carroza de la reina: esa es una manifestación de confianza en la lealtad de los españoles. Con todo, la reina en sus paseos revela una transacción. Renunciando a los soldados o guardias transige con la opinión o las ideas del presente; pero haciéndose tirar en una antigua carroza, por mulas enjaezadas a estilo rococó, manifiesta su culto al pasado y a las tradiciones de la época que murió. Cierra la noche, y si no hay Luna el Prado queda enteramente desierto; las mariposas vuelan hacia sus nidos, y las hormigas de casaca negra emprenden su viaje en busca de «labores» nocturnas. Entonces les llega su turno al teatro, el casino y el café, escenarios democráticos donde la sociedad española se exhibe admirablemente. El teatro es mucho más querido en España de lo que se piensa. Si los toros son populares, no por eso destruyen ni atenúan siquiera el gusto por el teatro en aquella raza ardiente y siempre ansiosa de fuertes impresiones. El teatro, aunque frecuentado por la aristocracia, es democrático en España. Todas las clases se aproximan allí, se respetan mutuamente, gozan y se confunden sin desorden Por desgracia el gusto literario no adelanta en proporción. El teatro más popular es el de la «Zarzuela», cuyas operetas bufas son generalmente vulgares. Lo más clásico y selecto no es lo que más agrada, sino las petipiezas bufonas que pervierten el arte, la lengua, las ideas y las letras. Algunas, sin embargo, suelen ser ingeniosas y espirituales. No sucede lo mismo en cuanto a música y canto que en lo recitado: los españoles manifiestan en lo general una disposición notable para la música, aunque no muy educada; lo que no quita que a veces sean intolerantes y bruscos con los artistas. Los españoles, extremosos en todo, no saben censurar a un autor con el silencio; necesitan del «pito» para hacer entender la improbación. Es que les falta el pulimento y les sobra la ardiente espontaneidad de la franqueza. Al salir del teatro, el español no se va a dormir: necesita ir primero al «Casino» o al «Café». Es que allí tiene su vida libre y su tribuna; allí reina como soberano, pudiendo componer el mundo político a su acomodo. Cada café es un club de centenares de grupos, que entra en actividad desde las siete u ocho de la noche. Las señoras de la aristocracia (de sangre, de posición o de dinero) no van jamás a los cafés en España; pero eso no impide que los frecuenten mucho las damas irreprochables aunque no aristocráticas. En cuanto a los hombres, con excepción de los ministros, los diplomáticos, los rezanderos y los duques, todos los de buena sociedad se reúnen allí. El café es un terreno neutral donde todas las opiniones se manifiestan libremente, donde todos los partidos disputan sin reñir y a donde la policía no tiene entrada. Los españoles, a falta de prensa libre y de Cortes independientes, tienen el café inmune para formar allí la opinión. Vastos salones se suceden, al nivel de la calle, pudiendo contener algunos cafés muchos centenares de personas, y casi nunca queda un lugar desocupado. No hay un lugar donde los españoles revelen mejor que en el café «su invariable movilidad». Cada parroquiano pertenece a un grupo inalterable y se sienta infaliblemente todas las noches en el mismo lugar, delante de la misma mesa y haciendo rueda con las mismas fisonomías de la noche anterior. Cada cual llama al mismo mozo, pide la misma cosa, se insinúa de igual manera y permanece el mismo tiempo que en la última sesión. Allí, en esa invariabilidad, pasa cada uno tres, cuatro o cinco horas sin levantarse Y sin embargo ¡qué admirable movilidad y fecundidad no despliegan todos en sus confidencias, sus noticias, sus discusiones y disputas, sus chistes, anécdotas y epigramas! jamás una conversación se reproduce entre los mismos interlocutores, cualquiera que sea la composición de los grupos en las cincuenta o cien mesas de cada café. En unos no hay más que hombres; en otros se reúnen los dos sexos; aquí son escritores, allá negociantes; en este todos son jóvenes; en aquel se confunden todas las edades. El marqués se hombrea con el pobre artista y el senador con el estudiante de derecho al derredor de la misma mesa; se habla de todo y en voz alta en todos los salones; se fuma cigarro y cigarrillo sin tregua, y todo el mundo está contento, expansivo y chistoso entre aquella atmósfera caliente y espesa que obra sobre los cerebros excitando el ingenio picante y la locuacidad ¡Singular y curioso conjunto! Como en el café español las costumbres han establecido la libertad completa, cada interlocutor es muy franco y dice todo lo que piensa sin temor ninguno. El andaluz, impresionable, susceptible y graciosamente hiperbólico, discute sin ceremonia; el mesurado castellano ostenta su aticismo y buen sentido en mil epigramas y comentarios burlescos; el severo y estentóreo catalán toma las cosas de serio, como si estuviese en el Parlamento o en la Bolsa. Todo se comenta en el café: los misterios de la Corte, la conducta del Gobierno y de las Cámaras, las manifestaciones de la prensa, las causas y sentencias ruidosas, los grandes escándalos, los sucesos internacionales y los triunfos gloriosos del literato y del torero, del orador y de la cantatriz. Discusiones profundas, peroraciones elocuentes y galanterías, crónica escandalosa, frivolidades y grandes cosas, delirios y negocios ligeros, y aún amores ardientes y terribles pasiones se agitan en aquel santuario bullicioso y esencialmente democrático. Quien no haya estudiado un poco el «café», en Madrid como en Barcelona, en Sevilla como en Cádiz, no conoce una de las faces más marcadas de la sociedad española. Por lo demás, el café no es para los españoles sino un elemento de asociación, pues aparte de ser muy sobrios ellos no tienen gusto por el «café» ni saben beberlo. Lo que toman es leche muy azucarada con una ligerísima tintura de café, y tienen el capricho de beberlo en un vaso de vidrio, para tenerlo caliente. Ellos no son autoridad sino en cuanto al chocolate y el vino. Lo amargo les repugna en el café, como los deleita lo rancio en el aceite. Cada cual tiene sus gustos y en eso no cabe disputa. Después de estas rápidas observaciones, una palabra más acerca de Madrid «político y social», a reserva de insistir sobre ello en otro lugar. En tanto cuanto el roce con gentes de buena sociedad me permitió conocer la situación de la clase media en España, pude notar varias cosas: primera, que la juventud literata se deja dominar mucho por la tendencia hacia la metafísica alemana, estéril en un país que, no teniendo discusión libre, lo que necesita es recibir un fuerte impulso en la vía económica para agitarse en un gran movimiento que produzca por contragolpe la regeneración moral. Segunda, que esa juventud, toda liberal, y tendiendo hacia un solo fin —el progreso— está en gran desacuerdo, hasta el extraño capricho de que los demócratas y los libres-cambistas o economistas parecen estar en antagonismo. Los talentos parecen divorciados unos de otros, dominados por un absolutismo de ideas o de sistemas que tiene mucho de escolástico. Nótase además en los jóvenes escritores y oradores cierta manía de «teologizar» todas las cuestiones, dándose a disputas religiosas en que nadie puede ser convencido, y haciéndole tomar un giro bíblico a toda predicación política o histórica, en vez de servirse de la análisis, estudiando atentamente los hechos sociales. La economía política es muy popular en Madrid, pero es tan teórica que rara vez se la ve en el periodismo tratando las cuestiones que afectan más gravemente los intereses del país. España necesita tener algunos metafísicos y poetas de menos e investigadores de más. La poesía verdadera es la síntesis, la suprema revelación de la verdad; pero los pueblos que se hallan en la situación de España, necesitan de espíritus vigorosamente analíticos que escudriñen, revelen y hagan palpar las debilidades de la sociedad. La juventud española tiene bellas cualidades: patriotismo, fe, entusiasmo y ambición varonil. Pero necesita para elaborar grandes cosas un teatro diverso del que tiene: dejar los misterios del gabinete por la plaza pública, fortificando su temple en las pruebas azarosas de la vida realmente popular del ciudadano activo. El día que reciba un sacudimiento profundo que la arroje sobre el terreno de los hechos, la juventud española hará prodigios: hoy... no hace más que soñar, conversar y vegetar...

Capítulo III. Aranjuez
Un paseo popular. Mi compañero. El valle de Aranjuez. Un grupo de periodistas. Una corrida de toros. El «monte» en ferrocarril
La visita de los «Reales sitios» es un asunto de interés para todos los extranjeros. Yo me prometía visitar más tarde el «Escorial» y la «Granja»; pero no creía que el «Pardo» y otras propiedades de la familia reinante, contiguas a Madrid, mereciesen un estudio particular. Aranjuez me pareció exigir la preferencia, tanto más cuanto que, habiendo pasado por allí en un tren del ferrocarril, sentía el atractivo que ejerce sobre los curiosos aquel oasis encantador. Por otra parte, se había anunciado una gran corrida de toros en la plaza de aquella pequeña ciudad, y yo deseaba vivamente conocer este espectáculo singular y típico, que tanto difiere de los juegos de toros en Hispano-Colombia. Verdad es que ni el «Tato», ni «Cuchares», ni otro de los príncipes de la tauromaquia debían «trabajar» en Aranjuez; pero estaba anunciado como rey de la fiesta un tal «Pepete», espada de segundo orden no sin alguna reputación. Millares de personas de todas condiciones estaban agrupadas en la estación del ferrocarril para ir a la corrida. Todo contribuía a seducir a los madrileños: los toros, los mil primores del «Real sitio», el placer casi fantástico que produce el vuelo en ferrocarril, y aún la novedad de convertir a Aranjuez en el Versalles de Madrid. Los trenes se sucedían y los asientos no alcanzaban. Para lograr vagones de primera clase tuvimos que organizar una cotización entre dieciséis viajeros, so pena de pasar ratos bien amargos en los coches de segunda y tercera. Confieso que lo sentí, porque deseaba aprovechar mi oscuridad en España para deslizarme entre la «plebe», aceptando todo contratiempo, a cambio de conocer un

poco la índole de las clases llamadas inferiores. Pero yo acompañaba a un distinguido literato español, el cual a fuer de español, era muy galante; y como él había visto una espléndida madrileña de ojos azules y cabeza rubia, capaz de seducir al más cuerdo, era preciso dejarse llevar a remolque. Aquella circunstancia me hizo confirmar una vez más la inexactitud fisiológica de la famosa regla: «similia similibus...» que es también un principio de química. Acaso haya verdad en eso, en algunas situaciones; pero en lo general no he visto sino contrastes en la misteriosa química de los afectos. Mi compañero era un catalán de sangre pura y demócrata de ribete; mientras que la hada del vagón en que íbamos era una rubia de fisonomía británica, e hija nada menos que de un escritor absolutista a puño cerrado. La conversación se entabló con exquisita cordialidad como entre viejos amigos. Así es siempre en España, sobre todo en los lugares públicos. Debo decir con placer que no tengo sino gratos recuerdos de los numerosísimos «amigos» de café, de teatro, de vagón, de diligencia, etc., que coseché en España; amigos de una hora, anónimos, que se pierden para siempre un instante después, pero que dejan buenos recuerdos por la amabilidad obsequiosa de sus maneras y la buena voluntad con que le dan al viajero, cuantos informes solicita. En honor de mi compañero de paseo y para hacer justicia a su elocuencia, debo recordar una circunstancia. Poco después de la partida del tren, cuando la conversación andaba por los desfiladeros de la galantería disimulada, la señorita rubia, como una reina que abdica su corona por capricho, declaró que detestaba el matrimonio y no se casaría nunca; y eso, no por odio a los hombres, sino... (¡Cosa rara en la hija de un absolutista!) por amor a la libertad. El poeta catalán batió la brecha con calor. Cuando descendimos del vagón en Aranjuez, la hermosa rebelde estaba convertida... o aprecia estarlo; pero el poeta predicador no había dado ni un solo paso fuera del camino de las galanterías. El mismo día les predicó en mis barbas el mismo sermón a otras tres o cuatro empedernidas del momento, con una admirable fogosidad de galantería El opulento valle de Aranjuez, formado por el levantamiento de algunas colinas en la gran planicie que tiene al Tajo por centro hidrográfico, recoge las aguas de este río así como las del Jarama, cuya confluencia se verifica a poca distancia de la ciudad de Aranjuez, que está a 49 kilómetros de Madrid. No sin razón se puede llamar a ese valle el «huerto de Madrid», pues se distingue por la abundancia y excelencia de sus frutas y hortalizas. En España la tierra clásica de las fresas y los espárragos es Aranjuez. Su industria es muy reducida, y su agricultura de poquísima importancia, si se ha de juzgar por las escasas viñas y los diminutos olivares de algunas colinas del contorno. Lo mejor de Aranjuez está en sus bosques, sus jardines, sus palacios y sus crías, todo lo cual pertenece al «patrimonio real». La población es apenas de poco más de 5.000 habitantes, guarismo que suele duplicarse durante la primavera por la invasión de los que buscan las delicias del campo. Ciudad nueva y cortesana, Aranjuez se distingue por la capacidad de sus casas, y sus calles anchísimas tiradas a cordel y cortadas en ángulos rectos. Es entre la ciudad y el Tajo que se extiende lo más espléndido de los jardines y parques del «Real sitio». En un hotel-restaurador nos encontramos con cuatro periodistas y un joven «del mundo» que había comenzado su carrera en la diplomacia: galante, gastador, rumboso y «cansado de la vida» a los veintidós años apenas... Era curioso ver la franca cordialidad que reinaba entre tantos escritores allí reunidos. Mi compañero redactaba un periódico progresista-demócrata; dos de los otros eran redactores de un diario «moderado» de oposición; dos más lo eran de uno ministerial; el joven fatigado de la vida (pagano en tipografía) era absolutista; y para completar el contraste yo figuraba allí como republicano de Colombia y colaborador de los órganos de la democracia en Madrid. La más completa armonía reinó entre nosotros. Sea que el pueblo español haya sido calumniado en eso de la intolerancia política; sea que la vida constitucional le haya mejorado mucho; sea, en fin, que los periodistas constituyan donde quiera una raza aparte, lo cierto es que en España he hallado entre los escritores una singular cordialidad en las relaciones personales. En los cafés, los teatros, etc., se ve fraternizar a los hombres (los jóvenes sobre todo) que se hacen la guerra más cruda por medio de la prensa y en todos los terrenos ardientes de la política. El tiempo nos faltaba absolutamente para visitar las maravillas artísticas de la Casa del «Labrador», de los jardines privados y de todo lo que hay admirable en ese museo de verdura, de piedra, de mármoles, de aguas saltadoras y de flores, que se llama el «Real sitio» (dividido en dos grandes porciones, la del «Príncipe» y la de la «Isla»), que contiene cuanto hay de más precioso en el arte nacional, de más bello y opulento en la vegetación española y aún en la exótica. Yo recorría embelesado, con suprema delicia, algunas de las alamedas anchurosas, llenas de sombra, de perfume y de amor, que dan acceso a los grandiosos parques, los tupidos bosquecillos, los preciosos jardines, las plazoletas rústicas de verde alfombra y ricos pabellones flotantes de variados colores, las caprichosas isletas, las bellas ensenadas, los lagos en miniatura, las cascadas bulliciosas, los pintorescos puentes y los mil primores que el arte ha aglomerado allí, aprovechando la asombrosa fertilidad del suelo y las aguas del perezoso Tajo. ¡Cuántas veces al pasar bajo las inmensas cúpulas formadas por los olmos estupendos, los sicomoros, los fresnos de tinta oscura y menudas hojas, las encinas y hayas y otros árboles europeos, alcancé a ver algunas familias colombianas, acogidas en el seno de la madre patria como testimonios de fraternidad! Hablo de las lianas enormes, las lujosas parásitas y muchos árboles y arbustos del Nuevo Mundo, que yo había saludado en los días de la juventud, errante cazador, entre las selvas seculares de mi dulce patria. ¡A veces me aprecia que esos seres trasplantados de Colombia hacían temblar sus festones flotantes, no al soplo de las brisas españolas, sino bajo la presión de una conmoción secreta, al ver pasar a un compatriota! Acaso ellos me decían, en su lenguaje de rumores misteriosos que el hombre no comprende: «Te reconocemos...». El contraste más vigoroso me aguardaba en la plaza de toros. A la escena suntuosa de la naturaleza, llena de vida, de majestad, de misterio y de recuerdos de amor, iba a suceder una escena terrible de ruido, de pasión frenética y de muerte... ¡En vez de la poesía de Dios y de la contemplación deliciosa, la extravagante poesía del «heroísmo salvaje»! Eran las cuatro y media de la tarde, y ya la plaza de toros, situada hacia el extremo sur de Aranjuez, estaba colmada de espectadores. Todas las clases sociales se habían aglomerado allí, pero por capas o de piso en piso, según los recursos pecuniarios. Los puestos, los palcos y lunetas, a pesar de su incomodidad y su grosera estructura, cuestan en lo general, en las plazas de toros, respectivamente lo mismo que en los teatros. Es increíble el interés que el espectáculo despierta, dando lugar a la ventajosa especulación que hacen los revendedores de billetes. Frecuentemente su ganancia es de 50 %, y a veces muy superior, cuando el primer «Espada» o

«Matador» es alguna de las grandes notabilidades del arte, príncipes de la carnicería heroica. No pretendo hacer una descripción completa de las corridas de toros. No hay viajero ni escritor de costumbres eminente que no haya ostentado en ese asunto su habilidad descriptiva: por lo mismo si yo tratase de imitarlos, o mi descripción sería pálida y mediocre, o para interesar mucho tendría que ser plagiario. Así, me limitaré a las observaciones que se refieren a los rasgos más salientes y vigorosos de aquel drama original En Colombia, gracias a Dios, los toros no son una «institución» permanente. Cada año, con motivo de la fiesta del Santo patrono, o del aniversario de la independencia, hay regocijos públicos, esencialmente democráticos, que duran de tres a ocho días. Durante ese tiempo, ninguno en la ciudad y el pueblo tiene otra ocupación que la de divertirse, excepto los que especulan con la diversión, que se divierten y hacen negocio al mismo tiempo. Allí, las «fiestas» son un conjunto curiosísimo de corridas de toros, bailes, paseos, representaciones dramáticas, rifas y juegos, canciones patrióticas, banquetes y meriendas, conciertos, exhibiciones, peroratas, etc., etc. Pero todo es popular y público, todo es gratuito, pasajero, y como todo lo pasajero original, vehemente y febril. Pasan las fiestas, se arranca la última estaca de las barreras y los balcones improvisados de la plaza de toros, y no queda rastro alguno de la ruidosa y variadísima escena. Hasta el año siguiente, en la misma época, no se vuelve a pensar en el asunto. Además, no ha habido víctimas torunas ni caballunas en la plaza, y es raro que se cuenten hombres muertos o heridos de gravedad, a pesar del desorden que preside a las corridas y de los prodigios del aguardiente, la «chicha» y otros licores que corren a torrentes por millares de gargantas En España los toros constituyen un drama crónico. Cada ciudad tiene su plaza permanente, especie de circo de gladiadores heterogéneos (unos cornudos y otros sin cuernos), y la estación de las corridas dura desde el principio casi de la primavera hasta el fin del otoño. El invierno dispersa a los toreros y da treguas a los caballos viejos y los toros. Las capitales clásicas de la tauromaquia son Madrid, Sevilla, Valencia y Barcelona. Es allí donde se conservan los más espléndidos circos y adonde afluyen, en busca de aplausos, dinero y aventuras galantes, los más célebres «espadas», los más guapos «picadores» y los más ágiles «capeadores».

Tocóme por fortuna una luneta que dominaba precisamente el «toril», que es la «capilla» de aquellos bandidos de las llanuras y las ásperas lomas, de gruesa cornamenta, poderosa nuca y contextura de fierro, condenados a sucumbir en un combate desigual y terrible. Nada más eléctrico para la inmensa turba aglomerada en el anfiteatro circular y los balcones de la plaza, que la voz aguda y bélica de los clarines que ordenan y anuncian la salida de un toro a la sangrienta liza. Una conmoción simultánea agita a todos los espectadores y un rumor que revela ansiedad y curiosidad al mismo tiempo, circula en el ámbito de aquel grandioso matadero. Si el toro al salir da un salto gigantesco y parte como un rayo sobre los objetos que se le presentan, unánimes aplausos lo acogen y estimulan; su popularidad es inmensa y todos los espectadores son de su partido. ¿Qué tiene eso de extraño, si hay en el mundo tantos animales aplaudidos y populares? Si el toro, al contrario, se muestra cobarde o sorprendido al salir, la rechifla popular lo abruma, la opinión lo condena y todo el mundo lo insulta y apostrofa con los más ultrajantes epítetos, prestados a veces a la política. Así, el toro es un personaje que apasiona hasta el frenesí, y da lugar a un juego de epigramas que tienen frecuentemente su aplicación a los sucesos notables de la situación. El primer momento decide, pues, de la reputación y de la suerte del toro, sin que le valgan para rehabilitarse en la opinión sus actos de valor, si ha comenzado por tener sorpresa o miedo. Así es la suerte de los hombres también. Si el toro sale «de ley» se le respeta, se le trata con dignidad, porque no se apela al insulto supremo de las «banderillas». Se le ataca, se le capea en regla, y se le da muerte en singular combate, a manos del primer «espada», como a un caballero de los tiempos heroicos. Pero si es cobarde, la gavilla de toreros lo acosa con brutalidad, lo vilipendia con las banderillas, lo atonta con los capeos grotescos, lo hala de la cola, lo acogota y aniquila como a un ladrón vulgar y despreciable. Para el guapo la «espada»; para el cobarde la punta del innoble «cachete» La tumultuosa escena de la plaza de toros requiere muchos días de observación para poder apreciar todos los pormenores. No tuve valor, lo confieso, para contemplar esa carnicería más de una vez. Por eso tengo que reducirme a lo más notable del conjunto. Allí llaman la atención simultáneamente los actores del drama y los espectadores. Entre los primeros, el «Espada» es el primer galán, el segundo «espada» su protagonista; el toro es el gran «barba» terrible; los «picadores» son los auxiliares de la trama, y los «capeadores» y ayudantes de toda clase constituyen la lucida falange de comparsas. Francamente, el toro, defendiéndose de cien enemigos, me pareció el personaje más bello, más digno de admiración y de interés. Sus enemigos me parecieron más atrevidos, pero más estúpidos que cada toro. Todos ellos, a cual mejor, se distinguen por la originalidad, el lujo o lo pintoresco del vestido. Pero sus papeles son muy desiguales. El «Espada» representa lo sublime de la barbarie; el «Picador», la «perfección» de la bestialidad; el «Capeador» o simple torero, la simple unión del atrevimiento, la agilidad y la gracia.

El capeador, muy elegantemente ataviado (estilo «majo») se reduce a provocar al toro, sacarle lances, conducirlo al lugar del combate decisivo y divertir. Es el cortesano del «Espada», su auxiliar, su lacayo pedestre. El picador, caballero en un esqueleto de caballo más bien que un caballo, con las piernas aforradas en tablillas de fierro y pantalones de ante muy fuerte, y provisto de una larga púa, se presenta delante del toro, lo busca, lo acosa, lo pica sin piedad ni miedo, y aguarda como un autómata el tremendo golpe de la fiera irritada. Como el escombro de caballo en que anda tiene los ojos vendados y no puede defenderse, por falta de fuerza y agilidad, cuando la púa del picador no resiste para contener el empuje del toro, este se aboca sobre el miserable rocín, le hunde las astas aguzadas en el pecho y el vientre, lo despedaza y lo lanza a algunos pasos de distancia; quedando el picador tendido en el suelo, sin defensa, bajo la sangrienta y confusa mole del caballo y el toro. Este, más generoso que el hombre, se retira y busca a otro enemigo; rara vez se ceba en una víctima. Además, al caer un picador todos los toreros acuden a salvarle, y el caído es levantado como una estatua, porque sus piernas, entablilladas como están, no tienen movimiento. Al punto le sacuden, y si el caballo no ha muerto lo hacen enderezar para que el picador monte otra vez. Cuando ese lance se ha repetido tres o cuatro o más ocasiones, el espectáculo es tan odioso como inmundo. Unos cuantos hombres, manchados de sangre y empolvados, se agitan como demonios, con la tenacidad de la petulancia, sobre cadáveres ambulantes que arrastran o sacuden en un movimiento de agonía todos los intestinos que las astas de la fiera han destrozado y hecho brotar por anchas heridas... ¡Vi caballos que fueron martirizados en esa situación durante una hora! Llega el momento del sacrificio del toro, y los clarines lo anuncian con un toque fúnebre que hace pasar por los nervios y la sangre un hondo calofrío de terror y compasión. El «Espada», rey de la escena, no entra en acción sino para dar muerte al toro. Brinda la suerte a un personaje, escoge un sitio, tantea su arma, recoge su lujosa capa carmesí, arroja al viento su cachucha, se aprieta el moño postizo y aguarda con serenidad a que la fiera, conducida con maña por los cortesanos, venga a aceptar el combate mortal... ¡El lujo brillante y la singularidad de su vestido, la altivez de su andar y la terrible especialidad de sus funciones, las más peligrosas, hacen del «Espada», a los ojos de los españoles, un héroe, un semidios de la muerte, una especie de artista sanguinario, si se me permite la violencia herética de la expresión!... Todas las miradas le contemplan, le devoran y le siguen sus movimientos con agitación febril El toro llega y, como presintiendo la inminencia del peligro, rehúsa en el primer momento el ataque formal. Acaso adivina luego que si no muere heroicamente o si no mata, le aguarda la pena infamante del «cachete». Acepta la espada, mide a su enemigo con una mirada de fuego, le apostrofa con un espumante resoplido, irgue un instante la formidable nuca, escarba la arena con suprema desesperación y coraje, y embiste como un huracán... El «Espada» se defiende con tres o cuatro lances, casi inmóvil, y la fiera, como deseando poner fin a su lucha y su martirio, vuelve sobre el flanco de su antagonista, agacha la cabeza, surge como un relámpago de acero, estalla un inmenso grito de millares de bocas, suenan los clarines, y se ve, al disiparse la polvareda, la gran mole de un cadáver oscuro, como un peñasco, al pie de un hombre que saca su espada de entre el corazón y los lomos de la víctima, y la limpia tranquilamente contra la tosca piel del palpitante escombro... Renuncio a describir las mil manifestaciones frenéticas que constituyen la ovación del triunfador salvaje; como renuncio a pintar el sereno orgullo de aquel bello demonio, de aquel «majo» que reúne en su persona, para las mujeres de cierta condición, el ideal del valor y la galantería. ¡Ay del «Espada» si la suerte le es adversa! La rechifla le abruma, si, salvo, manca la estocada del modo indispensable. Aquel día hubo seis toros en campaña: tres fueron muertos guapamente, de un golpe instantáneo como el rayo, por un «Espada» de garbosa figura y negras y grandes patillas, llamado por sobrenombre «Pepete». Los otros tres, acribillados a estocadas inhábiles por un «Espada» llamado «Lilo» (si mal no recuerdo), murieron bajo los golpes de ese atroz clavo o puñal que llaman «el cachete. Lilo» fue silbado sin misericordia, no obstante la buena reputación de que gozaba. Cuando el toro sucumbe, se presenta un episodio que armoniza con los combates mismos. En medio de la gritería que aturde, a causa de la ovación o de la rechifla, según el caso, aparecen tantas parejas de mulas bravías cuantos cadáveres hay en la plaza. Aquel día conté en las seis corridas quince caballos muertos además de los seis toros. Las parejas de mulas, curiosamente enjaezadas, entran, dirigidas cada una por dos mozos de uniforme especial, al trote solamente. Un travesaño pendiente de las correas del tiro, con garfios de fierro, agarra el cadáver de un animal, casi hecho trizas; los látigos traquean, y las mulas parten a escape, como demonios frenéticos, saltando, tirando coces y bufando, estimuladas a golpes. Todo aquel pelotón de animales de tres especies —unos de dos pies, otros de cuatro que brincan y los demás cadáveres— sale por una gran puerta, y apenas acaban de cerrarla cuando se abre la del toril para recomenzar la matanza... Es en la plaza de toros donde el pueblo español ofrece más caprichos en su tipo moral. ¡Singular fenómeno, ese pueblo no tiene nada de inhumano en el fondo, ni ama las iniquidades sangrientas; y sin embargo no siente la más leve impresión de disgusto al ver tantos actos de tortura, tantos vientres destrozados y tantos cadáveres! La emoción de las peripecias y el interés de la escena, en cuanto revela valor, habilidad y peligros, le arrebatan la conciencia de lo que aquello tiene de bárbaro y atroz. Se olvida la muerte, porque al lado de ella se ve al hombre que arriesga la vida por galantería y amor a la «gloria» (a su modo), se ostenta una habilidad «artística» especial y terrible, y hasta se satisface el orgullo nacional con la superioridad de los toros españoles, corpulentos y fieros... El pueblo español revela allí graves defectos de educación, pero muestra también grandes virtudes de carácter, aunque mal dirigidas y aplicadas. Sus defectos no son más que la exageración de sus cualidades. Uno de los rasgos más curiosos de los toros es la energía del espíritu de partido que ellos despiertan. En el circo ninguno es indiferente, y los partidos se multiplican hasta la extravagancia. Cada cual tiene su «espada», su «picador», su «torero» y su toro predilecto. Los propósitos, los dichos, los epigramas y las interjecciones gordas se cruzan; las miradas son fulminantes, los gestos y movimientos dan la idea de la fiebre unida a la rabia. Todos se gritan, se silban, se apostrofan y gesticulan como enemigos encarnizados. Este arroja a la plaza su sombrero en un rapto de entusiasmo, y otro hace remolinear en el viento su cachucha, mientras que los adversarios del ídolo le lanzan cortezas de naranja y vituperios intranscribibles... Pero acaba la función, la inmensa multitud se dispersa, el circo queda desierto y, como por encanto, la cordialidad se restablece y los antagonismos terminan, sin que las disputas hayan tenido consecuencia alguna, sin que un bofetón o una injuria de las que no pertenecen al vocabulario convencional del anfiteatro, haya producido realmente una sola «querella». ¡Singular elasticidad de carácter que prueba todo el fondo de poética admiración por lo fuerte, varonil y heroico, que hay en el entusiasmo de los españoles por la tauromaquia! Los viajeros, en lo general, extrañan que las corridas de toros subsistan en España, no obstante la popularidad del teatro, que podría reemplazarlas totalmente. Yo no extraño tal cosa, ni creo que esa diversión brutal sea la prueba de malos sentimientos entre los españoles. Hay tipos que, prescindiendo de las influencias locales e históricas, son principalmente engendrados por la ley. El «torero», el «contrabandista», el «jugador» o tahúr y el «guerrillero» son en España hijos de las instituciones. El sistema económico, tan vicioso en España, ha hecho nacer al contrabandista como el contrapeso de la voracidad y codicia del fisco. Las plazas de toros son explotadas como elementos fiscales o rentísticos. El juego está erigido en institución normal, puesto que el Gobierno es, por medio de las loterías permanentes, un banquero de roleta. En cuanto al guerrillero, la violencia oficial lo hace surgir, como engendra las conspiraciones. Lo mismo diré hasta cierto punto del «mendigo» Se cree que el pueblo español no soportaría la supresión de los toros. ¡Error! ¿No ha tolerado y aplaudido la supresión de los frailes que le eran tan queridos, como se decía? Puesto que las corridas de toros están reglamentadas por la autoridad, nada más fácil que ir suprimiendo en ellas paulatinamente los rasgos más repugnantes y brutales hasta hacerles perder el interés actual. «Si el gobierno en España lo reglamenta todo (hasta la prostitución), ¿por qué no aplicar su poder a abolir en lo posible lo que hay de salvaje en las costumbres, o hacer siquiera menos frecuentes los espectáculos?» Tales son las reflexiones de algunos enemigos de la tauromaquia Yo pienso de distinto modo. Creo que solo dos poderes suprimirán en España, mejor que los reglamentos, las corridas de toros: las elecciones populares y los ferrocarriles, es decir la actividad de la industria y la locomoción, y la vigorización de la vida política. El día que todo el mundo pueda ir a España fácilmente, y salir de allí, los caracteres se suavizarán, por el doble contagio de los nuevos espectáculos que el extranjero llevará al país y de lo que los españoles verán en el extranjero. El día también que el pueblo español pueda saborear las nobles fiestas de la democracia, de la vida libre y popular, trocará el circo de toros por la asamblea y el gabinete de lectura. Sus defectos actuales no provienen sino del aislamiento, que ha impedido sacudir los malos hábitos y las preocupaciones perniciosas. Cuando la sangre española se renueve con la sabia de una civilización más culta, habrá perdido, es cierto, mucho de su originalidad típica, pero habrá ganado inmensamente en grandeza y gloria, progreso y bienestar. A propósito del juego (pasión singularmente arraigada y esparcida en España, en todas clases de la sociedad y bajo todas las formas imaginables), haré una observación, porque recuerdo un incidente curioso. Al volver por la noche de Aranjuez a Madrid, yo iba con mi fino compañero en un vagón pleno. Los otros seis sujetos me habían sido desconocidos antes de aquel día. Uno de ellos, aburrido de su inmovilidad en la movilidad del tren, propuso una partida de «monte», con apuestas de menor cuantía. A falta de naipes nos rogó a todos que le diésemos nuestros billetes de transporte, y con ellos arregló, pintando números en los reversos blancos, cuatro pares de ases, doses, treses y cuatros. De ese modo la partida, aunque muy modesta por el interés, se empeñó entre cuatro o cinco de los viajeros ¿De dónde proviene esa pasión del juego en España? A parte del estímulo incesante que le da el gobierno con el escándalo de las loterías, influyen muchas causas: la falta de libertad industrial, el aislamiento, la vida sedentaria que imponen las condiciones de un país exuberante pero sin fáciles salidas, la inmovilidad política proveniente de instituciones fundadas en el privilegio, la ociosidad forzada de una juventud impresionable y apasionada, que encuentra muchos obstáculos a la entrada de casi todas las carreras. La libertad

(¡paradoja aparente pero verdad incontestable!) la libertad de todo lo lícito, será el solo poder que suprimirá los abusos de las costumbres o lo ilícito. Es que cuando la ley y la autoridad pretenden dirigirlo todo, la opinión pública y el interés individual bien entendido no tienen la fuerza bastante para condenar y reprimir los malos impulsos del momento o los extravíos de una educación viciosa.

Capítulo IV. Toledo
La Semana Santa. Por la orilla del Tajo. Topografía de Toledo; su origen. La catedral y otros monumentos religiosos. El «Alcázar». Condición social de los toledanos

La Semana Santa había empezado, y era el momento más oportuno de hacer una visita a la «imperial Toledo», la antigua capital de un reino morisco, y de la monarquía española hasta principios del reinado de Felipe II. Aunque en España todas las grandes capitales celebran con bastante pompa la Semana Santa, Sevilla, Toledo y Madrid llaman en esos días principalmente la atención Sevilla descuella, como una segunda Roma, haciendo prodigios de ostentación en que las apariencias de lo religioso se confunden con las realidades pasajeras de lo mundanal, y la fiesta católica se completa con una inmensa feria, donde se reúne cuanto tiene la Andalucía de más rico, de más original y característico. De todos los puntos de España afluyen los extranjeros, los meros paseantes y los especuladores o tratantes, a divertirse, «curiosear» o negociar en la gran ciudad andaluza Madrid solo brilla los jueves y viernes santos por su lujo exorbitante en los atavíos de las gentes, las ceremonias cortesanas y dos procesiones muy sencillas por su tren, pero que llaman mucho la atención por la suntuosidad de los cortejos que las acompañan bajo la presidencia personal de la reina y su consorte. Por lo que hace a Toledo, ella ha sido siempre el punto de reunión de todas las gentes no cortesanas que gustan de los grandes espectáculos religiosos y de la contemplación de monumentos en todo el territorio de la Nueva Castilla. Actualmente la afluencia de forasteros es mucho mayor en Toledo, durante la Semana Santa, con motivo del ferrocarril ya establecido, que liga a Aranjuez con aquella ciudad ofreciendo muchas comodidades a los madrileños. Esa circunstancia ha hecho surgir en Toledo nuevas necesidades, entre otras la de crear fondas y multiplicar las posadas, a fin de dar alojamiento a los muchos viajeros que van a ver las maravillas o al menos curiosidades de aquella singular ciudad. El tren partió de Madrid, pasó rápidamente por delante de Getafe, Pinto, Valdemoro y Cien pozuelos, poblaciones sin gracia ni particularidad alguna, con un total de 10.600 habitantes; tocó en Aranjuez, y luego, apartándose de la línea férrea que conduce al puerto de Alicante en el Mediterráneo, tomó la ramificación parcial de Toledo, que arranca adelante de Castillejo, pasando por «Algodor», estación aislada que sirve de embarcadero a trece pequeños pueblos circunvecinos, más o menos apartados de la vía. Desde Aranjuez hasta Toledo el paisaje es encantador, porque el ferrocarril sigue el valle del Tajo, sobre la orilla izquierda, aproximándose muchas veces hasta tocar casi en las playas del perezoso río. De un lado se ven, como bajos estribos ondulosos de los «Montes de Toledo», graciosas colinas de seno granítico y superficie arenosa y arcillosa, absolutamente desnudas de vegetación natural, pero cubiertas de sementeras de cereales, de pequeños olivares y viñedos, en los puntos menos estériles; en tanto que sobre las ásperas lomas o los campos muy desiguales y agrios pacen algunos rebaños de ovejas o de vacas, cuyos grupos contrastan en el horizonte con los picachos rocallosos que de trecho en trecho se alzan sobre los lomos de las más altas colinas. Del otro lado se extiende una doble faja verde y luciente, llana y de anchura desigual, humedecida por el Tajo, que contrasta más notablemente, por su rica vegetación y su pintoresca alegría, con las desnudas colinas y campos arenosos de que acabo de hablar. Bosques de álamos blancos y de muchos árboles gigantescos se suceden, alternando a veces con hermosas praderas, donde saltan y retozan los magníficos potros, las lustrosas vacas y las robustas ovejas de las crías escogidas pertenecientes al «patrimonio real», o a varios propietarios que poseen terrenos en las márgenes o vegas del Tajo. En algunos puntos, en todo el trayecto hasta Toledo, se ven ricas plantaciones de hortalizas; y donde quiera reina una humedad vivificante para la vegetación, pero funesta para la población por las fiebres intermitentes que en algunos meses producen los derrames del Tajo, que carece de un lecho bien determinado y hondo. El ferrocarril se detiene en la vega del Tajo, al pie de la eminencia que sirve de asiento a Toledo, como a un kilómetro de la ciudad. Allí hay que tomar una especie de coche-diligencia, todavía rudimentario, circunstancia muy embarazosa cuando hay muchos viajeros. Cuando llegué a la estación llovía a torrentes, y no había «ómnibus» en que hacer el trayecto hasta el centro de Toledo. Estuve a punto de volverme de allí nomás a Madrid, y sin la generosa obsequiosidad de un caballero español que me dio un asiento en su carruaje particular, no habría podido escalar la cima de la imperial y pobrísima y atrasadísima Toledo.

Nada más raro, más único en su estructura que esa ciudad, tan llena de monumentos y recuerdos como vacía de industria y de vitalidad moderna. Como en España no se viaja por buscar ciudades, fábricas y campiñas de estilo moderno, sino por estudiar un país de condiciones especialísimas, Toledo encanta al viajero que la visita, a pesar de las detestables incomodidades que hacen allí desagradable la vida. Perdido en un laberinto de callejuelas y vericuetos, aunque llevaba un guía, vagué durante dos horas buscando alojamiento en la ciudad. Ya desesperaba de hallar un rincón donde ajustar mi persona, después de pedirlo en diez o doce fondas o posadas más o menos ostensibles, cuando la casualidad me permitió dar con una posada improvisada, decente para el caso, pero que exigía conformidad. Toledo tenía en esos días cuatro o cinco mil huéspedes; y aunque la ciudad, que solo cuenta 17.275 habitantes, puede contener materialmente en sus casas el doble, carece de recursos y comodidades para alojar bien a doscientos huéspedes. Toledo es, por excelencia, el resumen de la vieja España. Hagamos su descripción. Una inmensa roca o pequeña montaña en forma de península se levanta de un modo abrupto y severo sobre la margen derecha del Tajo, cuyo angosto valle queda interrumpido al pie de la ciudad, al sur. Altas colinas graníticas se alzan en un cordón semicircular del oriente al sur, rodeando por esos lados a Toledo. Al noroeste se desprende de otras colinas semejantes, que dominan el Tajo a uno y otro lado, una angosta lengua de tierra, como un istmo rocalloso y ondulado, que se liga con el asiento de Toledo. El Tajo, llegando al norte de la ciudad y al oriente de ese istmo, se precipita como un torrente en la abra profunda que separa la montaña de la ciudad del cordón rocalloso del E. S. E.; rodea la basa gigantesca de Toledo, haciendo un círculo casi completo, y vuelve sobre el norte, como a buscar su propio cauce, lamiendo al poniente los cimientos graníticos del istmo que liga la península fluvial de Toledo con los cordones de cerros del N. O.

De ese modo, Toledo está incomunicada topográficamente por todos lados menos uno, teniendo a sus costados los profundos abismos del Tajo, que desciende con suma rapidez por entre rocas estupendas tajadas casi perpendicularmente. Además, en la cima de la inmensa roca donde reposa Toledo, hay siete eminencias o montículos desiguales, cubiertos de edificios, plazas y calles. De ahí resulta que la ciudad tiene el aspecto de una estupenda fortaleza, sin que su fisonomía pueda ser abarcada con la vista, en su totalidad, por ningún lado. Toledo domina todos los contornos, pero ningún punto domina a Toledo Para llegar, pues, a la ciudad por cualquier lado es indispensable, o pasar por uno de los puentes de «Alcántara» y «San Martín», o penetrar por la puerta de «Visagra», que da sobre el istmo del noroeste. De todos modos es preciso escalar o trepar la montaña. Y en la ciudad misma, como los siete montículos hacen muy desigual el terreno, es forzoso subir o bajar, por cualquiera calle que se tome, en una especie de círculo vicioso que hace de Toledo la más extraña población. No puede tenerse idea cabal, sin conocerla, de un laberinto semejante. El hombre más experto, el de la más prodigiosa memoria de localidades, se perdería en Toledo, sin el auxilio de un guía, al volver la segunda esquina de una callejuela. Casas desiguales y de construcción tosca y antiquísima encajonan todas las calles, dándoles un aspecto lúgubre y siniestro, como si se anduviese por los ásperos e irregulares senderos de una montaña. El extranjero, al volver cada recodo, se hace la ilusión de que le espera una celada morisca en alguna de las mil encrucijadas que se complican y enlazan en la más enredada trabazón. Donde quiera empedrados atroces, murallones irregulares, repechos, ángulos y curvas indescriptibles que desafían al más hábil matemático por su ausencia de figuras determinadas. Las mil callejuelas se cruzan, se bifurcan, se redondean, se cuadran, se confunden, se rodean a sí mismas, se detienen repentinamente en rincones sin salida, o se prolongan en los más extravagantes pasajes, trazando una red indescriptible. Cuando cree uno haberse alejado 500 metros de un punto, según lo que ha marchado, se encuentra en la dirección opuesta, a veinte pasos de distancia, completamente desorientado. Aquella ciudad, esencialmente morisca en sus detalles de ese género, parece haber sido combinada para las emboscadas, los combates de guerrillas y las defensas inesperadas y formidables.

El origen de Toledo carece de historia, pues es atribuida su fundación a razas diferentes, y no se conoce la época precisa de su aparición. Los romanos la hallaron muy respetable ya, le daban importancia y la hicieron capital de la provincia «Carpetana». Conquistada por los Godos en el siglo VI la hicieron capital de su corte y sus dominios. Dominado el país en el siglo VIII por los Sarracenos, fue también el asiento de los virreyes moros, y después la capital del poderoso «reino de Toledo». Por último, recobrada en el siglo XI por el rey castellano don Alfonso VI, fue todavía la capital de los monarcas españoles, hasta que en el siglo XVI trasladó Felipe II su corte a Madrid. Desde entonces comenzó a decaer Toledo, aislada y sin industria, no obstante su condición de metrópoli de la iglesia católica en España.

No habiendo pasado en Toledo sino tres días, que son suficientes para un viajero que no es artista, apenas pude recoger impresiones rápidas. Toledo es interesante por su tipo social y su mérito monumental; pero el primero me importaba más que el segundo, tanto más cuanto que adolezco de una completa ignorancia en materia de arquitectura, pintura y escultura. Por lo mismo no puedo emitir «juicios», so pena de copiar lo ajeno («arte fea» en que estoy menos versado aún que en «bellas artes»), y solo indicaré las «emociones» sentidas Toledo carece absolutamente de industria. Es una ciudad muerta o por lo menos paralizada. Lo único que allí llama la atención en lo económico es la famosa fábrica de armas, situada a la margen derecha del Tajo, al poniente del istmo que he descrito. Me fue imposible visitarla, porque estaba cerrada en esos días con motivo de la Semana Santa, que los pueblos españoles y sus análogos celebran con la ociosidad. Supe sin embargo, que las armas toledanas eran de las mismísimas condiciones que las de lejanos tiempos. Los siglos han pasado por encima, sin que los forjadores se hayan dado por notificados, pues hoy los procedimientos de fabricación son los mismos que ahora cuatrocientos años, sin que los productos hayan mejorado notablemente. La vieja España machaca el acero con los mismos martillos. La civilización moderna no ha llegado sino hasta la estación de ferrocarril, al pie de Toledo. De ahí para arriba... ¡cuidado con tocar las telarañas! En Toledo todo lo que es monumental es interesante y curioso; todo tiene un tipo especial, que no se encuentra en ninguna otra ciudad española con igual energía, aún en Valencia, Sevilla, Córdoba y Granada. Donde quiera se ven alternando las construcciones góticas y las moriscas, así como algunas del Renacimiento, resultando de esa promiscuidad los más curiosos contrastes. Me detendré en los más notables monumentos nomás, que son las joyas de esa ciudad donde corrió la infancia de Quevedo y yacen los restos del favorito ahorcado don Álvaro de Luna, del poeta Moreto y del historiador Mariana. La catedral es, sin disputa, uno de los más grandiosos templos católicos de Europa. Todo es allí gigantesco, severo y sombrío, como las más típicas catedrales góticas. Si las formas exteriores y casi todo el conjunto del edificio pertenecen a esa arquitectura majestuosa, hay muchos detalles sin embargo, como la famosa capilla «Mozárabe», que corresponden al estilo morisco, por haber estado la catedral sujeta a cambiamientos sucesivos. Su espléndido pavimento de baldosas de mármol blancas y azules; sus cinco naves atrevidas sostenidas por ochenta y cuatro columnas colosales; sus veintitrés capillas cuajadas de oro y ricos ornamentos; sus tres enormes rosetones y setecientas cuarenta y siete ventanas ojivales o circulares cubiertas de vidrios primorosos de colores pintados al fuego; los mil adornos de las columnas y de las setenta y dos bóvedas de las naves, de una ligereza superior; la magnificencia de las sillerías del coro, cuyos bajos relieves son admirables; el esplendor de los «tesoros» o joyas que pertenecen al templo; los ecos profundos de los órganos, repitiéndose en mil senos de piedra; la solemne oscuridad del recinto; los preciosos cuadros de pintura que adornan los sombríos muros; y el hormigueo de la multitud de piadosos y curiosos, circulando como átomos bajo la estupenda mole: todo eso hace de la catedral de Toledo, el jueves santo, un monumento que asombra, impone, embelesa y hace enmudecer... Allí se comprende todo el poder de la fe, que no solo inspirara a los artistas de la Edad media, sino que les diera a sus pueblos-obreros la fuerza titánica para levantar esas montañas labradas de granito y piedra común, cuajándolas de primores que revelan toda la tenacidad paciente de una creencia y las extravagancias de la superstición. Allí se comprende también la fuerza de propaganda que ha tenido el catolicismo en otros tiempos, mediante la poderosa fascinación ejercida sobre las muchedumbres por la majestad de los templos y la pompa soberana del culto.[2]

Yo comparaba la inmensa riqueza encerrada en el «Tesoro» de la catedral, con la profunda miseria de las clases inferiores de Toledo, ciudad que vegeta en el aislamiento, sin industria, comercio, ni agricultura importante, y me decía con tristeza: «¡Qué bien haría la Virgen de esta catedral si, imitando a Isabel la Católica, no ya para descubrir un mundo sino para resucitar a Toledo, destinara sus joyas de valor fabuloso para un ferrocarril que comunicase a esa imperial ruina con todos los pueblos del magnífico valle del Tajo!». De cada catedral de España, sin contar más que los valores de lujo, puede salir un ferrocarril; pero no hay riesgo de que salga nada, sin que por eso falten las entradas Sin contar catorce conventos suprimidos de frailes, y veintitrés de monjas, Toledo tiene además de la catedral veinte iglesias parroquiales, nueve capillas públicas y seis «mozárabes». Así, pues, los habitantes no alcanzan para las iglesias. Después de la catedral, las más notables como monumentos son: «San Juan de los Reyes», «Cristo de la luz», el «Tránsito» y «Santa María la blanca»; las dos últimas, antiguas sinagogas. Es curioso observar que en Toledo había durante la dominación moruna seis iglesias, llamadas «mozárabes», donde los cristianos mantenían públicamente su culto, con expreso consentimiento de los Moros. Parece que aquellos «bárbaros» infieles eran amigos de esa iniquidad de la filosofía moderna que se llama «tolerancia religiosa». La Inquisición española les pagó más tarde a los Moros esa tolerancia en muy buena moneda... Los reyes de España tenían la costumbre piadosa de celebrar sus triunfos militares con la erección de iglesias, ora se tratase de los sarracenos, ora de los portugueses u otros enemigos. A la victoria de Toro, obtenida contra los de Portugal, debe su existencia la preciosa iglesia de «San Juan de los Reyes», de un gótico florido delicioso, mandada construir en 1476 por Fernando e Isabel; como se debe al triunfo de don Alfonso VI, conquistador de Toledo a fines del siglo XI, la importancia de la curiosísima capilla deno-

---

2   Esta catedral, levantada en el mismo sitio de una que databa de fines del siglo VI, fue comenzada por el rey Fernando III, en el año de 1227 y terminada en su masa principal en 1493. Tiene 404 pies castellanos de longitud, 204 de latitud y 116 de altura en la nave principal. Varias de las capillas laterales son posteriores a 1493.

minada «Cristo de la luz», donde se ofició la primera misa después de vencidos allí los Sarracenos. Llaman la atención en lo exterior de la iglesia de los «Reyes» una multitud de grilletes, cadenas y otros instrumentos de prisión, pendientes de los muros para recuerdo de los mártires de España, pues todos esos fierros les fueron aplicados en Granada a los prisioneros que estuvieron en poder de los Moros. Si la iglesia, de una sola nave, formando cruz latina, es de suma elegancia y bella ornamentación, el claustro no es menos interesante, a pesar de sus escombros, provenientes de un terrible incendio en 1809. Es curioso un enorme trozo de mosaico excelente que yace casi abandonado en el zaguán. En el piso alto llama la atención un museo de cuadros de pintura, comenzado en 1840, compuesto de 730 cuadros y establecido justamente en la celda del famoso cardenal Jiménez de Cisneros, primer novicio del convento allí fundado «Cristo de la luz» es una curiosísima miniatura de «iglesia», cuyo mérito está no solo en el origen y la antigüedad sino también en sus proporciones singulares. Mide aquel juguete de mezquita bautizada unos 18 pies de largo sobre 14 o 15 de ancho, con la altura proporcionada, y es de estilo bizantino-arábigo, con tendencias en algunos detalles a la transición del primer al segundo período del gracioso arte sarraceno. Seis navecillas cruzadas en opuestas direcciones, de tres en tres, y sostenidas por cuatro columnitas de granito, muy toscas, en que reposan arcos en forma de herradura, constituyen la bóveda, que se divide en nueve cúpulas casi microscópicas, todas diferentes, aunque análogas en su estilo. Si se pudiera arrancar y transportar con sus cimientos aquel juguete de arquitectura morisca, podría figurar en el mejor museo de antigüedades como una joya de inapreciable valor. La iglesia llamada hoy «Santa María la blanca», abandonada y desierta, fue una elegante sinagoga, construida hacia fines del siglo XI por los judíos de Toledo; corresponde a la época de transición o segundo período del estilo árabe; y tiene adornos y formas interiores de un gusto delicioso. El techo es un precioso artesonado de cedro, y todo el cuerpo está dividido en cinco naves; siendo el total un cuadrilongo que mide como 80 pies de longitud por unos 62 de anchura y 50 de elevación en el centro. Sostienen la techumbre treinta y dos columnas octógonas, estucadas, en cuatro filas iguales, y sobre sus capiteles se alzan veintiocho arcos en herradura, con bellos arabescos, los cuales apoyan otros órdenes de columnitas preciosas, pareadas, que soportan inmediatamente los artesonados. Estas construcciones, que me eran enteramente desconocidas (si no es en fotografías), tenían a mis ojos un encanto infinito, y me hacían evocar mil recuerdos de la historia de los pueblos orientales, leídas en los años de mi primera juventud. Bajo el pavimento mismo hay subterráneos profundos que guardan los restos de muchos israelitas. ¡Cuánto no me hacía meditar sobre las peripecias de la humanidad el abandono de aquel antiguo santuario de una raza que, perseguida durante dieciocho siglos por todos los pueblos en inmensa y atroz gavilla, ha regenerado al mundo en el siglo XIX, con el poder de sus enormes capitales y su actividad industrial y comercial, poblando a la Europa de Bancos, ferrocarriles, almacenes y fábricas! Los israelitas se han vengado de los pueblos perseguidores, dándoles el progreso y la prosperidad y organizando el crédito... No menos curiosa, aunque de proporciones muy distintas, es la otra sinagoga, llamada hoy iglesia del «Tránsito», construida a mediados del siglo XIV. Don Pedro el Cruel no lo era mucho, según parece, con los judíos ricos, y le permitió a su famoso tesorero y favorito, Samuel Levi, la erección de aquel bello santuario de la religión israelita. Su única nave sostiene un precioso artesonado; los muros son de un delicioso estuco, adornados con lindos «azulejos» en mosaico, y labrados con los más primorosos arabescos del tercer período de la arquitectura árabe, completamente andaluza. Aquella sinagoga se asemeja por muchos de sus pormenores a un espléndido salón de la «Alhambra» o del «Alcázar» de Sevilla Basta de iglesias para el paciente lector. A propósito de don Pedro el Cruel, es notable por su interés histórico y sus sombrías proporciones la casa o palacio que habitara en Toledo aquel salvaje coronado. Es un edificio informe y pesado, que da la idea de los calabozos y causa cierto estremecimiento al viajero que conoce algo las viejas historias de la vieja España. Aparte del admirable escombro del «Alcázar», son interesantes en Toledo: algunas de sus puertas monumentales, que dan acceso a la ciudad por caminos en caracol, sostenidos por estupendos murallones; el magnífico puente de «Alcántara», de un solo arco y todo de granito; y el colegio militar, edificio que fue convento y en cuya fachada, capilla, claustros y escalera monumental puede admirar el viajero una multitud de objetos de arte muy interesantes. Por lo demás Toledo es en su totalidad un inmenso y complicado monumento. Allí todo es curioso y singular, todo llama la atención y obliga al extranjero a detenerse a cada paso. En cada calle, en cada esquina, en cada portal o muro, balcón o ventana, se ve algún objeto precioso para el anticuario, sorprendente para el viajero que por primera vez recorre una ciudad tan especial como aquella. Aquí se da con un trozo de mosaico precioso, una bella baldosa de mármol, un busto raro de piedra o una inscripción histórica; allá con una ventana ojival, un balcón morisco, un curioso mirador, un torreón gótico o un escombro lamentable. Toledo es el cementerio magnifico de dos civilizaciones, de dos razas; cada edificio es una tumba y cada puerta o muro contiene un epitafio... Apresurémonos a hablar rápidamente de esa maravilla pretérita que se llama el «Alcázar», para acabar con lo monumental y mostrar al lector algunos rasgos de la fisonomía social de Toledo. Esa admirable ruina está situada al lado oriental de la ciudad, sobre una eminencia, dominando al mismo tiempo a Toledo y las profundidades del Tajo. Los cimientos y diferentes cuerpos y fachadas del Alcázar datan de épocas muy distintas. Fundada en el mismo sitio una fortaleza romana, después goda y enseguida árabe, el conquistador de Toledo, Alfonso VI, varias veces mencionado, le dio más grandiosas formas, haciendo gobernador del castillo nada menos que al heroico Cid campeador. Muchos reyes mejoraron sucesivamente el famoso fuerte, hasta que Carlos V resolvió demolerlo en casi todas sus construcciones superiores, conservando solo una fachada gótica, los sótanos y los formidables cimientos. Felipe II terminó la obra, invirtiéndose en ella los cincuenta años transcurridos de 1534 a 1584, y trabajando allí los más eminentes artistas, como Villalpando, Covarrubias y Juan de Herrera. En 1710 fue incendiado el admirable palacio-fortaleza por las tropas aliadas que luchaban contra Felipe V en la guerra de sucesión. Restaurado con esmero, incendiáronlo a su turno en 1810 las tropas francesas invasoras, dejándolo reducido a un sublime escombro. Hoy no quedan sino los muros interiores y exteriores, los torreones rotos, las cuatro espléndidas fachadas, los sótanos y cimientos; sin techumbres ningunas, despedazados los arcos que ligaban los muros, vacíos los huecos de los balcones y todo en ruina ¡Pero qué ruinas! Aquello es imponente y grandioso como una montaña desnuda, de indestructible granito y de ladrillo durísimo. Al vagar en medio de aquellas masas colosales, por esas enormes escaleras de piedra, sobre tantas bóvedas de inaudita fuerza y audacia singular, y en los oscuros abismos de los inmensos subterráneos (que en un tiempo abrigaron regimientos enteros de infantería y caballería), se siente uno poseído de un respeto profundo por el genio de los artífices, y adquiere, interrogando los ecos de esas formidables obras, la idea completa de una civilización terrible, fundada en la fuerza y el antagonismo artificial, de cuyo seno ha nacido, por uno de esos prodigios del divino misterio del progreso, la nueva civilización que tiene su solo principio en la libertad y la justicia. El «Alcázar» es un cuadrado de 200 pies por lado, que presenta cuatro fachadas diferentes, espléndidas, que no obstante cierta armonía general corresponden a diversos estilos de arquitectura, predominando el del Renacimiento. Una de las fachadas, la más antigua, es gótica por su carácter general, aunque por sus detalles, posteriores, es del mismo Renacimiento. Cuatro torreones gigantescos, en los ángulos, encuadran el edificio, dándole aspectos diferentes según el lado por donde se le contempla. Se compone de tres cuerpos o pisos, sin contar el de los sótanos, que se ve por un lado. El interior es de una esplendidez que arrebata, a pesar de su estado ruinoso. Los estupendos sótanos, de aquel palacio-fortaleza podían contener millares de soldados, de prisioneros y caballos, los víveres, y municiones y armas en grande escala; en fin, toda una fuerte guarnición o pequeño ejército, capaz de resistir por largo tiempo el asedio. Un inmenso subterráneo conducía desde el fondo de aquella montaña artificial hasta la margen muy lejana del Tajo, a una gran profundidad, para poder dar de beber a las caballerías, coger agua del río, etc., etc. Tal era de grandioso el sistema de arquitectura de la vieja España, que ha dejado en todas partes los más soberbios monumentos.

Nada más curioso que el espectáculo de las plazuelas y callejuelas de Toledo, durante la procesión del jueves santo. Aunque naturalmente se escogen para el paso del Cristo y de la Virgen las calles menos «imposibles», el acompañamiento eclesiástico y popular tiene que pasar por las más grandes crujidas para hallar salida por aquellos pendientes y endemoniados pasadizos al aire libre. Todo el mundo se estrecha, se codea, se pone en prensa y estrangula, resultando de la confusión y los apuros los más curiosos contrastes en los mil grupos que se agitan entre aquellos desfiladeros. El lujo suntuoso de la gran dama madrileña o toledana, cubierta de terciopelos, de ricos encajes y de joyas, tiene que frotarse allí contra la capa raída de paño ya pelado, un tiempo carmelita claro y luego de un amarillo mugriento inescrutable, que es el ornamento indispensable del toledano, obrero, tratante o mendigo, así como del manchego y todos los habitantes de las dos Castillas. En Toledo faltan absolutamente en las clases inferiores esos atavíos pintorescos, de colores vivos y cortes caprichosos, que se ven en Valencia, en Sevilla y otras poblaciones menos impregnadas de los usos castellanos. En Toledo todo es triste, y el hombre de alguna comodidad, como el menestral y el mendigo, tienen todos un aire de vetustez, de tristeza, de ruina y de miseria que los hace sombríos a los ojos del viajero. Cuando vagaba yo en medio del largo y complicado tumulto de la procesión, arrebatado en todas direcciones por una onda de capas amarillentas y mantillas negras, me aprecia asistir a un carnaval de la muerte. Sobre mi cabeza, a uno y otro lado, veía los bajos balcones repletos de mujeres y niños, con aire de aplastar a los transeúntes cayendo como enormes racimos; mientras que el aspecto de las calles y la movilidad de los sombríos grupos tenían no sé qué semejanza con las menudas olas y los grupos de rocas negras, en el seno de un arrecife, agitándose desordenadamente en un día de borrasca. Las bandas de mendigos pululan y circulan allí por todas partes, asediando al extranjero sin tregua. Rendido de luchar con las masas movientes en la procesión, fui a sentarme en un banco de piedra, a la sombra de algunos árboles en la plaza principal, llamada del «Horno de Bizcochos». Tenía sed y compré unas naranjas. Cayéronme al punto, en gavilla cerrada, siete u ocho muchachos hambrientos, de los más cercanos, pidiéndome cada cual una naranja, o un «chavito», como llaman los mendigos la moneda de cobre denominada «ochavo». Alejáronse contentos al recibir algunas monedas, y yo creía quedar en libertad para comer tranquilamente mis naranjas. Pero en breve arremetieron de nuevo, en mayor número, a disputarse las cortezas que yo arrojaba al suelo; y hube de ponerme en salvo para no claudicar entre aquella vorágine de mendigos impúberes. ¡No les bastaron las monedas y las naranjas, pues en un instante se tragaron todas las cortezas, como si fueran pedazos de pan! Aquella escena me afectó profundamente, tanto más cuanto que sabía que tal ejemplo de miseria no era una excepción. Toledo, por mucho que se haga, no saldrá de la miseria. Es un escombro que no tendrá resurrección sino a virtud de esfuerzos inauditos. Siendo la metrópoli eclesiástica del país (donde los canónigos son muy dichosos) y teniendo un gran colegio militar y una guarnición, admirables monumentos y carencia absoluta de industria, Toledo es un conjunto de cuatro tipos principales que se revelan en cuatro vestidos diferentes: la sotana del clérigo, el uniforme de vueltas amarillas y rojas del militar, el elegante «paltó» del extranjero curioso, y la capa raída y nauseabunda del mendigo. Fundada con un destino militar, según las ideas de otra civilización —para ser una fortaleza— el aislamiento es la condición de Toledo. No puede tener industria, porque carece de agua para mover máquinas, no habiendo sino aljibes o cisternas; ni tiene elementos para el comercio y la agricultura, por su posición excepcional. ¡Toledo, pues, seguirá siendo una ruina sublime, una estupenda curiosidad y nada más: el museo de la vieja España, custodiado por clérigos, militares y mendigos! Toledo me ofreció la ocasión de poner a prueba mi estómago y verificar la reputación (usurpada la una y legítima la otra) de la «olla podrida» y el vino de «Valdepeñas». Durante los tres días que pasé en la imperial Toledo, tan magníficamente cantada por Zorrilla, me vi forzado a renunciar a la carne, recibiendo la ley de la situación. Pero como no había pescado, ni huevos, ni leche, quedé a discreción de los garbanzos cocidos y otras iniquidades de la cocina española, neutralizando algo mi desdicha con buenos tragos de un exquisito «Valdepeñas». Este, sin embargo, tenía el atrevimiento de subírseme a la cabeza, sin la menor ceremonia, obligándome a multiplicar los «brebajes» de café. Tuvo al fin piedad de mí la posadera y me mandó servir «puchero». «"Un puchero" español —me dije con transporte—; vamos, esto será mejor que la catedral y el Alcázar.» ¡Mentirosa ilusión! Yo había hecho ya algunas experiencias poco satisfactorias en Barcelona y Valencia, respecto de la «olla podrida», y la había encontrado tan sofística como la monarquía constitucional en España. En Toledo se acabó la ilusión; el «puchero» legítimo terminó su misión sobre la tierra española; hoy pertenece a la historia, como la antigua grandeza del pueblo conquistador del Nuevo Mundo. Hoy no quedan de las glorias del «puchero» sino los innobles garbanzos cocidos, capaces de indigestar a un elefante, el vil chorizo y el desvergonzado tocino, que ha perdido su importancia desde que los moros y judíos han aceptado las impiedades de la cocina y la bodega cristianas. Desengañado y hambriento, hube de consagrar en Toledo todo mi culto gastronómico a las ricas naranjas valencianas y el atrevido Valdepeñas.

A pesar de algunas impresiones desagradables, Toledo me había complacido mucho por sus enseñanzas de carácter social, no menos que por sus monumentos. Había podido comparar la vieja España, representada en Toledo, con la España regenerada y progresista, revelada en Barcelona y Madrid: la primera basada en el aislamiento, inmóvil, indolente, rezandera en demasía, miserable y mendicante: la segunda buscando el progreso en la libertad y el movimiento, despreocupada, tolerante y pensando seriamente en lo porvenir. Me despedí de Toledo como el que acaba de visitar un sepulcro y sale del cementerio a pasos largos, volviendo a mirar hacia atrás de tiempo en tiempo, con un sentimiento mezclado de tristeza y esperanza...

Capítulo V. La Mancha
Dos compañeros de viaje. Aspecto del país. Recuerdos de don Quijote. Las poblaciones manchegas. La Sierra Morena
El mes de abril terminaba y era llegado el momento de visitar la fértil y hermosa Andalucía, tan llena de recuerdos, tan pintoresca y original en todo. Tomé el ferrocarril de Alicante; pasó el tren por Aranjuez, Castillejo y Villasequilla, y a 100 kilómetros de Madrid descendí del vagón, en Tembleque, para tomar asiento en la diligencia que debía conducirme a Granada, atravesando los «Montes de Toledo» y la «Sierra Morena», y pasando por Jaén. «La Mancha» había comenzado entre Aranjuez (que pertenece a la provincia de Madrid) y Castillejo, población que corresponde a la de Toledo. Esta provincia y la de Ciudad Real, separadas en parte por la serranía de los Montes de Toledo, constituyen la región de planicies y montañas desnudas que tenía la denominación antigua de «la Mancha». Tembleque es un punto importante en las comunicaciones interiores de España, pues no solo pasa por allí el principal ferrocarril, sino que de ese centro parten las carreteras que conducen por un lado hacia Granada y

Málaga, Córdoba, Sevilla y Cádiz, y por otro a Ciudad Real y Badajoz, por el centro de la hoya del «Guadiana». Con un caserío casi miserable, un terreno llano, pobre y pantanoso, y dominado al sur por los cerros de «Toledo», Tembleque no ha comenzado a resucitar sino a virtud del ferrocarril de Alicante. Su población alcanza apenas a unos 4.000 habitantes, de vivir estacionario en su mayor número, no obstante la producción de cereales, vinos, algún ganado lanar y varias fábricas de paños burdos y salitre. Al comenzar mi viaje a la Andalucía quiso la fortuna protegerme. Almorzando en la cantina (o «buffet») de la estación de Tembleque, hallé que mis compañeros de diligencia iban a ser dos caballeros franceses que viajaban por placer. No podían hablar ni una palabra en español, y aprecian ser sujetos de distinción, capaces de agradar e instruir a un compañero. Su itinerario era igual al mío, y tenían para mí la ventaja de no ser «parisienses». Yo deseaba muchísimo conocer en la intimidad el tipo del francés distinguido «de provincia», porque en lo general no estaba muy pagado del hombre de mundo parisiense. Quería instruirme también en las cosas relativas a la vida provincial en Francia, viajar asociado a personas inteligentes y observar la manera como los franceses juzgan a España. Quedamos, pues, convenidos en que yo sería su intérprete y en que nos trataríamos como viejos amigos. Ellos correspondieron tan bien a mis deseos, que hoy, al cabo de mucho tiempo, veo en ambos dos personas que no me dejarán nunca olvidar cuanto hay en Francia de bueno y honorable. La casa ambulante llamada «diligencia» partió arrastrada por diez mulas que saltaban como demonios, conduciendo unos diecisiete huéspedes a discreción de trece brutos (suponiendo que los conductores merezcan ser clasificados con las mulas). En breve salvamos los Montes de Toledo por una de sus mejores abras, y nos hallamos en plena «Mancha», en la grande hoya o planicie que tiene por centro al río «Guadiana», comprendida entre las serranías de «Toledo» y «Morena», y prolongándose por la Extremadura, al occidente, hacia Portugal. Toda esa vasta región que cruzábamos de norte a sur, es más bien una serie de planicies más o menos extensas que una gran planicie o valle. Donde quiera el terreno está entrecortado, ora por estribos de las serranías laterales, que se avanzan hacia el centro, ora por cordones o grupos aislados de pequeñas colinas que limitan el horizonte. Las serranías que dominan la comarca, desnudas y casi totalmente estériles, la sequedad del terreno, su composición general de aluviones diferentes en la parte llana, las multiplicadas colinas en declive, y la manera como giran los vientos sobre tan vasta fosa encerrada por todos lados entre serranías; todo eso ha determinado no solo la naturaleza de las producciones de la Mancha, sino también el aislamiento, la inmovilidad, las costumbres y el espíritu de las poblaciones manchegas. No he visto jamás soledades más extrañas. Allí se reúnen la idea de la opulencia y la de la desolación, del hambre y la abundancia, de la vida y la muerte. No hay en España una comarca que revele tan claramente como la Mancha la funesta acción de los malos gobiernos españoles, la incapacidad de los partidarios del aislamiento, los vicios de las instituciones monásticas y todo lo que constituyó el pasado de la sociedad española. El suelo de la Mancha, arenoso-arcilloso en lo general (exceptuando las rocas de caliza y granito en las montañas) es un inmenso filtro. Donde quiera que no hay pantanos (y estos son numerosos) la sequedad exterior del terreno es absoluta; las corrientes de agua rarísimas. Las aguas penetran fácilmente la capa exterior arenosa y se detienen en otra más espesa de arcilla, superpuesta a sedimentos muy sólidos. De ahí viene que mientras el agua falta casi completamente en la superficie, se la encuentra con facilidad y en abundancia haciendo excavaciones o aljibes, llamados en el país «norias». El agua, saturada de las sales aglomeradas en los sedimentos calizos interiores, sale a torrentes (para perderse otra vez si se le da curso) por medio de sogas de cerda sumergidas en los aljibes, unidas a un mecanismo rudimentario que mueve alguna mula vieja volteando sin cesar al derredor del pozo. Es curioso para el viajero ver en la mitad de una llanura desierta y abandonada uno de esos pozos, que tienen como la forma exterior de un horno, donde la impasible mula da vueltas y vueltas para hacer surgir el agua, sin que nadie la guíe. El hábito tiene allí el lugar del hombre; el animal trabaja solo hasta por días enteros. Siendo el terreno tan húmedo en el interior y seco en su capa exterior, y surcado por colinas y planos inclinados, que son como los estribos ondulosos de las serranías, se determinan tres géneros de producción bien demarcados. En los cerros, y las colinas ásperas, como en las llanuras estériles, pacen grandes rebaños de ovejas, cuya lana ofrece valores considerables y alimenta algunos telares en las poblaciones en que se fabrican paños y telas muy ordinarias para el consumo mismo de los manchegos. En las bajas colinas y pendientes suaves crecen los ricos y extensos viñedos escalonados frecuentemente en forma de anfiteatros; o se alzan pequeños olivares que aumentan con su tinta gris la melancolía de los paisajes uniformes. Por último, en las llanuras ondulan océanos de trigo, cebada, avena y centeno, que al soplo del viento producen en el vasto horizonte los más bellos reflejos de esmeralda u oro, según el estado de las sementeras. Tal es la Mancha, como país agrícola, en sus principales caracteres. Pero no sin razón he llamado «océanos» las plantaciones de cereales. La Mancha da la idea del mar por su uniformidad de aspecto, como por su inalterable soledad y su tristeza que acongoja. ¡Ni un canto, ni un relincho, ni un eco en las llanuras! Aquella comarca es un inmenso cementerio, con toda la desolación y la fertilidad de los campos... de la muerte... El viajero anda leguas y leguas y no ve una casa, ni un ser humano, ni una vaca o animal doméstico. Entre una y otra población no hay más que el desierto. Allí no existen la vida campestre, ni el paisaje sencillo y gracioso de la casa rústica, ni el campesino, en la estricta acepción de la palabra. No hay más que ciudades, villas y campos abandonados. ¿Quién cultiva, pues?, ¿quién cuida de esas interminables plantaciones de cereales y esos olivares y viñedos? La naturaleza. El hombre es un vago o mendigo que duerme o pide limosna, mientras que la naturaleza lo hace todo. Donde quiera reina el silencio... La tristeza domina en la Mancha aún en las cercanías de las poblaciones, donde está concentrada «toda la vida» social. Después de atravesar vastas campiñas donde no se ve un árbol, «ni uno solo», ni más que tierra y cielo, al acercarse a una población se comienza a ver por todos lados un enjambre de «norias» y molinos de viento, dispersos en las llanuras al derredor del caserío; al mismo tiempo que se distinguen en alguna pequeña eminencia vecina multitud de montículos de tierra, con puertecitas enanas y una especie de cúpula tosca en la parte superior, que tienen el aire de sepulturas de indios (las «huacas» colombianas) o de grupos de hornos. Son las bodegas de los vinos manchegos, cavadas en la tierra al aire libre y cielo abierto, que corresponden por su estado primitivo a la vida estacionaria de las poblaciones de la Mancha. Todo se encuentra allí tal como lo halló don Quijote en sus caballerescas peregrinaciones. Las

«Maritornes» abundan y son las mismas; «Sancho» asoma la cara por todas partes, siempre conservador, malicioso, bonachón y reacio al movimiento; los molinos de viento se mueven con la misma regularidad que en la época en que el ilustre «Manchego» lo apostrofaba y alanceaba sin piedad; los mulos y los asnos, los aparejos, las capas, las mantas, los muebles, cuanto es visible allí, mantiene con fidelidad las tradiciones reveladas por el inmortal prisionero de Argamasilla. Creo que los alcaldes rebuznan hoy en los mismos «tonos» que los dos que hicieron decir a Cervantes: «No rebuznaron en balde. El uno y el otro alcalde». Los siglos han pasado por encima de la Mancha, sin modificarla en nada, como si el Tiempo se hubiera dicho:

—«Hay comarcas que es mejor no meneallas.» Con excepción de Manzanares, villa de más de 10.000 habitantes, donde, gracias al cercano riachuelo «Azner», hay algunas alamedas vergonzantes que sorprenden al viajero en esas soledades, las demás poblaciones parecen vivir como en el desierto. Donde quiera la mugre, la vetustez, el abandono y la ruina; casas horribles, pesadas y deformes, con portones enormísimos y ventanas microscópicas; calles tortuosas, sin pavimento, con profundos lodazales o montones de piedras en desorden; un silencio sepulcral en todas partes; edificios arruinados y ausencia de artes y comercio; bandas de mendigos hambrientos, en número fabuloso, que vagan por las calles como espectros, espiando con ansia la llegada de una diligencia para caer sobre los viajeros, rodearles en gavilla, oprimirles, y acribillarles literalmente, hasta obtener de todos y cada uno algún «cuarto» u «ochavo», un pedazo de pan u otra cosa; todo acompañado del más horrible clamoreo que imaginarse pueda. Cada una de aquellas poblaciones es un término medio entre las ruinas, el cementerio y la cloaca, donde reinan la miseria, la inanición, la estúpida vagancia, la superstición, la envidia y el hambre... Es doloroso y repugnante ver cómo se insultan y maltratan mutuamente aquellos innumerables mendigos, de todos sexos y edades, disputándose los viajeros como presas de campaña, medio cubiertos de horribles harapos, cuyo aspecto es doblemente triste por la tinta amarillenta de las telas de lana que sirven de vestido común. ¿Cómo explicar esa espantosa miseria y esa inmovilidad de tantas poblaciones en el seno de vastísimas campiñas de una fertilidad prodigiosa? El aislamiento, los malos ejemplos y las malas instituciones lo explican todo. Los conventos, haciendo de la ociosidad y la mendicidad costumbres venerables a los ojos de la muchedumbre ignorante y supersticiosa, han degradado en todos sentidos a esos pueblos tan favorecidos por la naturaleza en algunas cosas. En cuanto al Gobierno, debo repetir la frase que en otro lugar he emitido. «Él ha hecho el papel del perro del hortelano.» Partiendo de la idea del monopolio y la centralización, ha querido reglamentarlo todo. Impotente, no ha hecho nada; egoísta, no ha dejado hacer; amigo del aislamiento, ha cerrado la puerta a las comunicaciones. La Mancha ha podido ser muy rica y feliz con solo dar salida al enorme producto de sus tierras, casi espontáneo, en cereales principalmente, y en vinos, aceite, lanas y otros artículos. Pero enclavada entre serranías, sin caminos, sin libertad de cambio ni de industria, y viciada la población por hábitos de ociosidad y obediencia pasiva, la vida de la Mancha (si la vegetación puede llamarse «vida») se ha concentrado en las ciudades y villas. Así, los campos han quedado desiertos, sin casas, ni árboles, ni irrigación; y en las poblaciones se ha perpetuado la miseria por la concentración de brazos ociosos.

Y esa concentración, que se nota en las dos Castillas principalmente, ha sido, a su turno, la causa de la persistencia de los malos gobiernos. El hombre del campo es, en lo general, el más independiente, en igualdad de circunstancias, ya por la vida que lleva y el influjo de la naturaleza que le rodea, ya porque la acción de la autoridad le alcanza menos. Concentrada la población en las ciudades y villas, no solo se acaba la vida entre pueblo y pueblo, sino que, siendo más inmediato y activo el peso de la autoridad sobre muchedumbres ignorantes y abyectas, la obediencia pasiva las amolda a toda tiranía, las degrada del todo, y la centralización absoluta se hace más fácil de establecer y más durable. Creo haber encontrado la clave de casi todos los fenómenos sociales que distinguen a las Castillas de la España catalana, morisca y vascongada, en esa diferencia sustancial que se nota en la manera en que la población se ha concentrado o distribuido. Una vez cruzada la serranía de los Montes de Toledo, dejando atrás, al norte, la grande hoya del Tajo, el vasto panorama aprecia ser el mismo, porque hay una singular semejanza entre esa hoya y la del Guadiana. Yendo a todo trote, veíamos a lo lejos distintamente con el auxilio del anteojo, sobre una eminencia, recostada a un contrafuerte de la serranía que acabábamos de cortar, la antiquísima ciudad de «Consuegra», de unos 9.000 habitantes (perteneciente a la provincia de Toledo); allí quedan aún los restos de grandes obras romanas, y se destacan sobre una colina abrupta los escombros de un antiguo castillo que pasa por ser obra de Trajano. Pásase luego por la villa de «Madridejas», que cuenta unos 7.000 habitantes, y cuyo tipo no requiere descripción, porque en la Mancha todo es uniforme. Después de esa villa termina la provincia toledana y comienza adelante la de Ciudad Real, que tiene su límite meridional en el centro de la Sierra Morena. Vense a la izquierda de la vía los pobres pueblos de «Herencia y Camuñas»; cortase la garganta montuosa llamada «Puerto Lapiche», donde vegetan entre colinas rocallosas unos quinientos paisanos de Sancho Panza; se cruza la triste comarca de «Villalta», donde chapotean como patos solitarios otros 227 manchegos, entre lagunas sin desagüe; y en la mitad de una fértil pero mal cultivada llanura se da con «Manzanares», villa importante, que tiene algunas huertas en sus ejidos, pero que produce sin embargo menos «manzanas» que mendigos. Eran ya las diez de la noche cuando llegamos, hambrientos y molidos, a la ilustre «Valdepeñas», ilustre por sus vinos populares, que no por otra cosa. Cualquiera podría pensar que los 10.800 habitantes de ese «valle de peñas» vivirían medio achispados, tomando el gusto a sus pipas y haciendo de cada bodegón una Capua. Nada de eso en España los pueblos que beben menos vino son los que más lo producen; su sobriedad es singular, y casi todos prefieren el uso de aguas de mala calidad. La mesa estaba servida en el parador de las diligencias, y hacía los honores una hostelera de mal humor, término medio entre doña Dulcinea y Maritornes, que nos abrumó con gallinas y perdices compuestas de todos los modos imaginables, y los consabidos garbanzos cocidos, tan sólidos como piedras de macadamizar. Allí bebí el peor vino de Valdepeñas que encontrara en España: «En casa del herrero azada de palo». Con excepción de las grandes ciudades, donde en «algunos» hoteles o fondas se sirve con gusto, España es un país donde la mesa es una cuestión de «cantidad» más bien que de «calidad». Aquel es un pueblo sobrio y frugal, y sin embargo el «gusto» de los hosteleros consiste en aglomerar montones de platos, sin orden ni discernimiento, como si solo se tratara de «hartar» al huésped o viajero. De ahí resulta muchas veces el efecto contrario, porque muchos platos no son sino «ediciones» distintas del primero que entra en la escena gastronómica. No habíamos acabado de limpiarnos la boca cuando el implacable Mayoral nos llamó a la diligencia. Era preciso hacer la digestión a saltos, después de haber comido en abreviatura bajo el régimen «gallináceo» iImposible dormir en aquella cueva que se llama «berlina», tieso como estaca y sacudido atrozmente por el armatoste que, tiene por piloto al Mayoral! Pasamos por «Santa Cruz de Mudela», población de 5.500 almas, silenciosa como una tumba, entre las sombras de la noche; y al tocar en «Almuradiel» (con unos 600 habitantes) comenzamos a trepar las encrucijadas de la Sierra Morena, donde por tanto tiempo tuvo sus altares el dios «Caco», entre desfiladeros horribles y formidables peñascos de granito. Aquellos tiempos han pasado enteramente; el salteador de estilo «heroico» ha cerrado sus estudios en casi toda la península española, y su herencia ha sido recogida en las ciudades por hijos más distinguidos y civilizados. Sierra Morena está más tranquila que una iglesia cerrada, y los que ejercían su industria allí han sido desbancados por Ministros de Estado, jugadores de Bolsa, contrabandistas aristocráticos, canónigos vendedores de bulas, diputados y otros personajes ilustres y de intachable honorabilidad, que persiguen con rigor y energía el vicio, la vagancia, el delito... y el dinero. Nada más grandiosamente vago, romántico y solemne que la escena que se ofrece a los ojos del viajero en el centro de Sierra Morena, en el silencio de la noche y sin Luna. La diligencia rueda con estrépito por calzadas construidas a pico a orillas de estupendos precipicios, produciendo en los senos oscuros de las montañas mil ecos diferentes. Los enormes cerros de granito, desnudos, abruptos, despedazados a veces, entrelazados en laberinto, separados por abismos profundos y espantosos, destacando acá y allá picos, y conos, y cúpulas y moles gigantescas, cubiertos en partes de tristes matorrales, de blancas flores y de musgo y helechos; las sombras y los claros que se proyectan, según las inflexiones del terreno; el frío de la noche; el ruido de los torrentes en las profundidades; la soledad medrosa de aquellos parajes que parecen guaridas de bandidos o de fieras y aves de rapiña: todo eso le da a la escena los más sombríos caracteres y un interés extraordinario. Al ver aquellas formidables barreras de granito se comprende la tenaz y secular resistencia de las dos razas que lucharon durante ocho siglos, apoyándose y defendiéndose una y otra con el poder de la naturaleza y disputando el terreno palmo a palmo, en las gargantas estrechas de las serranías. Asimismo, al observarlas se encuentra alguna excusa (aunque sofística) al régimen de aislamiento que por tantos siglos ha predominado en España. La Mancha había terminado, y en nuestra vía habíamos tocado, después de Tembleque, con una población total de 34.500 habitantes aglomerados en siete localidades.[3] Ya habíamos pasado las horribles gargantas de «Despeña perros» (!!); el alba iba a empezar a difundir su vaga claridad. Rendidos de sueño y de cansancio dormitábamos ya, en una especie de pesadilla y de sopor, cuando se abrió el horizonte al mediodía. La hermosa Andalucía, el país del amor y del arte, de la fecundidad y del trabajo, comenzaba en las alturas de «Santa Elena».

---

3   En todo ese país pueden muy bien caber 500.000 almas

Quinta parte. Las Andalucías

Capítulo I. Jaén y Granada

Panorama general. Las colonias de Carlos III. Bailén. Jaén y sus campiñas. De Jaén a Granada. Idea general de Granada. Curiosidades de la ciudad

Habíamos andado hasta cerca de Santa Elena, 210 kilómetros desde Madrid, y nos faltaban 218 para completar los 428 de la distancia entre Granada y Madrid. Pero ¡qué diferencia en el aspecto de las dos comarcas! Atrás quedaba la raza goda, la sociedad castellana, genuina representante da la vieja España. Adelante, algunos bellos grupos originarios de la raza germánica, y luego todo un pueblo profundamente modificado por la infusión de la sangre árabe y las tradiciones de la actividad industrial y del genio artístico de las grandes tribus orientales y africanas. En «Santa Elena», pequeña población moderna de unos 600 habitantes, las montañas parecen abrirse para dar paso a la vida; el cielo es ya más bello, el aire más delicioso, y la naturaleza sonríe. Apenas hace un siglo que la Sierra Morena era un desierto, una inmensa sucesión de encrucijadas espantosas, sin ninguna señal de vida, de industria ni de comercio. Carlos III (el único rey liberal y positivamente bueno que ha tenido España) resolvió hacer surgir la vida de en medio de aquellas soledades, fundando en la Sierra colonias importantes de agricultores vigorosos, para lo cual no solo se sirvió de los españoles, sino que hizo llevar inmigrados alemanes, muchos de ellos protestantes, propios para dar saludables ejemplos y favorecer un fecundo cruzamiento de razas. Es a esas medidas que se debe la existencia de siete nuevas poblaciones en la Sierra Morena «Almuradiel», situada al lado septentrional, es la primera. Las otras seis, correspondientes a la alta Andalucía (provincia de Jaén) son: «Santa Elena», las «Navas de Tolosa» (célebre por la batalla que en 1212 ganó allí el rey Alfonso VIII contra el rey moro Aben-Mahomed), la «Carolina» (que recibió su nombre de Carlos III), «Carboneros», «Aldea del Río» y «Guarroman». La población total de las seis colonias andaluzas asciende a 7.400 individuos, de los cuales 4.728 corresponden a Carolina. Nada más interesante que el contraste de esas poblaciones y sus campos vecinos, con el aspecto del país que la vista registra en todas direcciones. El espectáculo es hermoso y suministra la prueba del poder del hombre para crear la riqueza, aún en medio de una naturaleza ingrata, cuando se tiene voluntad para luchar y vencer los obstáculos. A derecha e izquierda los ojos no descubren sino cerros desnudos y tristes, contrafuertes formidables de la Sierra, destrozados, revueltos, tajados en sus inmensas moles graníticas, o multiplicándose en laberintos de rígidas colinas y laderas. El panorama parece casi todo un océano de arrecifes, negros, pardos, grises, y a veces rojizos, como si antiquísimas conmociones volcánicas los hubiesen desparramado entre abismos. Al frente, a más de 240 kilómetros de distancia, se ve la grandiosa Sierra Nevada, corriendo de oriente a poniente, semejante en todo (menos en sus nieves blanquísimas) a la Morena; y se alcanza a columbrar vagamente el sitio en que demora la morisca ciudad de Jaén, recostada al pie de uno de los prolongados contrafuertes de la estupenda y escarpada barrera. En el fondo se ve una vasta extensión de terreno desigual surcado por el turbio «Guadalquivir», donde alternan las colinas multiformes, las pequeñas planicies, los planos inclinados, las angostas llanuras entrecortadas por barrancos y los risueños vallecitos que forma el río en sus vueltas y revueltas caprichosas, descendiendo por un cauce profundo y arcilloso, entre grandes y tajadas rocas graníticas en varios trechos. Por último, si se mira más cerca, retirando la vista de la faja tortuosa del Guadalquivir (a cuyas márgenes demoran Úbeda, Baeza y Andujar), se registra una serie de planos inclinados, colinas y fértiles cañadas de lujosa vegetación y esmeradísimo cultivo, por donde gira la carretera en busca de «Bailén». Por todas partes graciosos cortijos con vastas arboledas que orillan el camino o deslindan las heredades; corrientes cristalinas y bulliciosas que parecen dejar con alegría las asperezas de la Sierra para ir de salto en salto a llevarle al Guadalquivir sus murmurios y sus perlas líquidas; extensos viñedos sobre las más desnudas colinas y los cerros; innumerables plantaciones de hortalizas, cereales y semillas; considerables extensiones pobladas de hileras simétricas de olivos; árboles frutales a la vera de la ruta y en los alegres huertos; aquí un molino de olivas, allá unas vacas paciendo en el barbecho, cerca de la casita pintoresca; grupos de labradores sencillos y contentos, trabajando juntos hombres y mujeres, ancianos y niños; en todas partes verdura, aguas saltadoras, flores, un Sol vivificante, sombras deliciosas, trabajo, actividad, robustez, vida, alegría y bienestar. El viajero desciende con placer por aquellos planos inclinados, saludando a la Andalucía como una tierra de amor y prosperidad; y aunque se echa de ver que hay mucho aún que mejorar o hacer, y que aquellas poblaciones están apenas en la infancia, se les perdona todo defecto en gracia de las cualidades que revelan. Cuando las razas han cumplido su misión, en sus épocas respectivas, según la medida de su temple y su índole, necesitan, para no deteriorarse, de cruzamientos que las rejuvenezcan y les impriman nuevo aliento. La grande obra de la raza española en la civilización fue la conquista del Nuevo Mundo. Cumplida esa grandiosa y trascendental epopeya, el pueblo español ha debido buscar su fuerza y sus elementos de actividad en alianzas con otras familias de la humanidad, so pena de descender. Esta verdad se revela en España así en lo grande como en lo pequeño. Donde quiera que hay mezcla de razas —en Cataluña, en Andalucía y las provincias vascongadas—, se ve la fuerza, la actividad, la vida; así como la debilidad y el estancamiento se manifiestan en las Castillas, Galicia y las Asturias, donde la raza se ha mantenido casi totalmente pura. En las poblaciones de la Sierra Morena hice, en pequeño, la misma observación. Allí la sangre alemana se ha mezclado con la hispano-arábiga, resultando un conjunto de familias robustas, inteligentes, laboriosas, pacíficas y de hermoso tipo. Yo me complacía en mirar, de paso, los graciosos grupos de chiquillos, vestidos con bastante aseo, rosados, rubios, ligeros, saltando como pajarillos al derredor de la diligencia, en las calles principales de «Carolina» y las demás poblaciones, ofreciéndonos a los viajeros flores y frutas; en tanto que las abuelas y mamás, sentadas a las puertas de sus casas, nos miraban con una curiosidad benévola, sin suspender por eso las labores de mano o el movimiento del huso infatigable. Allí no nos pidieron limosna, no obstante que en Andalucía, por causas que luego indicaré, hay también en las ciudades y villas gran número de mendigos. Fuera ya de los contrafuertes de la Sierra y casi en el fondo del valle onduloso del Guadalquivir, demora la antigua villa de «Bailén», sobre un plano inclinado, rodeada de altas colinas y en medio de vastos olivares que constituyen allí la principal riqueza. Bailén es un poblachón feo, desigual, sucio, de calles tortuosas (tipo español antiguo «legítimo», pues data nada menos que del año 729), con una población de poco más de 8.000 almas, algunas fábricas de objetos muy secundarios, una fuerte producción de aceite (muy mal preparado, como casi todo el de España) y numerosos telares de lienzos comunes. Allí se almuerza mal, se come peor, el vino es malejo, y se desea seguir la marcha aprisa.

Muy cerca de la villa se extiende el campo desigual donde tuvieron lugar el 16 y 19 de julio de 1808 el combate y la famosa batalla de «Bailén», que fueron las bases de la independencia española en la lucha contra Napoleón. Si se tienen en cuenta la mediana capacidad militar del general Castaños, vencedor allí, la mala calidad de sus tropas, la enorme superioridad de las francesas, por su número, calidad y posición en el campo de batalla, y las aptitudes del mariscal Dupont, que las mandaba, se hallará que acaso no ha carecido de fundamento la opinión de que la pérdida completa del ejército francés se debió a la traición. Allí quedaron 40.000 franceses vencidos casi sin combatir: 3.000 muertos, 20.000 prisioneros, entre ellos siete generales, muchos miles dispersos, cuarenta y cinco cañones y todos los pertrechos en poder de Castaños. Mis dos compañeros, como leales franceses, suspiraban al atravesar el campo de Bailén.

—No crea usted —me decían ambos con noble sinceridad—, que nos hace suspirar el recuerdo de la derrota; no. Es que «Bailén» no es para nosotros sino una página vergonzosa de la historia de Francia, manchada por una guerra inicua, de perfidia y usurpación, empeñada contra un pueblo hermano, a despecho de la nación francesa.

—Entonces no hay por qué recordar el suceso con pesar. Esa iniquidad no puede gravar la conciencia de la Francia revolucionaria; ella pesa sobre la memoria del déspota que, nacido de la revolución, le volvió la espalda y oprimió al mundo con el peso de su espada.

—Es verdad —me contestó Mr. B...— pero la historia es la historia, y el vulgo confunde frecuentemente la obra de los déspotas con la de los pueblos. Pasamos en breve el Guadalquivir, profundo, lento y silencioso, por un bello puente colgante echado sobre colosales rocas; tocamos, a unos 16 kilómetros de Bailén, en el pueblo de «Menjibar», situado en terreno fértil y con unos 1.600 habitantes; y atravesando campos rugosos y bastante cultivados generalmente, dimos, a unos 36 kilómetros adelante, con la curiosa ciudad de «Jaén», de situación pintoresca, dominada por un alto cerro sobre cuya cima se ostenta un viejo castillo, formidable un tiempo y hoy felizmente arruinado, así como las murallas y demás fortalezas que circuyen la población. Jaén, ciudad de tercer orden en España, por sus proporciones, cuenta 21.520 habitantes, generalmente pobres, no obstante la aptitud del país para una multitud de producciones importantes, como vinos, aceite, granos y materias minerales. Todo aquel país, esencialmente montañoso, aunque desnudo de vegetación espontánea, abunda en inmensos depósitos de fierro, plomo, plata, mercurio, carbón de piedra, mármoles superiores, etc., que entran en la composición mineralógica de las dos Sierras que surcan las Andalucías. Y sin embargo, la minería está apenas comenzando a ser una verdadera industria, la agricultura no avanza y los habitadores de Jaén son muy pobres. Todo depende de la falta de comunicaciones, pues con excepción de la carretera general no hay sino malísimos caminos y veredas casi impracticables para un comercio regular. España es un país prodigiosamente rico por sus elementos; pero la riqueza indígena sin el «cambio» nada vale. Me es imposible describir a Jaén, porque apenas logramos allí veinte minutos de descanso. El viajero que quiere detenerse en un punto intermedio, se expone a no seguir su viaje en muchos días, porque los asientos de las diligencias son tomados en las ciudades que sirven de puntos de partida. La estructura general de Jaén, antigua residencia de un virrey o reyezuelo moro, es esencialmente morisca, como debe suponerse. Por todas partes calles estrechas y tortuosas empedradas con grandes guijarros de río, un terreno desigual, fuentes abundantes (porque los Moros amaban mucho el agua), casas con azoteas y miradores, galerías de arquitos en forma de herradura, o con troneras muy reducidas, y extrañas y caprichosas construcciones. La catedral de Jaén es afamada por algunos preciosos pormenores, pero su conjunto exterior carece de carácter, lo que la hace más curiosa, revelando la sucesión de varios estilos. La base fue la gran mezquita, y como encima le aglomeraron obras góticas y del Renacimiento, resultó una jerigonza de arquitectura, original y especialísima en la España moruna. Sigue el camino su curso hacia Granada por el fondo de un angosto y encantador vallecito, formado por el riachuelo llamado «río de Jaén», afluente del Guadalquivir, como todas las corrientes que median entre Sierra Morena y Sierra Nevada. En medio de aquel laberinto de lomas y de cerros desnudos y escarpados, donde alternan las formaciones graníticas formidables con los estratos calizos, las capas esquistosas trastornadas, los bancos de arenisca y los barrancos volcánicos, que parecen de hierro oxidado, el valle tiene un encanto singular, por los rumores del riachuelo, los alegres huertos que lo matizan, los grupos elegantes de álamos blancos, los pequeños viñedos que a veces se ven como descolgando sus sarmientos sobre las barrancas, los dispersos olivos y otros árboles frutales, los islotes de corta duración que se producen en el variable cauce, y los pequeños grupos de cabras que ramonean saltando sobre las laderas ásperas que dominan el paisaje. Después de pasar por algunas «ventas» medio desiertas, que sirven para relevar los tiros, dimos a unos 36 kilómetros de Jaén con el pueblo llamado «Campillo de Arenas», de 1.900 habitantes, situado en una pequeña planicie, de la cual y las colinas vecinas se saca algún partido para la producción general de Andalucía, que consiste en vinos, aceite, frutas y granos principalmente. Varios cortijos y ventas se suceden luego, completándose en el tránsito desde el centro de Sierra Morena hasta Granada, sobre la ruta, un total de más de 40.650 habitantes, casi todos pertenecientes a la provincia de Jaén. La noche había llegado, enteramente oscura, y eran las doce cuando hacíamos pie en la calle principal de Granada. Las ocho provincias de raza hispano-arábiga (Almería, Cádiz, Córdoba, Granada, Huelva, Jaén, Málaga y Sevilla), que componen propiamente la vasta y montuosa región de las Andalucías, comprendida entre la Sierra Morena, el Mediterráneo y el Atlántico, tienen una población total de 2.921.102 habitantes, los más industriosos de España (en su masa general) después de los catalanes. Las capitales de esas ocho provincias reúnen 446.342 vecinos (la sexta y media parte de la población andaluza), y en esa cifra corresponden a la ciudad de Granada 68.743 individuos. Si hubiera de hacerse un estudio comparativo y minucioso de la manera en que la población se ha distribuido en España, se obtendría más de una enseñanza interesante. Prescindiendo de Cataluña, país tan excepcional, se ve, por ejemplo, una profunda diferencia en la fisonomía y las condiciones estadísticas de dos grandes regiones que se tocan: las Andalucías, y la Nueva Castilla con Extremadura. Geográficamente, la primera de esas divisiones es bastante inferior a la otra; topográficamente, las Andalucías, a pesar de la ventaja comercial de sus costas marítimas, tienen una gran desventaja respecto de Nueva Castilla y Extremadura. En esta región el suelo es mucho más igual, espontáneo, asombrosamente fértil y propio para variadas y muy valiosas producciones. En las Andalucías, con excepción de las llanuras de Sevilla y la «Vega» de Granada, los valles son muy reducidos en lo general, el terreno es donde quiera desigual, rocalloso, surcado por laberintos de cerros, de grandes serranías, de colinas bruscas y profundas ramblas. Así, la parte habitable y explotable de las Andalucías es muy reducida en comparación a su extensión geográfica. Y sin embargo, donde quiera que puede crecer alguna planta, que puede sostenerse una producción cualquiera, se la ve aparecer en Andalucía, aprovechando hasta los más pequeños vallecitos o las más limitadas planicies. Y como el terreno está entrecortado prodigiosamente por las innumerables inflexiones orográficas, se ha producido un raro fenómeno: la vida aparece en todos los intersticios explotables del país, pero condenada por la naturaleza, temporalmente, al aislamiento. En las vastas planicies de la Extremadura, la Mancha y el alto Tajo, la naturaleza ha permitido la acumulación y comunicación fácil de grandes masas sociales, así como la «continuidad» del cultivo en muy extensa escala. Y con todo, las regiones altas no pueden sostener la comparación social y económica con las Andalucías, a pesar de ciertas ventajas provenientes de los centros políticos y religiosos (Madrid y Toledo) y otras que no son despreciables ¿En qué consiste la gran superioridad «efectiva», de las Andalucías? ¿Es por la mayor fertilidad?

—No. ¿Es por la mayor extensión de terreno explotable?

—Menos. ¿Es por virtud de las comunicaciones marítimas?

—Ellas solo favorecen directamente a los pueblos de las costas. ¿Es por la infusión de la sangre africana en la raza primitiva de España?

-¿Es porque las instituciones de la feudalidad, del absolutismo posterior y del catolicismo romano no pudieron implantarse en las Andalucías tan hondamente como en las Castillas?

—Sin pretender dar la solución, no puedo menos que reconocer la energía del contraste y el interés que esos fenómenos tienen para el estadista. Por mi parte diré que la observación rápida de esos contrastes me ha confirmado, más que la lectura de muchos libros, en mi creencia liberal. Granada misma, comparada con la Granada histórica moruna, es un testimonio elocuente en favor de la doctrina de la justicia, la tolerancia y el progreso. Situada hacia el lado septentrional del valle primoroso que riega el Jenil, al pie de dos altas colinas; estribos de la serranía que divide el Darro, que corre por un lecho profundo, Granada tiene una de las posiciones más pintorescas, más encantadoras que el gusto oriental haya podido escoger en Andalucía para asiento de una capital. Casi en el vértice que forma la Sierra Nevada al sudeste de Granada, nace el lindo «Jenil», cuyas ondas escasas y anchas vegas han inspirado a tantos poetas; recorre la llanura o afamada «Veya», que tiene como 40 kilómetros de circunferencia, y recoge las aguas que bajan de la sierra en el «Dilao», el «Monachi», el «Alfacas», el «Darro» y otros riachuelos que fecundan el país. La Sierra forma al este y sur una especie de semicírculo, desprendiendo un ramal de cerros y colinas en cuya base está reclinada la rara cuanto poética Granada entre dos cordones de alturas separados por el Darro. El uno ostenta sobre sus lomas superpuestas la «Alhambra» y el «Generalife»; el otro, el más occidental, le hace frente en línea paralela y da asiento sucesivamente a las capillas y el seminario del «Monte Santo» y al extraño barrio del «Albaicín», poblado por familias de gitanos. Del pie de la Alhambra y el Albaicín se extiende la ciudad sobre las dos márgenes del Darro y la derecha del Jenil, descendiendo en plano inclinado hacia la Vega. Nada más extraño que la fisonomía de esa ciudad, simultáneamente gótica, árabe y gitana, artista y fabricante, religiosa y voluptuosa, rica y harapienta, llena de jardines y de miserias, bella y horrible, animada y cadavérica, esperanza y escombro al mismo tiempo. Allí todo es contrastes, conjunto de los tipos más diversos, rasgos de la más compleja fisonomía social que puede hallarse. Si se ven algunas calles y alamedas espaciosas y alegres, la gran masa de la ciudad está cortada por callejuelas sucias, tortuosas, oscuras, empedradas con guijarros, estrechísimas, complicadas en laberinto, completamente moriscas. Si se oye al pasar el martilleo de los talleres o el ruido de los telares o pequeñas fábricas de distintos objetos, se siente también a cada paso el clamoreo de las bandas de mendigos harapientos y escuálidos. Si se admiran las maravillas del arte divino, se siente una profunda tristeza al sondear la prostitución que mina a algunas clases. Si se contemplan con recogimiento las iglesias católicas, llenas de pompa y majestad, se admiran los mil detalles de los palacios de la voluptuosidad oriental. Si se aprecia el tipo franco, hermoso y despierto del andaluz de la mejor raza, se lee toda una historia de miserias y delitos, de persecuciones y dolores profundos. En la figura bronceada, en el ojo magnífico y salvaje, en la sonrisa orgullosa pero triste del gitano... Con decir que Granada es la síntesis de la historia y la sociedad hispano-arábiga, se indica lo que es en su estructura material esa ciudad. Muchos pormenores preciosos, en el orden de las dos civilizaciones; un conjunto extraño, feo pero muy interesante, contradictorio y triste; y todo encuadrado en un marco admirable de hermosuras naturales. Un teatro, numerosos «cuarteles», algunos institutos de instrucción, beneficencia y culto, industrias medianas, juego, prostitución, de todo y para todo; tal es el tipo que ofrece la masa general. En eso no hay en Granada cosa que llame la atención. Su interés está en los pormenores, y bajo este aspecto Granada es la más curiosa de las capitales de España, más que Toledo y Sevilla mismas que son tan interesantes. Así, para adquirir una idea completa de las cosas, como artista, sería preciso residir meses enteros en Granada. Cuando se deja el laberinto de las sucias callejuelas, o se desciende del triste barrio del Albaicín, o se abandonan los cafés públicos (mal servidos pero siempre llenos de gente), o los hoteles o fondas (donde el huésped sufre hambres por la imposibilidad de acomodarse con detestables alimentos), el forastero puede encontrar compensaciones en los paseos públicos llamados los «salones». Si el mal gusto se manifiesta en las fuentes que adornan el principal, la pompa y el esplendor de aquella inmensa bóveda de verdura son incomparables. Un vasto salón al aire libre, de más de 300 metros de longitud y unos 40 de anchura, se extiende al extremo de la calle principal entre ella y el Jenil y el Darro. No he visto jamás una basílica de verdura comparable a esa. El Sol no puede penetrarla con sus rayos, y al pasearse uno por allí, embriagado por mil perfumes, entre las filas de colosales olmos y otros árboles, cuyos troncos son las columnas de la más suntuosa bóveda, y codeándose con los grupos de hombres y mujeres en cuyas fisonomías se ve la expresión del árabe, no puede menos que evocar todos los recuerdos de la historia de Granada. Aquellas mujeres de mirada ardiente y sonrisa seductora; aquellos vestidos, pintorescos unos, otros ampulosos y atrevidos; aquellas capas flotantes, que acompañan infaliblemente en sus horas de pereza al español; los ecos lejanos de instrumentos que convidan al placer; los vastos jardines que se extienden allí hacia el Jenil, cuajados de jazmines, granados, rosas y claveles, cuyos aromas embriagan positivamente; las brisas tibias que alegran el corazón, y varios incidentes que llaman la atención en las costumbres: todo parece dar la idea de los amores ardientes, de las pasiones vigorosas, del abandono y la voluptuosidad del oriental. Pero llega la noche, y a las nueve no más aquella ciudad que se movía, que incitaba a las fuertes emociones, parece como dormida. A esa hora el silencio es casi completo, y el viajero que vaga en las calles solitarias se cree como errante en un vasto cementerio. ¿Qué hacen las gentes a esa hora? ¿Trabajan en sus casas o talleres, o venden en sus tiendas, o rezan?... No sé si hacen casas muy malas o muy buenas; lo que sé es que vegetan. Entre los objetos públicos que llaman la atención en el centro de la ciudad, merecen mención (aparte de la catedral, de que luego hablaré) no solo algunas iglesias curiosas y algunos edificios antiguos de formas singulares, sino también: el teatro, el museo y el «Sacatin». No hay para qué asegurar que Granada tiene sus inevitables circos españoles: el de los «toros» y el de los «gallos». El teatro, aunque sin lujo ninguno, es muy bonito, pero generalmente mal servido, como casi todos los teatros de España, en lo que toca al drama y la comedia. En Granada, como en todas las ciudades de España, observé una notable vulgaridad en la gran mayoría de los actores. El torero —ese «artista» de la muerte— es donde quiera elegante, bello, magnífico en su clase. El «actor», con raras excepciones, es plebeyo, bufón con brutalidad, y no sabe interpretar las nobles inspiraciones del poeta. En el teatro de Granada (obra que se debe al general francés Sebastiani, que gobernó el país por cuenta y riesgo de Napoleón) vi ejecutar operetas y bailes de estilo francés que me parecieron soberanamente ridículos. El francesismo exagerado no produce en España sino caricaturas. No he visto en materia de coreografía nada tan gracioso como una española bailando el «bolero», la jote o la «cachucha»; pero tampoco he visto nada tan ridículo (en «todas» las ciudades españolas) como esas salerosas peninsulares haciendo las evoluciones inventadas (para desgracia del arte) por las bailarinas parisienses. El cuerpo rollizo, vigoroso y torneado de la española no se presta a las aéreas fantasías (casi de puro espectáculo) de la bailarina francesa, que necesita de inventar mil fascinaciones y figuras para disimular su flacura y fealdad y ostentar al mismo tiempo su agilidad y su gracia de gesto y movimientos. El museo de Granada contiene, entre muchas cosas insignificantes, varias preciosidades de la época de los Moros, y algunas obras de pintura muy superiores. En lo general la Andalucía es un país muy rico en tesoros de esa clase, y después del admirable museo de Madrid en ninguna parte de España se pueden hallar tan bellos cuadros como en Granada, Sevilla y otras ciudades andaluzas. ¡Qué de tesoros de Murillo y Ribera, de Cano, Palomino, Zurbarán, Herrera y muchos otros maestros, dispersos en todo ese país del amor voluptuoso y del arte delicado! Una cosa notable en Granada: en la plaza llamada del «Campillo», dominada por el teatro, se ostenta un monumento consagrado a la memoria del Talma español, el ilustre Isidoro Márquez, hijo de Granada, como el triple artista Alonso Cano y el poeta dramático Lope de Rueda. Pero ese monumento no ha sido elevado por la España, sino por tres artistas, herederos en parte del genio de Márquez: los dos Romea y doña Matilde Diez.

El «Sacatin», que he mencionado, es un curiosísimo edificio moruno que le da su nombre a un barrio donde tiene su residencia el comercio. Compónese de un conjunto de construcciones homogéneas, ligadas entre sí, de modo que forman una sola manzana, pero divididas por callejuelitas iguales o pasadizos, que se cortan en ángulos rectos, formando una especie de red de líneas regulares. Por todas partes el «Sacatin» presenta filas de tiendas y almacenes, en dos órdenes o pisos paralelamente, y es allí donde se acumula no solo todo lo que figura en los cambios ordinarios del comercio, en materia de géneros, mercería y quincallería, sino también una multitud de objetos de arte y productos de los talleres y fábricas nacionales. El «Sacatin», pues, no solo da la muestra de la industria local y la medida del comercio, sino que interesa mucho por su colorido local, su tipo moruno y las costumbres que allí se revelan. En el fondo de esos pasajes, llenos de labores y arabescos, de columnitas de jaspe y curiosidades, es donde son más pintorescos los grupos populares, y donde la granadina, de ojos negros, vivos y picantes, ejercita con más arte sus provocaciones para con el extranjero y sus pequeñas astucias de mercader. Dicen los cronistas que hasta la época del último rey moro Granada tenía hasta 400.000 habitantes, con más de 16 kilómetros de circunferencia, y que estaba completamente circuida de murallas, y estas contaban hasta más de mil torres para su defensa. Puede que haya bastante exageración en esas cifras; pero a juzgar por las proporciones actuales de Granada, donde centenares de casas están desiertas y se encuentran ruinas por todas partes, no hay duda de que la población existente es sumamente inferior a la que puede caber. Hoy no quedan de ese millar de torres (si lo hubo) más que señales, con algunas fortalezas en escombros, algunos torreones aislados e inútiles, y vestigios muy diminutos de las murallas que circundaban la famosa capital del imperio morisco. Poco y casi nada le queda al presente, de tantas glorias y de tanta opulencia. Solo la historia es rica, por los tesoros del pasado. El fanatismo religioso, la incuria de los gobiernos y los pueblos, las malas instituciones y el tiempo han destruido mil primores y grandes cosas que el genio oriental había atesorado en la preciosa Granada.

Capítulo II. Granada monumental y social

La Alhambra. La vega de Granada. El Generalife. La catedral. La Cartuja. El Albaicín. Los gitanos en Granada Subamos a las fortalezas de la Alhambra y los jardines y retretes desiertos del Generalife. Pero antes, que el lector me permita, una vez por todas, una advertencia

Como «viajero», he buscado en España y otros países de Europa todas las impresiones, todos los objetos que pudieran darme simultáneamente goces morales profundos y la idea general del estado de la civilización en cada pueblo. Pero como «narrador» de viajes, me es imposible describir todo lo que me ha impresionado: 1.º porque soy incompetente para los trabajos técnicos (los de ciencias físicas y bellas artes); 2.º porque la tendencia principal de mis estudios se refiere a la condición «social» de las grandes masas más que a sus especialidades etnológicas y artísticas. Que no se me pidan, pues, descripciones minuciosas de monumentos y curiosidades, que pueden hallarse en los libros «ad hoc» escritos por artistas-literatos, como Teófilo Gautier y otros. No me es dado ofrecer sino «impresiones», ni quiero emitir sino reflexiones «propias», sean o no equivocadas. No he podido estudiar la «Alhambra» ni otros monumentos como artista, sino bajo su punto de vista social, único que puede estar a mi alcance. Subiendo la alta colina de la izquierda del «Darro», por entre callejuelas estrechas, sucias, caprichosas y casi arruinadas, habíamos llegado al pie de la gran puerta monumental que da entrada a la ciudadela o vastísima fortaleza de la «Alhambra». En todo el derredor una falda muy pendiente separa la planicie de la colina de las profundidades del Darro y los altos barrios de la ciudad. Después, como un inmenso cinturón de piedra, arrancan del seno circular de la falda los enormes torreones y los estupendos muros que aíslan la planicie, presentándola sobre el horizonte de Granada como una corona de rocas y verdura que se destaca en el aire. A la derecha de la puerta principal se levantan las masas enormes de la «Alcazaba» y la torre de la «Vela»: a la izquierda las torres «Bermejas» casi arruinadas. ¡Media entre los dos lados un vastísimo espacio, un abismo como de 60 metros, que en tiempo de los Moros estuvo salvado por un puente colosal, suspendido en el aire y que tenía sus estribos o extremidades en la Alcazaba y las Bermejas! Aquello debió ser prodigioso... Entramos, y todo un mundo de pompa y armonías, y memorias solemnes, y ruinas y animación de la naturaleza, se ofreció a nuestros ojos. Yo no tenía idea, excepto en las grandes selvas colombianas, de un lujo de vegetación semejante. Desde la puerta hacia el interior, en una extensión de varias centenas de metros, se prolonga un bosque de árboles seculares y suntuosos, bajo cuyo follaje la sombra es absoluta. Ese bosque está dividido en muchas calles magníficamente macadamizadas, a cuyos lados corren y saltan arroyos cristalinos que forman una música deliciosa. Ni un rayo del Sol penetra bajo aquellas cúpulas sagradas donde vaga el genio de toda una raza, de toda una civilización extinguida... A la derecha, entre pabellones de hiedra y tupidos arbustos y colosales olmos, se destacan las murallas y los torreones de la línea interior de fortificaciones que separaba la Alhambra propiamente dicha de los vastos jardines de la ciudadela. A la izquierda se extienden algunas quintas (entre ellas la muy famosa de un rico banquero, señor Calderón), rodeadas de «cármenes» o huertos y jardines, donde se ostenta cuanto hay de más delicado y bello, de más aromático y voluptuoso en la vegetación andaluza. Aquel paraíso de perfumes, de sombras, de verdura y armonías está habitado por centenares de ruiseñores que silban dulcemente al acercarse la noche. Se quisiera vivir allí largos años, en un incesante recogimiento de amor, de contemplación y poesía... Se pasa bajo el pórtico de la fortaleza, dejando el bosque poblado de misteriosas armonías, y el viajero se encuentra en el extenso patio de los «Aljibes». En el centro las cisternas cuya cavidad subterránea es inmensa: al sur la «Alcazaba», la torre y plataformas de las «Prisiones», y en avanzada la altísima torre de la «Vela»; al norte el «Palacio de verano» a la derecha, una ancha calle a la izquierda, que conduce al poblado o ciudadela, y en el centro el palacio de «Carlos V», ruina colosal y noble que ocupa una pequeña parte del sitio que cubriera el «Palacio de invierno» de los reyes moros. Donde quiera escombros gigantescos, desolación y tristeza; el esqueleto colosal del prodigio militar y artístico de una civilización... Al subir por entre rotos muros las empolvadas escaleras del sombrío edificio de las «Prisiones», resuenan los pasos del extranjero en el seno de la mole granítica y de ladrillo durísimo, produciendo ecos recónditos que parecen los lamentos de las víctimas un tiempo amontonadas bajo aquellas bóvedas tremendas. Cuando se sale a la vasta plataforma de aquel sepulcro inmenso, y se respira el aire libre bajo el cielo poético de Granada, se siente como una especie de resurrección. Subimos a la torre de la «Vela», impacientes por abarcar el asombroso horizonte que se contempla desde allí. Fue en esa altura estupenda donde tremoló por primera vez el estandarte de los reyes católicos, el 2 de enero de 1492, para anunciar a todos los habitantes de la Vega que el reinado de Boabdil había terminado. Renuncio a la pretensión de revelar las hondas emociones que me dominaron durante la contemplación de aquel espectáculo admirable. Miré en derredor, di un grito de supremo placer, me así del borde del altísimo bastión para no caer, porque un vértigo me arrebataba, y mudo, tembloroso, sin aliento, sentí una lágrima que se me escapaba como el más puro homenaje... ¡Es que estaba mirando la imagen de mi «Patria»! En efecto, habida consideración a las distancias y proporciones y a los pormenores característicos, nada hay que ofrezca tan rara semejanza en el conjunto como la Vega de Granada con sus serranías, vistas desde la Alhambra, y la llanura de Bogotá, circundada de cerros, contemplada desde las alturas de «Monserrate». Razón tuvo el conquistador de mi patria para llamarla «Nueva Granada», y aún darle a su capital el nombre de «Santafé», en recuerdo de la villa de los reyes católicos (que se alcanza a ver desde la Alhambra) donde nació el atrevido Gonzalo Jiménez de Quesada. El panorama que se registra con la mirada desde la torre de la «Vela» es superior a cuanta hermosura puede imaginarse. Al pie se extiende la ciudad de Granada, descendiendo en plano inclinado, hacia la llanura, llena de caprichos, de interesantísimos detalles, de arboledas magníficas a trechos, de torres y monumentos de variadas formas; acariciada por el Jenil de un lado; cortada por el Barro del otro, y rodeada de una inmensa cintura de «cármenes» (huertos, jardines y casas de campo) donde se ostenta la más lujosa vegetación. A la derecha se levanta el estribo de serranía donde se admiran las bellezas del «Monte santo» y el barrio de Albaicín, arrabal subterráneo donde vive bajo las rocas, en la miseria y el abatimiento, la raza misteriosa de los gitanos; y en el fondo del abre que separa ese cerro del de la Alhambra y el Generalife, desciende por entre jardines, molinos y bosques de frutales el Barro caprichoso, tan presto arroyo miserable como torrente caudaloso. Después, en el fondo del panorama, la «Vega» primorosa, donde un tiempo ostentaran en las justas su brío, su galantería y sus odios y ambiciones los «Abencerrajes y Zegries», y donde probara una raza inteligente los prodigios del trabajo en el arte de la agricultura y en la ingeniosa actividad de la fabricación. La Vega de Granada es literalmente un mar de verdura, en cuyo fondo resaltan numerosas poblaciones, alcanzándose a distinguir entre otras «Santafé», las dos «Gavias, Churriana, Almilla y Alendin». Los grupos de esas poblaciones hacen un juego muy gracioso con las arboledas en fila que indican el curso de los caminos y riachuelos y el deslinde de las heredades, con las plantaciones de cereales, de moreras, naranjos, avellanos, limoneros, granados, olivos, almendros y otros muchos frutales, y con las mil casas campestres y los primorosos cármenes del paraíso granadino. Por último, todo ese paisaje esplendente se ve encuadrado por las montañas de la Sierra Nevada, donde en la cima de los anfiteatros de colinas y planos inclinados, y sobre inmensos pedestales abruptos de granito y mármol se destaca, como el lomo fulgurante de un mar de plata, el cordón de eminencias coronadas de nieve perpetua, que parece estar enviándole a la Europa los reflejos del Sol abrasador de África... En uno de esos anfiteatros de cerros se nota el del «Suspiro del Moro», desde cuya cima dicen que el vencido Boabdil lanzó la última mirada y el postrer adiós a la gentil Granada, ya conquistada por las huestes de Isabel y Fernando... Descendimos de la torre de la Vela para entrar al santuario del arte voluptuoso de los orientales, haciendo el más raro contraste con el palacio de «Carlos V». ¡Qué de páginas de civilizaciones distintas, trazadas con piedra sobre una misma colina! En las torres «Bermejas» y de la «Vela», la arquitectura fenicia y la romana; en la «Alcazaba», la arquitectura árabe del segundo período; en la Alhambra («Palacio de verano») el estilo florido y refinado del tercer período; y en el palacio arruinado de «Carlos V» la arquitectura clásica del Renacimiento. ¡Así, en solo un espacio reducido, cuántas razas y civilizaciones distintas tienen su representación! Se adivina la estupenda grandiosidad que debió tener la parte más importante de la Alhambra (el palacio de "invierno") con solo saber que el vasto edificio llamado hoy «palacio de Carlos V» apenas ocupa como una cuarta parte del lugar que estuviera cubierto por el edificio principal de la Alhambra, que fue destruido por la orgullosa vanidad del rey emperador. Hoy el edificio no tiene más que sus muros y fachadas magníficas, sus arcadas interiores y los elementos del suntuoso palacio. Su forma exterior es cuadrada, pero en el interior es perfectamente circular, como si se hubiese querido establecer allí un circo romano. Aquella espléndida ruina llama mucho la atención, pero no interesa como el palacio de «verano», porque el viajero llega solo preocupado con lo que tiene el carácter de morisco u oriental. La primera impresión que se siente al penetrar en el famoso recinto es de «desilusión». Se han ponderado tanto las maravillas de la Alhambra y su grandiosidad, que al visitarla se la encuentra muy inferior a las descripciones hechas por los viajeros entusiastas. Desde luego, la maravilla de hoy no es más que un «detalle» de lo que fue la residencia de los reyes de Granada y su corte; y aunque de algunos años acá se trabaja en restaurar el palacio de verano, que se desplomaba en ruinas y ha sido devastado por bárbaros visitadores de todos los países, se encuentran patios y salones cuyo estado no corresponde a lo que los artistas y anticuarios han creído que debió contener el palacio. Me sería preciso escribir centenares de páginas (y mal escritas) si quisiese indicar minuciosamente todo lo que hay de suntuosidad, de capricho, de refinamiento pintoresco, de riqueza y adornos de arte y de especialidad de estilo, en aquellos patios embaldosados con mármol y llenos de aguas y delicias, como los de los «Arrayanes» y los «Leones»; aquellos muros cuajados de arabescos primorosos; aquellos pavimentos brillantes y cubiertos de azulejos y mosaicos caprichosos; aquellos artesonados de cedro que parecen bordados por el buril de una hada; aquellas bóvedas y cielos rasos y techumbres de diversas formas, en yeso modelado, entre cuyas molduras de colores vivísimos resuenan cien ecos singulares; aquel grupo de leones de mármol que parecen estar contando al mundo de hoy los amores de las sultanas y esclavas del harén; aquellos salones de maravillosas filigranas en estuco, que guardan en su recinto mil memorias, bajo los nombres de sala de los «Embajadores», de las «Hermanas», de la «Justicia», de los «Abencerrajes» (que hace evocar las sombras de las víctimas), de la «Reina», de «Lindaraja», etc.; aquellos jardines repletos de fuentes y arrayanes y naranjos; aquellos baños de alabastro y retretes de la voluptuosidad; aquella mezquita que recuerda toda una religión poética y sublime; aquellos complicados pasadizos, sótanos y escaleras en laberintos; y aquellos miradores aéreos suspendidos sobre abismos para que las reinas y princesas moras pudiesen contemplar los cármenes del Darro, las colinas vecinas y la ciudad y su vega, bañándose con deleite en la luz de las mañanas y en las ráfagas de aromas y armonías que exhalaban los huertos, jardines y arroyos y aves mil, en las faldas que la Alhambra domina con sus murallas y torreones, sus azoteas y celosías. Si se me preguntase cuál es en resumen mi opinión respecto del palacio de verano, diría, a riesgo de no agradar a los artistas admiradores ni a los españoles que se jactan de un monumento debido a una civilización perseguida por la España católica: Lo que resta de la Alhambra, que es una fracción nomás, es curiosísimo, pero no grande ni noble: es «lindo», pero no «bello». Allí todo revela al esclavo, no al verdadero «artista»; todo es profundamente voluptuoso y artificioso; todo habla a los sentidos, a las pasiones brutales (el amor lúbrico, el juego, el odio y la venganza); nada hay que se dirija al pensamiento, al alma divina, nada que sea «noble, delicado y sublime». La Alhambra no es la obra de un «pueblo artista», como eran las iglesias góticas de la misma época, sino la obra automática del «obrero-esclavo», obedeciendo a un mandato concebido por un amo, a quien dominara el instinto del deleite, el hábito de la autoridad suspicaz, vengativa y sensual. En lo general, aunque se ven variedades graciosas en los colores y las formas de los adornos, el trabajo que se ostenta en todos los salones y recintos de la Alhambra es tan homogéneo en su «genio» o su estilo, y aún en su ejecución, que no revela riqueza de fantasía en el artista, sino la mano paciente de un «artesano» imitando un modelo invariable, o sirviéndose de moldes para estampar en el yeso los labrados o arabescos. La piedra no hace allí ningún papel en lo que toca al arte; casi todo esta en yeso o materia plástica, y en los trabajos de madera la riqueza de labor es subalterna. Esa consideración disminuye mucho el valor comparativo de los primorosos pormenores del palacio. Al recorrerlo, el alma no experimenta ninguna emoción, y se sienten casi los estremecimientos de la carne como si detrás de cada puerta estuviese dormida entre flores y perfumes, sobre un lecho de mármol, una princesa o esclava desnuda, de ojos ardientes y cabellera de ébano... Pero hay una cosa singular en la Alhambra, y es, que engaña de todos modos, produciendo diversas impresiones, según las visitas que se le hacen y el estado de espíritu del extranjero. El que no ha leído nada sobre la Alhambra se maravilla al verla. El que ha leído las descripciones de Washington Irving, Teófilo Gautier y otros escritores, encuentra la realidad inferior, en el primer momento, y sale de la Alhambra bastante desilusionado. Pero si vuelve al día siguiente y mira todo aquello, y lo medita para adivinar el pasado que desapareció, se adquiere una idea mejor, y a cada visita se siente que la Alhambra crece en la imaginación y tiene más y más encantos. Por último, si se la contempla desde la altura superior del «Generalife», y se recorre todo el terreno circunvecino, la Alhambra aparece al espíritu en toda la grandiosidad de su conjunto que «fue», y las apreciaciones varían. Nosotros subimos a la Alhambra en cuatro días diversos, por lados y caminos diferentes, y buscando todas sus faces o sus puntos de vista. Considerada desde el cerro del Albaicín o desde el Generalife, las impresiones son distintas. Desde el primer punto se la ve original, soberbia y pintoresca. Desde el segundo se la comprende completamente, hallándola grandiosa, estupenda y muy compleja. El Generalife era la casa de campo, en cierto modo, de la Alhambra. Tiene su asiento en una colina superior, inmediata a la planicie de la Alhambra, y está, a su turno, dominado por otra colina más alta, donde antes existía una fortaleza que el mariscal Soult hizo volar durante la guerra de Napoleón, y cuyas escasas ruinas se encuentran aún dispersas en la loma. Por el pie del escombro baja un arroyo artificial que prodiga sus aguas salladoras al Generalife, la Alhambra, los cármenes vecinos y Granada. A una profundidad enorme corre el Darro, y, sin embargo, fue de ese riachuelo que, desde muchas leguas de distancia, trajeron corrientes abundantes a sus palacios y jardines los laboriosos Moros, esos amantes del Sol y de las aguas juguetonas. El edificio del Generalife está fuera de las fortificaciones de la Alhambra, aunque estuvo ligado por viaductos aéreos. Era allí donde reposaban y se bañaban las princesas, las damas de corte y las esclavas, gozando con infinita voluptuosidad bajo un cielo admirable, entre mil perfumes, rumores y caprichos, en albercas y tinas de mármol, y teniendo al derredor el horizonte más encantador del mundo. El Generalife se compone de un laberinto de glorietas, pabellones, miradores, fuentes caprichosas, baños, huertos, jardines y mil primores artificiales, donde fueron profusamente aglomerados y bien dispuestos los ricos mármoles y jaspes, los bellos estucos, los delicados arabescos, los lindos «azulejos», las cascadillas, las terrazas, los grupos de arrayanes, naranjos, jazmines, granados y rosales formando las más graciosas figuras, y cuanto era característico del arte oriental, tan hábil en la disposición de los colores, la «orientación» de los edificios, la distribución de las aguas y el cultivo de las plantas. Desde allí se tiene la idea completa de la Alhambra, que debió sor una obra inmensa, formidable y de muy variadas condiciones. Una primera línea de fortificaciones, destacada bajo los bordes de la circunferencia de la planicie, lo encerraba todo: la ciudadela y los palacios, los parques y jardines y el Generalife. Otra línea más formidable en su conjunto, con muchos torreones de trecho en trecho, separaba a la Alhambra y la ciudadela de los parques, el Generalife, etc.; y por último, los palacios mismos de las residencias de la Corte estaban separados de la masa que componía la ciudadela, dividida en muchas calles con jardines, donde sin duda habitaban las familias cortesanas y acaso una parte de la guarnición. Hoy todo está casi en ruinas, con excepción del palacio de verano y la gran mezquita; hay muchos espacios vacíos, los torreones se han derrumbado, los jardines interiores están en esqueleto, y en las calles de esa pequeña ciudad cortesana encerrada entre fortalezas, muchas casas están desiertas y otras no son habitadas sino por familias miserables y mendicantes.

La catedral de Granada, que data de los siglos XV y XVI, aunque grandiosa y espléndida en su género y de una admirable riqueza de ornamentación y pormenores, es, según mi gusto, inferior a las demás catedrales de España, en cuanto al conjunto. Tengo una pasión decidida por la sombría solemnidad, la originalidad y el atrevimiento de las catedrales góticas, porque son monumentos típicos, populares y en armonía con el recogimiento severo de la religión. Pero me repugnan en los templos los refinamientos «escolásticos» y afeminados del Renacimiento, que hacen evocar la memoria del paganismo. La catedral de Granada, mandada construir por los Reyes Católicos, es del más puro estilo del Renacimiento, combinando los tipos de sus diversos órdenes. Es un monumento grandioso, de proporciones muy majestuosas, pero pesado en su masa, sin audacia en las formas y de una regularidad que, interesando en el primer momento, acaba por ser monótona. Una inmensa nave que hace su semicírculo en el fondo y abraza los dos costados, forma las naves laterales, y otras tres en el centro completan la vasta construcción. Un coro central en mala hora concebido, interrumpe el cuerpo del edificio, quitándole mucho de su majestad, y, exceptuando algunos relieves de un hermoso frontispicio-altar de mármoles soberbios, solo llama la atención por sus dos órganos colosales, cuyos tubos parecen querer penetrar la techumbre para lanzar al cielo sus solemnes melodías. El altar mayor, situado en el centro de un vasto círculo formado por columnas y bastiones que sostienen la gran cúpula del templo, es de una magnificencia suntuosa. Nótase allí un famoso arco inclinado, atrevida creación impuesta al artista por la necesidad de la perspectiva; y hay en todas las cornisas y los arcos circulares una profusión de relieves de gran valor que hacen un efecto excelente sobre el fondo de los frescos debidos a artistas muy notables, como el famoso Palomino. La capilla de las «Reyes» contiene allí, entre muchas riquezas de ornamentación, dos tumbas monumentales de mármol blanco, asombrosamente preciosas por sus líneas delicadas, su inmensa labor y sus relieves de un gusto artístico insuperable. La una de esas tumbas es la de Isabel y Fernando, con sus cuerpos íntegros en relieve; la otra de

Felipe I y Juana la loca, de iguales condiciones. De resto, la catedral entera está llena de primores; su riqueza de mármoles en todos los pavimentos, los altares y muros, es prodigiosa, como en todas las catedrales españolas (no siempre con buen gusto en la distribución); y entre multitud de bellos frescos, de infinitos adornos y cuadros al óleo de bastante mérito, se distinguen dos pequeños de Murillo, uno de Herrera el viejo y varios del infatigable Alonso Cano. Un curioso espectáculo me llamó la atención, al recorrer la ciudad hacia extramuros, en solicitud de la Cartuja, el Albaicín y el Monte santo. Me había prometido ver a los gitanos en su barrio y contemplar sus extrañas danzas en medio de las ruinas de la Alhambra. Había conocido un día, en el Generalife, al «capitán» de los gitanos de Granada, hablando con él para que nos hiciese preparar una danza, objeto que provoca mucha la curiosidad de los viajeros. El capitán, albéitar de profesión, me había impresionado vivamente, haciéndome simpatizar con su raza. Fino y comedido, con una fisonomía en que parecían disputarse la expresión típica, el orgullo y la humildad fingida, la indiferencia y la amabilidad; alto, delgado y enhiesto; llevando con garbo su capa azul oscura de vueltas de terciopelo carmesí, y su sombrero de fieltro algo inclinado sobre la frente; con un acento vibrante y suave, un ojo profundamente negro, vivo y ardiente, pero velado por instantes, y marchando con seguridad y presteza, aquel hombre me ofrecía el tipo de una raza bellísima, que ha conservado en medio de su degradación en Europa la tradición de la más hermosa estirpe de la India proscrita. Al atravesar una espléndida plaza, interesante por recuerdos históricos, dimos con una explanada vecina, llena de gente y animales. Celebrábase en aquel momento un mercado característico de los gitanos. Todos los vendedores eran de esa raza, mientras que los compradores pertenecían a la nacional. Donde quiera grupos de gente, de vestidos caprichosos o tristes. Por acá los hombres tratando caballos, mulas y asnos, y aun alguno que otro perro; por allá las mujeres, vendiendo sartenes, olletas y toda clase de objetos de metal. Durante los días comunes el gitano anda por los campos y cortijos recogiendo animales de servicio doméstico, ya comprados, ya recibiéndolos en comisión; en tanto que las mujeres y los muchachos de la raza colectan a menos precio los útiles de menaje más o menos deteriorados, en las casas subalternas de la población. El barrio de los gitanos es así el depósito de mil ruinas animadas o inanimadas. Aquellas gentes, especiales en el arte tradicional de estañar y remendar, acomodan y «rejuvenecen» el enjambre de trastos viejos; y, no menos especiales en manejos de veterinaria (más o menos empírica, pero hábil en cuanto a las apariencias), transforman el potro recalcitrante y el asno que parecía inservible. La reventa de esas mercancías, en cuyo valor hay mucho de artificioso, y la venta de algún carbón y otros artículos traídos de las montañas, constituyen los mercados especiales de los gitanos de Granada. La curiosidad de examinar los tipos de esa raza nos hizo mezclarnos entre los grupos. Como mis dos compañeros de viaje y yo teníamos que hablar siempre en francés, los gitanos, al considerarnos extranjeros, creyeron por un momento que podrían hacer negocio.

—Eah —dijo uno de ellos al compatriota más cercano—, ofréceles la «jaca» a esos «chorlos», y si la quieren apriétales el «molde».

—Ya, pues —repuso el otro, con una sonrisa maliciosa— mientras nosotros observábamos un caballito de garbosa apariencia, que relinchaba con mucho brío.

—Eh, señorito —añadió el chalán, con el acento más meloso—; «píntele usté el ojo» a esa «jaca», y dígame si hay un primor más «cuco» en «toas» leas Andalucías.

—Cierto que es muy bonita la jaca.

—Ah, ¿«usté» se «despresa» en español? No parecía...

—¿Y por qué no? —le respondí—, ¿cuánto vale la jaca?

—Media bicoca, señorito; por 150 duros...

—Es muy cara.

—¡Ah, señor, si usté supiera lo que vale la yegua!... Es más fina que una perla; y tal madre tal hijo.

—Entonces la jaca es muy mala.

—¡Puah, qué está usté rezándome! Y el padrote...

—La verdad: la yegua fina da mal potro, si el caballo es bueno. Yegua ordinaria, sabrosa jaca, dice el proverbio de los chalanes.

—¡Ah, este señorito sabe el negocio! ¡Eh, tiempo «perdío»!

Y me volvió la espalda con soberana indiferencia, seguro de que no habría negocio. El gitano es así. Cuando espera ganar tratando, su palabra es melosa y su fisonomía elástica; pero cuando no se promete nada del que se le acerca, su mirada se apaga, su frente se contrae revelando un orgullo brutal y egoísta, y vuelve a su silencio, que parece encubrir la antipatía instintiva de una raza respecto de todas las europeas. Aquellas vocea ásperas y fisonomías bronceadas y casi repelentes nos llamaron mucho la atención. El color del gitano español, único tipo de esa raza que hasta ahora he visto, es semejante al de una pasta de café bruñida, por regla general, aunque algunos tienen una tinta más oscura, labios muy delgados, llenos de astucia y malicia, mirada rápida, movimientos fáciles, y en toda la persona un aire de tristeza profundamente concentrada; un no sé qué sombrío, algo que parece vacilar entre la indiferencia y el desdén, el odio y el pesar: tales son sus rasgos. ¡Pobre raza, llena de cualidades enérgicas, que la Europa no ha pensado en educar y mejorar, sino en proscribir, condenándola a los vicios de la vida nómada! ¡Qué de misterios en esa extraña raza, perpetuándose sola al través de los siglos, como privada de la atmósfera común de la civilización, y sin patria ni hogar! Antes de observar la casa del gitano dejémosle en sus tratos y penetremos en la Cartuja. El edificio en su conjunto no tiene nada que llame la atención. Data del siglo XVI, y es un antiguo convento suprimido, que pertenece a una opulenta y piadosa granadina. La mayor parte quizá de lo que componía el convento ha desaparecido, o solo quedan sus vestigios. Solo se conservan la iglesia, la sacristía y los claustros y algunos salones desiertos, con unas cuantas celdas felizmente sin capuchas vivientes. Los cuatro claustros contienen, en detestables cuadros sin ningún valor artístico, toda la historia de San Bruno, fundador de la orden más prodigiosa (la de frailes mudos, sobrios y trabajadores), y de los martirios de los cartujos de Inglaterra. Al recordar las reglas de ese singular instituto se comprende por qué fueron tan raras las Cartujas en Europa y en todo el mundo católico, y por qué sus templos llegaron a ser maravillas de arte. La iglesia y la sacristía, como todo el conjunto del edificio, es del estilo del Renacimiento. Al contemplar el interior se pasma uno admirando tantas delicadezas de arte, en que se manifiestan la inspiración del artista español profano, el gusto más esmerado, la riqueza del convento y la increíble paciencia de algunos frailes. ¡Si todos los frailes tuvieran paciencia!... Aturde aquella profusión de dorados y relieves, de estucos primorosos y mármoles. Aquella capilla es una inmensa filigrana de infinitos primores, en que todo interesa. Los frescos riquísimos de Palomino, en la capilla, y de José Hermoso en la cúpula de la Sacristía, bastante notables; un «Ecce Homo» admirable de Murillo, una preciosa Virgen de Alonso Cano, y otros cuadros; el «Sancta Sanctorum» y su sagrario, todo en mármol purísimo y oro macizo del gusto y el esplendor más completos; dos enormes ágatas, sin rivales en Europa, y mil otras preciosidades, hacen de aquel santuario un tesoro inestimable para el artista. Pero nada impresiona tanto como las puertas y vastos armarios de la sacristía, de ébano superior y con los más maravillosos embutidos de nácar y plata. ¡Cuarenta años gastaron dos frailes en trabajar aquellos portentos de habilidad, de gusto y de paciencia! ¡Pobres monjes de otras épocas (excepcionales es verdad) que con sincera concurso de su trabajo industrial, al menos vivían en el recogimiento y las pacientes labores, sin dar alimento a las pasiones turbulentas del mundo! ¡Los frailes del siglo XIX son más civilizados; ellos hacen elecciones, dirigen a los reyes, conquistan territorios, son accionistas de ferrocarriles y empresas comerciales, negocian con loterías piadosas, juegan en las Bolsas, hacen fortuna y viven contentos y satisfechos. San Ignacio ha derrotado a San Bruno. Comenzamos a trepar la alta colina donde tiene su asiento el Albaicín. Servíanos de guía un hombrecito muy pobre, de setenta y dos años, llamado Juan López Salcedo, cuya conversación nos agradaba y divertía mucho. Había estado en Francia en tiempo del Directorio, combatido contra Napoleón en la guerra de la independencia española, y acompañado a Diego y Quiroga en su heroica revolución. Miserable y decrépito y con ocho hijos pequeños, aquel hombre nos resumía por sus cualidades el tipo del viejo español puro. Su fisonomía aragonesa tenía la rigidez del carácter enérgico, y su tenacidad de sentimientos y opiniones se conservaba a despecho del tiempo y de las privaciones. Era un liberalote de puño cerrado, humilde, convencido, bondadoso y prudente, con el corazón joven y el espíritu lleno de esa filosofía que se atesora con las duras pruebas de la vida. Trepaba por todas partes con la agilidad de un muchacho de quince años, sin fatigarse nunca, embozado en su capa e impasible. El clero y los militares era su pesadilla permanente; la república su idea fija.

 Un día, al subir al Generalife, después que le hubimos obsequiado en una fonda de la Alhambra, las copas de generoso Málaga le desataron la lengua, y nos contó su historia, a invitación nuestra, con detalles interesantes sobre episodios de la historia moderna de España. Al concluir su relato nos dijo que se había casado con una mujer joven y bonita hacía nueve años, y dejó escapar un suspiro. Temeroso de que ese suspiro revelase algún drama doméstico, le dije:

—Supongo que usted, en lo posible, será dichoso.

—Ah, señor, soy tan feliz como infeliz.

—No comprendo...

—Es muy sencillo. Adoro a mi excelente mujer y ella es muy buena y me quiere mucho. Pero tenemos la desgracia de no poder dormir juntos. Apenas le doy las buenas noches y me nace un hijo más. ¡Somos tan fecundos!... pero somos pobres, y el temor de los hijos nos condena a una especie de divorcio íntimo.

Aquel hombre sincero, al hablar con esa candidez, trazaba en cierto modo la historia del hogar del pueblo pobre... ¿Hay drama del corazón tan sublime como el del amor que se defiende de sí mismo, luchando bajo formas diferentes? Confieso que Juan López me hizo meditar bastante. Nada más curioso que el renombrado Albaicín. Hacia las faldas de la colina alcanzan todavía las tortuosas calles de Granada, construidas a la luz del gol andaluz, más o menos caprichosas, más o menos divergentes, según que corresponden al estilo morisco, tan gracioso y desigual, o al español posterior a la conquista de Granada (si eso puede llamarse «estilo») pesado, macizo y sin coordinación artística o completamente empírico. Pero en las cimas de la loma la estructura cambia: allí ningún techo se destaca en el horizonte, de tal manera que si se mirase por detrás y de lejos esa loma, no se creería que hay en ella una población. Y sin embargo, allí viven como seiscientas familias que pudieran llamarse una población de «armadillos» humanos. Allí está la vida, pero la vida subterránea y entre harapos Imagínese una serie de calles sin empedrado, caracoleando en anfiteatro al derredor de una colina por tres de sus lados. Cada una de esas calles es como un callejón profundo entre dos filas de rocas y barrancos; y sobre cada lado o fila se ven como bocas o respiraderos de hornos que sueltan bocanadas de humo en medio de pobres jardinitos y plantaciones reducidas de áloes enanos, de tunales tupidos cuajados de flores amarillas y frutas de carmín entre espinas, y de habas y judías. Si la superficie desigual de la loma ofrece el contraste de aquellas tristes sementeras, que parecen vegetar sobre centenares de cráteres, a juzgar por las columnas de humo que salen de la tierra, la vida social no se revela sino al observar las puertecitas que dan sobre las «calles», de las habitaciones cavadas en los barrancos cascajosos o las rocas calizas. En realidad el hogar del gitano se manifiesta por la entrada y la salida: la «puerta», a flor de tierra, en la calle, y la «chimenea», a flor de tierra también, sobre los barrancos. Cada una de esas cuevas es habitada por una familia y se compone generalmente de cuatro piezas: algunas solo tienen tres; otras cuentan hasta seis. Solo visité con mis compañeros unas cinco, al acaso, entrando en cada callejón a la primera que se nos ofrecía. Una puertecita angosta, de unos 160 centímetros de altura, está ajustada a la roca y se abre sobre una salita cuadrada de poco más de 2 metros por lado. A un lado hay una puertecita interior que comunica con la cocina, estrechísima y ahumada; en el fondo hay otra que conduce a la alcoba, y más adentro se ve un dormitorio para los muchachos y alguna despensa o cuarto particular. La altura de aquel «edificio» negativo, o edificio hueco, es de tres metros a lo más; y en varios puntos de los «techos» hay troneras oblicuas arregladas de modo que el aire se renueve, aunque laboriosamente, sin que penetran la lluvia y los rayos directos del Sol. Los muros, enteramente desnudos, muestran a la roca viva a los sedimentos de arenisca levemente petrificada que componen el terreno, muy bien igualados y nivelados. ¡Pobres gentes! ¡Con qué gusto y buena voluntad, con qué cándido orgullo de aseudosidad nos invitaban aquellas mujeres a visitarles sus grutas, desde la puerta hasta el último rincón! Una o más tarimas en el dormitorio, un triste mobiliario en la cocina, una muy escasa provisión de habas, garbanzos o judías en la despensa, y en la salita dos viejos taburetes de palo, una mesita coja, y algunos pequeños trastos con útiles de trabajo pendientes de los muros entre estampas de colores vivos, ya religiosas ya profanas; tal es el menaje de aquella sociedad subterránea. Pero lo que admira más es la robustez relativa de esa gente, y el admirable aseo de sus habitaciones. Aunque casi todos los muros están ahumados, todo está limpio y en su lugar, y no se nota humedad ninguna ni aún en las piezas más recónditas. Sin embargo, el corazón se siente oprimido en presencia de tal espectáculo. Al tender la vista sobre los pequeños huertos de esas pobres familias de proscritos, no pude menos que hacer una observación: hasta sus objetos de cultivo son tristes. La tinta medio gris de los aloes y de las plantaciones de habas coincide con la historia de esa extraña raza, así como las extensas y apretadas huertas de tunales y espinos. Esas familias casi no conocen el sabor de la carne; su alimento consiste principalmente en habas y judías, y Granada les compra los frutos rosados de millares de cactus. Aquella loma me parecía un calvario; aquellos millones de flores amarillas y de frutas carmesíes, creciendo entre las espinas y troncos sin hojas o follaje (como son los cactus), me parcelan representar la historia de la raza gitana; y esas quinientas columnas de humo en un campo sin casas, me daban la idea de los campamentos variables de un pueblo nómada. Por último, las numerosas fraguas subterráneas de aquella raza de albéitares y estañadores, me hacían imaginar que visitaba el reino de Vulcano en caricatura.

Pero no se crea que los gitanos aman mucho sus cuevas. Si la noche los obliga a entrar en ellas decididamente, las dejan desiertas durante el día. Esos hijos de la India, que se creen egipcios, aman el Sol con voluptuosidad. Así, cuando no llueve, se les ve en grupos numerosos por las «calles» o en medio de sus melancólicos jardines o huertos, remendando trastos, cosiendo, calentándose en la ociosidad o bailando a cielo abierto. Sí; esa raza de la proscripción es la raza de las danzas vehementes por excelencia. Fue imposible conseguir una danza formal que nos prometiera el capitán, pero en los bosques de la Alhambra y en las calles del Albaicín pudimos ver algunas «muestras». ¡Qué de agitación, de delirio artificial, de extrañas contorsiones, de locura reflexiva, de lubricidad aparente en una raza esencialmente casta! ¡Qué de sonidos atropellados, rudos y de salvaje melancolía! Al pasar por aquellos callejones en caracol, las bandas de mujeres jóvenes y de muchachos nos rodeaban gritando; las mujeres con una amabilidad provocadora se ofrecían a bailar, porque así ganan la vida muchas de ellas; y los muchachos pedían en coro un «chavito», como los de Toledo. El que juzgase a esas mujeres por sus apariencias se equivocaría completamente. Picantes y provocadoras para ofrecerse a bailar, seduciendo al extranjero, se hacen esquivas y severas, casi insolentes, cuando se les hace comprender que su amabilidad ha sido mal interpretada. La gitana casada es fiel por religión y tradición de raza; la soltera es casta por reflexión, por interés personal y de raza también, y por educación. Los gitanos nunca se mezclan con los españoles sino para especular; su hogar es puramente gitano; y jamás se ha conocido una hija de esa raza entre las mujeres perdidas de Granada. Aunque hablan todos el español, muy incorrecto en lo general, no se sirven en sus relaciones exclusivas sino de su lengua propia, corrompida en cada país, es cierto, por la influencia de las lenguas de Europa que los dominan necesariamente. Vivamente impresionados por el espectáculo de esa población en cuyo seno todo es excepcional, tipo humano, vestidos, lenguaje, costumbres, habitaciones y cultivos, trepamos hasta la altura donde se ostenta el vasto edificio del Seminario, un poco abajo de la capilla del «Monte santo». San Blas es el personaje de ese sitio histórico, donde se conservan capillas subterráneas muy curiosas; y el día de ese santo se hacen peregrinaciones en masa muy concurridas. Cuentan que allí fueron hallados los cuerpos de san Cecilio y sus once compañeros mártires, quemados en tiempo de Nerón. Parece que fue buscando minas metálicas que se dio con aquel «tesoro» por casualidad, encargándose el azar de hacer un curioso epigrama. En efecto, san Cecilio y sus compañeros eran una mina, porque sus restos calcinados han dejado, mediante la fe, muy buenas utilidades... a los capellanes del Monte santo.

Capítulo III. Las faldas de la Sierra Nevada
Santafé. Un comisionista en viaje. Loja. La Sierra Nevada. El valle de Málaga. La ciudad y sus curiosidades. Algunas impresiones
Después de cinco días de residencia en aquella ciudad tan curiosa como altamente histórica, era preciso partir. Habíamos observado lo más interesante de Granada (respecto de lo cual me veo forzado a omitir muchos pormenores) y nos alejábamos con un sentimiento de tristeza, porque ese país seduce el corazón como el espíritu. Es un tesoro de recuerdos y poesía para todo viajero; pero para mí era además un objeto de profundas emociones íntimas. Desde las alturas de la Alhambra yo había vivido cinco días con mi patria, evocando todas las epopeyas de su historia, desde la época de Colon, Balboa y Jiménez de Quesada. Por desgracia, la diligencia que debía conducirnos a Málaga, por Santafé y Loja, atravesando la Sierra Nevada,

partía casi a media noche; y las sombras eran tan espesas en aquellas noches de lluvias primaverales, que toda la campiña nos debía estar velada por las tinieblas. Así cruzamos toda la extensión de la «Vega», sin gozar de cerca de su admirable paisaje, ni poder mirar siquiera la estructura general de la histórica Santafé, villa decaída que solo cuenta hoy unos 4.000 habitantes, sentada entre huertos y cortijos a la margen izquierda del Jenil, como una vieja matrona que trabaja silenciosamente con su rueca, a la sombra de los naranjos de un patio florido. A falta de sueño y de paisajes el interior de la diligencia nos ofreció una grotesca distracción. Iba con nosotros un judío alemán, joven, robusto, ordinario te, petulante, locuaz y de una voracidad singular, que había estado hospedado en Granada en la misma fonda que nosotros. Quejábase amargamente de las hambres que había pasado, por la mala calidad de los alimentos (y eso que nuestra fonda era la más famosa de Granada); y no le faltaba razón, porque es contra toda humanidad el que los hosteleros españoles mantengan al viajero con sus abominables platos de garbanzos cocidos. El curioso alemán llevaba todos los bolsillos repletos de naranjas y bizcochos, y en tres horas, hasta que el sueno le rindió, no suspendió sus ejercicios gastronómicos. Su manía consistía en querer pasar por un inglés «turista» original, que había conocido todo el mundo (con excepción de algunos continentes), que adoraba las muchachas bonitas, había hecho grandes conquistas de francesas, italianas, circasianas, españolas, etc., y se preparaba a emprender un viaje de «recreo» a Australia, sin duda para continuar en la Polinesia su vida de Cesar de las hijas de Eva. Pero es el caso que al pedirle detalles sobre las comarcas que había visitado no daba razón de nada, explicando su ignorancia con mil subterfugios. Aunque hablaba bien el inglés, su manera de hablar en español y francés revelaba el acento del alemán meridional, como su fisonomía revelaba al israelita. Nosotros teníamos nuestros motivos para creer que pertenecía a la raza industrial de otro compañero de diligencia, «comisionista» hordelés que charlaba hasta por los bolsillos, sin perjuicio de los codos. Entre los muchos beneficios que van haciendo los ferrocarriles y telégrafos debe contarse como de primer orden la cuasi abolición del «commis-voyageur» o comisionista, la plaga más detestable con que puede dar un viajero. El parte telegráfico y el vagón-vapor, en efecto, hacen casi innecesario el envío de esas langostas a buscar en otros mercados colocación para los productos fabriles. En Italia, en España y otros países de Europa, donde todavía los ferrocarriles están en su principio, el «Comisionista» emisario de Francia, Inglaterra, Bélgica o Alemania se mantiene firme o con alguna consistencia. Así es que en Barcelona, Valencia y las ciudades andaluzas hube de encontrar esa peste en todos los hoteles o fondas. El comisionista (sobre todo y como ninguno el francés) es capaz de desacreditar a su país, dónde quiera, con sus propios recursos. Ignorante, fatuo, grosero, petardista con frecuencia, charlatán hasta causar jaquecas, se le ve en todas partes fastidiando a cuantos tienen la candidez de admitirle su compañía. Una excepción en esa regla es un prodigio. Entre más de cuarenta conocí en España uno soportable. Nuestro judío alemán comenzó por sucumbir en cuanto a su nacionalidad, pues, por divertirnos, le hicimos muchos cargos a la Gran Bretaña, y hubo de declararse alemán para no aceptar la responsabilidad. Fingí que tenía opiniones muy recalcitrantes y le dije que era un horror la admisión del judío Rothschild en el Parlamento británico, porque esa raza maldita no merecía ninguna consideración. Entonces saltó como agitado por un resorte, colérico y terrible, como si toda su raza hubiese de hablar por boca de él, y se confesó israelita con una candidez que nos arrancó a todos una explosión de risas. No tuve, dificultad en convencerle de que yo no tenía ninguna preocupación religiosa ni de raza, y que estimaba a la suya como una de las más bellas, tenaces y enérgicas del mundo, y una de las que han contribuido más, por el poder del trabajo y el sentimiento de la fraternidad, al progreso de la civilización. Corrido y azorado el ex-«turista» inglés, se arrellanó en su rincón y se manducó tres naranjas y seis bizcochos, por vía de compensación, con él mayor recogimiento. Al día siguiente, en Málaga, le pillamos «infraganti» en el hotel, presentándole a un comerciante toda su colección de cartones con muestras de mercancías; y aunque se sostuvo en lo de las conquistas femeninas, confesó que sus viajes cosmopolitas habían sido hechos no por un inglés «turista», sino por un robusto judío alemán, comisionista de la casa H. B. & Cª e Manchester. Eran las seis de la mañana cuando llegábamos a Loja, después de haber cortado las primeras gargantas suaves o inflexiones de la Sierra Nevada. Excepto en Suiza, no he visto nada más pintoresco, en clase de pequeños paisajes de encantadora frescura, que el cuadro que rodea a Loja. Es una ciudad bastante considerable, pues cuenta más de 17.000 habitantes, y dista unos 45 kilómetros de Granada y 56 de Málaga. Sus producciones agrícolas son las generales de Andalucía; pero es notable por su fabricación de paños y papel. Es el país de las aguas por excelencia, deliciosas y abundantísimas. No solo tiene más de doscientas fuentes públicas y particulares, sino que se llegaron a contar ahora siglos, en su término, más de 5.000 vertientes. La población, fea, desigual, sin gracia, triste y bastante sucia, hace un raro contraste con los al derredores. Situada sobre dos colinas separadas por el Jenil, con la mayor parte de su masa en la margen izquierda, la dominan casi por todos lados los contrafuertes de la Sierra, y ofrece una vista deliciosa hacia una gran porción de la Vega de Granada. El Sol comenzaba apenas a producir sobre las crestas nevadas sus primorosas reverberaciones; una ancha faja de nieblas ceñía los cerros vecinos por la mitad, dejando en descubierto las eminencias con sus enormes peñascos de granito, y las bajas colinas, la ciudad y los vallecitos profundos y tortuosos del Jenil, frescos, verdes, floridos, cuajados de molinos y fábricas, de huertos primorosos y de hileras y grupos de álamos blancos y otros árboles enhiestos. La tierra parecía regocijarse, saludando al Sol andaluz y a su admirable cielo con un concierto de armonías y una voluptuosa evaporación de aromas delicados. Después de Loja, el camino sigue ascendiendo y caracoleando por entre bellas colinas bien cultivadas hacia el corazón de la Sierra. El viajero colombiano que recorre los caminos que cortan las Sierras españolas, no puede menos que sonreír con desdén, al recordar que hay en Colombia perezosos fatalistas que creen que los Andes han condenado a la incomunicación a los pobladores de muchas comarcas montañosas del Nuevo Mundo. Al ver lo que se ha logrado, en punto a ferrocarriles y carreteras, en las regiones de los Alpes, los Pirineos y las Sierras de España, yo me decía: «No; los Andes, lejos de ser obstáculos, son el don más prodigioso que Dios haya otorgado al Nuevo Mundo, y el pueblo que sepa aprovecharlos será el más feliz de la tierra. Con voluntad y dinero "todas" las regiones de los Andes son susceptibles de admitir cuantas carreteras y ferrocarriles pueda necesitar el movimiento social». En medio de aquel océano de cerros desnudos, de colinas caprichosas, de altas y pequeñas planicies y de abismos inmensos, circulan sin riesgo ninguno las diligencias por una excelente carretera. Tal parece a cada momento, a la vuelta de un recodo brusco, que va la diligencia a salvar un precipicio saltando de un cerro a otro, según es de accidentado el terreno. Así se anda de sorpresa en sorpresa. No he visto nada tan «romántico», tan ásperamente hermoso y triste como aquellas reducidas planicies de la Sierra Nevada, que parecen lechos de lagos disecados hace muchísimos siglos. Al entrar en el «recinto» de una de esas planicies, vastísimos salones de pavimento de esmeralda entre muros colosales de hierro y estaño, se cree que no hay salida posible hacia adelante. La vegetación es de una tristeza poética, pues todo el suelo está cubierto de plantaciones de trigo y otros cereales, o legumbres, sobre cuya alfombra se destacan de trecho en trecho, gigantescas, sombrías y majestuosas, esas encinas de verdura perpetua llamadas en España «alcornoques», cuyas ramas producen el corcho. Esos árboles son numerosísimos allí, como en todas las altiplanicies de las Sierras españolas, y son objeto de un comercio relativamente considerable. La naturaleza, previendo que el hombre inventaría la botella como un segundo «vientre» para guardar el vino, ha poblado la tierra de «alcornoques» en las planicies superiores a las faldas donde crece la generosa vid. ¡Si todos los «alcornoques» que vegetan en el mundo produjeran siquiera para «corchos»! Al derredor de esos sencillos cuadros de verdura se levantan en completa circunferencia estupendas moles de granito del aspecto y la tinta más singulares; todas abruptas, ásperas; con arrugas y grietas enormes, unas cenicientas y opacas, otras del color del estaño con un brillo triste, otras negras o pardas, presentando los más curiosos juegos de luz y sombra, según la inclinación del Sol; y ya redondeadas en las cimas, ya en picachos extravagantes, en agujas o conos truncados, o en filas circulares y dentelladas que remedan estupendas coronas de hierro. Y encima de esas cabezas desnudas y esas moles de formas sorprendentes sin estratificación ninguna visible, descuellan perpendicularmente a lo lejos, como lámparas de plata y diamante pendientes del cielo, los altísimos lomos y las cúpulas entrecortadas de los nevados de la Sierra. Aquello es de una hermosura suprema, que convida al artista a la contemplación y desafía toda descripción... Las «ventas» se habían sucedido (y por cierto que «no quisiera acordarme» de una cierta tortilla hecha con aceite rancio, como se usa en España, que me duró entre el paladar y las fauces más de una semana); habíamos salido del centro de la Sierra, y comenzábamos a descender por entre un inmenso almácigo de cerros y colinas prodigiosamente complicados y entrelazados. La región de las encinas había terminado, y cruzábamos la de las faldas y los planos inclinados donde se hace un extensísimo cultivo de la viña. Es tanto como decir que bajábamos del cuello de la botella (el «corcho») a su vientre embriagado (las «uvas»). Se comprende cuan enorme será, la producción de viñas en la provincia de Málaga, casi toda dé un terreno arrugadísimo por sus montañas desnudas, con solo ver que aún en las más pendientes lomas y las profundidades y faldas más escabrosas la tierra está cubierta de viñedos. De repente, al volver un alto, recodo, el horizonte se abrió a nuestra vista, sin que ninguna eminencia interrumpiese el inmenso panorama. ¡Asombrosa hermosura la que nos aguardaba! ¡En el fondo el valle, las costas y la ciudad de Málaga; más adelante los desiertos resplandecientes del Mediterráneo estrechado por dos continentes; a lo lejos, visibles solo con el auxilio del anteojo, las montañas azules del África, vagas, entrecortadas y confusas, hacia la costa de Tetuán; y todo cubierto por un cielo azul claro precioso e iluminado por un Sol casi tropical: el magnífico Sol africano! Aquello se contempla, se admira con supremo arrebato y luego con profundo embeleso; pero no se describe... Yo sentía que mi corazón palpitaba sobre una eminencia de los Andes, en presencia de una pampa-océano...

Bajo el punto de vista artístico y el intelectual, Málaga es una ciudad de escasísimo interés. Allí no reinan sino la industria y el comercio, y los recuerdos históricos apenas se revelan, con relación a la época de los árabes o Moros, en la estructura general de la ciudad, en algunas artes tradicionales, en muchos rasgos curiosos aunque de poca importancia, y sobre todo en el mar y el cielo. En efecto, el mar y el cielo de Málaga hacen pensar a cada instante en África, cuya atmósfera, bañando con sus ráfagas ardientes las costas españolas, es como un vínculo de unión entre esos dos semi-continentes que se saludan desde lo alto de sus montañas rocallosas por encima del Mediterráneo. El valle en que reposa Málaga, encuadrada entre el mar y los últimos estribos de la Sierra, es muy reducido. Ensanchado sobre la costa en una circunferencia como de 20 kilómetros, se prolonga hacia el occidente por entre cordones de cerros, en una muy angosta vega que surcan el «Gundalhorce», pequeño río que corta la llanura a poca distancia de la ciudad, y el «Guadalmedina», que la divide, corriendo trabajosamente por un lecho de arena fina, variable y que se presta a las inundaciones por la excesiva depresión de sus orillas o anchas playas. La llanura es un hermoso huerto, vista desde las montañas que dominan a Málaga. Allí no solo crecen mil árboles frutales, la opulenta viña y todas las producciones de la fértil. Andalucía, sino que se cosecha el algodón, el tabaco y mucha cochinilla, crece y prospera la caña de azúcar, y podría creerse que se siembra sobre un pedazo de la tierra africana. Del lado del oriente la costa se extiende en una faja angosta y de líneas curvas y caprichosas, en la dirección de Vélez-Málaga y Motril. Al norte la ciñen y dominan los complicados contrafuertes de la Sierra Nevada, y al occidente se destacan mil eminencias que erizan todo el terreno, en dirección a Cádiz, por la línea de la Sierra de Ronda, donde se encuentran las más sorprendentes formaciones geológicas, así como notables curiosidades sociales. Ronda tiene la fama de ser una pequeña ciudad muy curiosa, en la provincia de Málaga. Si esta cuenta una población de 451.406 habitantes (la sétima en España en ese orden), su activa capital tiene 94.289, inclusos sus ejidos. Málaga es uno de los grandes centros del liberalismo en España, como Madrid, Barcelona, Sevilla, Cádiz y todas las ciudades de movimiento social activo. Donde quiera que el comercio, la industria o la acción política dan lugar a una fuerte vitalidad social, el sentimiento popular se inclina hacia la libertad y el progreso. El conservatismo no tiene sus fortalezas en España sino en las ciudades donde reinan la inmovilidad y el silencio. Los al derredores de Málaga contienen innumerables jardines y muy bellas y valiosas haciendas, donde se ven casas de campo de una notable elegancia, y algunas de riqueza artística. En la vega marítima del Guadalhorce hay preciosas plantaciones de naranjos y limoneros que hacen recordar los primores de la Huerta de Valencia. Es increíble el consumo que hace la Europa del fruto o las esencias ácidas y aromáticas de aquellos bosques de limoneros. Al derredor de los huertos, los jardines y las haciendas y fábricas del valle, se suceden en anfiteatros cortados las colinas cuajadas de viñedos. La riqueza y variedad de esas viñas es asombrosa (en comparación de las dificultades del terreno), pues no solo se hace una inmensa producción de vinos blancos, tintos y anaranjados, más o menos aromáticos y agradables, cuya fama es universal, sino que se obtienen en abundancia esas famosas uvas especiales para la preparación de las exquisitas «pasas». Debo decir, en obsequio del popular adagio, que me costó trabajo beber buen vino y conseguir buenas pasas en Málaga. Casi una tercera parte de la ciudad se compone de nuevas construcciones, en lo general espléndidas, muy vistosas por sus numerosos balcones y celosías o gabinetes volados, verdes o azules, sus pavimentos de mármol, sus grandes enrejados de fierro, sus alegres azoteas y sus miradores de estilo oriental. En la parte nueva las calles son espaciosas y limpias, abundan los grandes hoteles y cafés, se notan la comodidad y el gusto, y no se encuentra verdadera semejanza material con las ciudades interiores de España. La famosa «Alameda» es una espléndida calle-paseo, donde abundan los árboles gigantescos, las fuentes, las estatuas y los canapés de granito, entre dos filas de elegantes edificios. Asimismo, las construcciones que dominan los muelles o avecinan el puerto, relevan, el progreso del buen gusto y la vitalidad de las ciudades marítimas. Pero la gran masa de la ciudad, de construcción antigua, es un laberinto de callejuelas incomprensibles en el primer momento, oscuras, muy estrechas, generalmente sucias, llegando algunas a un grado de inmundicia increíble. Allí las construcciones caprichosas, extravagantes, bárbaras sobre toda ponderación, semi-morunas, semi-españolas, entre cuyas moles se agita sin cesar, en la estrechez y estrujándose sin lástima, una numerosa y activa población de los tipos más heterogéneos. La elegante y hermosa malagueña (las mujeres son allí muy lindas en gran número) se pasea visitando los ricos almacenes y las tiendas de modas y curiosidades, sacudiendo con una gracia inimitable el abanico de ébano, de nácar o de sándalo con graciosos adornos y ricos paisajes; y seduce por la gracia de su andar, desembarazado pero digno. Y no menos llama la atención por sus «dejos» y picarescos aires la... malagueña de menor cuantía, tipo que media entre la «manola» y la «griseta», vestida con telas de colores vivos, con la cabeza descubierta, vivaracha y provocadora, guiñando el ojo con peligrosa habilidad, morena y rosada, rolliza y tentadora como uno de esos racimos maduros de rosadas uvas que produce el país. Al mismo tiempo hormiguea en las calles un enjambre de obreros toscos y brutales, vestidos con abandono, de marinos de todas las naciones, de comisionistas afanados a caza de clientes, de negociantes inquietos entregados exclusivamente a la fiebre de la especulación, de soldados de franjas amarillas, pasablemente ociosos, de carreteros y vivanderas haciendo una algarabía de todos los diablos, de algunos semi-majos y toreros de estilo de matamoros, y de pillos de todas edades que abundan siempre en las ciudades mercantiles, con su numeroso acompañamiento de andrajosos mendigos que son inevitables en casi todas las ciudades españolas. El gran movimiento de Málaga no proviene únicamente de su fuerte producción de vinos y demás artículos de su agricultura, por valores considerables. Málaga es, por su posición y la naturaleza del terreno de toda la provincia y las vecinas, el puerto obligado de Granada, Jaén y parte de las comarcas de Córdoba, y de las poblaciones que demoran del lado de Ronda como del de Vélez-Málaga. Aparte de esos motivos de centralización de un vasto comercio, Málaga tiene una producción fabril o manufacturera de bastante importancia y bien variada. Allí se fabrican sederías y muchos tintos, algún azúcar, varios tejidos, sombreros, máquinas y objetos de fundición, jabones, encurtidos, loza, etc., se trabajan mil objetos de arte, como lindos abanicos, bustos de yeso muy delicados y otras curiosidades de mano, y se hace una vasta preparación de frutas conservadas y destilaciones. Málaga es, sin disputa, la segunda ciudad mercantil de España, pues solo Barcelona le es superior Málaga, tan rica en industrias, tan comercial y fuerte en la producción de vinos,[4] es una ciudad pobre en monumentos. El único que merece atención, todavía por acabar y rodeado de tristes y menguadas callejuelas, es la catedral. Pertenece al estilo del Renacimiento, del orden compuesto, y aunque su fachada es una obra muy notable, su torre magnífica y de muy buen gusto es por sí sola un monumento. El interior del templo, compuesto de tres hermosas naves, es verdaderamente grandioso por sus formas generales, pero carece en sus pormenores de valor artístico, en lo que hace a pinturas y esculturas, y no hay nobleza en las condiciones arquitectónicas. Deben exceptuarse los techos de las naves que son muy hermosos, ente-

---

4   Excede anualmente de un millón de arrobas que valen $6.000.000

ramente de piedra y con muy buenos relieves, y el vasto coro central, cuya sillería posee riquísimas esculturas en madera, y cuyos dos órganos colosales son de mucho mérito. La vista que ofrece el panorama de Málaga es soberbia, cuando se le contempla desde las alturas contiguas donde se encuentran el fuerte de la «Alcazaba», que se conserva medio arruinado, y las ruinas del antiguo castillo de «Gibralfaro», obra moruna que estuvo situada a mayor elevación y se comunicaba con aquel fuerte. Desde allí se admira un cuadro de hermosura triste y majestuosa, si se tiende la vista sobre el Mediterráneo, las lejanas costas africanas y las serranías españolas, pero risueña y alegre, si solo se considera la ciudad y su puerto y el vecino valle. El mar, tan majestuosamente monótono cuando rodea sin contraste una de esas ciudades flotantes, formas admirables de la civilización, que se llama un buque, es un tesoro de primores y sorpresas cuando sirve de marco a una costa. Pero en ninguna parte tiene tanta hermosura y tan sublime poesía como en los estrechos de la Mancha y Gibraltar, donde las ondas con su incesante movimiento, sus resplandores vagos e inasibles, su población flotante y sus elocuentes rumores, parecen continuar en cierto modo, más bien que interrumpir, el espectáculo de vitalidad que se manifiesta en la tierra. Ese gran drama del mar, permanente en su «espíritu», pero variable en sus formas hasta lo infinito, es un misterio supremo que seduce, fascina, embarga los sentidos y obliga a meditar. Pero en aquel estrecho del Mediterráneo la seducción es más poderosa que en ninguna otra parte, por el contraste de las razas y civilizaciones que se ven frente a frente al través de ese valle movedizo, casi siempre atormentado por terribles tempestades. Al ver sus movimientos se imagina uno que cada onda trae en sus pliegues alguna revelación, alguna queja de ese mundo misterioso, exuberante de calor, de fuerza, de vida y de barbarie que se llama el África... ¡Extraño fenómeno! ¡Apenas una ancha fosa marítima separa esos dos continentes (o semi-continentes) y sin embargo su distancia moral es inmensa! El Nuevo Mundo, tan lejos de Europa y tan colosal, ha avanzado infinitamente más en la civilización y la libertad, es decir, en la posesión de la conciencia o la personalidad y la noción de la justicia, que esa estupenda península del viejo mundo en cuyo seno vegeta en la barbarie la gran raza de Cham. ¿Por qué ese contraste? ¿Es por culpa de la raza negra nomás o principalmente?

¡Triste es decir la verdad! ¡Es que la humanidad blanca ha trabajado durante muchos siglos, por la explotación de la esclavitud, en mantener a la humanidad negra en la barbarie! El puerto de Málaga, aunque reducido, poco abrigado y muy defectuoso por los bancos de arena que arrojan a su seno las borrascas del Mediterráneo, está siempre poblado de numerosas naves de todas las naciones, y allí tocan todos los vapores que hacen el servicio de las costas españolas y africanas, y que giran entre el Mediterráneo y el Atlántico. El movimiento de buques, de marinos, obreros y mercancías le da al puerto un aire de alegría y un interés que agradan al viajero; y sin embargo no se siente el deseo de permanecer allí por muchos días, como en Granada o Sevilla. ¡Se comprende y reconoce el mérito comercial e industrial de Málaga, pero su población y la masa general de sus gentes no inspiran simpatías! Al llegar a Málaga nos habían registrado los diminutos equipajes, no obstante que veníamos del interior del país, y nos hablan hecho exhibir los pasaportes. En eso hay, al menos aparentemente, más rigor en España que en Francia. España es el país clásico de las formalidades ridículas y enfadosas, sin que por eso se evite el contrabando en inmensa escala, ni dejen de prevaricar los funcionarios subalternos. Debíamos partir para Cádiz, después de una corta residencia en Málaga, y sin embargo fue preciso hacer visar los pasaportes por la Gobernación, y llenar una fórmula en el despacho de la «Sanidad». Es como si para «trastear» de un barrio a otro hubiese que pedirle licencia al Alcalde y comprobar que se goza de buena salud. Los gobiernos llevan a veces el espíritu reglamentario hasta la estupidez. Eran las ocho de la mañana y el vapor que debía conducirnos a Cádiz, tocando en Gibraltar, se balanceaba suavemente hacia la salida de la pequeña ensenada de Málaga, lanzando por sus dos altas chimeneas rojas sus espesas columnas de humo, que la brisa desbarataba en ondulaciones caprichosas arrojándolas sobre los arbolajes y las vergas de los numerosas fragatas mercantes que estacionaban en el puerto. El puente del vapor se iba llenando con la población heterogénea de pasajeros que se dirigían a distintos puntos de las costas españolas y francesas y a Amberes, Rótterdam o Hamburgo. El capitán, tipo vigoroso y simpático, marino francés «pur-sang», pasó revista a su equipaje, y hallándolo completo, así como su lista de pasajeros, hizo levar anclas. En breve

Málaga, tan pintoresca vista desde el mar, desapareció, y comenzamos a navegar hacia Gibraltar.

Capítulo IV. El estrecho de Gibraltar
A bordo. El golfo de Algeciras. Escenas de la tarde. La ciudad de Gibraltar. Situación y comercio. La fortaleza. Delante de Tarifa

El cielo, de un azul pálido, tenía una limpidez admirable, y el Sol brillaba con todo su esplendor meridional, produciendo sus reverberaciones en la moviente superficie de las ondas como la imagen de un incendio intermitente y fascinador. El Mediterráneo estaba tranquilo, y una brisa tibia y deliciosa rizaba sus menudas olas, cual si millones de ondinas estuviesen peinando y encrespando suavemente la inmensa cabellera del gigante dormido. Las barcas pescadoras vagaban dispersas, pareciendo de lejos como gaviotas errantes rozando apenas las espumas trasparentes y azulosas que el juego de las ondas producía. Los viajeros, divididos en grupos sobre el puente del vapor, contentos y comunicativos, como todo el mundo en un vapor cuando no se sufre el mareo, jugaban ajedrez o dominó, contaban anécdotas de viajes, o hablaban con interés de los sucesos de Italia donde la guerra había comenzado. Algunos, perezosamente reclinados, leían novelas y fumaban; otros dormían cabizbajos, apoyados en la baranda a la sombra del toldo. Yo disertaba con mis dos compañeros franceses sobre la historia de España, su porvenir, y el destino de ese mundo de fuego —el África— que nos enviaba sus ráfagas fortificantes. Hacia la tarde teníamos a la vista, a corta distancia, dos poblaciones que asomaban sucesivamente sobre la costa española, en situaciones pintorescas: «Marbella y Estepona». La primera, de origen moruno, graciosamente asentada al de la «Sierra Blanca», es una villa de unos 6.500 habitantes, perteneciente a la provincia de Málaga, no poco industriosa, con bastantes fábricas, productora de vinos y azúcar, y en general de los mismos frutos agrícolas que Málaga. Estepona yace hacia el nordeste de la «Sierra Bermeja», que desciende sobre la costa, toda surcada desde Málaga hasta Cádiz por contrafuertes y estribos de numerosas sierras. Estepona tiene más de 9.000 habitantes, y su industria y producciones son análogas a las de Marbella. A las tres de la tarde veíamos muy distintamente ese estupendo y curioso peñón de

Gibraltar, cuyo nombre es un epigrama para los españoles, que hace tan importante papel en el mundo europeo, tanto por su significación militar y mercantil como por su geografía, y que, correspondiendo a su misterioso y providencial destino, como centinela de Europa vigilando al África, ejerce una extraña fascinación sobre el viajero que lo admira. En efecto, es tan particular la forma de ese gigantesco peñasco, y concurre de tal modo a multiplicar el efecto la configuración que tiene allí el estrecho y la del golfo de Algeciras, que mientras más se mira la mole y más se acerca uno, menos se comprende su verdadera posición. Tal parece (al que no está habituado) que a medida que se cambia de posición o dirección, el peñasco varía también de aspecto, presentando siempre la misma faz, pero bajo reflejos y sombras diferentes. Es al llegar a la entrada misma del golfo de Algeciras que se tiene la idea exacta de aquella península de granito, avanzada en punta hacia el sur y bruscamente empinada como un castillo ciclópeo, cual si quisiese al mismo tiempo penetrar en el flanco de la tierra africana y hundir su parda cabeza en el éter para lanzarle a Europa las primeras reverberaciones de un cielo abrasador. El golfo de Algeciras, que es una de las formaciones oro-hidrográficas más curiosas de la Europa meridional, tiene la forma de una herradura profunda o alargada hacia el centro. El peñón de Gibraltar, abrupto y formidable, y ligado al continente o la España por un istmo angosto, bajo y pantanoso, cierra el golfo al nordeste, batido por las violentas olas de un mar comprimido entre montañas que lo rodea casi totalmente. Al sudoeste se destacan los promontorios rocallosos de los cerros a cuyas faldas demora la ciudad de Algeciras, a alguna distancia de su puerto y arsenal; y las fortalezas británicas y españolas se miran allí de un lado a otro por encima de las ondas, coléricas a veces, cual si representasen la lucha permanente o el desafío mudo entre el despecho de una vieja conquistadora de mundos, vencida por sus propias faltas, y el orgullo tranquilo de un gran pueblo que ha encontrado su fuerza en la libertad y simboliza todo su genio progresista con el cosmopolitismo de su comercio, soberano de los mares. Por todas partes las altas cimas de las montañas, tristes y desnudas, los grupos y escalones de colinas pintorescas dominando angostos valles, y un paisaje de la más hermosa melancolía, en el territorio español; mientras que el peñón británico hace contraste por sus rocas ennegrecidas y colosales, su pintoresca ciudad, sus alegres jardines, sus estupendas fortificaciones, sus puertos animados y sus numerosos navíos mercantes y de guerra anclados al pie de las murallas o en el centro del golfo, blandamente sacudidos por las ondas de un verde cristalino admirable. En el fondo del golfo, cerca de la costa, se ve en el valle un pequeño pueblo llamado «Liña», rodeado de plantíos, y más alto, sobre una baja colina, la pequeña ciudad de San Roque (fundada después de 1704), perteneciente, como Algeciras, a la provincia de Cádiz. El golfo tiene a la entrada como 16 kilómetros de anchura y una longitud hacia San Roque como de 20 kilómetros, mientras que la distancia que media entre los lados (o Gibraltar y Algeciras) es de unos 9 o 10. La población total que cubre aquella costa en herradura es como de unos 46.000 habitantes (sin contar las guarniciones militares), correspondiéndole 15.000 a Gibraltar, 16.000 a Algeciras y el resto a San Roque y Liña. Eran las cuatro de la tarde cuando nuestro vapor fondeaba a doscientos metros del puerto de Gibraltar. El cuadro que se ofrecía a nuestras miradas era tan pintoresco y magnífico al mismo tiempo, que permanecimos durante más de una hora contemplándole embelesados. Quisimos saltar a tierra, pero sabiendo que las puertas de la ciudad serían cerradas a las seis y nos faltaría tiempo, preferimos esperar basta el día siguiente. Un enjambre de muchachos desnudos retozaba en las ondas de color de esmeralda y lázuli, nadando con voluptuosidad o inquietud alternativamente y haciendo evoluciones por entre los vapores y bergantines del puerto, siguiendo los giros de los ligeros faluchos. Entre tanto atravesaba el golfo un pequeño bote lleno de banderolas, que venía de Algeciras a Gibraltar, trayendo a bordo una numerosa banda de paseantes alegres entre los cuales había como cinco o seis músicos. Sus sonatas eran de un efecto encantador en el fondo de aquel golfo murmurante rodeado de preciosos paisajes. Gibraltar, asentada en su roca monumental y prolongándose en anfiteatro hacia la cima hasta perderse entre picos abruptos, fortalezas y bosquecillos artificiales, tenía, a la luz ya vacilante de las seis y media de la tarde, no sé qué de fantástico y severo por su conjunto, y al mismo tiempo mucho de oriental, de voluptuoso y poético por sus rasgos y melancolía del momento. Al fin las sombras de la noche lo cubrieron todo y el silencio fue absoluto. De aquel panorama lleno de luz, de vida y de capricho no quedaba sino un cielo sereno pero opaco, la vasta sombra movediza del mar, sus sollozos profundos sobre el horizonte de tinieblas, destacándose a distancias casi iguales, los grupos de luces que indicaban la posición de Gibraltar, San Roque y Algeciras, haciendo contraste con las negras moles de las fragatas de guerra y de comercio que parecían surgir, en derredor, de entre las olas adormecidas en un concierto de suspiros. Paseándonos a lo largo del puente, mis dos compañeros y yo conversábamos sobre la literatura francesa, tema que insensiblemente se nos vino a las mientes a propósito de una cancioncilla que preludiaba el capitán en uno de los camarotes.

—¡Qué de servicios no ha hecho a la literatura en general —decíamos—, este monumento flotante que se llama un buque!

El navío, cualquiera que sea su dimensión, es por sí solo una literatura, porque es toda una civilización. No solo ha creado la literatura marítima, muy especial y acaso la más grandiosa, poesía sin igual, llena de misterios, y viajes, descubrimientos, conquistas, colonizaciones, cambios de ideas entre los pueblos, astronomía y geodesia, guerras marítimas, etc., etc.: no solo ha creado esos géneros de elementos literarios, decíamos, sino que ha desarrollado inmensamente la literatura «continental» o «terrestre», multiplicándole sus medios de expansión y regeneración de una manera prodigiosa. ¡Qué admirable cosa es un buque! No es solo una concha de madera y hierro que lleva en su seno una porción de la fuerza vital de la humanidad; es más todavía: es una civilización aparte; es el símbolo del poder misterioso del hombre para duplicar la superficie habitable de su planeta y someter a su servicio todos los elementos; es un pedazo del hogar de cada pueblo (accesorio pero no menos real) buscando en la inmensidad de los mares el saludo fraternal de otras porciones flotantes de pueblos. El mar no es el límite de las naciones, de los continentes y las razas. No; al contrario, es él quien suprime las fronteras, quien mantiene en la unidad del elemento líquido (abrazando y envolviendo a todo el orbe, y recibiendo con igual hospitalidad el tributo de todos los pueblos) la imagen de esa unidad divina y eterna del Hombre con el Hombre, deducción lógica de la unidad del Ser creado con el Creador y la Naturaleza... Un día la Humanidad será una sola familia, el Océano el lago común de millones y millones de «vecinos y hermanos» saludándose desde cada playa, y el buque, sin bandera «nacional», surcará ese lago universal, tan anónimo como el coche que rueda hoy por las calles de una ciudad sin distinción de domicilio.

Al día siguiente, a las siete de la mañana, saltábamos a un falucho para ir a visitar a Gibraltar. Al poner pie en el estrechísimo puerto, cerca de las primeras murallas y la gran puerta, y en medio del alegre bullicio de una plaza de mercado, fue preciso pedir la licencia de entrar, escrita. Los funcionarios británicos no la niegan jamás, y las transacciones se hacen allí con toda libertad. ¿Para qué la licencia, pues? ¡Cómo no, si Gibraltar es también una «fortaleza»! Así, esa noble libertad personal que es el orgullo del inglés, y pugna con los pasaportes, las cuarentenas implacables y las cortapisas, sufre una excepción en Gibraltar, por el solo hecho de haber allí un conjunto de máquinas de barbarizar al mundo. Aquel sencillo ejemplo está probando que las fortalezas, las guarniciones, los buques de guerra, y todo lo que tiene el carácter de «armado», no son sino perturbaciones flagrantes del orden social,

A pesar de su origen antiguo y de las dominaciones morisca y española, Gibraltar es una población que no tiene la tristeza y monotonía de las ciudades de tipo análogo: se ve bien que el genio británico ha modificado profundamente la condición social y la fisonomía de esa plaza de carácter complejo. Las calles son generalmente claras, limpias y regulares; los casas de solo dos o tres pisos, alegres, caprichosas con gracia, casi todas pintadas de amarillo y otros colores, y adornadas de balcones, celosías, ventanas o miradores, según que preside en cada cual la sencillez inglesa, el estilo oriental, o el empirismo español a veces pintoresco. Los cafés y hoteles abundan; las sinagogas alternan con las iglesias católicas y las anglicanas; las filas de ricas tiendas llenas de curiosidades son interminables, principalmente en la «Calle Mayor»; y donde quiera hay una confusión de tipos y una animación de curiosos y negociantes que llama mucho la atención, haciendo ver que aquella ciudad es una colonia cosmopolita, donde viven fraternalmente y cambian sus productos el español, el inglés, el italiano, el Israelita y el Moro tangerino o tetuanés.

Nada más pintoresco y curioso que el conjunto de grupos sociales y de almacenes y tiendas de Gibraltar. A pesar de la confusión en que las gentes hormiguean, cada tipo llama la atención al primer golpe de vista, impresionando vivamente los contrastes a causa de la pequeñez del escenario. El inglés se pasea en marcha mesurada, sin altivez pero con el aire de seguridad que tiene siempre el que puede decir: «Aquí mando yo». Su rubia cabellera, sus ojos azules, su vestido holgado, libre y de una uniformidad elegante pero monótona que lo presenta como de una sola pieza; su impasible frialdad, si es un simple negociante, o su orgullo aristocrático, si es algún oficial de la guarnición o la marina británica, todo le distingue fuertemente de los demás tipos. Entre tanto se ve en las demás fisonomías el sello de la dependencia, aunque sin degradación. El español, mozo de cordel en el puerto, artesano, carretero o negociante en detall, se muestra reservado, como si le oprimiese constantemente la idea humillante de que habita una ciudad fundada en el suelo de la Península, pero dominada por un poder extranjero. Los italianos (que eran muy numerosos), muchos de ellos refugiados, huyendo de la tiranía y la miseria, manifestaban el pesar del expatriado, al mismo tiempo que la satisfacción instintiva del que se siente libre bajo un cielo semejante al de su patria, y su conversación era simple, insinuante y ruidosa. El judío y el moro, vagando silenciosos y como soñadores por las calles de Gibraltar, con sus vestidos pintorescos y sucios, sus capuchones y turbantes, sus piernas desnudas y sus anchas sandalias, parecen estar evocando allí todas las tradiciones orientales y la historia de dos razas proscritas. Aquellos hombres, con sus mantos flotantes como sudarios, parecen fantasmas del mundo africano, o cadáveres ambulantes de las generaciones que le trasmitieron al mundo cristiano el depósito de la civilización. Yo no podía mirar sin profunda tristeza ningún israelita o moro de los que pueblan a Gibraltar. No sé si mi inclinación hacia todos los débiles y proscritos del mundo me dominaba; pero sentía más simpatía por los judíos, italianos y moros que por los ingleses mismos y los españoles. Y sin embargo, nada hay que haga resaltar tanto como ese áspero peñón de Gibraltar la gloria relativa de las libres instituciones y las costumbres hospitalarias del pueblo inglés. En Londres, donde hay tantos miles de proscritos que viven bajo él noble amparo de una patria adoptiva, todo pasa desapercibido, porque la inmensidad de esa metrópoli esconde los pormenores. Es en Gibraltar donde se revela mejor el genio liberal, comercial, cosmopolita y tolerante del pueblo inglés. El español y el italiano, el israelita y el moro, el inglés y el extranjero de cualquier país, todos son igualmente libres, se toleran en su religión y sus costumbres y viven fraternalmente. Gibraltar me pareció una especie de modelo (aunque imperfecto) de esa unidad en el «derecho» y el «progreso», a que tiende la Humanidad, impulsada por el sentimiento del amor y la justicia que es el verdadero ideal de la civilización. ¡Aquel peñasco hospitalario, que admite a todas las razas y religiones, colocado entre la España católica, intolerante y fanática por sus instituciones papales, y el África mahometana, intolerante y fanática por resentimiento y por su atraso en la civilización; aquel peñasco, digo, me parecía allí, azotado por las ondas balanceándose entre dos mundos enemigos, como una arca de salvación que llevaba en su seno la idea redentora de la libertad, del derecho y la fraternidad! Si yo fuese español, acaso miraría con despecho flotar el pabellón británico sobre la roca de Gibraltar: el patriotismo (que muchas veces es un sofisma) me haría pensar así. Pero, hijo del Nuevo Mundo, imparcial entre las dos potencias y amigo de la justicia y el progreso, bendigo «hoy» (todo es relativo) la dominación de Inglaterra en Gibraltar. Ella es la garantía de la libertad del comercio en el Mediterráneo; es el lazo de unión entre la civilización europea y la semibarbarie africana; es una promesa de progreso, y una enseñanza severa y elocuente para las naciones que rechazan todavía los consejos de una política de tolerancia y equidad. Todos esos intereses se verían comprometidos el día que Gibraltar volviese a la dominación de España, de España, donde todavía, en 1859, mientras se llevaba la guerra a Marruecos en nombre de la civilización, se condenaba a «nueve años de prisión» a un ciudadano de Inglaterra, por haber vendido en Cádiz la «Biblia» (¡el libro de Dios!) en edición británica... El comercio que hace Gibraltar es muy considerable. Aquella plaza no solo es un punto de escala importante para la navegación entre el Mediterráneo y el Atlántico, sino el depósito general de los cambios que hace la Europa occidental con el imperio de Marruecos. Además, es un elemento de comercio clandestino con España, muy considerable. España, como todo el que peca, tiene en los resultados de sus propias faltas el castigo y contragolpe de ellas. Egoísta por sus instituciones económicas o fiscales, se ha rodeado de todas las trabas propias de un sistema riguroso de prohibiciones, reglamentos y derechos diferenciales; y eso le cuesta caro. El contrabando es inmenso, por todos lados, lo mismo por sus costas, que por las fronteras de Francia y Portugal; pero en ninguna parte se hace con proporciones tan visibles como en Gibraltar. El valor de los cambios que se verifican allí es tan considerable, que en los últimos años no exportaba Gibraltar hacia Europa y África menos de 22.000.000 de pesos fuertes o 440.000.000 de reales de vellón.

Prescindiendo de los grandes almacenes de depósito, nada más curioso que las tiendas de Gibraltar, repletas de las telas, los artefactos y objetos más heterogéneos, procedentes de muy diversos países. Lo que más llama la atención es el conjunto de artículos de la industria marroquí, tan graciosos y originales como pintorescos. Los preciosos y bruñidos tafiletes, los grandes chales de algodón y seda, de colores vivos sobre fondo blanco, o mezclados; los mil caprichos de dibujo y bordado en las «mantas» rojas de lana, en los cojines y sandalias; los bellos turbantes; la infinidad de joyas y objetos de adorno, de plumas, corales, rosarios, filigranas, cigarreras bordadas de hilo de oro y plata, y mil objetos de uso manual, todo eso despierta la curiosidad por sus particularidades, sus vivísimos colores y sus caprichos de forma, que dan idea del estilo de la industria en Marruecos y los países vecinos. No menos curiosos son los pequeños objetos de diversa aplicación que se fabrican con mármol y granito en Gibraltar, en Ronda, en Tánger y otros lugares para tener su expendio en aquella plaza de cambio universal. Cuando habíamos recorrido las calles de Gibraltar y visitado muchas de sus tiendas, pasamos de la ciudad al vasto recinto de la ciudadela. Sin cuidarnos de observar muy atentamente las fortificaciones estupendas que se destacan por todas partes en laberinto, cruzamos los primeros jardines para trepar hasta las alturas del peñón, pasando por inmensos patios repletos de pirámides de balas, bombas y granadas, y filas interminables de cañones estupendos. Aquel enjambre de proyectiles e instrumentos de muerte, en medio de tanta verdura artificial, de tantas flores y perfumes, y árboles frutales, y fuentes de aguas saltadoras, y puentecitos rústicos, y estatuas y arcos y muros abrumados de enredaderas y pámpanos; aquellas fortalezas y fragatas amenazantes, en presencia de un golfo bellísimo y bajo un cielo admirable de oriental hermosura; aquel silencio traidor de tantas bocas de hierro y bronce, abiertas sobre las murallas y prontas a vomitar ondas de fuego sobre las verdes ondas del golfo, mientras que en la ciudad todo era bullicio y animación mercantil; todo formaba un conjunto de contrastes que hacía meditar con tristeza o reír de las locuras del mundo. Todavía pasarán muchos años antes de que el cañón, trepado insolentemente sobre su cureña, deje de ser un «argumento»; pero hay que esperar que llegará un día en que una plaza mercantil y un estrecho de mar no tengan otra defensa que el interés del progreso y la noción de la justicia. El panorama que se domina desde las alturas superiores de Gibraltar es incomparable, como cuadro marítimo. Con el auxilio de un anteojo veíamos claramente los más lejanos objetos, abarcando un conjunto encantador. Encima un cielo de fuego y los pardos picachos de granito, de una majestad imponente. Al derredor jardines primorosos y vastísimos, surcados de calles en zigzag, que van caracoleando hasta la cima, tan bien niveladas que los coches suben y bajan sin dificultad ninguna; y todo el recinto erizado de fortificaciones, de rocas graníticas, de palacios y lindas casas de campo, de estatuas de personajes ingleses y grandes y hermosos árboles. En el fondo, el golfo incendiado por el Sol africano, la costa de Algeciras y San Roque, con sus graciosas poblaciones, la «Isla Verde» con su hospital, las fortalezas españolas y la faja de montañas cerrando el horizonte al sudoeste. Por último, al sur y sudeste el Mediterráneo, las montañas y costas africanas, y después de la «Punta de África», que hace frente al Peñón de Gibraltar, Ceuta en el fondo de su pequeño golfo, semejante a un nido de gaviotas; y mucho más lejos, como un punto blanco, el puerto y la ciudad de Tánger, mostrándose vagamente detrás de un velo de ardiente gasa producido por las reverberaciones del aire inflamado. Aquel panorama es de los que no se olvidan nunca. Al describirlo en masa, me parece que lo estoy viendo, con el ojo enardecido por un Sol devorador, después de ocho meses transcurridos desde que visité a Gibraltar.

A las cinco de la tarde nuestro vapor levó anclas haciendo rumbo hacia Cádiz. Poco después, al volver la punta de Algeciras, la más avanzada de España en el Mediterráneo, perdimos de vista el golfo y el peñón de Gibraltar. Salíamos ya casi del estrecho y empezábamos a ver la lucha infatigable entre las grandes ondas del Océano y las menudas olas del Mediterráneo, las primeras lentas, formidables, inmensas, invadiendo el canal con majestad, las otras inquietas, rápidas, revolcándose sobre la gran sabana líquida y queriendo salir al ancho espacio. Aprecian innumerables rebaños de carneros empeñados en trepar sobre colinas y montañas formidables. Las sombras de la noche caían cuando pasábamos por en frente de Tánger y Tarifa, tan cerca de la segunda que casi tocamos con la roca o islote del mismo nombre, ligada por un estrechísimo istmo al puerto. Hoy Tarifa no es más que un escombro, una memoria. La población yace triste y solitaria al pie de una colina, y las fortalezas históricas nada valen. Pero eso grupo de piedras tiene un mérito moral inmenso. Al contemplarlo me aprecia ver sobre una almena la sombra sublime de Guzmán el Bueno, dominando las vagas sombras de la noche, con el brazo extendido mostrando el África, y recordando al mundo que la abnegación suprema es una virtud para la cual no debe haber ni época ni posteridad...

Capítulo V. La bahía de Cádiz
La isla de León. Panorama de Cádiz. Reminiscencias. Curiosidades y costumbres. San Fernando. Puerto Real. Puerto María. Algo más sobre Cádiz. El bajo Guadalquivir
Eran las seis de la mañana cuando fondeábamos delante de Cádiz, casi en el centro de la bahía, y fue necesario aguardar durante dos horas a bordo hasta que llegase el permiso para desembarcar. La Aduana no se debía despertar hasta las ocho, hora en que comenzaron los registros de equipajes y escrutinios de pasaportes, sin excepción de persona. El español es extranjero en España bajo los umbrales de la Aduana, cuyas uñas inquisitoriales no respetan nacionalidad ni domicilio, escarbando lo mismo el equipaje del que viene de la China o del Nuevo Hundo, que del que llega de paseo de alguna ciudad española. Un Sol magnífico plateaba las ondas de la bahía e iluminaba las torres, las fortalezas y los grandes edificios de Cádiz, produciéndose en las cúpulas y masas colosales de mampostería los más vivos reflejos. El espectáculo era admirablemente bello, como era interesante el movimiento del puerto, animado ya por los numerosos grupos de marinos, de mozos de cordel, de mercaderes ambulantes, curiosos des-

ocupados, etc., cuanto por la abundancia de buques anclados en la bahía y de las pequeñas barcas y faluchos de corta navegación. A las diez de la mañana logramos salir sanos y salvos de la Aduana y fuimos a instalarnos en el hermoso hotel del «Comercio». Estábamos impacientes por trepar a una de las torres más altas de la ciudad para poder abarcar con la vista todo el panorama, y aunque el Sol calcinaba con sus lenguas de fuego la isla de León, no quisimos esperar la tarde. Una de las torres de la catedral «vieja» (edificio algo espacioso, pero de mal gusto y que no valía la pena de un examen detenido) nos sirvió de mirador. La escena era enteramente distinta de la que nos había ofrecido el golfo de Algeciras. En la bahía de Cádiz el horizonte no tenía límites, y había en todo lo que los ojos podían contemplar un maravilloso conjunto de majestad en lo inmenso, de gracia y vitalidad en los pormenores y de grandes recuerdos en el variado aspecto del panorama. Nada más curioso y excepcional que la topografía de la isla de León y de la punta peninsular que le hace frente para formar la bahía. Cádiz está como un peñasco en el centro de una inmensa llanura: por el oriente la llanura «sólida», la vastísima costa de la baja Andalucía, completamente plana, extendiéndose hacia el Guadalquivir de un lado, y del otro hacia los lejanos contrafuertes de Ronda, siguiendo la dirección de Medinasidonia; al occidente, al sur y al noroeste los desiertos del Atlántico, llenos de luz y de solemnidad. La isla de León tiene como la forma de un sombrero militar de gruesa copa y con una de sus puntas mucho más prolongada que la otra. La base está azotada por las ondas del océano; en la punta septentrional demora Cádiz, y la copa se liga al continente por algunos puentes, al este de la ciudad o villa de San Fernando. Pero la misma isla de León se subdivide en dos: la gran masa tiene por centro a San Fernando, mientras que Cádiz está asentada en un islote o promontorio, que es como la avanzada rocallosa de la grande isla, describiendo esta un arco caprichoso. Al norte se destaca del continente una península de formas regulares, más larga que ancha, en cuya base demoran a los dos lados la ciudad llamada «Puerto Santa María» y el gracioso pueblo denominado «Puerto Real», donde desemboca el río «Guadalete», tan famoso en la historia de la dominación arábiga en España. La bahía, de forma irregular, aunque generalmente circular, queda encerrada entre la isla de León y la lengua de tierra mencionada;

pero la punta de Cádiz es tan avanzada que parece como dominando el pequeño golfo de «Santa María».

El paisaje es tan vasto del lado de tierra que con el anteojo se alcanza a ver casi toda la parte llana de la provincia de Cádiz, en la dirección de las extensas llanuras del Guadalquivir y la provincia de Sevilla. A unos 35 kilómetros de Cádiz se alcanza a ver en masa la considerable ciudad de «Jerez de la frontera», tan famosa por sus vinos y sus opulentas y grandes bodegas o sótanos, y con una población de más de 51.000 habitantes. Por toda la comarca se ven las llanuras y las bajas colinas cubiertas de viñedos, plantaciones de cereales, olivares, etc., cuyas tintas hacen muy bello efecto en el horizonte lejano. Sin contar más que las poblaciones vecinas de Cádiz, hay al derredor de la bahía (incluyendo a «Puerto Santa María» que es como adyacente) una masa de 114.153 habitantes, de condición esencialmente marítima, aunque productores en industria y agricultura. La bahía tiene como 58 kilómetros de circunferencia. Como se ve, Cádiz remeda un barco inmenso flotando entre dos bahías, sacudido por las ondas en todas direcciones. Si la situación hace de esa ciudad la más bella y poética población de España, su interior, sus curiosidades y sus tradiciones la hacen tan interesante como simpática y graciosa. Cádiz es una ciudad de origen muy antiguo, pues fue una colonia fundada por los Tirios. Los romanos la conquistaron dos siglos antes de la era cristiana, y en todos tiempos ha tenido la doble importancia de plaza mercantil y de guerra. Si hoy es la primera plaza fuerte de España, erizada de castillos y defendida en todas direcciones, como plaza mercantil es muy inferior a Barcelona. Mientras que la capital catalana y Málaga, Valencia, Alicante y Gibraltar le disputan el tráfico que gira hacia el Mediterráneo, Sevilla, Coruña, Santander y Bilbao le hacen competencia del lado del Atlántico. Su población, que en tiempo de la dominación española en América no bajaba de 100.000 habitantes, hoy está reducida a poco más de 70.000. Cádiz me interesaba por sus tradiciones bajo todos aspectos. De allí salieron las más importantes expediciones españolas, tanto en la época de las colonizaciones emprendidas sobre el Nuevo Mundo, como durante la terrible guerra de la independencia de «Colombia», México, Perú, Chile, Buenos Aires, etc. La libertad colombiana no tuvo en ninguna parte enemigos tan implacables como en Cádiz, residencia de la famosa compañía que tuvo el monopolio del comercio entre Europa y varias colonias hispano-colombianas. ¡Y cosa singular, que prueba cuánto los intereses del monopolio influyen en la política de las naciones!, esa misma población gaditana que tan cruda guerra hiciera a la revolución del Nuevo Mundo, era en la misma época el refugio de los patriotas españoles y el arca de salvación para la nacionalidad de España, en su heroica lucha contra Napoleón y el despotismo... ¡Cuántos males ha sufrido el pueblo español, por no haber comprendido desde entonces que la causa de la libertad y del derecho era la misma en España que en Colombia, y que los patriotas de uno y otro mundo debían aliarse como hermanos en vez de hacerse la guerra! Otros recuerdos me asaltaban en Cádiz. ¡Aparte de sus defensas heroicas contra los ingleses, en 1626, 1772 y 1797, y contra los franceses en 1811; aparte también de sus interesantes episodios políticos, su constitución liberal de 1812 y la heroica revolución de 1820 encabezada por Riego y Quiroga, Cádiz me hacía recordar que allí había nacido ese feroz brigadier Enrile, «pacificador» de espantosa memoria en mi patria; y que allí murió miserable, hambriento y lacerado por mil amarguras, en el fondo de un calabozo, el ilustre y generoso Miranda, guerrero de la revolución francesa y mártir de la independencia colombiana, tratado por unos con suprema ingratitud y por otros con una fría crueldad! La faja de altas murallas (dobles y aún triples en algunas partes) que rodea completamente a Cádiz, tiene una circunferencia de 7.500 varas españolas. Así, por donde quiera que el viajero pretende buscar una salida tropieza con una masa enorme de piedra, soldados y cañones, viendo al pie las ondas espumosas del océano estrellándose con violencia en los bancos de arena y los peligrosos arrecifes que avecinan la isla y sirven de asiento a castillos y fortificaciones. Si la vista sobre la bahía es pintoresca y variada, la que se tiene sobre el océano, al sur y sudoeste, desde el paseo de la «Alameda» es de una majestad imponente. Desde el primer momento, Cádiz me había ofrecido muchas semejanzas de aspecto con la ciudad de Cartagena en «Nueva Granada». «Semejanza» no es el término propio: es no sé qué «analogía» vaga en la configuración de la isla y las bahías, en la estructura exterior de la ciudad; algo de muy armónico en el estilo de las fortificaciones, en la atmósfera y el cielo. Al recorrer el hermoso paseo de la Alameda, las plazas y las calles, y observar las gentes allí, la comunidad de tipo me pareció evidente. En cada elegante gaditana creía ver una hija de Cartagena: el acento, los modales, la soltura, el garbo lleno de gentileza y «dengue», el ojo negro y dulce, la sonrisa de adorable coquetería, la tez de un moreno suave y pálido, el andar mesurado y señoril, la amabilidad y la franqueza insinuante, y un no sé qué de voluptuoso en el vestir, en las formas delicadas pero expresivas y en el juego del inevitable abanico, todo contribuía a producirme una ilusión que me hizo pensar en la patria.

El Sol se hundía como una brasa fulgurante en las ondas de un horizonte infinito; la Alameda estaba poblada de paseantes y había por do quiera una encantadora animación. El escenario aprecia una gran canasta de flores flotando entre los remolinos de un torrente. El mar producía al pie de las murallas sus formidables chasquidos, lanzando nubes instantáneas de espuma, mientras que centenares de paseantes vagaban por en medio de las arboledas y los lindos jardines de la «Alameda», casi bajo los balcones y las celosías de las espléndidas casas que dominan los malecones y terraplenes. Los techos reverberando, los pintorescos balcones verdes y azules, las altas y elegantes azoteas de estilo morisco, los arbustos cuajados de flores y perfumes, los grupos animados de una población en que se veían tipos muy variados, los mármoles resplandecientes de las casas más lujosas, los lejanos castillos destacándose sobre las ondas, las montañas, confusas en lontananza, el mar encrespado y sacudiéndose bajo su manto de luz crepuscular, el Sol, enorme por un efecto de óptica, como bañándose en el océano, la brisa agitando suavemente los árboles, el cielo de una hermosura extraordinaria; todo aquello me llenó de encanto, de embriaguez, dejándome en el alma una hondísima impresión que nunca olvidaré. El tiempo me faltaba para hacer observaciones detenidas. España es un país que no puede ser bien estudiado en menos de tres años, y yo solo podía disponer de tres meses para recoger impresiones, reparando en las cosas más salientes e importantes. Ningún monumento me pareció en Cádiz digno de especial atención bajo el punto de vista artístico. Lo que hace de esa ciudad una población interesante es su posición, su conjunto, su estilo particular de construcciones, su aire social, sus recuerdos históricos y su valor económico Cádiz, que tanto había decaído como plaza mercantil desde que perdió la explotación de Colombia, comienza a recobrar su animación, gracias a las nuevas líneas de vapores, a notables mejoras en las vías de comunicación hacia el interior de la Andalucía, y al despertamiento económico que ha tenido España desde 1855. Sus exportaciones consisten en sal, aceite, vinos, frutas secas y otros artículos andaluces; es una plaza importante de escala y depósito, y fabrica algunos objetos de bellas artes, así como los de aplicación a la marina. La pesca le procura considerables utilidades. Asentada sobre una roca viva, ya que le faltan las aguas corrientes las tiene superiores en sus vastas y numerosísimas cisternas. Posee hermosos hospitales y un gran número de institutos de enseñanza, beneficencia, crédito, comercio y navegación. Desde luego que el clima, la influencia de la dominación morisca y el gusto español, han determinado en Cádiz el mismo género de construcciones que en casi toda la península y especialmente en las Andalucías. Así, las calles son en lo general o en su mayor número angostas y sombrías, tortuosas, desiguales y llenas de capricho. Pero hay allí un sello particular de elegancia y gusto que no se encuentra en ninguna otra de las grandes ciudades españolas, exceptuando a Sevilla. Se siente un vivo placer al recorrer casi todas las calles de Cádiz, o al reposar bajo la espesa sombra de las magníficas arboledas de las plazas de «San Antonio» y de «Mina». Aparte del interés que excitan los corrillos de gentes de todas condiciones y las tiendas elegantes llenas de curiosidades, donde quiera se camina de sorpresa en sorpresa al recorrer las mejores calles, las que no empedradas ricamente embaldosadas. Por todas partes los graciosos balcones, las discretas celosías, veladas en su interior por finos cortinajes, tras de cuyos pliegues se alcanzan a ver medio escondidas algunas caras primorosas como apariciones ideales; los aéreos miradores de cristal, empinados caprichosamente sobre los techos; las ventanas con enrejados de hierro curiosísimos; las vastas azoteas adornadas de jarrones con flores y pequeños arbustos bañados por el Sol y agitados por las brisas marinas. Pero nada tan curioso, tan deliciosamente bello y suntuoso como las casas de los más ricos propietarios, en las principales plazas y calles, verdaderos palacios de hadas, de un orientalismo encantador. En todas ellas una portada magnífica de mármol o rico jaspe, trabajada con esmero; un zaguán que parece la antesala de una suntuosa habitación, con el pavimento y los muros de mármol, el techo estucado y la puerta interior de soberbios cristales con labrados de arabescos y bellos colores. La puerta está siempre abierta durante el día. Os acercáis, y un criado desciende la escalera al punto y os invita con la mayor atención a visitar la casa, aunque la familia esté presente. Si aceptáis, el propietario (algún opulento negociante) se presenta, y con una obligante cordialidad casi irresistible —al ver que sois extranjero— os repite la invitación, os ruega que subáis, os pregunta si queréis tomar un refresco, etc. Yo había visto espléndidos palacios y suntuosos hoteles en Francia, en Inglaterra, en Barcelona y Madrid; pero no tenía idea de casas tan preciosas, tan romanescamente orientales como las que visité en Cádiz y Sevilla. Pasáis adelante del zaguán, y os encontráis en un patio cuadrado y claustrado, en cuyos cuatro costados se levanta el edificio, cubierto por una alta cúpula de cristal que lo hace parecer un invernáculo. A los lados, en el piso bajo, se ven los vastos salones destinados a los negocios u oficinas del propietario; en el fondo hay un elegante pasadizo que conduce a los patios interiores (los verdaderos «patios»), destacándose a los lados, ya en caracol, ya en ángulos rectos, las escaleras monumentales que conducen a los tres, cuatro o cinco pisos de la casa. Desde la base hasta la cúpula de cristal se proyectan en todo el interior del patio-salón tantos órdenes de balcones continuos y claustrados cuantos pisos tiene la casa. No hay un pavimento en ese patio cubierto (que es como la sala central), en las escaleras, los balcones interiores y todas las piezas del edificio, que no se componga de soberbias baldosas cuadradas de mármol blanco y azul, o negro o jaspeado; no hay un balcón, una puerta, una baranda que no tenga mil arabescos y primorosas molduras de un gusto exquisito; no hay una pared que no esté ricamente estucada y labrada. Cada «patio» tiene en el centro una preciosa fuente de mármol con surtidores que refrescan el aire, y en todo el recinto se ven grandes jarras de gaspe, de porcelana, etc., conteniendo arbustos delicados, macetas de jazmines, rosas y claveles, naranjillos en flor, enredaderas o parásitas, que embalsaman aquella atmósfera embriagadora. Se cree uno soñando con algo de los «Cuentos orientales»; y para que el deleite sea completo para el amador de bellas artes, cada patio de esos tiene unas cuantas estatuas de mármol y ostenta en sus muros diez o doce hermosos cuadros de pintura.

La luz del Sol, cayendo verticalmente a medio día, o entrando debilitada por la parte baja, produce los más extraños efectos de brillantez, de sombra y claro oscuro; y por la noche, cuando el interior está iluminado por el gas, ese museo-jardín en cuyo centro murmuran las aguas del surtidor, es de una hermosura arrebatadora. Es allí donde se reúnen las familias, se reciben las visitas y se goza en las tertulias domésticas, durante las horas más calurosas en los meses de estío, cuando no tiene la preferencia la azotea. En Cádiz el mármol está prodigado en todas partes. En los grandes hoteles, en los numerosos y espléndidos cafés, en los teatros, las iglesias, las plazas y todos los monumentos hay un lujo de pavimentos que admira. El café de «Apolo», uno de los más bellos y originales que he conocido, divierte y llama la atención al viajero, y da una idea del carácter ardiente, cordial, voluptuoso y expansivo de la población gaditana. Durante las primeras horas de la noche, las plazas de San Antonio y Mina (la primera sobre todo) y las grandes calles adyacentes, tienen mucha animación y ofrecen los más curiosos cuadros de costumbres. Las mujeres de Cádiz son generalmente bellas, picantes y atractivas: eso, y la condición mercantil de la ciudad, hacen la desgracia de ellas en las clases más expuestas a debilidades y seducciones. Así, la prostitución tiene en Cádiz proporciones que espantan. Es inaudito el número de mujeres desgraciadas en ese género de establecimientos de corrupción, y de «expertas en la infamia» que especulan con la dirección de esas casas, que son la ignominia de las sociedades europeas. Contáronme cosas qué me aterraron, y anécdotas respecto de personas de la «alta» sociedad que, al ser ciertas, darían una idea muy triste de la moralidad gaditana. No quiero creer todo lo qué se me dijo por algunas personas; y sin embargo llevé de Cádiz, bajo ese aspecto, dolorosas impresiones... Mucho podría decir sobre lo que he observado en las grandes ciudades españolas; pero el asunto es repugnante y escabroso, y el mundo colombiano, por fortuna, no conoce ciertas cosas que es mejor que ignore siempre. Hay tantos sofismas en la civilización europea... tantas miserias que deshonran el progreso y hacen a veces tener vergüenza de lo que hace la humanidad... ¡En España hay un contraste singular: la religión no es libre: el que no es creyente católico no puede tributarle culto a Dios; pero la prostitución no solo está legitimada por la ley, sino que la autoridad la reglamenta y dirige con esmero! Bastaría para juzgar de la organización de ese país (cuyo pueblo tiene admirables cualidades características y graves defectos de educación) el hecho simple de estos dos contrastes: la ley especula con el juego por medio de las «loterías», pero restringe el «trabajo» inocente y fecundo; mantiene y dirige la «prostitución», pero oprime la «conciencia» y condena a prisión al que distribuye la Biblia y los Evangelios sin las notas del padre Scio!!

A pesar del interés que podía tener la ciudad de Jerez, como población fuerte y gran centro de producción vinícola, teníamos más vivos deseos de navegar el bajo Guadalquivir desde su desembocadura hasta Sevilla. Preferimos, pues, esa vía, pero antes de embarcarnos quisimos conocer las interesantes poblaciones vecinas a Cádiz. Tomando un coche y saliendo del recinto de la ciudad por la carretera que conduce a Jerez, es fácil visitar a San Fernando, Puerto Real y Puerto Santa María. El paisaje, si se mira hacia el continente, es monótono, por la igualdad del terreno y la naturaleza de los cultivos; pero es pintoresco y animado, si se tiende la vista del lado del mar, sea para reparar en los astilleros de la bahía, donde hay bastante movimiento, sea para echar una rápida mirada a las extensas salinas de San Fernando, cuya producción es muy considerable y ocupa a un gran número de trabajadores. La sal está monopolizada en España, probablemente para probar a Dios una infinita gratitud por haber rodeado de mares a la península española. Ese monopolio (que le produce al Estado una fuerte renta, no obstante el contrabando) proporciona a los españoles las inestimables ventajas de comer la sal de sus inmensas costas muy cara y mala, sin que por eso dejen de hacer su negocio los especuladores en grande que explotan el «estanco» de sales. La ciudad de San Fernando, separada de Cádiz por fortalezas, murallas y un gran foso marítimo que corta la isla de León, está situada hacia el extremo de esta, que se liga al continente por dos puentes. En las cercanías hay numerosos huertos de frutales, y por todas partes se revela en las vastas salinas, los artilleros y las fábricas, la naturaleza de su producción. Sus elementos principales son: la sal, en muy fuerte cantidad (que se exporta), tierras metalóideas, encurtidos y objetos de fundición y de marina, como de artes y oficios. La situación, de la ciudad es curiosa, por la forma que tiene el canal semicircular que la rodea del lado del continente y que determina la isla. Tal parece como si dos largas y angostísimas bahías o lenguas de aguas marinas fuesen a chocarse y confundirse bajo los puentes de «Zuazo y Chiclana», que dan paso hacia el interior del país San Fernando tiene semejanzas generales con Cádiz en su estructura exterior, y el aspecto es poco más o menos análogo. No tiene otra particularidad que su observatorio astronómico, que es muy inferior al de Cádiz, tan famoso en la geografía española y colombiana. La población de San Fernando alcanza a unos 17.000 habitantes, generalmente laboriosos y ocupados en rudos trabajos de fabricación y artefactos. Los innumerables ventorrillos o casas aisladas que avecinan a San Fernando del lado de Cádiz tienen un aspecto original y pintoresco; es allí donde se aglomeran los millares de obreros que trabajan en el astillero de la «Carraca» y en muchas fábricas de las cercanías, formando en algunas horas del día multitud de grupos tan animados como curiosos. Al pasar por en medio de ellos se siente un fuerte olor de brea, sal y otras materias que revelan desde el primer instante el género de ocupación de estas gentes. El astillero de la Carraca, especie de población flotante y sólida al mismo tiempo, que se compone de buques, almacenes y vastos talleres, ofrece un cuadro muy interesante, no tanto por el mérito del establecimiento cuanto por el aire de los trabajadores, los edificios, etc. Es en ese astillero, situado en la bahía, cerca de las salinas, como a 1.200 metros de San Fernando, donde España tiene una de sus mejores fábricas navales. Allí se construyen buques de guerra, y aún de comercio a veces, de todos tamaños y condiciones, y se hace el carenaje, así como se trabajan en grande escala lonas para velas, jarcias, cordajes, etc. Millares de obreros trabajan constantemente en ese punto de la bahía y su vecindad, ya en la fabricación naval, ya en la explotación y fabricación de la sal. Después se extienden en varias direcciones muchas obras de fortificación, que son en cierto modo los baluartes de Cádiz y del fondo de la bahía Puerto Real, situado en la costa continental, en el fondo de la bahía, es una bonita población de 5.000 almas. La vecindad de la embocadura del Zurraque (al sur) confundido ya con un brazo de mar, y del Guadalete, que entra al norte, en el rincón de la bahía; la estructura moderna de las calles y las casas (generalmente simétricas) y de su muelle y su puerto llenos de pescadores de mariscos y bateleros cargando agua; el cuadro que forman a los dos lados, equidistantes, el astillero de la Carraca y el del «Trocadero» (de uso mercantil) que está al poniente sobre la bahía; la animación de las gentes y la gracia de los huertos vecinos y las casas de campo, todo eso contribuye a hacer de Puerto Real una población pintoresca y alegre. Aquel es el lugar de paseo y descanso para los ricos gaditanos, muchos de ellos poseedores de casas y quintas de recreo en ese punto de la costa española «Puerto Santa María» es mucho más considerable. Demora, como he dicho, en el fondo de un pequeño golfo (al noroeste de Puerto Real) cuyas aguas están separadas de la bahía de Cádiz por la península o lengua de tierra donde se encuentra el «Trocadero». Santa María, que dista unos 14 kilómetros de Jerez y 21 de Cádiz, es el término de la carretera de Sevilla, y por allí pasa el ferrocarril recientemente concluido. Desde allí se extiende un terreno de imponderable riqueza en viñedos esmeradamente cultivados (así como otros muchos frutales), sea del lado de Jerez, hacia el interior, sea por la costa, en la dirección de Rota (el país del famoso «tintilla») y del bajo Guadalquivir. La distancia entre Santa María y Puerto Real es tan corta, con el Guadalete de por medio, que en realidad la primera parece pertenecer tanto a la bahía misma como al golfo mencionado. Sus comunicaciones principales con Cádiz se sostienen por medio de vapores que salen de un buen muelle y cruzan la bahía constantemente Santa María es una bella población, con más de 21.000 habitantes, con mucha actividad y movimiento agrícolas, industrial y mercantil. Yace a la falda de una colina, dominando la margen derecha del Guadalete, y está literalmente rodeada de huertos y viñedos. Tiene numerosos institutos públicos, bastantes fábricas (principalmente de excelentes licores, encurtidos, sombreros y jabón), y aparte de su fuerte producción de vinos, cultiva muchas artes y oficios. La estructura general es buena, notablemente su hermosa calle llamada «Larga». Se ve allí el tipo de las poblaciones andaluzas, activas y laboriosas en lo general, donde no se revela casi nunca ningún síntoma de miseria o decaimiento.

El tiempo nos faltaba para continuar la excursión. Así, entramos a un pequeño vapor costanero y volvimos a Cádiz. Debíamos partir para Sevilla al día siguiente, y aprovechamos la segunda noche que nos quedaba visitando un teatro y algunos cafés. Nada de particular en el teatro, elegante y bien concurrido (porque el pueblo español es muy apasionado por los espectáculos que impresionan fuertemente o hacen reír); pero hallamos, cómo en casi toda España, una farsa cantada a trozos, con el nombre de «zarzuela», y las consabidas «evoluciones» coreográficas de estilo francés, pestes insoportables que van haciéndole perder su originalidad y su gracia al teatro español. En vez de una buena comedia o un buen drama (como hay de sobra en España) el público tiene que tragarse como puede una opereta bufa de mal gusto, que degrada al mismo tiempo a la comedia y la ópera. En desquite, el café es en todas las ciudades españolas un elemento social sumamente curioso. Para un habitante del norte de Europa nada puede ser más desagradable quizás; pero para un hijo del mediodía o de Hispano-Colombia, con instintos de expansión y sociabilidad, la escena tiene muchos atractivos. Ya he dicho, al hablar de Barcelona y Madrid, lo más digno de atención acercada los cafés en España. Como el espíritu de las poblaciones es enérgicamente liberal en todas las grandes ciudades españolas, y muy particularmente en las Andalucías, el «café», elemento de expansión franca y libre, de discusión y de censura, es mucho más importante aún en Cádiz, Sevilla, etc., donde la opinión liberal saca de él todo el partido posible. El piano (mueble infalible en los grandes cafés) contribuye a despertar los ánimos y aumentar el bullicio de los centenares de parroquianos, sirviendo no pocas veces de instrumento epigramático, según el humor de los concurrentes. Es muy frecuente el manifestar allí las tendencias de oposición al gobierno nacional, de aversión al gobierno francés, etc., haciendo ejecutar (con aplausos estrepitosos y unánimes) ya el «himno de Riego», ya la «Marsellesa», u otra pieza que entrañe una fuerte alusión política. El café de «Apolo», donde nos establecimos en Cádiz durante algunas horas, en dos noches, nos procuró el medio de hacer curiosas observaciones en cuanto a las costumbres políticas de los gaditanos. Hasta la singular estructura interior del café contribuía a hacer interesante la escena, pues había cierta semejanza con las casas elegantes que he descrito, pudiéndose observar desde uno de los altos balcones que dominaban el gran salón todos los grupos y pormenores simultáneamente. Yo me aturdía de oír a los españoles hablando sobre los más graves asuntos: me parecía estar en un café de Bogotá (donde se habla con absoluta libertad) aunque, a decir verdad, hallaba más tolerancia mutua en las francas y vehementes discusiones de los españoles. Se decían las mayores claridades, sin insultarse, pero sazonadas con la consabida pimienta española de las tres C.C.C., sin que hubiese el menor temor de una desavenencia. Hablaban de la reina... «primores»; ponían al ministerio de vuelta y media, o descargaban su hilaridad epigramática y sus terribles censuras sobre el Capitán general, el Gobernador, el Obispo o el primer personaje que hallaban a la mano. Es realmente rara la facilidad y el chiste con que el pueblo español maneja el epigrama y sabe aplicar un refrán en toda oportunidad. Esa singular importancia política y social de los cafés en España me hizo reflexionar un poco. Ella data de los tiempos del gobierno constitucional, de manera que es una institución muy moderna. ¿Es un bien, o es un mal? —me preguntaba yo—. Desde luego que el café convertido en club tiene sus ventajas: tiende a suprimir ese aislamiento que helaba a la sociedad española, y la enervaba y mantenía en la impotencia moral e intelectual; distrae de la tentación del juego, tan general en España (por causa de las instituciones), y es un gran elemento de fusión de las clases sociales y de organización libre de la opinión pública, opuesto a las trabas que la encadenan bajo formas más generales y ostensibles. Puesto que la ley amordaza la prensa y la tribuna, el café es un bien relativo que contrabalancea un poco la represión. Pero el café, tal como está organizado en España, tiene también su lado malo. Él no tiene la dignidad y compostura del club inglés, cosa natural, puesto que tanto difieren los tipos y las instituciones de Inglaterra y España; pero lejos de «educar» a los españoles, el café les mantiene ciertos defectos de sociabilidad que les importa corregir. El lenguaje que allí se emplea, aún delante de las señoras, es demasiado libre, inculto y vulgar. ¡Qué de interjecciones impasables! ¡Qué de alusiones y anécdotas coloradas! La familiaridad que allí reina establece una comunidad de lenguaje que degrada la lengua y priva al estilo de toda dignidad. Sin duda que del café pueden salir muchos «oradores», hijos del hábito; pero oradores de muy mala calidad, viciados desde su nacimiento. Por otra parte; la sociedad doméstica debe resentirse mucho de las consecuencias. Los que no llevan sus familias al café las dejan hasta muy tarde de la noche en completa soledad. He visto en los cafés de España muchas madres de familia con sus hijas, sentadas al derredor de mesas donde se sostenían habitualmente las conversaciones más escabrosas. Aquello no puede menos que ser funesto para la moralidad de la familia. Pero si ella permanece en el hogar y el hombre solo es el que frecuenta el café, pasando en él tres, cuatro, cinco o más horas, los vínculos de la vida doméstica deben naturalmente relajarse. De todos modos, el café es en España una verdadera institución política y social, creada por las costumbres, que tiene mucho de bueno y de vicioso, pero que perdería gran parte de su importancia si la opinión tuviera otros medios de libre expansión, como la prensa, la asociación y la tribuna pública.

A las ocho de la mañana siguiente a nuestra excursión por las cercanías de Cádiz, salíamos de la bahía a bordo de un bonito vapor español, con dirección a Sevilla. El mar tenía una hermosura espléndida, lleno de fulguraciones ardientes y agitado por olas poderosas. Bien pronto pasamos por enfrente de Santa María, y Cádiz se perdió de vista entre las grandes sinuosidades del Atlántico, que parecían arropar la isla de León con su espumoso manto. Pasamos por delante de Rota, pequeña población de la costa, doblamos un cabo, y nos hallamos en breve en la especie de bahía producida por la desembocadura del Guadalquivir. La entrada al río no se determina realmente sino casi al llegar a «San Lúcar la menor», pequeña población mercantil o de escala, asentada a la margen izquierda del «Támesis andaluz». Y esta comparación no es aventurada, si se considera que, gracias al Guadalquivir, Sevilla es en realidad un puerto marítimo, habilitado para la importación y exportación, y centro principal del comercio de la baja Andalucía y algunas comarcas limítrofes. Nada más triste que esas llanuras marítimas regadas por el bajo Guadalquivir, en todo el trayecto que se extiende desde la bifurcación que produce la «Isla mayor» hasta San Lúcar. Es un mar de gramíneas medio anegadas limitado por el océano mismo. Las márgenes del río son sumamente bajas, de modo que en las épocas de crecientes los derrames producen una completa inundación, quedando las llanuras convertidas literalmente en una continuación del mar. Cuando pasamos por allí la tierra estaba descubierta y la poblaban numerosísimos rebaños y yegüerizos. Por todo el horizonte se veían innumerables bandas de patos salvajes, rosados pelícanos y otros acuátiles abatiéndose en los pantanos, en medio de las vacas, las ovejas y los potros, mientras estos pacían perezosamente o se reunían en grandes grupos para defenderse del ardor del Sol, que hacía fermentar las aguas estancadas y calcinaba la inmensa llanura completamente desprovista de árboles. No me parecieron muy aventajadas esas crías; la vacuna no tiene un crecimiento notable, y la caballar es bien inferior a su reputación. He observado que hay exageración en lo que se dice generalmente de los caballos andaluces, lo mismo en Sevilla que en Córdoba y Granada. El Guadalquivir, de una anchura media de 130 metros entre Sevilla y las cercanías de San Lúcar, tiene en lo general poco fondo; el cauce, variable a causa de las fuertes aluviones de arena arcillosa, impone a la navegación muchas dificultades en algunos meses del año, y en todo él se requieren algunas precauciones y una forma especial de las embarcaciones que evite las varadas. En todo el trayecto se van encontrando numerosas barcas marinas, ancladas o navegando, que suben o bajan a remolque o aprovechando las mareas y los vientos. Así, el Guadalquivir tiene un aspecto comercial que prepara al viajero al movimiento económico de Sevilla, bastante animado y considerable. Después de algunas horas de navegación, cuando íbamos aproximándonos a Sevilla, la topografía comenzó a ser diferente, sucediendo los paisajes pintorescos a la triste monotonía de la costa. Las riberas del río eran más empinadas, el cauce mucho más estrecho, y en vez de las gramíneas de los bajos pantanos teníamos a la vista muchos huertos y alegres sementeras de trigos y legumbres, largas filas de álamos blancos y sauces en una y otra margen, bosques más o menos considerables, de una frescura y lozanía deliciosas, y levantadas barrancas abruptas sobre las cuales se destacan graciosamente algunas poblaciones vecinas a Sevilla. Al fin pasamos por el pie de los parques espléndidos del duque de Montpensier, y vimos asomar, al volver un recodo (por encima de las arboledas, los numerosos bergantines y vapores y los pintorescos edificios del puerto), las cúpulas llamadas torre de «Oro» y de «Plata», resplandecientes y poéticas, dominando el río como dos joyas monumentales destinadas a advertir al viajero que Sevilla es la opulenta y gentil metrópoli del país donde dejó sus profundas huellas la dominación morisca, sin borrar las de la romana.

Capítulo VI. Sevilla

Idea general de la ciudad. Panorama circunvecino. El tipo sevillano. Costumbres sevillanas

La ponderada hermosura de Sevilla y de la inmensa llanura que la rodea, me hacía desear vivamente la ocasión de contemplarla en su totalidad. Su situación y configuración indican naturalmente la ascensión a la torre de la «Giralda», ante todo, para admirar el panorama entero a vista de pájaro. Ya instalados en el hermoso hotel de «Londres» (uno de los muchos elegantes y muy bien servidos que tiene la ciudad) atravesamos la espléndida plaza de la «infanta Isabel», desde la cual veíamos la masa colosal de la famosa torre, visible de casi todas las calles de Sevilla. A unos trescientos metros de la plaza hallamos la admirable catedral y la torre, está situada hacia atrás y formando un edificio aparte, aunque ligado por construcciones posteriores. Nada más grandioso que ese monumento de cúpula fulgurante, que brilla al rayo del Sol como una inmensa joya suspendida en el éter. Al mirarla se siente uno lleno de admiración por la grandiosa sencillez que le quiso dar el genio oriental o morisco. Aquel arcángel aéreo de bronce dorado que corona la cúpula y gira como una veleta, tiene no sé qué de celeste que provoca a escalar la altura para hundir la mirada alternativamente en el cielo y en el mar de casas resplandecientes y de campiñas admirables que las rodean. La torre, perfectamente cuadrada en su parte morisca hasta una altura muy considerable, fue terminada mucho tiempo después de la conquista, y por desgracia con un estilo del todo diferente. Así, hasta la región de las campanas se ve la civilización del árabe, rematando su obra la arquitectura refinada del Renacimiento. La elevación total de la «Giralda» es de 364 pies, siendo por lo mismo la más elevada que existe en España. El cuerpo de la torre tiene 50 pies por lado. Éntrase a ella por una miserable puertecita, y se sube hasta la enorme altura de las campanas por treinta y cinco rampas o corredores inclinados, sin gradería ninguna. Después, por escaleritas de mano muy estrechas, se puede hacer la peligrosa ascensión hasta la figura de bronce que tiene el nombre de Giralda. Allí se siente como un vértigo... algo que se parece al extravagante deseo de volar sobre los abismos. El espectáculo que se contempla desde allí es de una hermosura suprema, más espléndido aún (excepto la vista del mar) que él de Valencia. De un lado se ven muy lejos vagamente las montañas de la sierra de Ronda que terminan la cadena de la Sierra Nevada. Del otro las llanuras del bajo Guadalquivir, perdiéndose en el horizonte en la dirección del océano. Al norte se ven más o menos las montañas de Córdoba, contrafuertes de la Sierra Morena. Por último, tendiendo la vista al oriente, en la dirección de la alta Andalucía, se ven llanuras hermosas que se van levantando insensiblemente hasta perderse en las ondulaciones de colinas y cerros que giran por el centro de la hoya del Guadalquivir hacia Jaén. El horizonte es inmenso y admirablemente bello. Recogiendo la mirada en un círculo menor, se ve por todos lados la opulenta llanura, primorosa por su cultivo, esmerado, sus numerosas poblaciones, sus graciosos cortijos, sus enjambres de pequeños rebaños, de casas campestres, de huertos y jardines, y sus laberintos de arboledas ya en grupos más o menos extensos, ya en hileras o en calles resplandecientes de verdura, donde alternan los naranjales con los viñas, los interminables olivares con las sementeras de hortalizas, cereales, etc. Y por en medio de la vastísima llanura va caracoleando el lento Guadalquivir, como una cinta gris, haciendo las más graciosas vueltas y revueltas Localidades más o menos considerables, pero todas industriosas y de un aspecto homogéneo, se multiplican en todas direcciones. Allá se ven sucesivamente, con el auxilio del anteojo o sin él (en la dirección de la carretera de Écija y Córdoba), los pueblos de Alcalá de Guadaira y Mairena, y luego los cerros (llenos de poblaciones también) que dominan a la ciudad de Carmona, bastante populosa. Por otro lado (hacia Jerez) Utrera y Oran; y a la derecha del Guadalquivir, entre otras muchas poblaciones, San Lúcar la Mayor, Encarnación y Alcalá del río. La provincia de Sevilla, la sexta de España en el orden de población, cuenta 463.486 habitantes. Las campiñas, sumamente cultivadas, tienen una población muy abundante, robusta, vigorosa y amante del trabajo, al mismo tiempo que de los placeres vehementes. Muy a la inversa de las comarcas castellanas, la soledad no se manifiesta en ningún punto de la provincia de Sevilla, y abundan mucho los pequeños pueblos de 1.000 a 4.000 almas. Con todo, se hacen notar algunas ciudades considerables, centros de una vasta producción agrícola que consiste principalmente en vinos, aceite, cereales, granos, ganados de todas clases, hortalizas y frutas. Las más notables de esas, ciudades son: «Sevilla», que cuenta (inclusos los nueve arrabales exteriores a las fortificaciones) 112.600 habitantes; «Écija», con 28.800 «Carmona», con 18.800 «Osuna», con 17.500 «Utrera», con 14.000 «Marchena», con 13.000 «Alcalá de Guadaira», con 8.260. Todas esas poblaciones aunque son principalmente centros agrícolas, alimentan una multitud de manufacturas, fábricas y talleres de toda clase, que aumentan la animación del país, y le dan mucho interés económico. Sevilla sola tiene en algunos ramos vastas manufacturas y fábricas especiales de suma importancia, tales como su magnífica fundición de armas y cañones, su nitrería, y sobre todo su inmensa manufactura de cigarros (por cuenta del Estado se entiende), que da trabajo a 4.000 obreros, establecimiento digno de ser visitado con placer e interés. Concretando la vista sobre la ciudad, el panorama es tan curioso como bello. El Guadalquivir, describiendo como un semicírculo, rodea en gran parte el recinto de la ciudad propiamente dicha, defendida y encerrada por murallas que, según dicen, datan del tiempo de Cesar, y por numerosos fuertes aislados que en la actualidad son inútiles aunque no sea más que por su evidente inferioridad respecto del «progreso» de la estrategia y arquitectura brutal del egoísmo, el aislamiento y la muerte. De cualquier lado que se mire el conjunto interesa por sus caprichos y contrastes graciosos, y los pormenores llaman la atención. Al derredor, los nueve arrabales, de los cuales solo uno, el de «Triana», habitado por los gitanos, que es el más populoso, se halla a la margen derecha del Guadalquivir, ligado a la ciudad por un hermoso puente colgante. Muy cerca del puente, sobre el puerto mismo, se levanta la linda cúpula dorada de la Torre de Oro, que parece cubierta de escamas relucientes. Al pie mismo de la torre de la «Giralda» veíamos la masa estupenda y romántica de la catedral, cuyas formas góticas y color sombrío la hacían parecer una montaña de granito despedazada en cien picachos, agujas, arcos atrevidos y enormes grietas. Era como un volcán extinguido, imponiendo miedo por la sola majestad de sus grandiosos escombros ennegrecidos por el tiempo. Al lado de la catedral, el espléndido palacio de piedra y mármol llamado la «Lonja» o Bolsa, que fue la famosa «Casa de Contratación» para el comercio de las Indias. Algo más lejos el precioso monumento morisco llamado el «Alcázar», rodeado de jardines deliciosos que por sí solos son un tesoro para Sevilla. Y mucho más lejos aun, el inmenso edificio de la manufactura de tabacos, y el elegante palacio moderno de «San Telmo» (propiedad del duque de Montpensier) a la vera de un vastísimo y bello parque que se extiende sobre la margen izquierda del Guadalquivir. Mirando en otra dirección, se ve en el arrabal de «San Roque» el monumento llamado «Caños de Carmona», admirable acueducto romano de 410 arcos, y a un lado la gran fábrica de salitres; en el arrabal de la «Resolana» el hermoso hospital de la Caridad y la Maestranza; en el de «Macarena» el espléndido hospital militar; y en el de «San Bernardo» la famosa fundición de cañones de bronce. Lo demás es un laberinto de calles tortuosas y estrechas, de edificios desiguales, caprichosos, muchos de ellos de formas extravagantes, de cuyo enjambre se destacan algunos cocoteros centenarios e históricos, multitud de palacios o casas primorosas del mismo estilo que las que observé en Cádiz, y una masa informe de miradores, azoteas, torrecillas y construcciones moriscas, en cuyo fondo parduzco brillan las torres y las cúpulas de numerosas iglesias de estilo arábigo, lucientes y pintorescas a causa de los techos en forma de escama formados con pequeñas tejas de colores entremezclados. Agréguese al interés de esos mil pormenores el primor de la vegetación interior, y se comprenderá la hermosura de aquel pangrama semi-oriental y semi-español al mismo tiempo. Los huertos y jardines son innumerables, no solo en los arrabales sino también en el centro de la ciudad, mantenidos con esmero en los patios interiores. Así, se ven las moles de los edificios como un inmenso reguero de peñascos desiguales en medio de un mar de granados, naranjos, limoneros, jazmines y millones de flores que inundan el aire de perfumes. Sevilla merece bien su fama: es un paraíso de verdura y curiosidades de todo género.

Después de tener una idea general de la metrópoli andaluza, como objeto material, descendimos de la «Giralda» para ir a observar las costumbres de su sociedad. Recorriendo las calles, penetrando en los cafés y los hoteles, visitando las casas elegantes y los preciosos jardines, y escudriñando los objetos monumentales en que abunda Sevilla, se reconoce al punto el tipo esencial o característico de esa sociedad, ardiente y poética por su sangre y su clima, independiente y altiva por el bienestar que el trabajo activo le procura, y apasionada en alto grado. Sevilla es un inmenso museo, en toda la fuerza de la palabra, así en lo material como en lo moral. El sentimiento artístico es el fondo del carácter sevillano, en todas las clases de la sociedad, ora se revele en construcciones de suntuosa elegancia, ora en las cándidas manifestaciones populares, ya predomine el «buen gusto» (sencillo o refinado) en las costumbres y los usos, ya simplemente lo pintoresco y rudimentario. El adjetivo «pintoresco» es sin duda el que cuadra mejor al tipo sevillano. Hay en el fondo de todo lo que allí vive y se agita, como de lo inanimado, una manifestación vigorosa de poesía, de tendencia a lo maravilloso, de expansión sentimental, que no puede escapar al observador. No hay un rasgo que no concurra a impresionar al extranjero en ese sentido. Los mil primores de las casas pertenecientes a familias ricas, donde el mármol, las flores y los adornos y colores vivos y seductores están prodigados; la gracia y la frescura de los millares de patios, que las noches de verano hacen convertir en salones; el esmero con que se conservan los innumerables jardines y los perfumados huertos, donde las aguas saltadoras no dejan de abundar jamás; el entusiasmo que todos manifiestan: por los cuadros de pintura y los objetos de escultura, cualquiera que sea su calidad; los mil graciosos caprichos de todos los portales, los balcones y gabinetes, los miradores aéreos y las ventanas enrejadas (que hacen tan importante papel en las aventuras amorosas o de mera galantería); el lujo y artificio de las tiendas y los almacenes, resplandecientes de primores, joyas, sederías, objetos de arte y bagatelas; el gusto por el abanico que, aparte de la exigencia del clima, constituye todo un arte, sea por su fabricación, sea por su uso; la pasión por la tauromaquia, el teatro, la equitación, los juegos funámbulos y toda clase de espectáculos; el amor al juego, bajo casi todas sus formas, pasión en que funcionan el arte, en cierto modo, y el gusto por lo maravilloso, inesperado o azaroso; la singular energía de inclinación a lo pintoresco y sobresaliente, que se manifiesta en los vestidos populares, sea por sus formas, sea por sus adornos o por la combinación de los colores vivos y lucientes; el encanto con que todos aman la música alegre y apasionada, las danzas vehementes, las cabalgatas y carreras, las ferias, las procesiones, etc.; las formas extrañas y los adornos de los aparejos de montar, las armas y los instrumentos de música; la suma abundancia de talleres, fábricas pequeñas y obradores, dónde millares de obreros trabajan (aislados o en pequeños grupos) en la confección de mil objetos de arte: todo eso y algunas otras circunstancias que paso por alto, manifiestan el sentimiento profundamente artístico de los sevillanos. Y no puede ser de otro modo, si se considera cuán poderosa es la influencia que ejercen en la educación moral de un pueblo la naturaleza y los objetos que le rodean e impresionan constantemente. El sevillano, al nacer, halla la noción de lo bello y la inspiración de la poesía en todo lo que tiene a la vista. Un cielo admirable con un Sol que calienta y vivifica la sangre.; una tierra de fertilidad prodigiosa, que da cuanto se le pide; una vegetación esencialmente poética; como son los olivos y naranjos, los limoneros y granados; aguas y perfumes en abundancia para dar alegría y placer; una vida fácil, gracias a las condiciones topográficas del país; el vino (ese gran tentador que incita al placer) bueno, vigoroso y en abundancia. Y por otra parte, los monumentos y la raza predisponen al amor del arte. Desde que se comienza a marchar, a vivir, se ven por todas partes admirables monumentos, bellos en su exterior y repletos de tesoros en su interior, y se observan fisonomías hermosas. No he visto jamás una raza tan enérgicamente hermosa como la de Sevilla, y creo que no tendrá rival en Europa, si no es en algunas regiones orientales, en Hungría y en algunas provincias de Italia. La hermosura es tan general en los tipos sevillanos que es casi vulgar. Allí no se ve la severa majestad de la belleza castellana, ni la hermosura impasible y fría de las inglesas, ni la gracia artificial (intencional en cierto modo) de la francesa, ni la áspera y casi brutal belleza de las valencianas. El hombre es generalmente de talla alta, la mujer de regular si no pequeña estatura. A pesar de las diferencias que el sexo determina en todas partes, hay ciertos rasgos que son comunes a hombres y mujeres en Sevilla: formas esbeltas y delgadas pero vigorosas; cabellos negros, sedosos y lucientes, rara vez encrespados; cejas negras y primorosamente arqueadas; dientes superiores y de suma blancura; una tez de color moreno suave y sonrosado, muy atractiva; ojos muy oscuros, vivísimos, inteligentes y que pasan con la mayor rapidez de la ardentía más apasionada a la dulzura más risueña y cordial; un andar lleno de abandono y donaire, naturalmente «dengoso» y como tentador sin malicia; la voz cadenciosa, suave y sonora, notablemente acentuada en los finales de dicciones; y siempre las interjecciones vehementes y la sal de los modismos provinciales, sin contar la pronunciación popular que cambia el sonido de la «r», la «l», la «s», la «z», etc. del modo más original y picante, tales son los rasgos generales del tipo sevillano. La mujer es dulce y simpática, aunque hay en su fisonomía un no se qué de varonil sin afectación. El hombre tiene algo de rudo, de muy oriental, que atrae o asusta según la manera como se le trata. Si buscáis a un andaluz sevillano por las buenas, con finura y afabilidad, aunque pertenezca al vulgo, le hallareis cordial, expansivo, muy atento y obsequioso. ¡Pero cuidado con andar por las malas! Entonces, si es torero, o matón o campesino, jinete o cosa parecida, os echa por lo pronto una granizada de interjecciones de a libra, y va sacando la navaja o arremangándose los puños para decidir la cuestión por la vía ejecutiva. Mas, si en vez de uno de esos genios atrabiliarios se da con un andaluz del tipo fanfarrón (que abunda muchísimo), el altercado tiene otras proporciones: es uña lucha de palabras-montañas en que el extranjero que no conoce bien el país puede ser completamente mistificado. Al oír al andaluz echando bravatas, le creeríais capaz de tragarse la Sierra Nevada y desquiciar el mundo de un puntapié. Se formaliza, se crispa, grita, amaga, ruge como un cañón y parece una furia... Le cogéis la palabra, mostrándole que no tenéis miedo, y entonces el león se hace cordero, os hace mil zalamerías, ríe, lo vuelve todo chanza («jarana») y os convida a tomar un trago con la mayor cordialidad. El andaluz, y acaso más que todos el sevillano, es franco y chancero, pero ligero de cascos: una mala palabra, una mirada burlona, un gesto dudoso es suficiente para provocar una querella ruidosa. Por fortuna, aunque muchas veces el negocio se arregla a cuchilladas o por lo menos a los más bofetones y golpes, generalmente la tempestad de roncas y baladronadas termina por una reconciliación en la taberna, jurada sobre la botella entre una nube de humo de tabaco, quizás al son de la guitarra. Sin embargo, hay una cuestión que no se arregla nunca (a lo menos en el mundo de los toreros, los majos y las manolas) sino por vías de hecho o mediante la desistencia absoluta: es la cuestión de «amor», que muchas veces no es sino cuestión de vanidad o puntillo. El sevillano de aquella clase no soporta ni una mirada advenediza dirigida a su «chica» o su «guapa moza», como las llaman. Si como marido es a veces tolerante y se humaniza, como amante lleva los celos hasta la ferocidad o el ridículo. Eso prueba que la vanidad entra por mucho, y muy poco el amor verdadero, en la energía con que defiende su «posesión» o monopolio. Le miráis su «chica» o pasáis por el pie de su ventana una vez y se pica; a la segunda os pone el ceño hosco; a la tercera os dice con enfado y acento provocador: «¡Eh, señorito» (o «camarda») quien me «bujca» me «topa»! ¡Si «ujté» me le «pela» el ojo a «ejta chica» otra «vée», ya «puée» saber que lo «chicoteo», o «nos chicotéamo»! Con que si «quiée sarbar er burto», coja «ujté er» camino y a otra parte con la música». Y fuerza es desistir de la empresa, so pena de que la navaja entre en acción para apoyar con sus argumentos la intimación del celoso andaluz.

La inclinación a la galantería (y a sus muchas «consecuencias») es muy general en Sevilla. La «reja» o ventana hace en eso un papel muy importante y tradicional. Si os paseáis por las calles después de las seis de la tarde, veréis donde quiera escenas que os darán idea de las comedias da capa y espada. Al pie de muchas ventanas bajas y estrechas se ve algún galán que inclina la cabeza con aire de misterio, recostado sobre un brazo que reposa en la pared, y embozado en su capa, si no es del género «majo» (que no gasta sino chaqueta), mientras que se ve en la sombra una carita zalamera que asoma en el fondo de la reja. ¿Qué hacen esas dos figuras? Están «pelando la pava». Yo había oído muchas veces esta frase en Colombia, con un sentido muy diferente. Allí se llama «pelar la pava» estar ocioso, perdiendo el tiempo cuando se está obligado a una labor o faena, como el peón que suspende el trabajo para echarse a dormir o ponerse a charlar sin oficio. En España se «pela la pava» de un modo más entretenido y halagüeño, puesto que la operación consiste en hacer la corte por la reja o ventana a la querida o amada. Creo que debe de haber una grande abundancia de «pavas» en Sevilla, porque allí pelan muchísimas. No importa que los amantes o «amigos» de los dos sexos tengan entera libertad para verse y hablarse a todas horas, dentro o fuera de la casa. La «pava» se «pela» siempre, porque así lo quieren las costumbres galantes. Acaso el galán ha hecho una larga visita durante el día, o la hará más tarde a la familia de la «señorita» o «chica»; y con todo, la visita al pie de la reja es indispensable, a prima noche por lo regular. ¡Ay del galán que se olvide un día de la pava que hay que pelar! Al siguiente oirá terribles reconvenciones, hallará un ceño irritado, o muy indiferente y frío, cuando no sollozos, lágrimas y quejas reprochándole ingratitud y mal proceder... Creo francamente que las leyes de la «pava» restringen mucho la autonomía individual del andaluz, pero les encuentro su lado poético y atractivo. Hay costumbres que no se encuentran ya sino en España, donde el orientalismo y la feudalidad han dejado raíces muy profundas. El torero hace hoy las veces del trovador de los viejos tiempos Por desgracia, los sevillanos no se contentan con el poético platonismo de la «reja». Sevilla, como gran ciudad y puerto comercial, y como tesoro de primores de arte y de placer, atrae singularmente, sobre todo en la Semana Santa y la primavera, no solo a muchos extranjeros sino también a los españoles de otras provincias. Ese gran concurso de forasteros y la belleza de las sevillanas han dado lugar a un desarrollo alarmante de la corrupción. Debo limitarme a indicar el hecho, porque el asunto no permite comentarios ni explicaciones. Ese mal es el cáncer de las grandes ciudades españolas. Si Sevilla interesa durante el día, por los caprichos de sus calles empedradas, estrechas y tortuosas, por el esplendor de sus casas modernas, sus hoteles y cafés, por la magnificencia de su plaza de toros, por la majestad o el primor de sus monumentos, por su actividad industrial y mil circunstancias, durante la noche, a la doble luz de la Luna de mayo y del gas de millares de faroles, tiene un encanto particular. Mientras el gas hacía brillar todas las curiosidades de las tiendas abiertas en las calles comerciales, y alumbraba a las turbas alegres que hormigueaban por los enlosados o el centro de las plazas y calles, los balcones, las celosías, los miradores y las altas rejas de colores vivos (generalmente azul y verde, sobre paredes pintadas de amarillo) estaban iluminados por la luz más suave de la Luna, proyectándose en los muros las sombras de las mujeres curiosas, inclinadas sobre los balcones para ver pasar los grupos de gente en incesante agitación. En aquellos momentos parecía más vivo el contraste de los diversos tipos. Por una parte hacían juego los hombres de buena sociedad, con sus amplias capas de vueltas de terciopelo y borlas flotantes y sus sombreros de fieltro, llamados en España «chambergos», cuando no vestidos con el «paltó» francés y el sombrero negro de alta copa bautizado en Madrid con el apodo ultrajante de «hongo»; mientras que las damas elegantes arrastraban sus ampulosos trajes de luciente seda, exagerados de por sí, sin perjuicio de la crinolina, esa peste de todas las concurrencias, y ostentaban sus graciosos peinados y lujosas cabelleras, sin más adorno que una flor natural, o cubiertas con una cofia de lana calada de colores, o el pañuelo de seda en barbiquejo. Y a su lado se cruzaban, rozándose con el grave inglés (maravillado y lleno de curiosidad), o el francés (bullicioso y de humor ligero), los grupos de majos y manolas, del aspecto más original y risueño.

El «majo» (torero, o jaque, o chalán, o semi-artesano) funda todo su orgullo en los botones de su chaqueta, el mérito de su faja y el lujo de sus polainas. Hay tal pasión por el lujo que el andaluz dejaría de comer tres días por ahorrar el valor de sus lucientes botonaduras de plata, puestas en dobles filas en los bordes anteriores de su chaqueta de paño, azul o negra y llena de adornos de lo más cuco. La ancha faja, que da muchas vueltas al derredor de la cintura y el pecho, por debajo de la chaqueta (en forma de dormán y siempre abierta), llama la atención por su vivísimo color (azul, carmesí, rojo, verde o amarillo), la finura de la seda o lana y del tejido, y la gracia de las borlas o flecos pendientes de las extremidades. Sus abundantes patillas se destacan libremente como dos bellos matorrales al pie del sombrero calañés, sin alas y adornado también con algunas borlas de seda negra. Sus polainas, de las cuales penden innumerables borlitas y cintitas del mismo cuero, le dan un aire de chalán muy original. Agregad a la gracia del vestido cierto aire de satisfacción vanidosa, un acento ruidoso, muy marcado y de guapetón, el sombrero inclinado sobre una ceja, el cigarrillo en la boca, haciendo «escupir por el colmillo», la gran navaja corva de cabo agudo y resortas, llena de labrados y adornos, medio asomando por un bolsillo o por debajo de la banda, y el garrote en la mano, pendiente del puño con una manija de seda o cuerda, y dando vueltas a veces en molinete, cuando no sirviendo de puntal, y tendréis la figura completa del «majo» sevillano. En cuanto a la «manola» (tipo que ya no se encuentra sino en Andalucía o en las representaciones dramáticas y los carnavales), lejos de ser temible como el majo es sumamente simpática. Siempre melindrosa y zalamera, cuando está de humor y libre de la coacción del majo; «arisca» (es la palabra) y hasta desdeñosa, cuando el galán que le habla no sabe hacerse aceptar y se muestra vanidoso, la manola revela instintos de independencia y de seducción muy pronunciados. Su andar es garboso, su mirada provocadora y algo burlona; se perece por los bellos adornos y las telas de colores vivos; gústale mucho pavonearse de bracero con un buen mozo, y cuida su peinado y su aderezo con pasión. Al andar tiene cuidado en mostrar el enano pie calzado con una elegante babucha, y descubrir algo la rica pantorrilla, capaz de hacerle perder su gravedad a un inglés. Su traje es ampuloso, muy bien ceñido, muy alto y de telas en que se mezclan siempre los colores vivos, sobre todo el rojo y amarillo; su tocado sencillo y elegante; y su pecho turgente y de vigorosa palpitación resalta con la negra pañoleta de terciopelo o raso, o la ligera mantilla que se enrolla en parte sobre el redondo brazo. El obrero sevillano, como he dicho, tiene muchas disposiciones artísticas y es hábil en la fabricación de una multitud de artefactos curiosos. La sola inspección de las tiendas de Sevilla es bastante para interesar al viajero. Ora llaman la atención las preciosas joyas, los encajes, los primorosos abanicos, las esculturas en yeso y madera, las hermosas bandas, las caprichosas polainas, las mantas, capas y chaquetas o chaquetones de uso popular, los jaeces raros, los pellones de monturas, los bellos tapices y las alpargatas de todas formas; ora se interesa uno en observar las armas de fabricación indígena, desde la navaja casi microscópica hasta el gran puñal morisco, el sable de estilo toledano y la fabulosa y temible navaja de tres cuartas de longitud que asusta por ambas extremidades. Todo es allí curioso, en términos que se siente la tentación de comprar de todo para llevar un museo andaluz. En cuanto a mí, las impresiones fueron tan vivas que conservo mi museo en la memoria. Sevilla me ha quedado tan vivamente grabada en la imaginación como si hubiera pasado allí mucho tiempo.

Capítulo VII. Monumentos y curiosidades de Sevilla
La catedral. El Alcázar. La Lonja. El Museo de pinturas. La Universidad. La Casa de Pilatos. El barrio de Triana. La industria sevillana. Varias observaciones
Imposible me sería hacer una descripción hábil y detallada de las preciosidades artísticas que tiene Sevilla. Una residencia de cinco días no era bastante para una observación prolija, y aunque lo fuese, no me es dado

hablar con propiedad respecto de bellas artes. Indicaré muy de paso mis impresiones más vivas.

Desde luego, la catedral es la gran maravilla de la metrópoli andaluza. Es una enorme masa de piedra, de estilo gótico del siglo XV, en su casi totalidad; pues la parte de atrás es del Renacimiento, terminada mucho más tarde, circunstancia que produce un contraste desagradable. El templo carece de torres y su fachada principal está incompleta, faltándole los principales bustos y adornos propios de su época. Concluido lentamente en un largo transcurso de tiempo, parece en su exterior como un monumento dislocado, no obstante la majestad y el atrevimiento de sus arcos y bastiones aéreos que parecen hacer una muda invocación al cielo. La grandeza de la catedral (la primera de España sin disputa, bajo ciertos aspectos) está en el interior. Es tal su opulencia de mármoles, que su solo pavimento de grandes baldosas blancas y negras ha costado la fuerte suma de 125.000 duros. Mide una longitud total (con su prolongación de la capilla real) de 417 pies, 315 de latitud y una elevación que, empezando por 53 pies en las capillas se eleva a 104 en las naves laterales, a 145 en la principal y a 171 en la cúpula o cimborrio que la domina. Como se ve, las proporciones son colosales. Sus cinco vastísimas naves son de una majestad imponente, sobre todo la central, cuyo admirable artesonado de piedra reposando sobre numerosas columnas formidables y atrevidas es de una ligereza y audacia muy notables. Sus noventa y tres vidrieras de las ventanas ojivales (obra del siglo XVI) son bellísimas por su finura y colorido; y la sillería del coro es una de las más ricas y mejor trabajada que he visto en las catedrales góticas. Los frescos de la cúpula son muy bellos, como las rejas monumentales de labor exquisita que encierran el coro. Puede considerarse cuántos primores de arte contendrá esa catedral, con solo saber que en ella han trabajado sucesivamente ciento noventa y seis artistas notables, algunos de ellos eminentes y de primer orden. Y con todo, por una extraña negligencia, se ignora el nombre del arquitecto que trazara el plan de tan grandioso monumento. Si sus dos colosales órganos son soberbios en todos sentidos, y los muros, las pequeñas capillas y las bóvedas tienen cien bellezas que admirar, al penetrar a la capilla real y la sala capitular (haciendo una transición repentina de la sombría solemnidad de lo gótico a las floridas creaciones del arte grecorromano) se encuentran primores de escultura y pintura y relieves y trabajos delicados de arquitectura que son de mucho mérito. Allí se revela en obras inmortales el genio de Murillo, de Herrera y otros grandes maestros, al lado de muy superiores escultores. En la capilla real veneran la efigie de Fernando el católico y se ven entre otros sepulcros notables los de don Alonso el sabio y su madre doña Beatriz. La sacristía contiene riquezas inmensas en joyas y vasos sagrados, y es prodigiosa la pompa que el clero sevillano despliega en la Semana Santa para el tocado y las vestiduras de la Virgen. ¡Cuántas miserias no serían aliviadas si la Iglesia católica, renunciando a un lujo de ostentación que ofende la majestad inmaterial y suprema de la Divinidad, y que desvirtúa la noble sencillez del cristianismo, renunciase a las costumbres paganas y consagrase a la enseñanza y la beneficencia los inmensos tesoros improductivos que yacen en las sacristías!

El «Alcázar» de Sevilla, de universal renombre, es sin disputa uno de los más bellos monumentos de la arquitectura arábiga; pero de ningún modo puede ser comparado con la Alhambra. Verdad es que la eminente situación de esta es excepcional, mientras que el Alcázar está como escondido en el seno mismo de Sevilla, a unos 500 metros apenas de la catedral. Comenzado por los Moros en 1111 y terminado en su parte baja o primer cuerpo en 1181, fue la residencia de los reyes moros hasta la reconquista de Sevilla en 1247. Tocóle a don Pedro el Cruel la construcción del segundo piso, que completó el edificio. Un vasto patio, rodeado de viejos muros, da acceso al Alcázar, cuya primorosa fachada, de una construcción sencilla pero cuajada de relieves o arabescos, anuncia con esplendor las bellezas interiores. Todo el edificio se reduce a dos series de vastos salones o aposentos, generalmente cuadrados y superpuestos en dos pisos. La parte baja de los muros y los pavimentos se compone de lindos azulejos o ladrillos finos de loza, de colores vivísimos, con las más graciosas figuras o dibujos. La parte superior de cada muro, desde su altura media hasta los techos artesonados, de yeso estucado o de madera, reproduce en lo general, con increíble profusión, los mismos adornos floridos o arabescos que hacen el encanto de la Alhambra, repitiéndose siempre las formas de aquellas exquisitas filigranas de yeso, pero sin perder por eso su gracia de contornos, su finura de líneas sorprendente donde quiera, y su viveza de colorido en combinaciones resplandecientes. Como don Pedro el Cruel empleó artistas árabes en la terminación del edificio, los trabajos de arte son completamente homogéneos. Los artesonados o techos, principalmente los de cedro, son de un gusto de ejecución delicadísimo.

El Alcázar, lleno de luz por la naturaleza de su construcción, no tiene en sus salones y aposentos ese aire de voluptuosidad y de misterio sombrío que domina en la Alhambra. En el Alcázar todo es alegre y resplandeciente, y desde las ventanas y los balcones volados de las piezas interiores se goza de todo el espectáculo encantador que ofrece el inmenso jardín oriental que rodea al palacio. ¡Qué de tradiciones dramáticas en aquel recinto donde reinaron razas y dinastías enemigas! Si el salón de los «Embajadores» arrebata por su magnificencia y su cúpula soberbia, hace evocar mil historias y leyendas con los retratos al fresco de todos los reyes godos que se ostentan en la techumbre. Ya se siente uno sobrecogido de horror al atravesar la sala donde fue asesinado don Fadrique por orden de su hermano don Pedro; ya se detiene a cavilar, visitando la alcoba donde dormía el rey cruel, sobre los dramas de sangre, de celos y desconfianzas terribles que fueron la consecuencia de las sombrías meditaciones de aquel hombre en sus desvelos; ya en fin, al descender al patio de las «Muñecas» (donde tenían las moras sus grandes baños) y penetraren los subterráneos donde un tiempo se bañaran voluptuosamente las princesas orientales y más tarde doña María de Padilla, se estremece uno pensando en el doble uso de aquellos subterráneos creados para el deleite y convertidos en sepulcro. Allí, en uno de los calabozos húmedos, sin aire ni luz alguna, sufrió su prisión y su martirio esa mujer de tan célebre memoria. El jardín, que tiene como tres hectáreas de superficie total, está encerrado por un alto muro que por sí solo es un monumento. Todo él está lleno de arabescos, de columnitas preciosas, de frescos, inscripciones y mil adornos muy bellos. Lo que más admira es que esos primores de arte, expuestos a la intemperie después de tantos siglos (pues tal es la construcción de los muros) se conservan perfectamente y subsisten como modelos del arte arábigo. Sería imposible describir completamente ese admirable jardín (tan especial en Europa) sin llenar muchas páginas cuyo poético lenguaje parecería exagerado. Aparte del interés que tienen la fachada interior del Alcázar y los altos muros que encuadran el recinto, el fondo mismo del jardín es encantador por su conjunto así como por sus preciosos detalles. Al recorrer sus laberintos de arrayanes simétricamente recortados, sus tupidos bosquecillos de naranjos y granados, sus vastas aglomeraciones de arbustos y plantas en flor, tan brillantes como artísticas en unos sitios, tan graciosamente desiguales en otros, y al penetrar en todos los santuarios de verdura que pueblan el recinto, se cree uno como transportado a los edenes orientales. Allí todo es voluptuoso, risueño, tentador. Ya se divierte uno en querer hallar la pronta salida de los laberintos de arrayán, o en descifrar las alegorías de todas formas trazadas en el suelo por medio de los mismos arbustos de arrayán hábilmente dispuestos; ya se goza en admirar los grupos floridos, los juegos de aguas ingeniosísimos y sorprendentes, las numerosas fuentes de formas arábigas y las escalinatas de mármol donde el Sol andaluz brilla con todo su esplendor. Ora se pone uno a vagar, soñando y recordando mil historias, bajo la sombra espesa de los bosquecillos de naranjos, limoneros y granados, donde se siente la embriaguez deliciosa que producen el azahar y el jazmín, la albahaca y las rosas en profusión. Ora en fin, al rumor de las fuentes y al canto de los pajarillos habitadores del jardín, se reposa con deleite, sentado en otomanas de mármol, bajo las cúpulas de lindos pabellones de estilos diferentes, construidos en el centro de aquellos retretes de verdura que parecen evocar las sombras de las sultanas y las tradiciones de la civilización morisca. El Alcázar es un delicioso monumento. Su tipo es la frescura risueña. Allí falta la grandeza que caracterizó la Alhambra. Por eso, al salir de la antigua mansión de don Pedro el Cruel, se siente pesado y desagradable el aire de la calle y se lleva una dulce impresión, pero no se experimenta esa tristeza que acompaña al viajero al alejarse de los sitios y los monumentos admirables de la vieja fortaleza de Boabdil.

La «Lonja», situada al lado de la catedral, es un hermoso y elegante monumento que hace honor a su artífice, el famoso Herrera. Es completamente cuadrado, mide 37 metros por lado y su estilo es del Renacimiento, pero de una sencillez deliciosa que en nada perjudica a su majestad. El mármol está allí prodigado con suma opulencia, y la luz entra por todas partes a torrentes. El Tribunal de comercio y la Bolsa tienen su residencia en ese espléndido palacio de la especulación. Allí tuvo su asiento, como he dicho, la famosa «Casa de contratación», institución establecida por la España en sus tiempos de obcecación política para explotar el comercio de sus colonias colombianas, mediante el monopolio. Los inmensos archivos se conservan en hermosos armarios con el mayor cuidado, en términos que la historia comercial y económica de Hispano-Colombia, durante una larga época, se encuentra allí esparcida en millones de documentos. El edificio es de dos pisos, claustrado en ambos, pero sin balcones ni galerías salientes. Todos sus pavimentos son de mármol y todos los muros y techos de piedra pura. Lo más notable por su mérito de composición está en la escalera y los artesonados. La primera es por sí sola un espléndido monumento, por sus formas, la enormidad de sus mármoles (todos de Granada) tan ricos por su finura como por sus colores y volumen y formando mosaicos primorosos. El techo se compone en los cuatro lados de un encadenamiento de bóvedas, con la particularidad de que no hay entre más de cuarenta artesonados (de pura piedra, sólidos en extremo y atrevidos y hermosamente ensamblados y labrados) dos que se parezcan en sus relieves o formas parciales. La Lonja es, en su género; quizás el más hermoso monumento que tiene España.

Si el arte de edificar reúne tan admirables muestras de todo género en Sevilla, el arte divino que crea la luz y eterniza la verdad en la tabla, el lienzo y el muro, no tiene menos quizás de qué enorgullecerse en la patria de Murillo y Herrera. El Museo de pinturas de Sevilla es por sí solo un tesoro inmenso, aún a los ojos del que ha conocido los de Madrid, París, Dresde, Amberes y otras ciudades europeas. Sin embargo, no todo el Museo merece tal reputación. Exceptuando unos seis cuadros de primer orden en el gran salón (local oscuro y triste de una antigua iglesia), puede decirse que el valor esencial está en el «salón de Murillo», cuyo precio es incalculable. El salón principal tiene buenas obras, sin duda; pero la gran masa no es sobresaliente, porque Sevilla (que ha dado su nombre a una grande y gloriosa escuela) ha sido sucesivamente saqueada en materia de pinturas, ya por el mariscal francés Soult, en la época de la guerra nacional, ya por las autoridades que han querido organizar museos nacionales y «particulares» a expensas de las provincias. Se siente uno pasmado de admiración a la vista de la sublime «Asunción» de Murillo, tan profundamente celestial en sus formas y expresión; del famoso cuadro de Zurbarán (que tiene su historia político-diplomática) representando la predicación de «Santo Tomas de Aquino»; de una «Concepción» y una «Visitación» de Valdés, que evoca con divina unción todo el poema del misterio bíblico; de un «Cristo», de Zurbarán también, asombroso de dolor y agonía suprema; de un «Jesús» de Esteban Márquez (discípulo de Murillo), que parece creado por la inspiración y la mano del maestro; y en fin, de los «Cinco Apóstoles» de Polanco, artista cuyas obras me han parecido notables por la energía del pincel. Al contemplar todas esas figuras, bajo las sombras del templo desierto, se comprende bien la superioridad de los genios que, profundamente agitados por el sentimiento de la piedad y la idea cristiana, han creado un arte nuevo, dándole el sello de la majestad, la unción y la santidad. Esto es precisamente lo que más resalta al recorrer el salón que contiene únicamente obras de Murillo. Los veintitrés cuadros que forman esa colección fueron elaborados durante un encierro voluntario a que se condenó el piadoso artista, asilado en el convento de capuchinos de Sevilla. Es bien sabido que Murillo nunca empezaba una obra sin haber comulgado, lo que prueba cuán hondamente lo impresionaba el sentimiento religioso. La soledad era su mejor elemento, porque ella le infundía ese recogimiento supremo que les diera su carácter de beatitud casi inimitable a todas las creaciones del gran artista sevillano. A este propósito es digna de mención una obra superior de Herrera el viejo, que se ve en el primor salón. Es un «San Hermenegildo» admirable, hecho en su calabozo por aquel pintor, condenado a perder la mano por haberle dado un bofetón a cierto clérigo. Sin duda el artista comprendía muy bien todo el valor de su mano «en capilla», puesto que produjo una obra sublime que le valió el perdón. Casi siempre las más grandes producciones del genio han nacido en momentos críticos y en las sombras del recogimiento. Casi sería inútil, y acaso pretensioso, hacer una elección cualquiera entre los veintitrés cuadros de Murillo, que valen más de 500.000 pesos, al decir de algunos conocedores. Todos son a cual mejor. Sin embargo, el cuadro que representa el milagro de «San Francisco de Asís» es acaso el más vigoroso como obra de pincel o labor. Como obra dé inspiración, nada seduce tanto como la «Adoración de Jesús»: la figura de la Virgen es de una expresión de pureza y gozo celestial insuperables; y el candor, la sencillez, la sorpresa inocente de los pastores, que atisban al niño con curiosidad infantil, son inimitables. Acaso sea necesario mencionar también, como creaciones soberanas, el mendigo del cuadro de «Santo Tomas de Villanueva», un «San Félix de Cantalicio», una «Concepción» (el estudio predilecto de Murillo) y una «Asunción», tipo que muy raros artistas han logrado imitar o revelar con sus verdaderas condiciones.

Que el lector me perdone si le invito aún a visitar otro museo interesantísimo, simple porción de ese vasto, complicado y preciosísimo museo de mil formas que se llama Sevilla. Hablo de la Iglesia de la «Universidad», que el extranjero visita con profundo placer. Allí hay una numerosa colección de tumbas interesantes bajo todos aspectos. Entre las diez que sobresalen se ven las del duque de Alcalá y su mujer, fundadores del edificio, y de otros nobles castellanos célebres en la historia, que son verdaderos monumentos por el gusto de las formas, el mérito de los mármoles y el primor y la riqueza de los relieves, los bustos o cuerpos y demás esculturas. En clase de esculturas religiosas hay un «Cristo» de Montañés, tan asombrosamente superior que por sí solo vale por un museo; así como un «San Ignacio de Loyola» y un «San Francisco de Borja» (del mismo artista), que son estatuas admirables. El «San Ignacio» principalmente parece haber realizado el ideal supremo del arte que puede animar el mármol, la piedra u otra materia, y darles un lenguaje elocuente y una mirada profunda. Toda la historia de la Compañía de Jesús parece surgir «a priori» de esa frente marmórea y ese ojo ardiente y fascinador que sondea y medita. En cuanto a pinturas de la capilla, el altar mayor y los muros laterales contienen obras verdaderamente maestras de Roelas, Pacheco, Alonso Cano y otros artistas que tuvieron justa celebridad en España. Es bien digno de notar que el arte de la pintura ha corrido siempre parejas con el movimiento caballeresco y religioso de los pueblos. Entre las sociedades europeas el pincel parece haber reinado siempre al lado de la espada y a la sombra del capuchón. Italia, España y Francia, los pueblos más guerreros y más exaltados antes en el sentimiento religioso, han revelado su historia en los lienzos con singular energía. España es un país inmensamente rico en pinturas, porque ha tenido exuberancia de conquistadores y frailes.

Sin embargo, pocas ciudades tienen en la península el privilegio que posee Sevilla. Madrid, Barcelona, Cádiz, Burgos, etc., son esencialmente españolas. Valencia es medio morisca, pero muy inferior en cuanto al arte a las dos ciudades andaluzas más notables. Córdoba es casi toda morisca. Toledo esencialmente compleja, pero dejando predominar el arte gótico y el grecorromano en sus principales monumentos. Solo Sevilla y Granada tienen la singular ventaja de revelar simultáneamente, por sus obras artísticas, las más completas manifestaciones de diferentes y aun opuestas civilizaciones. Pero todavía Sevilla es en eso muy superior a Granada. Sevilla mantiene juntas y vivas, con singular energía, todas las tradiciones orientales, así como las pruebas del arte latino y del gótico en obras superiores.

Todavía mencionaré un monumento en extremo curioso, que es una de las obras de estilo morisco más interesantes en ese arte de la escultura plástica y pintoresca que los Moros tenían tan avanzado en el siglo XIV. Me refiero a la «Casa de Pilato», edificio curiosísimo que hoy pertenece a los duques de Medinaceli. Se asegura que esa casa es una del reproducción de la que habitara en Jerusalén el famoso juez que dejó a los togados y políticos el modelo de la «habilidad» que consiste en «matar y lavarse las manos». Cuentas que un caballero cruzado español, al volver a Sevilla de la guerra santa, quiso perpetuar la memoria de sus campañas en Palestina y para eso mandó construir la «Casa Pilato» conforme al modelo traído. Sea cierta o no la tradición, ello es que la casa no revela en sus obras de arte sino el estilo arábigo florido (el más avanzado), que no podía haber sido conocido en los tiempos de Cristo, y que apenas se iniciaba en los de las Cruzadas. Pero la cuestión no nos importa a los curiosos, que debemos limitarnos a observar y recoger impresiones. La famosa casa del cruzado sevillano tiene dos patios, el primero común y sin obras de arte, y se compone de dos pisos, con galerías superpuestas, en forma de claustros. El patio interior, perfectamente cuadrado (forma general en la arquitectura oriental), está todo pavimentado con bellas y grandes baldosas de mármol negro y blanco, y tiene en el centro una primorosa fuente que hace juego con cuatro estatuas romanas colocadas en las esquinas. Las galerías están sostenidas por veinticuatro columnitas, también de mármol, de mucha gracia y ligereza, y en todo el derredor se ven en los muros los bustos de los emperadores romanos muy bien trabajados. Si en los pavimentos de las galerías y la parte inferior y central de las paredes brillan los primorosos azulejos (que son los «mosaicos» del arte oriental), en la parte superior hay un gran lujo de arabescos o relieves, blancos y de colores, que imitan o reproducen los primores plásticos y los bellos estucos de la Alhambra y el Alcázar, siempre serviles, sin originalidad o variación notable, pero siempre graciosos. Por último, al derredor del patio, sobre las galerías bajas, se hallan cuatro salones cuyos azulejos, arabescos y artesonados son de mucho gusto por la ejecución esmerada y el colorido. Lo demás de la «Casa de Pilato», aunque más o menos curioso, llama poco la atención, siendo de notarse que la distribución del edificio es de extrema sencillez.

Sevilla es una ciudad célebre por muchos motivos, entre otros por los hombres eminentes o personajes históricos que ha producido. Allí tuvieron su cuna los emperadores romanos Adriano y Teodosio, el ilustre Las Casas, los pintores Murillo, Herrera (el viejo) Roelas y Pacheco, el famoso historiador Herrera, llamado el «divino», y los poetas Rioja y Jáuregui. De allí partió Magallanes para hacer su primer viaje al derredor del mundo, en 1519; y Sevilla le disputa a Granada la cuna de Lope de Rueda, tan ilustre actor como escritor dramático; especie de Molière español.

Cada uno de los nueve arrabales de Sevilla es notable por algún monumento o fábrica importante. Pero el de «Triana» es de una especialidad puramente social. Está ligado a la ciudad, como he dicho, por un hermoso puente colgante, que interrumpe o sirve de límite a la navegación del Guadalquivir marítimo. Sus muelles hacen frente a los del puerto principal de Sevilla, así como a las fortalezas que dominan el río y la estación del ferrocarril que conduce a Córdoba. Si las primeras calles de Triana que avecinan al puerto tienen la estructura general de las de la ciudad, al avanzar hacia el interior de ese arrabal se encuentra el aspecto complejo de la vieja España y de las «poblaciones» gitanas. Triana es la residencia de todos los gitanos de Sevilla, cuya suerte se parece bastante a la de los judíos en Roma, en Praga y otras ciudades europeas. Así como en estas hay un «Ghetto» o barrio donde los israelitas viven o vegetan, confinados en unas partes (como en Praga) o proscritos y cruelmente tratados (como en Roma), los gitanos tienen su «Ghetto» en cada ciudad de España, sin habitar nunca los demás barrios Pero hay una diferencia muy sustancial. El judío es proscrito en Europa, especialmente en Roma, por espíritu de persecución e intolerancia, o por tradición o costumbre; en tanto que el gitano no es en España objeto de persecución. Él se confina a un solo barrio, se proscribe a sí mismo, por espíritu de raza (orgullo, resentimiento e interés en el aislamiento); y por eso se ve a los gitanos formando una comunidad aparte, lo mismo en Madrid (hacía la puerta de Toledo), que en Granada (en el Albaicín) y en Sevilla en el arrabal de Triana. Aquí se revela quizás con más energía uno de los rasgos distintivos del gitano. En Granada es casi natural la arquitectura subterránea de esa raza, porque el terreno parece indicarla en el Albaicín. Pero en Sevilla no se comprende en el primer momento por qué razón los gitanos siguen el mismo sistema (aunque notablemente variado en la forma), no obstante que el terreno de Triana es enteramente llano. El aspecto de las calles es tristísimo. Raras son las casas que tienen un piso alto; casi todas son muy bajas, con puertas y ventanas mezquinas, pequeños patios desiertos, paredes y techos lamentables que revelan suma pobreza y abandono. Las calles, malísimamente empedradas, están desiertas por lo regular, y al andar por ellas apenas se oye el ruido subterráneo de objetos metálicos o del martillo del zapatero remendón, o se ve muy rara vez alguna cara femenina, en una ventana, o un pequeño grupo de muchachos sucios en un zaguán o un patio, tristes, pobremente vestidos y con fisonomías repelentes y ásperas en lo general.

Es rarísima la casa de gitano que no tiene un piso subterráneo que se registra desde la calle. La puerta da inmediatamente sobre una especie de sótano (que es el lugar de trabajo), sea por medio de un pequeño zaguán inclinado, sea por medio de una gradería casi abrupta. Las habitaciones que están al nivel de la calle sirven para dormitorios y demás usos; las profundas o cavadas en la tierra contienen los obradores, talleres y fraguas. Evidentemente hay en los gitanos una tendencia a la vida subterránea, que no se concilia en apariencia con las costumbres nómades. Hasta en el modo de preparar los alimentos el gitano se sirve de hoyos cavados en la tierra, procedimiento ingenioso que se presta al misterio y favorece el rápido cocimiento de las sustancias animales y vegetales. Acaso haya algún principio etnológico que determine esas tendencias a lo subterráneo; pero la explicación más sencilla me parece estar en la naturaleza de la industria y las costumbres de los gitanos. Raza de herreros y estañadores y de gentes que no tienen una noción regular de la idea de la propiedad, tradicionalmente habituadas a los fraudes, los robos rateros, las mistificaciones y los procederes hipócritas, los gitanos han comprendido sin duda que sus habitaciones debían ser apropiadas a la ocultación y el disimulo. Así, cuando llevan vida nómada, sus hogares cambian de la noche a la mañana, en cuanto al lugar, y son siempre establecidos en los sitios más solitarios; y cuando se ven forzados a una residencia fija construyen sus habitaciones del modo menos ostensible, a fin de burlar la vigilancia social. Nos habían dicho que en el arrabal de Triana veríamos cuadros curiosos y animados de la población gitana, que es bastante numerosa. Pero no encontramos sino tristeza, soledad y silencio. Acaso escogimos mal la hora o el día para satisfacer nuestra curiosidad. Lo que sí pude obtener con seguridad fue la convicción de que en el pueblo español no hay odio ni preocupación ninguna respecto de los gitanos (raza que me parece mucho menos incorregible de lo que generalmente se piensa); pero que no se hacen los esfuerzos convenientes para producir una asimilación o fusión completa. Hay muchos gitanos católicos en España, y sin embargo se les ve persistir en sus hábitos de aislamiento. Y lo más curioso es que los gitanos «católicos» (que lo son por el bautismo y sin conciencia ninguna de las doctrinas cristianas y católicas) se distinguen en España por la brutalidad de su fanatismo, en los momentos de exaltación religiosa. Eso prueba que el fanatismo es siempre compañero de la ignorancia, y que toda la fuerza de los tartufos consiste donde quiera en el dominio que ejercen sobre las masas bárbaras que obedecen maquinalmente al impulso que se les da. El mundo no se librará de los conflictos religiosos sino el día que haya desaparecido de las sociedades «el elemento bárbaro». Por eso se comprende el horror con que los tartufos explotadores de la religión miran toda tendencia hacia la instrucción y educación de las masas.

Sevilla no es solo un centro comercial y agrícola de primer orden en España: es también una ciudad fabricante en vasta escala, aunque poco manufacturera. Las grandes fábricas, llamadas propiamente «manufacturas», que en otras ciudades europeas reúnen a centenares y aun millares de obreros y dan al consumo enormes masas de productos, no existen en Sevilla, donde la maquinaria (como en casi toda España) está muy atrasada todavía. Lo que hay allí es la pequeña fabricación y el artefacto, cuyos productos son muy considerables por razón de la masa de trabajadores y la multiplicación de los talleres. Allí existe una organización de trabajo en detalle que produce resultados visibles. Como el establecimiento de una pequeña fábrica no exige un tren costoso, es muy accesible a los hombres de la clase media y aún a los obreros la adquisición de uno o más telares, un taller u obrador, y por lo mismo se hace más fácil que en las ciudades manufactureras el paso de la condición de obrero a la de maestro, empresario o propietario. Con la pequeña fábrica u obrador las aglomeraciones de obreros son muy reducidas, el artículo trabajado es frecuentemente más correcto y artístico, la moralidad gana, el artesano u obrero tiene interés en la obra y trabaja en su propio hogar, y su bienestar es mayor y acaso menos expuesto a las crisis comerciales que afectan a las manufacturas en grande. Además, el obrero tiene más independencia y dignidad trabajando por su cuenta o en escala reducida. Los economistas en lo general (acaso olvidándose bastante de los intereses de la moral por atender de preferencia a los de la riqueza) han llevado hasta la exageración el entusiasmo por las manufacturas. La economía de producción, que disminuye el precio de los productos y en definitiva favorece a los mismos obreros, les ha hecho desatender ciertos intereses de la moral (pureza, dignidad e independencia del obrero) que se ven seriamente comprometidos en las grandes fábricas. No pretendo examinar aquí una cuestión económico-moral tan importante; pero sí haré notar la observación hecha respecto de las poblaciones obreras en Europa. En las ciudades principales de España, así como en las de Suiza, en Lyon y otras de Europa, cuyos más valiosos productos son el resultado de la fabricación en detalle, he notado más independencia y bienestar, más dignidad y sentimiento de personalidad en el obrero, que en las ciudades estrictamente manufactureras donde las grandes aglomeraciones de máquinas (humanas y de fierro) tienden a sustituir la fuerza colectiva en la producción a la fuerza individual o limitada a pequeños grupos de obreros. Acaso sean otras las causas predominantes; pero el hecho es patente, y lo cierto es que en España, donde la gran fábrica es muy rara (exceptuando unas pocas ciudades catalanas), la noción de la personalidad es profunda y general en el pueblo Sevilla, como he dicho, es una ciudad artista y artística por excelencia, y sus industrias lo revelan enérgicamente. No hay una calle donde no se vean numerosos talleres y obradores de escultura (principalmente en yeso), de pintura, de joyería y platería, y de toda clase de objetos curiosos. Allí se fabrican por valores muy considerables armas, herramientas y todo lo que corresponde a la quincallería, instrumentos de música (especialmente las elegantes y finas guitarras y bandolas), gran cantidad de telas y artefactos de seda y lana, sombreros, etc., etc. La producción de loza fina es considerable, y se hace notar bastante la de pieles curtidas, que imitan los bellos tafiletes y cueros marroquíes. Sevilla, como centro agrícola de la baja Andalucía, hace fuertes exportaciones de aceite y vinos, y centraliza grandes valores en granos y frutas de todas clases. Es incalculable el desarrollo agrícola, industrial y comercial que puede alcanzar España, y particularmente las provincias andaluzas, el día que en ese país se renuncie al régimen inepto del egoísmo (que se traduce en prohibiciones y monopolios), y se acepte el libre cambio con todas las regiones del mundo.

No contábamos con mucho tiempo para hacer un estudio detenido de Sevilla. Pero las impresiones recogidas en pocos días bastaron para hacernos simpatizar vivamente con la metrópoli andaluza, tan poética y original, tan pintoresca en todo. Ella es interesante también como centro de vida intelectual y de beneficencia. Posee una considerable biblioteca, una sociedad económica, un liceo, varios institutos notables de enseñanza y artes, una caja de ahorros en prosperidad, y como dieciséis hospitales, hospicios e institutos de caridad y beneficencia. Por demás es decir que las iglesias abundan, como abundaron fabulosamente los conventos. Creo haber contado como ciento doce edificios religiosos, entre iglesias, conventos, capillas y oratorios, lo que prueba que en Sevilla no se han pasado jamás hambres en lo relativo al pasto espiritual. Al contrarío, en esa materia se ha pecado en España por la gula, resultando indigestiones seculares Sevilla tiene una circunferencia total (con los arrabales) de 25 kilómetros, y sus murallas, que todavía resisten algo a la acción del tiempo, cuentan más de sesenta torreones y trece o catorce puertas más o menos considerables. Se numeran hasta quinientas sesenta y cuatro calles y sesenta plazas; los cuarteles abundan, por desgracia, pero siquiera abundan también las fuentes públicas y el agua no falta en ningún punto. Aparte de muchos monumentos de interés más o menos subalterno, de todos los estilos y usos, citaré los dos teatros de la ciudad y la espléndida plaza de toros. Los sevillanos se jactan con razón de tener la mejor plaza de toros de España, y la Virgen más opulenta, en su catedral. Mejor les estaría tener una Virgen pobre y carecer de toreros y de un circo que no puede tener mejor nombre que el de «matadero espléndido». Contáronme cosas fabulosas sobre el lujo de ostentación que se despliega en Sevilla en la Semana Santa, coincidiendo con la gran feria sevillana. Entonces, mientras que la gente de «tono» hace prodigios en las procesiones para ponerse a la altura de la opulencia inaudita de la Virgen, los majos y las manolas ostentan en la feria todo el lujo de sus vestidos pintorescos, sus armas, cabalgaduras y aperos de montar. Cada clase hace las cosas a su modo; pero confieso que las vanidades de la feria me parecen más excusables que las de las procesiones. Cristo y la Virgen deben de incomodarse mucho en el cielo, al ver el modo como se les adora «públicamente» en la tierra.

Capítulo VIII. El Guadalquivir
El primer tren de Sevilla a Córdoba. Un marqués comunista. La provincia de Córdoba. Aspecto de la capital; su población y su estadística. La mezquita-catedral. Curiosidades. De Córdoba a Bailén. Andujar
Eran las siete de la mañana cuando tomábamos el tren del reciente ferrocarril que pone en comunicación a Córdoba con Sevilla. Por primera vez se iba a ensayar el trayecto comprendido entre la pequeña ciudad de Lora, no muy lejana de Sevilla, y Córdoba. Así, aunque el tren era irreprochable en la primera sección ya en servicio, se redujo, desde Lora hasta Córdoba, a un vagón de tercera clase, en que los empleados de la administración de

la empresa tuvieron la bondad de darnos cabida. Como los rieles estaban recientemente asentados y exigían rectificación, nuestro gran vagón (que aprecia una arca de Noé, llevando gentes de toda clase en la más democrática confusión) saltaba y corcoveaba a cada momento como diez potros indómitos juntos, cosa que nos divertía y asustaba alternativamente. La vía corre al principio por una hermosa y vasta llanura, a la izquierda del Guadalquivir, por entre numerosas casas campestres, extensas plantaciones de hortalizas y cereales, olivares todavía recientes, prados y barbechos donde pacen los rebaños de ovejas, y algunos preciosos bosquecillos de granados que tenían el aspecto más encantador por sus formas elegantes y sus rojas y lindas flores. Lora es una pequeña ciudad de 8.000 habitantes, situada a corta distancia de la vía férrea, y que va adquiriendo importancia a virtud del ferrocarril. Más adelante se atraviesa el Guadalquivir y la vía lo costea constantemente hasta muy cerca de Córdoba, de manera que se le tiene siempre a la vista El río, generalmente con orillas bajas, de cauce poco profundo, arenoso y turbio, no tiene navegación ni posee la hermosura que se le supone de antemano. El terreno, generalmente llano en el valle y encuadrado entre cordones de cerros bajos o altas colinas, se presta a los paisajes risueños; pero la ausencia de árboles en las márgenes de las praderas (sino es en rarísimos puntos) hace desapacible o monótona una comarca que podría ser bellísima en su totalidad. Sin embargo, hay de trecho en trecho paisajes primorosos, por el juego de las colinas con el valle, las vueltas y revueltas del río, algunas arboledas y varias formaciones geológicas muy interesantes (como la del cerro y castillo arruinado de «Almodóvar») que corresponden a los contrafuertes de la «Sierra de Córdoba», que hace parte de la Sierra Morena. Desde Sevilla hasta el frente de «Palma» el ferrocarril toca sucesivamente en la ciudad de Carmona y tres pueblos pequeños, Lora, Guadalabar y Peñaflor, ofreciendo bellos puntos de vista y dejando registrar un inmenso campo de olivares, viñedos y cereales. Pero al pasar por en frente de Palma el paisaje que se admira es hermosísimo. Se ven a lo lejos las altas colinas a cuyo pie demora Palma, en un delicioso valle a orillas del Guadalquivir y del Jenil que se le reúne allí. Tal parece como si el Jenil le trajese a esa población las seducciones y los encantos de la vegetación de Granada. En efecto, Palma es un inmenso huerto, escondida literalmente como está entre bosques de naranjos, granados y limoneros, de cuyos frutos hace un comercio considerable. En un trayecto del Guadalquivir observamos una notable aglomeración de cañaverales y arboledas que nos llamó la atención por su objeto. Contáronnos que un cierto marqués, propietario del terreno, hacía una compleja y singular especulación, mediante el auxilio de las bandas de «estorninos», pájaros sumamente abundantes en el país. Parece que los estorninos andaluces profesan opiniones comunistas en alto grado y las practican con mucha sagacidad. Su «política» industrial consiste en devastar (reunidos por centenares de miles) los inmensos olivares del valle del Guadalquivir y las montañas vecinas, robándose las olivas de los árboles, que transportan a lugares lejanos para establecer grandes depósitos de previsión y vida común. Pero el estornino gusta particularmente de los sitios húmedos y sombríos, como los cañaverales y bosques de las orillas del río. Esto ha dado al consabido marqués propietario la idea de su especulación. Ha establecido en la orilla del Guadalquivir algunos de esos asilos de verdura, resultando que los estorninos han fundado allí su domicilio y sus almacenes de depósito. Pero como el señor marqués no ha trabajado por la sola comodidad de los ladrones alados, sus agentes espían los momentos en que aquellos están ausentes en sus expediciones filibusteras, y les roban las olivas depositadas, que le producen al señor marqués un valor considerable en aceite. De ese modo el noble sevillano fabrica aceite de todos los olivares de la comarca, sin tener que cultivar ninguno. Probablemente el marqués considera que, siendo cosa corriente aquello de que «ladrón que roba a ladrón tiene cien días de perdón», no hay inconveniente en aplicar el principio a los pájaros literalmente. Sin duda que el buen hidalgo no ha caído en cuenta de que al procurarles asilo a los inocentes estorninos se hace instigador y cómplice de los «olivicidios», en provecho personal exclusivo. Pero hay algo más curioso en el asunto. El señor marqués no se contenta con servirse de los pájaros para producir aceite sin tener olivares, sino que perpetra la ingratitud inaudita de vender o arrendar el derecho de hacer en sus tierras la caza de esos mismos pájaros que trabajan por cuenta de él, caza que le produce al señor marqués en ciertos meses del año una utilidad más que regulareja. Estos hechos, que son auténticos, me dieron mucho en qué pensar. El señor marqués y «sus» estorninos me parecieron representar el sistema económico de casi todas las sociedades humanas.

Donde quiera las masas ignorantes, obrando por instinto y necesidad de conservación, hacen el papel del estornino: trabajan sin descanso, y después de mil fatigas alguien (que les tiende una trampa) se aprovecha de las olivas, con la diferencia de que el salario del obrero no es el fruto de ninguna expoliación; y después de perder ese fruto, no falta quien le haga la caza. El señor marqués me ofrecía la imagen de los gobiernos que, después de explotar el trabajo de las masas, mediante los impuestos inicuos, los monopolios, etc., hacen la caza a sus estorninos humanos para convertirlos en soldados o presidiarios y mandarlos a morir. ¡Cuántos poderes hay en este mundo que viven del comunismo, a estilo del honorable señor marqués de las «Olivas» y conde de los «Estorninos»! Hacia las cercanías de Córdoba las montañas de la Sierra toman un aspecto interesante, tanto por sus formas como por sus curiosidades y vegetación. Los cerros empinados, de formación granítica en lo general, se suceden en varias proporciones; las altas colinas están cubiertas de olivares hasta la región de la Sierra poblada de encinas, y en las bajas laderas y los vallecitos se extienden en abundancia los viñedos. Al cabo se ven las torres y la masa general de Córdoba de un estilo casi completamente oriental; y en tanto que se distingue sobre una alta montaña el famoso convento de «San Jerónimo» (fundado sobre las ruinas de un alcázar morisco) y algunas ermitas solitarias de capuchinos, se empiezan a sentir los ricos perfumes de los huertos y jardines que rodean a Córdoba, preparando el ánimo del viajero a las impresiones que produce esa capital de un famoso reino arábigo.

La provincia de Córdoba, la décima octava en el orden de la población, cuenta 361.536 habitantes, la mayor parte distribuidos en pequeñas poblaciones, como sucede generalmente en los países fértiles y casi exclusivamente agrícolas. Apenas cuenta esa provincia tres centros sociales de alguna consideración, a saber: Córdoba, con 43.000 habitantes; Montilla, con 14.654, célebre por haber sido la cuna del famoso capitán Gonzalo de Córdoba, y por sus renombrados vinos cuya energía espirituosa reanima la de otros vinos andaluces; Aguilar de la Frontera, de pintoresca situación, con 11.836

habitantes. Córdoba tiene una posición abierta y desembarazada, con vastos horizontes. Está situada a la margen derecha del Guadalquivir, en el centro de una llanura, casi al pie de los montes «Marianos», contrafuertes de la Sierra Morena, rodeada de bellos paisajes melancólicos y batida por aires libres y saludables. La «Corduba» de los Romanos, fundada por ellos según parece, no solo ha sido una de las más famosas sino también de las más considerables ciudades de la vieja España. Fortificada por los Romanos, que la rodearon de murallas, los Godos la conquistaron en 572, y a su turno los Moros, en 692, conducidos por el famoso Abderraman, fundador del califato de Occidente. Los Moros restablecieron las murallas y dotaron a Córdoba de todos los bellos monumentos que embellecieron la residencia de la corte de los Ben-Omeyas; pero la ciudad fue en gran parte destruida por las huestes de Fernando III de Castilla, al rescatarla en 1236. Hoy la antigua capital de ese reino morisco no es en su gran masa sino un gran población, fea, triste, casi solitaria y en muy notable decadencia respecto de su pasado. Sus murallas están en ruina (de lo cual no hay motivo para lamentarse) y en medio de los escombros crecen los naranjos y granados como para mantener la poética tradición del mundo oriental que yace allí convertido en osamenta y polvo. Sin embargo, se conserva en todo el aspecto de la ciudad el aire arábigo, tanto por la estructura de las calles y del conjunto de las casas, como por las formas de los monumentos más notables, la naturaleza de fabricación y cultivo, y sobre todo la fisonomía de la raza. Córdoba es por excelencia una ciudad pretérita un santuario de recuerdos múltiples, pero orientales principalmente. Excepto la estación del ferrocarril, que hace pensar en lo porvenir, todo lo demás incita a dejar vagar el espíritu en la región de lo pasado. Si, subiendo a la alta torre que domina el gran patio de la mezquita-catedral, se contempla toda la ciudad y sus campos vecinos, el espectáculo es bello pero triste. Cada objeto es una evocación. Las murallas, en mucha parte romanas, hacen recordar que Córdoba fue la patria de los dos Sénecas y Lucano, como lo fue muchos siglos después de Góngora (que ha servido de modelo a tantos «escribidores», que no escritores), de Céspedes, Zambrano y otros hombres notables. Si se observa la catedral, se recuerda a su fundador Abderraman, lo mismo que al reparar en el famoso puente del Guadalquivir, obra del siglo VIII. Y si se tiende la vista sobre la multitud de iglesias y conventos que pueblan la ciudad, y sobre las sombrías arcadas de la Plaza Mayor, se reconoce el genio español que ha presidido a los destinos del país desde los tiempos de la reconquista en el siglo XIII. Donde quiera algo del sello de cuatro civilizaciones sucesivas modificando más o menos profundamente la fisonomía social. Y con todo, el tipo que predomina es el más útil, el más social, el más industrial: el arábigo, porque ninguna dominación fue tan fecunda ni comprendió tan bien las necesidades de la vida como la morisca. Hasta en la vegetación de Córdoba predomina ese tipo. Hay allí algunas palmeras antiquísimas que son verdaderos monumentos. Una de ellas pasa por haber sido plantada por Almanzor. Los siglos han pasado por encima de sus flotantes penachos, y estos al balancearse murmuran todavía las leyendas de la época oriental ¡Extraña ciudad para el que observa en su primer viaje las condiciones de la arquitectura y la estrategia morisca! Córdoba es un vasto laberinto de callejuelas estrechísimas, tortuosas, enredadas, tristes, desiertas, empedradas con guijarros y orilladas por casas pintorescas unas y cuajadas de balcones y celosías, otras desmanteladas o como truncas; y un laberinto de plazuelas mezquinas e irregulares, de iglesias y conventos, de murallones y patios de aspecto desolado, rodeado de jardines y huertos, de escombros y cortijos. Un bello paseo público, una plaza con pretensiones de elegancia, algunas casas de estilo moderno y uno o dos periódicos, he ahí lo que en Córdoba da alguna idea de la vida actual.

 El tipo de la raza hace un vivo contraste con el de la ciudad. Donde quiera, en la segunda, la soledad, el abandono (excepto en el paseo público de extramuros); en tanto que en la raza se ven la vida, la robustez, la hermosura, el desembarazo y la viveza de imaginación. Es el mismo tipo sevillano, aunque un poco menos expansivo y jovial. Fisonomías ardientes y poéticas, pero con un no sé qué de cadencioso en el andar y en las formas y la expresión, de más árabe, de más soñador que en Sevilla, donde el movimiento comercial y social ha producido más sensibles modificaciones. Las mujeres son generalmente bellas, pero de una hermosura algo severa, que seduce sin irritar, que atrae con encanto. La curiosidad y la pereza son bastante generales. No es posible dar un paso en la calle sin que las graciosas caras femeninas y las de las viejas noveleras asomen en las ventanas, las celosías y rejas de fierro, atisbando al forastero que pasa. En los meses de calor, después de la comida (que se hace generalmente a las dos de la tarde), cada hijo de vecino duerme la siesta, y por cierto no corta. En eso concuerdan las costumbres canonicales de la España católica con las dulzuras de la pereza oriental. A decir verdad Córdoba no es hoy interesante sino por su agricultura y sus objetos de arte. La industria, que en otro tiempo fue tan considerable, está hoy reducida a algunos tejidos de seda, hilo y lana, muy subalternos pero de estilo bastante gracioso, varias pequeñas fábricas de papel, etc., bellos trabajos de joyería y platería y una preparación valiosa de aceitunas. La producción de Córdoba es considerable en frutos agrícolas, especialmente el aceite, los vinos y trigos. La cantidad de aceite que centraliza Córdoba es verdaderamente enorme, y tanto que su transporte ha sido el objeto principal del ferrocarril que conduce a Sevilla y Cádiz. De cualquier lado que se tiende la vista se ven las montañas vecinas, las llanuras, las vegas y colinas cubiertas de inmensos olivares, viñedos y trigales, pero siempre los primeros en más vastas proporciones. Casi está por demás el hacer mención de las numerosas crías de caballos que le han dado tanta reputación a Córdoba. Los caballos cordobeses merecen sin duda esa fama, en cuanto a su fuerza y valor, su brío y resistencia y la belleza relativa de sus formas; pero en lo general carecen de suavidad de boca, y lejos de ser delgados y de contornos ligeros tienen una redondez que no me parece graciosa.

Desde luego que, al hablar de los monumentos de Córdoba, su admirable mezquita o catedral, fundada en 692, ocupa el primer lugar, y casi puede decirse que es todo lo importante allí. El gran puente de dieciséis arcos, sobre el Guadalquivir, no es interesante sino por su antigüedad y su origen, pues carece de atrevimiento y gusto. El Alcázar está en escombros, quedando apenas los hermosos y vastos jardines bastante abandonados. Los demás objetos curiosos lo son más bien por obras de arte español que como monumentos moriscos La mezquita con sus accesorios ocupa una vasta extensión: es un grandioso edificio cuadrado, con diversas fachadas y de singular sencillez en su conjunto. La gran portada morisca del «Perdón», cuajada de arabescos y situada bajo la torre de construcción española, da entrada a un espléndido patio claustrado, que pueblan centenares de antiquísimos y corpulentos naranjos. Mide ese patio 100 metros de longitud y 65 de latitud, y en sus claustros o galerías abundan los relieves y otras curiosidades artísticas. Del patio se penetra a la Mezquita, cuya portada monumental y principal da sobre la calle. Es profunda la impresión que se siente al visitar por primera vez esa mezquita bautizada o convertida en catedral católica, monumento único en su especie en Europa, admirable en todos sentidos y de una imponente majestad sombría. Ni la Alhambra, ni el Alcázar de Sevilla, ni la Giralda, ni otro monumento de la arquitectura sarracena, revelan en España con tanta energía esa tendencia a lo poético y maravilloso y a lo grande en la sencillez de concepción y formas, que distinguió las obras de los Moros en la península. El edificio en su totalidad tiene dieciséis puertas de entrada usual; la mezquita propiamente dicha mide 620 pies de longitud y 440 de latitud. Compónese de un conjunto admirable de naves con calles de columnas cortadas en ángulos rectos, de modo que hay diecinueve naves longitudinales y veintinueve transversales, produciéndose un asombroso laberinto de columnas que semejan los mástiles equidistantes de un bosque de gruesas palmeras. De ese cruzamiento o multiplicación de naves de igual latitud y formas absolutamente armónicas, resultaba un total de 850 columnas, en la época en que el templo era una mezquita. De esas columnas más de 400 procedieron de Jerusalén, Egipto, Numidia, etc., y son de ricos mármoles de colores y preciosos jaspes; las demás, muy inferiores en calidad, salieron de las canteras de la provincia de Córdoba o de Granada. ¡Imagínese el maravilloso efecto que produciría esa mezquita llena de moros e iluminada por 400 lámparas que tenía, sin que la vista fuera interrumpida en ninguna dirección, fuese recta u oblicua! La transformación de la mezquita en catedral le ha hecho perder mucho de su belleza al monumento, porque fue mutilado y adulterado en sus más grandiosas proporciones. Los altares católicos y capillas construidos en el centro han destruido completamente la inmensa perspectiva de todo el conjunto de naves; han suprimido muchas columnas y naves reemplazándolas con bastiones de malísimo gusto; y han deteriorado por precisión los admirables artesonados de la techumbre y los preciosos e innumerables arabescos que adornaban las arcadas en herradura soportadas por las columnas. En su época morisca, el templo tenía en cedro primorosamente trabajado todos los techos de las naves; hoy no son sino de yeso, sin estucos siquiera. En parte de compensación, hay en las construcciones exóticas (algunas de ellas completamente imitativas del arte sarraceno) mil preciosidades de escultura en madera y yeso que llaman mucho la atención. El templo tiene hoy cincuenta y tres capillas laterales, y además, en el centro, el coro y diecinueve altares. Nada más extraño que el contraste que hacen allí las construcciones del Renacimiento en el centro y al lado de tantas obras del estilo oriental, no obstante la supresión de los pintorescos azulejos que tanto caracterizan los muros y pavimentos de las construcciones moriscas. En cuanto a los pormenores, los verdaderos primores del monumento están en tres capillas: la del «Koran» (que era como el sagrario de los Moros), la de los «Reyes» (adyacente al coro) y la del «Cardenal». La primera es admirable por sus mosaicos primorosos, y contiene entre mil arabescos los símbolos sencillos de la religión mahometana. La de los «Reyes», obra de imitación, contiene maravillas de escultura oriental en sus estucos, su techumbre de yeso y colores a estilo de la Alhambra, y sus arabescos finísimos. La del «Cardenal» es notable por los bellos cuadros del infatigable y fecundo pintor andaluz Palomino, representando la conquista de Córdoba y el martirio del Santo patrono, y por dos hermosas Vírgenes debidas al pincel de Torrado. La impresión que deja ese monumento es profunda y deliciosa. Adentro una floresta de columnas de mármol cruzándose en un laberinto que da la idea de la grandeza y la eternidad en la sencillez de concepción más perfecta. Y afuera, en el gran patio, un bosque de naranjos, a cuya sombra murmuran las aguas de las fuentes... ¡Admirable religión aquella, reducida a la creencia en Dios «uno», sin intermediarlos, el espiritualismo en la fe, la noción del paraíso, y el sentimiento del amor, de la fraternidad y la igualdad, religión que se revela en una arquitectura de la más cándida simplicidad! ¡Extraño fenómeno el de una religión que, siendo tan espiritualista, ha conducido a los pueblos orientales a un fatalismo absurdo que destruye la noción de la libertad y la responsabilidad, y establece la esclavitud y degradación de la mujer! ¡Pero extraña también la persecución secular que le han declarado a esa religión varias sectas que, llamándose cristianas, ni han sabido ser espiritualistas, ni han renunciado al fatalismo bajo otras apariencias, ni han hecho cosa mayor por la libertad y la dignidad de la mujer! La mezquita-catedral nos impresionó tan vivamente a mis compañeros de viaje y a mí, que la visitamos cuatro veces. No por eso dejamos de visitar las demás curiosidades de Córdoba. Entre estas es notable la admirable y monumental escalera de mármol, con soberbias molduras, que existe en la «Escuela Pía», casa que fue de los Jesuitas. Viajando en Europa he observado que donde quiera que los Jesuitas han tenido colegios sus alojamientos han sido espléndidos; lo que prueba que su decisión por el lujo ha sido hábilmente secundada por una industria bien productiva de inmensas riquezas. Los hijos de Loyola son los más felices especuladores del mundo. También llaman la atención: la capilla del hospital de «San Francisco de Asís», la casa del duque de «Almodóvar», la del conde de «Torre Cabrera», y la torre octógona, morisca, de «San Nicolás». Entre los numerosos establecimientos de caridad que hay en Córdoba, el de San Francisco de Asís es una especialidad curiosa: él no admite sino convalecientes (hasta 150) salidos de los otros hospitales. El principio de la división del trabajo está, pues, aplicado allí a la beneficencia con mucho criterio. El exquisito aseo de aquel hospital hace mucho honor a los que lo habitan. La capilla no es curiosa sino por sus labores de estilo morisco (imitación); y según parece es un resto de antiguas construcciones que pertenecieron al palacio de Almanzor. La torre de San Nicolás no tiene interés, y las casas aristocráticas que he mencionado no llaman la atención por su exterior, sino por obras de arte interiores, unas de bella imitación de lo morisco, otras dé pintura española y curiosidades de museo, y algunas del género tradicional, peculiares a las dos familias. Es de notarse que el duque de Almodóvar (marqués de la Puebla) es descendiente del rey Boabdil, cuyo busto se ve en el escudo de armas muy ostentoso del noble andaluz. Acaso no hay un país donde la aristocracia sea tan inofensiva, en lo general, como en España. Los nobles hacen mucha ostentación de sus blasones, pero eso es todo lo que tienen de aristócratas. Después de visitar lo más curioso de Córdoba y asistir a las escenas públicas (teatro, paseos, mercados, etc.) que podían iniciarnos algo en las condiciones del tipo social, debíamos continuar la peregrinación. Mis dos amables y cumplidos amigos franceses debían volverse a Cádiz para ir a visitar algunas ciudades de Portugal. Yo tenía que volver a Madrid y atravesar la Vieja Castilla y el país vascongado. Nos dimos cita para encontrarnos en Burgos o Bilbao, cambiamos algunos abrazos muy cordiales, y tomamos direcciones opuestas. La diligencia volvió a servirme de prisión desde Córdoba hasta Madrid, en un trayecto de 350 kilómetros, después de haber dado la vuelta a las Andalucías. Faltábame conocer el trayecto de Córdoba a Bailén, punto donde se confunden las dos grandes carreteras andaluzas antes de penetrar en las encrucijadas rocallosas de la Sierra Morena. La vía sigue constantemente el valle y la dirección del Guadalquivir, por entre numerosos cortijos y vastas plantaciones en que alternan los cereales, las viñas y las hermosas moreras que dan alimento a los gusanos de seda, con los interminables olivares. Donde quiera, en un grandioso horizonte limitado por las sierras Morena y Nevada, se desarrollan bellísimos paisajes, ora en las montañas escalonadas y los cordones de colinas suaves, ora en vastas llanuras y en las ramblas y quiebras ondulosas que se producen hacia el Guadalquivir. Cerca de la venta de Alcolea se atraviesa el río por un inmenso y magnífico puente de piedra y mármol negro, de dieciséis arcos, obra monumental de mucho mérito, debida si no me equivoco, a Carlos III. Aunque todo el país se ve completamente cultivado y bellísimo, y de trecho en trecho se ven ricas dehesas pobladas de rebaños, nada llama tanto la atención en esa fertilísima comarca como los olivares, verdaderamente prodigiosos. Se andan leguas y leguas y la carretera cruza siempre por en medio de plantaciones de ese género que parecen infinitas. Muchos son los propietarios que allí poseen veinticinco, cuarenta, cincuenta mil y aún ochenta o cien mil olivos, lo que representa valores muy fuertes, puesto que cada árbol que fructifica vale 3 duros por lo menos. A eso se agrega que, antes de la época en que la planta comienza a producir, se cultiva con viñas o cereales el terreno intermediario en las inmensas calles de olivos. Es inexplicable el abandono con que en Colombia se ha descuidado la aclimatación de ese árbol (en los terrenos de una temperatura media de 28 grados centígrados) que ofrecería excelentes resultados. El olivo es un árbol muy resistente y que produce su fruto durante muchos años. En Colombia, donde la tierra es tan barata y exuberante, hay menos inconveniente en esperar durante algunos años que la fructificación comience, tanto más cuanto que el terreno podría ser aprovechado entre tanto con el cultivo intermediario del tabaco, las legumbres, tal vez el algodón, etc. En el tránsito de Córdoba a Bailén se ven todas las montañas vecinas (estribos de la Sierra Morena) completamente cubiertas de bosques hasta una grande altura y en inmensa extensión. El viajero se siente muy sorprendido al saber que aquellos bosques interminables — monótonos y tristes pero de gran valor— no son otra cosa que olivares. Las Sierras de Córdoba son un mar de verdura gris sobre otro mar de mármol y granito. En el espacio de 100 kilómetros que media entre Córdoba y Bailén no hay sino tres poblaciones o villas: primero «Pedro Abad», a poca distancia del Guadalquivir, con más de 2.200 habitantes, agricultores y pastores, que viven dulcemente en amistad con las ovejas, los bellos potros y los gusanos de seda; después «Villa del Río» (que cuenta 3.400 almas), pueblo no solo agricultor sino fabricante, pues hace tejidos de paños burdos y mantas y sargas de uso popular, situado graciosamente en las faldas de algunas colinas y a orillas del Guadalquivir; y por último, «Andujar» (que tiene el título de «ciudad»), población muy risueña y activa, con más de 14.000 vecinos, y perteneciente a la provincia de Jaén. Un antiquísimo y largo puente de mampostería, de quince arcos, muy descuidado, da acceso a la ciudad de Andujar, situada a la margen derecha del Guadalquivir, en el centro de una hermosa y fertilísima llanura toda cultivada. Algún esmero en la conservación de las arboledas y los huertos cercanos indica un cierto grado de progreso en los vecinos. Andujar no es solo un centro agrícola importante: es también una ciudad industriosa, con numerosas fábricas de loza y muchos otros artículos notables, así como telares de paños burdos, llamados «estameñas» y «sayales», que sirven para el vestido común. Al salir de Andujar la vía se va alejando del Guadalquivir y aproximándose más a los bajos cordones de colinas y cerros que se desprenden de los estribos de la serranía. Poco a poco el terreno se hace más onduloso y quebrado, hasta comenzar en Bailén la subida para cortar la Sierra Morena. Las Andalucías terminaban para mí, y al dejar ese país de fecundos recuerdos, de actividad y pasiones ardientes, de amor, de arte, de poesía y de costumbres tan especiales y encantadoras, sentí una positiva tristeza, como si al salir de la Sierra Morena hubiese de dejar de sentir las palpitaciones del corazón de España. Más adelante, al resumir mis impresiones de viaje por la península, diré lo que pienso de las Andalucías en general. Por ahora sigamos nuestra ruta, pasemos por Madrid, y si el lector tiene la bondad de seguirme, penetremos en la Vieja Castilla.

Sexta parte. De Madrid a París

Capítulo I. El Escorial

La cuesta del Guadarrama. Lo que vale un «Real sitio.» El ciego Cornelio. San Lorenzo. La «Casa del Príncipe». Algunas reflexiones. Una escena de costumbres castellanas

Después de una segunda y muy corta residencia en Madrid, aprovechada en observaciones importantes, debía volverme a París por la vía de Burdeos, recorriendo de paso lo más importante del noroeste de España. La vía directa hacia Valladolid era la más natural; pero debía aprovecharla con una ligera desviación, a fin de visitar el «Escorial», monumento que los españoles han denominado la «octava maravilla», título sobre cuya justicia no quiero disputar con ellos. La gran carretera que comunica a Madrid con las provincias situadas al occidente-norte de la Sierra de Guadarrama, baja por el pie del Palacio Real, monumento que, si de cerca no me pareció de mucho gusto, tiene de lejos una majestad incuestionable. Madrid quedaba atrás asentada sobre sus colinas desnudas, y la diligencia rodaba por la margen derecha del «Manzanares», riachuelo que se ha hecho célebre en 1859 por un escandaloso proceso ministerial, que solo ha servido para hacer comprender a los españoles que el código penal no alcanza en su país hasta las regiones del poder, sea presente o pretérito. A la izquierda íbamos viendo (yo iba en compañía de tres jóvenes Peruanos que deseaban también visitar el Escorial) íbamos viendo, digo, un inmenso parque perteneciente al marido de la reina, llamado el «Pardo», que hacía vivo contraste con la desolación de los demás terrenos que rodean a Madrid. Al mismo tiempo teníamos a la derecha (en las márgenes del Manzanares, sombreadas por larguísimas hileras de árboles corpulentos que terminan los jardines del palacio), un curioso espectáculo. Centenares de lavanderas, o acaso más de mil, estaban establecidas allí, levando ropa en las orillas, entre hileras y laberintos de estacas, perchas, «ranchos» de forma primitiva y construcciones de piedra y madera a estilo de embarcaderos o muelles, destinadas a favorecer todos los trabajos de aquellas pobres gentes. Una multitud de pequeños canales, semejantes a los de irrigación, sirven para distribuir y mantener o hacer salir las aguas en todos los lavaderos que no están situados sobre las orillas mismas del riachuelo. La vista de aquella escena me interesó, haciéndome reconciliar un «poquito» con esa casa reinante que tiene monopolizados para el placer los sitios mejores, y que se olvida casi totalmente del pueblo, en tanto que aloja en un palacio sus mulas reales y sus caballos de sangre azul. En efecto, las lavanderas de Madrid gozan de la protección especial de la reina, y es ella quien ha costeado los rústicos aparatos o lavaderos donde ganan la vida esas pobres mujeres, trabajando al Sol y a la intemperie. Aquello vale bien poco, pero al menos es de aplaudirse la intención A medida que la diligencia va subiendo las faldas de la serranía, el paisaje toma un aspecto más y más severo, melancólico y desolado. Donde quiera lomas escarpadas, sin vegetación ninguna, enormes peñascos graníticos, de tinta oscura, campos desiertos y sumamente accidentados, ausencia de población, de cultivo y de vida. Todo aquel país tiene mucha semejanza en su aspecto general (aunque no en las especies de sus malezas ni en su estructura geológica) con las altas regiones llamadas «páramos», tan tristemente hermosas en las cordilleras de los Andes. Apenas llamaban la atención algunas canteras de piedra y los trabajos de nivelación que se hacían para el ferrocarril del «Norte», que debe ligar a Madrid con Bayona, pasando por el Escorial, Valladolid, Burgos e Irún. Fuera de Madrid no se ve sino el desierto: un mar de rocas, la soledad y el abandono Así, apenas merecen mención los cuatro pueblos miserables que median entre el del «Escorial de arriba» y Madrid («Aravaca, Rosas, Galapagar» y «Escorial de abajo») con una población total de 1.500 habitantes. «El Escorial de arriba», término de la vía en diligencia, contiguo «al Real sitio de San Lorenzo», apenas cuenta 1.510 vecinos que, vegetando en la mayor pobreza, solo pueden «rumiar» lo que les dejan los viajeros y curiosos que van a visitar la famosa obra de Felipe II. Si las cercanías de aquel pueblo son bellísimas y el aspecto exterior de los edificios (todos de muros de granito) ofrece una engañosa apariencia de bienestar, la realidad es bien triste y el contraste irritante. Aquellos 1.500 vecinos viven en la mayor pobreza, sin un rincón de tierra que cultivar, sin hallar siquiera donde recoger alguna leña para su hogar. Aires purísimos, inmensas canteras graníticas sin valor y aguas deliciosas y abundantes, he ahí todo lo que tienen a su disposición aquellos contempladores de la grandeza real. Pero como hasta ahora no se ha demostrado la posibilidad de que ningún cuerpo viviente se mantenga con aire, agua y rocas graníticas, resulta que los vecinos de la «Octava maravilla» viven poco más o menos muertos de hambre, sin que les valga la protección de San Lorenzo. Decididamente un «real sitio» es una mala vecindad en España.

Lo que allí se llama el «Real sitio de San Lorenzo» es en verdad un paraíso, un oasis encantador de verdura, corrientes bulliciosas, lustrosos rebaños y primores, en medio de una vastísima soledad de peñascos y lomas estériles. Los parques y las dehesas del Escorial tienen una frescura que arrebata al viajero, encantado con la contemplación del panorama que se desarrolla a sus pies, hacia Madrid, por las faldas ondulosas o abruptas de la Sierra de Guadarrama. Todo lo que puede ser cultivable o aprovechable de algún modo en aquellas eminencias; pertenece a la casa real. Lo «demás» a los vecinos de los dos Escoriales, tan bien librados los unos como los otros. Así como las fronteras nacionales tienen sus jefes de aduana sin cuyo «pase» no es posible entrar, el real sitio de San Lorenzo posee un interesante personaje (nada antipático por cierto) sin cuya compañía es de todo punto inútil, si no imposible, visitar los monumentos, los jardines y demás bellezas del lugar. Ese personaje es un ciego, llamado Cornelio, de reputación más que europea, anciano muy bondadoso y atento y de una memoria prodigiosa a pesar de sus setenta y seis años. Cornelio es el guía o «cicerone» obligado de todo el que visita el palacio del Escorial. El siglo XIX lo encontró ya privado de la vista, y durante cincuenta o más años el pobre ciego ha recorrido por lo menos quince mil veces todos los claustros, salones, galerías, escaleras y patios del inmenso edificio, y relatado día por día los mismos hechos y las mismas cosas a centenas de miles de curiosos visitadores. Él ha conversado con los reyes y príncipes, los generales y diplomáticos, los sabios y eruditos, los artistas y estudiantes, los viajeros de todas clases y de todos los países civilizados. Cornelio ha servido de guía a Prescott y Washington Irving, a Víctor Hugo y Alejandro Dumas y a personajes innumerables. Aquel anciano singular es una enciclopedia en su género. Tiene tan prodigiosamente desarrollada la memoria, como el tacto y el oído (a virtud del hábito y de la falta de la vista), que conoce muchas veces las nacionalidades por el acento, aún respecto de razas muy lejanas y heterogéneas, porque recuerda cómo hablaban el ruso tal y el griego cual, este americano y aquel escandinavo o alemán, mucho tiempo antes. Inmediatamente que supo mi origen, me preguntó por todos los colombianos que habían visitado el Escorial, y muy particularmente por el señor José Ignacio París, el coronel Joaquín Acosta. Y otros sujetos muy notables que no existen Cornelio tomó un bastón y echó a andar con el mayor desembarazo en dirección al palacio y convento del Escorial, situados en una eminencia que domina todo el panorama. Carlos V legó a Felipe II el encargo de consagrar la memoria de la batalla de San Quintín por medio de un monumento que, bajo la advocación de San Lorenzo, sirviese de mausoleo a los restos del emperador-fraile que tanto conmoviera al mundo. Felipe II encomendó la obra a los famosos arquitectos Juan de Herrera y Juan Bautista de Toledo, y, a fuer de rey «piadoso», quiso que no solo se construyese un palacio admirable, sino también un espléndido convento y una iglesia maravillosa. Para hacer más vivo el recuerdo de San Lorenzo se dio a esos monumentos la forma general de una parrilla, símbolo del suplicio del Santo Supongo que el lector no se prometerá la descripción detallada de ese colosal monumento, repleto de primores artísticos, tarea que exigiría un grueso volumen y sólidos conocimientos de arte. No me es posible detenerme sino en algunos de los rasgos más salientes. Para que se tenga una idea general baste saber que el edificio en masa, comenzado en 1563 y terminado en 1584, y que dio ocupación a los más eminentes artistas de la época, es íntegramente de granito, constituyendo una mole inmensa y formidable dividida en varios cuerpos. El palacio, que hace frente a tres grandes edificios accesorios (construidos para el servicio de los ministerios cuando la Corte residía allí), se comunica con ellos por medio de un estupendo subterráneo, que por sí solo es una obra de gran mérito. El palacio propiamente dicho tiene: dieciséis patios, nueve torres, setenta y seis fuentes, ochenta escaleras y 10.032 puertas y ventanas, de las cuales 1.110 exteriores. El patio principal está dominado por la gran fachada que mide 744 pies de longitud, formándose allí una gran plazuela cuadrilonga; mientras que por la fachada del sur el otro patio mide 580 pies. Esa fachada (llamada de «los Reyes») es por sí sola un monumento admirable. Aparte de sus obras de arquitectura, llaman allí la atención las estatuas de San Lorenzo y los reyes bíblicos (David, Salomón, Isaías, Josafat, Ezequiel y Manasías), cuyas cabezas y manos son de mármol blanco de Carrara, los cetros y coronas de bronce dorado y los cuerpos de granito. Cada una de las siete estatuas, de un bello trabajo, tiene 8 pies de altura, y todas ellas salieron de un solo trozo de granito, sobrando bastante material aún. Por eso el escultor (Bautista Mornedro) hizo escribir en la portada estos «versos» macarrónicos alusivos a la bienaventurada piedra: «Dichoso «canto» que disteis para seis reyes y un santo, y sobró para otro tanto». El conjunto del edificio corresponde en lo general a los órdenes jónico y dórico, aunque en la fachada de los Reyes y el altar mayor de la iglesia están combinados los cuatro órdenes de la arquitectura del Renacimiento. La iglesia es, en pequeño, una primorosa imitación de San Pedro de Roma, con un lujo de ornamentación que sorprende y seduce, y mil trabajos de escultura y pintura que arrebatan y embelesan sucesivamente. Hay allí frescos deliciosos que le dan al recinto un no sé qué de celestial y sublime, impresionando profundamente. Compónese la iglesia de tres naves, en un conjunto de forma casi cuadrada, dominándolo una soberbia cúpula, y terminándolo un coro alto que sé prolonga en una galería circular hasta rodear el altar mayor. El cimborrio tiene la considerable altura total de 351 pies, rematando en una cruz de bronce de 913 kilogramos de peso, que reposa en una enorme bola de bronce dorado también, con 7 pies de diámetro y 1.662 kilogramos de peso. Todo en este monumento tiene las proporciones de lo colosal y suntuoso. Además de los cuarenta y dos bellos altares de la circunferencia, cada uno de los cuales está cuajado de obras maestras de arte, el altar mayor, todo de bronce dorado al fuego, es de una magnificencia y finura prodigiosas. La Biblioteca es una de las joyas más valiosas del Escorial. Además de sus interesantes colecciones de libros (que exceden de 40.000 volúmenes) contiene como 10.000 manuscritos, algunos de ellos preciosísimos por su especialidad o por sus obras de arte. Son muy notables: un «Corán» tomado al sultán de Marruecos por don Pedro de Lara; un «Devocionario» de Felipe II, en hojas de pergamino; otro de Isabel la Católica, en papel vitela, y un «Códice» alemán (de Espira) que contiene los cuatro Evangelios, todos admirables como obras de caligrafía y miniatura, en que se revelan al mismo tiempo una increíble paciencia y una maravillosa habilidad y finura de pincel y pluma. Toda la techumbre de la Biblioteca contiene bellos frescos, y de los muros penden algunos retratos históricos muy estimables Si la techada principal, la iglesia y la Biblioteca tienen mil preciosidades, la grande escalera del palacio es un famoso monumento, notablemente por los gigantescos frescos históricos que representan la batalla de San Quintín en Francia y los personajes más importantes del Escorial, como Carlos V, Felipe II, etc. Un asombroso laberinto de escaleras, galerías y salones, en que sería fácil perderse, permite llegar al fin a los departamentos reales o del «Palacio» propiamente dicho. Allí cada salón y cada aposento es un museo, donde se ha reunido cuanto el arte puede haber producido de más bello, delicado y primoroso en España, desde la época en que el monumento fue construido, ya en materia de pintura y escultura, ya en cuanto a tejidos artísticos (tapicería), dorados, ebanistería, cerrajería, etc. Así, las piezas corresponden a cuatro clasificaciones generales: unas que son galerías de pinturas; otras que ostentan principalmente sus tapicerías superiores; otras notables solamente por sus frescos; y otras en fin (especialmente los aposentos de la reina) donde se admiran mil primores en madera, marfil, nácar y metal, en los muebles finísimos, las puertas y ventanas, los pavimentos, etc. Es incalculable el valor de tantas maravillas, cuya sola mención exigiría muchísimas páginas, sin hacer resaltar por eso lo que hay de admirable en tantas obras de arte. No se sabe qué apreciar más entre tantos cuadros de Rafael, Parmesiano, Reni, Murillo, Ribera, Cano, etc., tantas preciosas tapicerías flamencas pintadas por David Teniers, o por Goya, nacionales; tantos tesoros de ebanistería; tantas riquezas en frescos superiores y prodigios de todas clases. La sala de las «Batallas», cuyos enormes frescos (pintados por Granelli y Fabricio) carecen absolutamente de perspectiva, son sin embargo muy interesantes por su asombrosa variedad y riqueza de detalles y figuras, que trazan la historia de las batallas de don Juan II de Castilla contra los Moros de Granada, y de Felipe II contra los franceses en la ciudad de San Quintín y otras de Francia Para que se tenga una idea de la inmensidad de riquezas consumidas en la ornamentación del Escorial, me bastará indicar un hecho. Las cuatro pequeñas piezas llamadas «aposentos de la reina», repletas de «filigranas» de todo género, mesas de pórfido, oro, nácar, carey, etc., y cuyos muros están cubiertos de tela de raso bordado de oro, han costado 28000.000 de reales de vellón (1.400.000 pesos fuertes) en lo relativo al ornato nomás. No sería exagerado calcular que todos los objetos de arte (arquitectura, pintura, jardinería, etc., etc.) que constituyen el material del real sitio de San Lorenzo, han hecho consumir por lo menos 250.000.000 de pesos fuertes. Los «reales sitios» son las vorágines profundas del tesoro español. Durante muchos años el Escorial ha estado casi completamente desierto, aunque no descuidado, en los meses en que la Corte no reside allí, gracias a la supresión de los conventos. Pero recientemente la piadosísima reina (que desea con ardor tener contento a Dios) ha restablecido el convento, a despecho de la ley, de un modo indirecto, mediante una comunidad, muy curiosa y original, de clérigos seculares sometidos a una regla que, según las malas lenguas, tiene íntimo parentesco con la de San Ignacio de Loyola. Esa comunidad disimulada diz que tiene por objeto el cuidado de la biblioteca y de todos los primores del edificio. Nada hay que extrañar en la piadosa maniobra de la reina, puesto que su primer ministro, el Mariscal O'Donnell, le ha dado el ejemplo de un buen sistema, declarando a las Cámaras que su Ministerio «no moriría de empacho de legalidad». El panorama que se registra desde los balcones del palacio, mirando hacia abajo, es bellísimo. La vista abarca todas las faldas de la Sierra, cuyas crestas coronadas de nieve brillan magníficamente; reposa con placer sobre los hermosos bosques y prados del inmenso parque, y se deleita en la contemplación de los lindos jardines y las espléndidas alamedas que circuyen la «casa del Príncipe», como de los suntuosos patios y terrazas del pie del palacio, cuyas fuentes arrojan graciosamente sus aguas saltadoras entre grupos de arrayanes artísticamente cultivados. Aquel horizonte es de una poesía triste y solemne en lo lejano, deliciosa y risueña en los cuadros de verdura y trabajos de arte más inmediatos. La segunda maravilla del Escorial es la «casa del Príncipe», encantadora quinta o palacio campestre a donde se baja por una grandiosa alameda, entre parques suntuosos, sombríos y ricos en flores y perfumes. Ese edificio, cuyas formas son graciosísimas, es un museo de incomparable valor, desde la entrada hasta los más recónditos aposentos. Es indecible lo que hay allí de tesoros en pinturas (de todas las escuelas del mundo y con mucha abundancia de obras maestras), en esculturas de todos estilos, ya en mármol, ya en marfil, pasta de arroz, carey, nácar, etc., en tapicerías y trabajos de ebanistería, bordados, doradura, etc. Un artista podría vivir años en aquel santuario de primores, sin cansarse nunca, sino al contrario deleitándose con la suprema embriaguez de la admiración. No hay un artista eminente de cuantos han brillado en el mundo en los últimos ocho siglos, que no tenga allí su representante. Así, puede decirse que si el Escorial es admirable, sobre todo por su grandeza, la Casa del Príncipe le sobrepuja en muchos de los más delicados objetos de arte. La contemplación de todas esas maravillas me sugirió algunas reflexiones penosas respecto de España y aún de la civilización en general. La península española es, sin disputa, después de la italiana, el país más rico en monumentos y objetos preciosos de bellas artes, pero es también uno de los más profundamente atrasados (en Europa) en esa labor vigorosa de la civilización que se refiere al desarrollo del bienestar social. Su industria es a sus museos lo que su literatura científica a su amena literatura. Pocos pueblos han hecho tan hermosos versos y con tanta abundancia como el español; pero pocos están tan atrasados como él en el conocimiento de las ciencias físicas y matemáticas, morales y políticas. Así, donde quiera resalta en España el vivo contraste de un inmenso adelanto artístico, ya «pretérito», y un lamentable atraso presente, en la agricultura, las fábricas, el comercio, las ciencias, las artes más comunes, las comunicaciones, el gusto, las costumbres, etc. ¿Cambiará en breve esa situación? Todo lo hace esperar, puesto que los ferrocarriles y telégrafos, los bancos y sociedades de crédito, y muchas otras nuevas empresas están produciendo excelentes resultados, en reducida escala, y van trasformando la faz social del país. La España comprenderá que los museos y todas las maravillas de arte no pueden tener importancia sino como lujo o refinamiento de la civilización, debiéndose pensar primero en los trabajos que aseguran la prosperidad económica, intelectual y política. Antes de fabricar los adornos de la casa conviene hacer la casa misma, sólida, barata y cómoda.

Un pobre vecino del Escorial se encargó de conducirme por una ruta transversal al pequeño pueblo de «Guadarrama», miserable caserío de 380 vecinos, a fin de tomar allí la diligencia que gira de Madrid a Valladolid. El buen hombre me atavió un trotón más duro que las piedras, que cargó conmigo con la mejor voluntad de que es capaz un rocín; y por su parte se echó a andar a buen paso, caballero en una yegua de humor apacible y dócil, encajado entre las maletas y el baúl que componían mi modesto equipaje. El tal castellano-nuevo, sencillo, honradote, pero con ciertas puntas de malicia epigramática que distinguen mucho al español casi en todas las provincias, me hizo no solo tolerables sino agradables las tres horas del trayecto, siguiendo una hermosa pero inútil carretera que costea las eminencias y ásperas lomas de la falda oriental de la Sierra. Contóme de cabo a rabo todas las crónicas municipales de su vecindario, las disputas permanentes del Ayuntamiento y los vecinos con los administradores del real sitio, las miserias de los habitantes, su modo de vivir y sus alegrías en las épocas en que la Corte reside en San Lorenzo. Esta cronista, hablando sin amargura y con honrada sencillez, hacía, sin pensarlo, la acusación de todo un pueblo contra sus gobernantes. La voz de aquel rústico labriego, resonando en los peñascos escarpados, en la oscuridad y en el silencio de la noche, me impresionaba profundamente, haciéndome reflexionar en el inmenso y secular drama de la civilización cuyas escenas, aunque infinitamente variadas en la forma, presentan en definitiva el mismo espectáculo de lucha: pueblos víctimas, y soberanos victimarios de una manera u otra... Eran las diez y media de la noche cuando me apeaba pidiendo la hospitalidad en una de las posadas principales del «puerto» de Guadarrama, punto donde se produce la más profunda abra de la serranía para dar paso entre las dos Castillas. Hube de pasar por la cocina para poder penetrar hasta mi dormitorio. Molido por el trotón y casi aterido de frío, quise esperar el sueño en un rincón de la cocina, donde al derredor de un gran fogón estaban agrupados cinco o seis castellanos departiendo sobre las cosas del día más importantes para ellos. Caras curtidas por el Sol y el viento, severas pero simpáticas, de ojos inteligentes, expresivos y un poco burlones; un acento mesurado y sonoro, y de correcta pronunciación en lo general, y un aire de benevolencia y honradez, distinguían a esos rústicos hijos de la Vieja Castilla. Sus pantalones cortos, ligados a las polainas muy modestas, en dos de ellos, haciendo juego con la chaqueta de paño burdo y el sombrero de anchas alas, armonizaban con el vestido de los otros, casi totalmente cubierto por el sayal o manta de lana parda o amarillenta. Cuando me acerqué al grupo campechano se discutía sobre alimentación, y las opiniones eran unánimes en condenar las papas (que en España llaman «patatas») como indignas de la especie humana. Efectivamente, en todo el país las papas son miradas generalmente con tal desprecio que tienen su aplicación preferente en la ceba de los cerdos El pan, las habas, las judías (o frisoles), el tocino y sobre todo los garbanzos, constituyen la base general de la alimentación popular. El vino tiene un consumo relativamente muy reducido. Acaso el pueblo español es el más frugal de los de Europa, alimentándose principalmente con legumbres y granos. De seguro que es el primero en sobriedad. La conversación rodó luego sobre los ferrocarriles, y fue entonces cuando me interesó más, probándome el buen sentido de aquellos labriegos. Uno de ellos, que por mucha fortuna había ido a la «Corte» recientemente (la «Corte» es el nombre enfático de Madrid), contaba que se había «embarcado en la máquina», para ir hasta Valdemoro a una diligencia.

—Vamos, ¿y es cosa de quedarse uno «pasmao», como cuentan? —preguntó uno de los departidores.

—¡Ca, hombre!, si aquello es lo que hay que ver —respondió el viajero feliz—. ¡Qué correteo de máquina, por Cristo!

—¿Y asusta el embarcarse?

—¡Pues ya! Al comenzar la carrera da resoplidos y «jumea» como un horno encendido; pero luego es el gusto. No es más que abrir y cerrar un ojo, y héteme Usté al fin del viaje. Eso es como cosa de encantamiento.

—Pues ni más ni menos. Barato y ligero, como quien vuela.

—¡Diantre, que no tengamos otro igual por estos cerros de Dios!

—Ya vendrá, que lo están haciendo de Madrid a Francia, y la máquina nos pasará por entre las barbas, como, quien dice.

—Pues no les arriendo las ganancias a los posaderos y muleteros. El mayoral de la otra casa se hará sacristán si quiere yantar judías y buen tocino.

—¡Quién dijo tal! Usté no entiende el cuento.

—¡Pero si todo pasará tan de ligero, quién se ha de apear en Guadarrama!

—¡Ca, que se está usté diciendo! ¿Pues no considera Usté que nos lloverán los franceses como granizo y pasará gente como pájaros? Y luego, échele Usté trigo a la tierra y saldrá la harina de Castilla hasta por los ojos;

que en habiendo caminos todo será barato y bueno, y andaremos más a prisa.

—A lo menos eso dicen los que lo entienden en la Corte, y así me lo pienso yo también cuando recapacito en mi viaje de Madrid a Valdemoro, que fue cosa de media hora.

—¿Y qué espera el Gobernador que no nos echa un camino de esos para cada atajo?

—Pues si diz que no hay con qué.

—¡Ca, qué me cuenta usté! ¿Y las pesetas que nos tira el Estao? ¿Y los estancos y las loterías? La pecunia les sobra, y no les falta a los mandones sino la buena volunta.

Por ese estilo continuó la conversación durante más de una hora, y he procurado transcribiría tan fielmente como la recuerdo, sin agregarle nada (pero suprimiendo ciertas interjecciones), no porque el asunto sea chistoso ni importante como una manifestación de costumbres castellanas, sino por su significación. Aquellos labriegos ignorantes pero de muy buen sentido, me daban en cierto modo la clave de la sociedad española. Con muy clara inteligencia comprendían perfectamente el interés del progreso en las comunicaciones, adivinando el fenómeno de la armonía en virtud del cual un adelanto engendra otros muchos. Al mismo tiempo acusaban al Gobierno, o le atribuían instintivamente la responsabilidad por la falta de esos ferrocarriles que admiraban sin conocerlos Yo reflexionaba al oírlos en la falsedad del sofisma de la raza, que ha hecho tan vulgar la opinión de que los españoles no progresan sino muy lentamente o permanecen en mucho estacionarios, por una incapacidad proveniente de su pereza genial. Y al mismo tiempo veía la consecuencia lógica del espíritu reglamentario, en esa disposición que tienen los pueblos a imputar la causa de su pobreza y todos sus males a los gobernantes. El pueblo español no es perezoso por carácter. Es que las instituciones de muchos siglos, privándolo de su personalidad, le han hecho perder todo hábito y aún todo instinto de iniciativa. Hoy es un pueblo de fuerzas pasivas, latentes (pero muy elásticas en el fondo) que necesita de impulso para todo progreso, pero que al recibirlo hará cuanto otros pueblos sean capaces de hacer. Mas esa impulsión no deberá salir del gobierno para ser fecunda, porque la reglamentación la neutralizaría. Es la libertad en todos sentidos, y muy especialmente en lo económico y político, la fuerza que puede vivificar y engrandecer a la sociedad española ¡Cuántos hombres de Estado aceptarían resueltamente las doctrinas liberales, si escuchasen las conversaciones de la muchedumbre ignorante pero certera en sus instintos! Ella ve que el gobierno es todo, lo abarca todo y lo hace todo o lo prohíbe. Y la lógica más elemental le hace comprender al pueblo que lo que se deja de hacer, o está mal hecho, en cualquier asunto de interés social, tiene que ser atribuido a la incapacidad, la malevolencia, el egoísmo o la avaricia del mismo gobierno Confieso que los seis o siete labriegos castellanos me hicieron el servicio, sin intención, dé enseñarme algunas verdades o confirmarme en ellas. El sueño me venció mientras pensaba en el inmenso porvenir que le está reservado a la España progresista y demócrata.

Capítulo II. La Vieja Castilla
Un cura en diligencia. Las llanuras castellanas. Un poco de diplomacia. La provincia de Valladolid. La capital; sus monumentos, curiosidades, costumbres e industrias
Comenzaba a despuntar la aurora, extendiendo su vaga claridad sobre las cimas escarpadas y cubiertas de manchas de nieve de la Sierra de Guadarrama, cuando me llamaron a tomar asiento en la diligencia que debía conducirme a Valladolid. Habíame tocado el número 3.º (único que estaba disponible) en el compartimento que tiene el nombre aristocrático de «berlina». Los asientos de los rincones (los menos incómodos en todo caso) tenían por poseedores actuales dos personas de distinto sexo entre las cuales debía yo instalarme como mediador. La femenina se hallaba en la diligencia cuando entré, y me contestó con la gracia circunspecta que distingue a las castellanas, el atento saludo que le hice al instalarme a su lado Era por cierto una de esas mujeres que entre los españoles merecen el calificativo muy honorífico de «guapas mozas», aplicado frecuentemente a la reina para expresar la idea del garbo y de la distinción en el porte. Alta, elegante y bien formada, con una tez blanca y fina, ojos negros y severos, cejas finamente arqueadas; mirada sincera y bondadosa, y una expresión que reunía las señales de la reserva y la amabilidad sin oposición alguna.

Aprecia tener unos veinticuatro años, y su vestido indicaba comodidad o algo más que medianía de recursos. El compañero masculino me pareció ser un bulto que se hallaba envuelto en una ancha capa a algunos pasos de la diligencia, paseándose con abandono como si solo quisiese desentumir sus músculos un poco. El mayoral anunció la partida, y el bulto se apresuró a entrar a su rincón, sentándose a mi derecha. Al verme, mi aspecto juvenil le causó tan evidente desagrado, que no pudo reprimir un sordo gruñido, por vía de contestación a mi saludo. Era un nombre de regular estatura, de mirada fría y austera, bien avanzado en edad y con la barba enteramente rapada. Un instinto secreto, que no acierto a explicarme pero que no me engaña nunca, me hizo sospechar que mi vecino tenía algún parentesco con la Iglesia. Sentí no sé qué olor de sacristía, y me propuse saber si mi impresión se confirmaba. La diligencia rodaba a toda prisa, y como yo había dormido, en vez de sueño sentía un vivísimo placer al aspirar el aire de la mañana, en medio de las colinas que van descendiendo como estribos de la serranía para disiparse al fin en las vastas llanuras de la Vieja Castilla. Pero el vecino tenía un sueño mortal, por haber pasado la noche en diligencia, y la vecina, que no aprecia tenerlo igualmente, lo aparentaba; de modo que guardábamos completo silencio, con indiferencia recíproca en apariencia. El vecino acabó por dormirse, pero algunos minutos después la vecina hizo algún ruido al estirar una pierna, y el buen hombre se despertó sobresaltado y nos lanzó una mirada escrutadora en cuyo relámpago alcancé a ver un pensamiento de desconfianza. Al mismo tiempo, su brusco movimiento le hizo entreabrir la capa, y pude ver un cuello de raso bordado, distintivo del sacerdote. Desde aquel momento comprendí lo que había, tanto más cuanto que, al mirar con impasibilidad a la silenciosa vecina, noté que bajaba los ojos con algún embarazo. Parece que ambos adivinaron mi sospecha, porque inmediatamente el dormilón sobresaltado dijo, como queriendo explicar la situación:

—Sobrina, ¿no tienes sueño?

—No, tío —respondió la vecina.

—Pues yo no puedo tenerme; pero esta diligencia que salta como una cabra no me deja dormir.

—¡Y qué remedio, tío!

—Este caballero, añadió dirigiéndose a mí, debe de estar muy incómodo...

—Oh, no Señor. He pasado la noche en una posada y no necesito ya dormir.

—Verdad; pero ya ve Usté, ese asiento del medio es tan desagradable...

—¡Bah! —le repuse, no es cosa de impacientarse—. Y al cabo, un solo día de camino se pasa de cualquier modo.

—¡Hola!, ¿va usted de largo? —me dijo con interés disimulado.

—Hasta Valladolid.

—Pues nosotros también.

—Mucho lo celebro.

—Gracias, Señor —respondieron a una.

—¿Y... la señorita sobrina de usted no se fatiga mucho en diligencia?

—Algo, es verdad; pero el viaje distrae siempre, y la paciencia hace lo demás, dijo la hermosa castellana.

Después de ese corto diálogo insignificante, parecióme estar autorizado para seguir la conversación. Era preciso matar el tiempo, y además el carácter evidentemente celoso de mi vecino me tentaba mucho a divertirme un poco y observar el corazón humano en diligencia. Poco a poco fui llevando la conversación hacia la discusión de los diversos tipos de mujeres en España, y cuando el buen tío aprecia estar en ascuas a causa de mis elogios entusiastas en favor de las castellanas, me puse a tocarle su cuerda con preguntas sobre la situación del clero en España. En breve comenzaron las lamentaciones acerca de los progresos de la irreligión, fruto de los libros franceses; de la pobreza en que vivía el clero en España, especialmente el subalterno; del abandono en que se hallaban en casi todas las ciudades las iglesias, muchas arruinadas, y de todo lo que suministra materia a las conversaciones de un cura en todo país «romano». Ello es que a poco rato, a pesar de su tonta desconfianza, el tío comenzó a humanizarse y aún mostrarme alguna consideración, quizás en atención al interés que yo le manifestaba por la independencia y el bienestar del bajo clero y por la prosperidad general de España. La sobrina, por su parte, aprecia estar contenta de mis opiniones y gustos en cuanto a las españolas, y al fin quedamos muy «amigotes», aunque de cuando en cuando sentía yo que por encima de mi nuca le echaba el tío a la sobrina las miradas más paternales, pero siempre escrutadoras en el fondo. La diligencia hubo de hacer un alto para remudar el tiro, y yo me apresuré a bajar para dejar algún respiro al atribulado párroco, que aprecia mirar como una calamidad mi interposición forzada en la berlina. Cuando volví a subir, el amable tío había tenido la fineza de ocupar el asiento del medio y cederme su rincón. Como no se movió de mi puesto, le hice notar que allí quedaría con más incomodidad, pero se apresuró a responderme:

—Oh, no; entre buenos compañeros se debe alternar. Por otra parte, usted como extranjero tendrá más gusto en hallarse junto a la portezuela para observar mejor los campos.

No me hice rogar, tanto más cuanto que así el buen tío podía viajar con más tranquilidad. Los tontos celos de mi vecino me procuraban una ventaja de posición con que no había contado. Desde entonces, aunque de rato en rato se renovaba la conversación, pude entregarme a la contemplación de las llanuras solitarias de Castilla, de una completa analogía con las de la Mancha y demás provincias de la Castilla oriental o «nueva». Nada más rico por su naturaleza ni más triste y monótono que aquella comarca, donde la antigua inmovilidad española se muestra con todos sus rasgos característicos. La provincia de Madrid había terminado en las alturas de la Sierra, donde un león de piedra demarca el límite de las dos Castillas. Desde allí la carretera comienza a cortar la provincia de Segovia, una de las más atrasadas de España por la insuficiencia de sus vías de comunicación. El terreno va descendiendo en escalones de colinas rocallosas y planos inclinados, cuyo aspecto es triste y desapacible. Después de algunas «ventas» o elementos de microscópicos centros de población, dejando a un lado la pequeña villa de las «Navas de San Antonio», el horizonte se abre y las llanuras aparecen a la vista en casi toda su extensión. Por último, la vía toca en el pueblo de «Villacastin» (de 1.500 almas) y en el de «Labajos» (de 900 habitantes); penetra en «San Chidrian» al territorio de la provincia de Ávila, separándose cerca de allí de la carretera que conduce a las Asturias, y al pasar por la villa de «Martín Muñoz» (que cuenta 1.000 habitantes) cortando de nuevo una punta de la provincia de Segovia, el viajero se encuentra en plena llanura, rodeado de un vastísimo horizonte. Las poblaciones que atraviesa la vía están en completa armonía con las llanuras. En todas ellas se ven las casas viejas de aspecto miserable y aflictivo; las calles sin pavimento alguno, o atrozmente empedradas, llenas de fango y mugre; los enjambres de mendigos asaltando a los viajeros si la diligencia se detiene un momento siquiera. Vestidos que acongojan, capas patibularias, figuras extrañas y repelentes por su conjunto; y todo eso ¡cosa singular! contrastando con el tipo de una raza distinguida, inteligente, honrada y de índole dulce, en cuyo seno abundan las bellas fisonomías y las organizaciones robustas. El hábito de la mendicidad, del abandono, de la imprevisión y la mugre se revela allí en todas las formas exteriores de una sociedad que tiene superiores cualidades latentes, que para desarrollarse no aguardan sino el impulso del comercio y de la libertad Una vez que se desciende completamente a la llanura, el terreno, sin ninguna de esas inflexiones que lo hacen pintoresco, no es más que una pampa de cereales casi totalmente desierta. Si de trecho en trecho se ven algunos pequeños viñedos, o rebaños de ovejas casi insignificantes, apenas sirven para hacer resaltar más, como excepciones, la monótona uniformidad de las inmensas plantaciones de trigo, cebada, judías, habas y garbanzos que cubren el terreno. Si a muy largas distancias se ven algunos centros de población, lo demás está desierto, como en la Mancha, sin un árbol, una casa o un modesto cortijo. Si a la izquierda se ven a considerable distancia, del lado de Salamanca, los contrafuertes avanzados de la Sierra de Guadarrama que se dirige hacia Portugal, y a la derecha (norte) se alcanzan a divisar las pálidas eminencias de la sierra que separa a Castilla de la hoya del Ebro: al occidente, en la dirección de Valladolid y Zamora, el horizonte no tiene casi límites. La mirada se pierde en la contemplación de un inmenso desierto de gramíneas cultivadas por la naturaleza sola, opulento de verdura y de gérmenes de progreso, pero triste, sin un ruido, sin animación, sin movimiento social alguno. Los castellanos son un pueblo ahogado entre ondas interminables de cereales. Allí la naturaleza vive sin sonreír, y el hombre vegeta durmiendo o bostezando.

 La riqueza de ese país, esencialmente agrícola, es inapreciable. Solo le faltan los medios y la libertad para dar salida a sus productos y regenerarse por el cambio. El día que los obtenga, la Vieja Castilla podrá ser un emporio. Si el canal de «Castilla», las nuevas carreteras y los ferrocarriles que están en construcción o en vía de ejecución, crearán el primer elemento de prosperidad, solo una legislación liberal, que rompa las ligaduras del comercio interior y exterior, completará la regeneración económica y moral de los castellanos. Uno de los rasgos más característicos de esa población (para la cual la vida no es más que un hábito) es la impasibilidad, que raya a veces en un estoicismo bárbaro. Durante casi todo el día el viento y la lluvia batían la desolada llanura; y sin embargo, donde quiera que alcancé a ver un rebaño me llamaron la atención dos seres en infalible asociación en el centro de cada uno: el pastor y el perro guardián. Cada perro dormía cerca de su dueño con la misma filosofía de este, que se destacaba inmóvil, sin hacer caso de la lluvia y el viento. Un pañuelo apenas le cubría la cabeza, mientras que todo el cuerpo se escondía bajo el embozo de una capa vieja de paño burdo amarillento (especie de estameña); y si alguna vez salía de su inmovilidad era solo para señalar con la mano al impasible perro alguna oveja que se alejaba demasiado del grupo. El obediente bruto llenaba su deber con lentitud, y el hombre seguía fijo como una estaca, centinela mudo de un campo desierto y de un rebaño de excelente índole. La misma «escena» se me ofreció diez o doce veces. A 143 kilómetros de Madrid, en el fondo de la extensa llanura, se encuentra la pobre y vieja villa de «Olmedo», primera población de la provincia de Valladolid en la vía que yo llevaba. Olmedo, célebre por dos batallas en las viejas guerras civiles de España, cuenta apenas unos 13.000 habitantes. Un tiempo ciudad fortificada y de alguna importancia, hoy no llama la atención del viajero sino por sus ruinas, sus murallas desmanteladas, su soledad y tristeza, a pesar de su mediano comercio de maderas Los paraderos donde la diligencia se había detenido sucesivamente eran tan detestables que yo no había podido tomar alimento ninguno de provecho. Los garbanzos cocidos, las habas guisadas, el tocino y los chorizos me perseguían sin misericordia; y aunque algunos vasos de vino de Aranda y de Toro me habían confortado un poco, tenía la pena de no poder entretener el apetito con el cigarro por consideración a la sobrina del buen cura. Ello es que yo tenía un hambre de primer orden, que se avivaba con cierto olorcillo a buen queso y exquisita conserva de melocotón que se escapaba de la maleta del cura. Él y su sobrina aprovechaban para refocilarse los momentos en que yo bajaba de la diligencia en busca de alguna cosa tolerable.

La situación me hizo comprender que era preciso apelar a la diplomacia. Restablecí la conversación sobre el clero y logré interesar al digno cura castellano. Por fin le hice saber que en Nueva Granada había corrido yo graves peligros como periodista, a causa de la energía con que, discutiendo la cuestión del clero, había defendido los verdaderos intereses de la religión, o de la pureza del cristianismo y la independencia del sacerdocio. Yo decía enteramente la verdad, pero me guardé bien de decirle a mi compañero que mis enemigos habían sido precisamente los malos clérigos y los fanáticos, ni de entrar en pormenores sobre el modo como yo entendía «los verdaderos intereses» del clero católico y de la religión. Ello es que el tío se enterneció, y luego me invitó a participar de sus sabrosas provisiones, que me probaron el buen gusto gastronómico de mis compañeros. Si los celos vulgares me habían procurado un buen asiento, el espíritu de corporación del cura viajero socorrió muy oportunamente mi situación estomacal. Debo decir, para descargo de mi conciencia, que desde aquel momento la gratitud me hizo olvidar toda cavilación maliciosa acerca del parentesco de mis compañeros de viaje.

Desde Olmedo hasta Valladolid (en un trayecto de 43 kilómetros) la carretera, enteramente nueva, gira por una comarca tan solitaria que no se toca sino en cuatro pueblecitos enteramente insignificantes, uno de ellos situado a la orilla izquierda del Duero, río angosto y profundo pero muy subalterno hasta el punto donde, a pocas leguas de distancia, se le reúne el Pisuerga. La noche estaba ya bien avanzada cuando pasábamos por enfrente de «Simancas», tan famosa por su archivo histórico riquísimo en preciosos documentos. A las once llegábamos a Valladolid, y el buen cura y su sobrina se despidieron con la mayor amabilidad, dejándome un grato recuerdo de las ventajas de viajar en diligencia con los curas que tienen sobrinas.

Como se ve, en todo un trayecto de 189 kilómetros, entre Madrid y Valladolid, la carretera gira por una línea de pueblos muy aislados que apenas reúnen un total de 19.500 habitantes a lo sumo, no obstante que la vía es una de las más importantes. Ese solo hecho da la medida de la escasez de población en España y de su viciosa distribución, principalmente en las Castillas. La provincia de Valladolid, de territorio casi totalmente llano y situada entre las de Segovia, Ávila, Salamanca, Zamora, León, Palencia y Burgos, es la trigésima cuarta de España en el orden de población, contando apenas 244.000 habitantes. Aparte de Valladolid, que tiene 41.869, no hay más localidades de alguna importancia en la provincia que «Olmedo», «Medina de Río seco» (con 4.500 habitantes), «Benavente» (que cuenta 4.550) y «Medina del Campo», con 4.238. El resto de la población está diseminado en muchos pueblos de 300 a 2.000 vecinos, pero los campos están donde quiera casi completamente desiertos, sea por causa de los hábitos sedentarios de todos los castellanos, sea porque la naturaleza de su agricultura (cereales y viñas principalmente) no exige la misma asiduidad en la consagración al cultivo, que imponen otras producciones, sea en fin por la falta de buenos caminos vecinales que mantengan comunicaciones frecuentes entre los distritos. La ciudad de Valladolid, tan célebre por su universidad, está situada a la margen izquierda del río «Pisuerga», a poca distancia de algunos grupos de colinas bajas y redondas que interrumpen graciosamente la llanura para determinar en cierto modo el valle de aquel río. Este, que tiene sus fuentes en la sierra de Reinosa, el «Bornesga» que nace en las montañas de León, y el «Tormes», procedente de la sierra que domina a Salamanca, son los principales afluentes del Duero, centro hidrográfico de la vastísima hoya de la Vieja Castilla y el antiguo reino de León, comprendida entre los Pirineos (prolongados hasta las Asturias y Galicia), la Sierra de Guadarrama y la que liga esas dos cadenas separando las hoyas del Ebro y el Duero Valladolid es quizás la ciudad española que hace resaltar mejor el contraste de la vieja y la moderna España. En el centro está la Valladolid de las tradiciones, de la inmovilidad, del egoísmo, del aislamiento, la Valladolid gótica, sombría, de un carácter severo, triste, feudal y frailesco. En los arrabales ha ido surgiendo la Valladolid moderna, con tendencias visibles a la comodidad, la elegancia, el movimiento, la luz, la actividad económica, el aseo y el buen gusto.

En la primera parte se ven: casas de menguado y repelente aspecto, calles sucias, tortuosas y estrechas, callejones sin salida, plazas de arcadas sombrías y arquitectura pesada y empírica, torreones góticos y monumentales, numerosas iglesias medio arruinadas pero venerables por sus bellas fachadas cuajadas de trabajos artísticos; mientras que el aspecto de las gentes y el movimiento mesurado de todos los objetos en las calles y plazas revela la tenacidad de los hábitos, el abandono y la fría austeridad de las costumbres. Donde quiera vestidos sombríos y uniformes, bandas de mendigos, mugre, viejos asnos errando por las calles entre la basura, muchachos vagamundos, gentes deteniéndose o asomándose a mirar al forastero como un animal curioso, en una palabra, la vida casi primitiva o tradicional de la España castellana, con casi todos los caracteres que Lesage hizo resaltar magistralmente en su «Gil Blas de Santillana».

Al contrario, en los arrabales o la parte moderna de Valladolid se ven: hermosos paseos, espléndidas arboledas a la margen del Pisuerga, los trabajos preparatorios de la estación del ferrocarril que se adelanta, la animación y el movimiento de carros en las cercanías de la cabeza del canal de «Castilla», anchas y bien alineadas calles, casas hermosas y elegantes, nuevas construcciones que indican un rápido acrecentamiento de la ciudad, y todas las señales de una próxima regeneración social. Aquellas hermosas arboledas de la playa del Pisuerga, que me parecieron un prodigioso esfuerzo progresista en Valladolid, contribuyeron a probarme la tenacidad de los viciosos hábitos españoles. Es inexplicable el odio que los castellanos profesan a la naturaleza en sus más simpáticas y atractivas manifestaciones. Todo lo que en ella es risueño, alegre y delicioso, desagrada a la mayor parte de las poblaciones españolas que no recibieron fuertemente la infusión del elemento arábigo. Los árboles, el agua, las brisas, el cielo, la frescura y la libertad de las campiñas repugnan a esa raza sedentaria, cuyos hábitos la han mantenido fiel a las sacristías, el silencio, la inmovilidad, el desaseo, los rincones, las sombras, los portales, el horror a la luz y a la vida en todo. Así es que la mayor parte de los vecinos de Valladolid detestan las deliciosas alamedas con que la autoridad pública los ha obsequiado, y en vez de ir a buscar allí el Sol, el aire puro, los perfumes y las alegrías de la vegetación, y los rumores de las aguas, prefieren aglomerarse bajo los sombríos portales del centro, o errar perezosamente en las calles infectas y tristísimas donde se pudrieron sus antepasados en el mismo abandono Valladolid, la «Pintia» de los romanos, trae su nombre, según se dice, de su fundador, un moro llamado Olid «(Valle de Olid)», y ha sido la patria de muchos personajes ilustres de España. Entre los contemporáneos debo citar al célebre poeta

Zorrilla, que ha tenido tanta popularidad entre los amigos del romanticismo de formas y lenguaje. Es bien sabido que en esa ciudad sucumbió en la miseria y perseguido, en 1506, el inmortal Colón, a quien debió España sus mejores glorias. La casa que habitó el heroico revelador del Nuevo Mundo se conserva aún, y es propiedad de sus descendientes colaterales, que llevan el título de «duques de Veraguas». Ese monumento humilde, que debería ser un precioso museo «especial» y figurar como una de las más interesantes reliquias de la vieja España civilizatriz, apenas es conservado como la casa más vulgar. Lo que he dicho sobre los rasgos generales de Valladolid indica bien la naturaleza de sus monumentos, pertenecientes casi todos al estilo gótico, y los más notables al florido o de transición del siglo XV, precursor del Renacimiento. La catedral, que jamás ha sido terminada, es obra del famoso Juan de Herrera en todo lo que tiene de elegante, y de Churriguera (el infeliz fundador del mal gusto en España) en cuanto tiene de pesado, frío y chocante; pero es por su fachada un modelo, en Castilla, de la arquitectura dórica en contraste con la gótica. No pude visitar el interior, porque en España es muy raro hallar abiertas las puertas de los templos en horas que no son las de oficios religiosos. La iglesia de «San Pablo», costeada por el famoso Torquemada de «candelosa» recordación, no conserva de su carácter primitivo sino la fachada, porque el interior es un asilo de presidiarios. En España los cuarteles y presidios han heredado, en lo general, a los frailes que habitaron los conventos suprimidos; pero es justo decir que las bibliotecas, los museos y las oficinas de administración han tenido su parte en la herencia. Valladolid tuvo la bobería de veinte conventos de monjas y diecinueve de frailes, sin perjuicio de las numerosas capillas y las iglesias parroquiales. La fachada de San Pablo es verdaderamente un prodigio de escultura en cuya contemplación puede uno embelesarse durante muchas horas. Admira la increíble paciencia de los artistas y la finura portentosa de sus cinceles guiados por una feliz inspiración.

Al lado de San Pablo llama la atención otra iglesia menos arruinada, la de «San Gregorio», notable por su bella fachada y algunos detalles del interior (en el patio y la escalera) muy característicos del estilo gótico en sus dos últimos siglos. Allí está establecida la Gobernación de la provincia. A poca distancia se ven la casa en que nació el funesto Felipe II (a quien

Víctor Hugo ha llamado el búho de la España inquisitorial), la casa en que se hizo el matrimonio de los Reyes Católicos, y la que sirvió de prisión al célebre «favorito» don Álvaro de Luna, ejecutado en Valladolid en 1453. El museo, monumento social de cuya posesión se enorgullecen los vecinos de Valladolid, me pareció el lugar más adecuado para un auto de fe contra las herejías artísticas. Si se exceptúa la biblioteca (14.000 volúmenes), unos treinta cuadros regulares o muy buenos (entre más de mil que nada valen), una sillería esculpida de bastante carácter aunque sin finura, y algunas pocas medallas y curiosidades artísticas, lo demás debería ser condenado al fuego como una degradación del arte, que solo puede servir para pervertir el gusto y mantener groseras preocupaciones. La gran masa del museo se compone de mamarrachos abominables, en lienzo, en tabla o en estatuas, procedentes de las sacristías de muchos conventos, cuyos moradores, a lo que parece, no se preocupaban sino con la representación material de Cristo, la Virgen, los santos, los judíos, etc., sin cuidarse del interés divino de la religión ni del social del arte, excluido del fetichismo bárbaro de las poblaciones.

También llaman la atención en Valladolid el viejo palacio castellano y otros más modestos, que tienen la apariencia de cárceles; la plaza «Mayor», cuyas arcadas tienen el tipo especial de su época; una de las cuatro puertas de la ciudad (la de «Madrid») verdaderamente monumental, y «San Benito», edificio grandioso convertido de convento en fortaleza. De resto, la ciudad cuenta importantes institutos de instrucción y beneficencia, y se echa de ver que el espíritu moderno va poco a poco penetrando al corazón de la antigua corte castellana. No muy tarde la modificación será profunda y casi completa, y Valladolid (que puede hoy contener 100.000 habitantes) se elevará al rango de ciudad española de primer orden.

Su movimiento comercial es ya considerable, gracias al canal de «Castilla» y las demás nuevas vías de comunicación. Esa ciudad es el centro de una vastísima producción de trigos, cuyas harinas van teniendo ventajosa salida por el puerto de Santander y algunos otros de la costa cantábrica. Aparte de esa producción, son notables entre las agrícolas las de vinos, lanas y maderas. Valladolid es también un centro de fabricación, aunque muy inferior. Además de sus grandes molinos hidráulicos y los muchos de viento, que dan al comercio fuertes valores en harinas, contiene fábricas de tejidos burdos (estameñas, etc.), de papel, sombreros de fieltro y otros artículos de menor importancia. De resto ninguna otra cosa llama la atención en la actualidad. Lo pasado es triste pero venerable en muchos de sus rasgos. Lo porvenir será una época de resurrección para Valladolid.

Capítulo III. Palencia y Santander

El canal de «Castilla». La provincia de Palencia y su capital. Alar del Rey; las fuentes del Ebro. El río Besaya. La provincia de Santander. La ciudad y su bahía

No obstante el notabilísimo interés que tiene Burgos (ciudad de 26.000 almas apenas) por su admirable catedral, su Cartuja y otros monumentos góticos, así como por su aspecto de viejo «españolismo» tan marcado, preferí dirigirme a Santander, por Palencia, para conocer una región interesante donde va desarrollándose activamente el comercio español. Burgos, por lo que tengo entendido, no se hace notable sino por la exuberancia de dos objetos: los primores de arquitectura gótica y los mendigos. Yo estaba ya satisfecho de monumentos y hastiado de mendigos. Quería ver en la región castellana el movimiento social, y eso determinó mi itinerario Había viajado en España sucesivamente en vapores, ferrocarriles y diligencias, y en una trotona locomotiva de cuatro patas por los cerros de Guadarrama. Quise servirme de otro vehículo, y por eso me embarqué en un bote, tirado por dos caballos, que navega el canal de «Castilla». Su extremidad meridional arranca en Valladolid, y la septentrional en Alar del Rey, pasando la línea por Palencia. Ese canal es alimentado por las aguas del bello río «Carrión», afluente del Pisuerga, y cuyo origen dista poco del de este último. Después de rodear en parte a Palencia, el Carrión verifica su reunión con aquel a poca distancia al sur de esa ciudad. Es por ese canal que se exportan hacia Santander las harinas centralizadas en Valladolid; sin tal vía de comunicación, muy embarazosa sin embargo, los pueblos de esa parte de Castilla se hallarían mucho más miserables de lo que están.

Mide el canal unos 45 kilómetros de longitud en la parte comprendida entre Valladolid y Palencia, y como 70 entre Palencia y Alar del Rey. Su anchura constante es de unos 11 metros, con 7 pies de profundidad. Se cuentan diez esclusas o compuertas en solo aquella parte. Esa bella obra fue comenzada por orden de Carlos IV y continuada por Fernando VII. La parte comprendida entre Alar y Palencia está en servicio desde 1809; la otra solo desde 1833. Se acongoja el viajero al oír la relación de los horribles martirios de que fue teatro aquel canal, construido por los presidiarios, de los cuales hubo millares de víctimas del trabajo y los crueles tratamientos. Pero ese sentimiento de dolor se convierte en indignación al recordar que muchos de los pretendidos presidiarios no fueron sino leales patriotas, atrozmente perseguidos por sus opiniones liberales y condenados a la infamia y la muerte de los trabajos forzados sin fórmula de juicio o inocentes de todo delito. Fernando VII hizo, pues, del canal de «Castilla» un inmenso e inmundo cadalso. Pero más tarde los llamados «moderados» inventaron la proscripción a Filipinas para no «escandalizar» a la Europa con el espectáculo de las víctimas. Aunque las tres líneas paralelas que describen el Pisuerga, el canal y la carretera, le dan alguna animación al paisaje, este es en lo general monótono y triste. El viaje es lento, pero no carece de distracción. Aparte del placer que me causaban las conversaciones de los muchos castellanos compañeros de viaje, manifestándose todos inteligentes, habladores, chistosos y de excelente índole, los objetos del tránsito me interesaban. Ora me llamaban la atención los numerosos molinos y alguna que otra fábrica a orillas del canal; ora las barcas viajeras cargadas de harina o de mercancías extranjeras y rieles de ferrocarril; ya algunos pequeños pueblos vecinos, algunos cordones de colinas cubiertos de viñas, o grupos de bodegas al aire libre; ya los bellos paisajes del valle del Pisuerga, en pintoresca sucesión desde la llanura de Valladolid hasta Palencia, que el canal domina enteramente desde lejos. La línea del ferrocarril que se está construyendo, para ligar a Valladolid con Santander, por Palencia y Reinosa, corre también por la orilla misma del canal en largo trecho Entre los pocos pueblos que demoran en la vecindad del canal, solo es notable «Dueñas» (que pasa por ser de origen céltico), con 4.300 vecinos, y abundante en producción de granos y buenos vinos. Los demás son casi insignificantes y de un aspecto generalmente pobre y desgraciado.

La provincia de Palencia tiene apenas 185.970 habitantes, sin más centro importante de población que la capital, que cuenta cerca de 13.000. La extensa y fértil llanura que rodea a «Palencia» es muy pintoresca y de esmerado cultivo. Si sus campiñas están todas cubiertas de cereales, sus alrededores interesan y sonríen ostentando hermosas arboledas o graciosos huertos de frutales fecundados por el río Carrión. La ciudad es tan antigua que su origen es desconocido, y no solo es célebre por haber sido el asiento de muchos concilios españoles, sino también por el recuerdo de sus heroicas mujeres que, habiendo combatido a los ingleses en tiempo del rey don Pedro, ganaron el privilegio de usar bandas de oro en el tocado, a estilo de las de los caballeros. Llama la atención allí, en la puerta meridional, una lápida del sepulcro de los hijos de Pompeyo, descubierta por una casual excavación en la ciudad Palencia tiene sin duda «el colorido local» o el aspecto general de las viejas ciudades españolas, pero tiene condiciones especiales que la hacen apreciable. Sus calles son generalmente rectas, espaciosas y limpias, y sus casas (de dos pisos casi todas) no tienen el aire repelente de la parte antigua de Valladolid. La calle principal es muy curiosa por sus dos filas de arcadas interminables, a cuya sombra se ven las tiendas y los almacenes que centralizan toda la actividad comercial de la ciudad. El único monumento importante es la catedral, pero ella sola vale por muchos monumentos. Es de una arquitectura gótica muy elegante y graciosa, como lo exigía la época de su construcción, y se la considera con justicia como una de las más bellas y espaciosas catedrales de España. Comenzada al principio del siglo XIV, fue terminada a fines del XVI, por lo que no es extraño que algunos de sus detalles interiores pertenezcan al Renacimiento. Consta de tres naves, sostenida la central por veinticuatro columnas. El atrevimiento, la ligereza, la gracia y el buen gusto son sus distintivos. Aparte de las mil preciosidades de las naves, del claustro, de las altas galerías, las capillas, etc., su coro, que es de mucho mérito en todos sentidos, contiene un órgano superior de 11.000 tubos, curioso por la particularidad de dos figuras de moros, en bronce, que cantan a dúo, el uno en tenor y el otro en bajo, obra de un ingenioso lego de San Francisco de Río seco. Si la reja, esculturas y sillerías del coro y el altar mayor son riquísimas y de gran mérito, la enorme custodia y su tabernáculo son de un trabajo admirable y de muchísimo valor. El doble templete y la custodia que reposa en él fueron trabajados por seis artistas superiores bajo la dirección del famoso Juan de Benavente. Esa catedral es, sin disputa, la más graciosa y elegante de España, en su interior, pero la menos caracterizada en cuanto al aspecto sombrío y solemne de las construcciones góticas. Palencia es también un centro de fabricación, y algunas de sus «mantas» de lana, de vivos y graciosos colores, tienen mucha reputación en España. Produce además cobertores, paños burdos, loza y cueros curtidos. La población es sana y robusta, pero las costumbres están sumamente atrasadas todavía. Ya vendrán con los ferrocarriles el movimiento y el progreso, al recibir los palencianos la infusión de los buenos hábitos franceses y el impulso que procuran las nuevas necesidades de la vida social.

No pude tener idea ninguna de la vasta comarca que se extiende desde Palencia hasta Alar, porque la diligencia me condujo durante una noche oscura, y me amaneció al tocar en la estación del ferrocarril recientemente establecido. «Alar del Rey» es un caserío insignificante de por sí. Toda su importancia le viene de la cabeza del canal de Castilla y la estación de la primera sección del ferrocarril que conduce a Santander. Tomé inmediatamente el tren, que hizo en dos horas el trayecto hasta «Reinosa», de 51 kilómetros, tocando en cinco pueblos intermedios sin interés ninguno. En Alar terminaron las llanuras de la Vieja Castilla, limitadas por los primeros estribos de las montañas que continúan los Pirineos, llamadas «montañas de Burgos» y también «montes de Reinosa». El suelo es desde aquel punto sumamente variado y pintoresco, sembrado de verdes y redondas colinas, y surcado de numerosos riachuelos cristalinos a cuyas orillas hay un cultivo esmerado. Arriba se ven las altas cimas montuosas y los picachos graníticos de un aspecto majestuoso, y más altas aún se ostentan las lejanas eminencias de la cordillera coronadas de nieves perpetuas. Aquella comarca, de suelo suavemente ascendente y entrecortada por bajos cerros, es en extremo curiosa como elemento determinante de dos sistemas hidrográficos. Los estribos de la cordillera se bifurcan y entrecruzan tomando formas particulares que corresponden a cierta lógica de inclinación y giro, como si se buscasen mutuamente para componer una cadena secundaria destinada a ser la generatriz maravillosa de todo el singular sistema orográfico de la península. Los risueños vallecitos se multiplican, sucediéndose en giros tortuosos y ascendentes, y al cabo el ferrocarril atraviesa el cordón de colinas o cerros que media entre las aguas que se inclinan hacia Castilla, recogidas por el Pisuerga, y las que se dirigen en sentido casi opuesto buscando los valles del Ebro para ir a formar la base hidrográfica de los antiguos reinos de «Navarra» y «Aragón» y del principado de Cataluña. Nada más risueño, más poético y pintoresco que aquellos vallecitos regados por el Ebro casi en sus fuentes, surcados de arroyos cristalinos que forman a veces miniaturas de lagos, poblados de lindos grupos de álamos, encinas y sauces, y cubiertos de graciosas sementeras que hacen un juego encantador con las casitas rústicas, las verdes praderitas y las colinas de planos inclinados. El ferrocarril salva el Ebro varias veces por sólidos y elegantes puentes de hierro, y termina su primera sección en Reinosa, pueblo de 2.900 habitantes graciosamente situado en el fondo de una llanura, casi al pie de los altos contrafuertes de la cordillera, y a menos de tres kilómetros del origen del Ebro. Reinosa debe su importancia no solo al hecho de ser el punto de escala para el comercio muy considerable de harinas, vinos, aguardientes y trigos entre Santander y el interior de Castilla, sino también a su abundante producción propia en cereales, maderas y crías de ganados. En Reinosa había que tomar de nuevo la diligencia para ir hasta «Corrales», punto del valle marítimo del río «Besaya» donde comenzaba la segunda sección del ferrocarril. Toda la parte intermediaria estaba en construcción, trabajando simultáneamente muchísimos obreros en mejorar la carretera y preparar la vía del ferrocarril. No he visto jamás (ni en Suiza, el país de lo pintoresco por excelencia) un paisaje tan animado, tan gracioso e interesante como el que pude observar en todo el trayecto de Reinosa a Corrales, no menos instructivo que agradable.

Casi al salir de Reinosa comienza un admirable laberinto de colinas y cerros de encanto sin igual, que se destacan ya abruptos, ya redondos, ya en planos inclinados, produciendo una infinidad de quiebras o profundas ramblas por cuyas faldas y honduras va caracoleando la carretera, llevando al viajero de sorpresa en sorpresa. A cada vuelta o revuelta cree uno imposible hallar paso por en medio de tan complicadas montañas que tienen el aspecto más risueño. Donde quiera colinas verdes, relucientes y frescas, pobladas en sus cimas de tupidos bosques de encinas enanas, y en el resto de rústicas casitas y alegres sementeras de variadas tintas. Donde quiera abismos de verdura y vallecitos microscópicos donde murmura algún arroyuelo saltador. La vida campestre aparece en aquellos parajes con toda su dulce sencillez, su apacible alegría y su poética variedad de armonías Al cabo la vía llega al punto culminante en las montañas, produciéndose allí una doble inclinación de faldas montuosas, cuyas aguas giran en opuesto sentido. Las unas se inclinan al oriente en busca del Ebro; las otras concurren a formar el lindo río Besaya, centro del pequeño valle marítimo de Santander. El aspecto de la hoya del Besaya era riquísimo de colorido y vitalidad. Un país enteramente distinto de cuantos había recorrido en España, y particularmente en Castilla, se ofrecía a mi contemplación. En vez del abandono y la incuria, de la holgazanería, el servilismo del hábito, la imprevisión y los usos frailescos, veía la animación del trabajo, el gusto avanzado en las construcciones, el esmero en el cultivo, la pulcritud en todo, la alegría en los semblantes y los vestidos, el amor a las flores manifiesto en graciosos jardincitos, la vida expansiva en todas sus formas campestres.

El Besaya, que al principio no es sino un bello torrente, corre en lo general por una hoya tan estrecha hasta Corrales, que su latitud media no excede de unos 80 o 100 metros. Por la una margen gira la carretera, y por la otra el ferrocarril en construcción, hasta un punto donde se cruzan salvando el río para trocar las bases de su curso. El río corre por un lecho profundo y sumamente pedregoso, y las dos vías, talladas ambas en la roca viva a alturas muy considerables y sostenidas por enormes baluartes, dominan donde quiera un abismo y están dominadas por las moles paralelas de los altos cerros, de formación caliza, granítica y de arenisca petrificada en partes, y en otras compuestos de aglomeraciones esquistosas. De trecho en trecho se destacan peñascos colosales o picachos abruptos, o bien se producen altísimas murallas tajadas verticalmente, donde se ven con mucho interés, ora las grandes vetas brillantes y azulosas de las rocas graníticas, ora las severas estratificaciones de los sedimentos de caliza y arenisca, o los complicados relieves de pizarra o rocas esquistosas, ora, en fin, los verdes festones de lianas y helechos descolgándose sobre los abismos, o los lucientes matorrales de encinas enanas que vegetan en las sinuosidades de los cerros, flotando al viento como si se desprendiesen de las rocas para volar sobre las ondas espumantes del riachuelo.

El Besaya, sucesivamente engrosado por numerosos arroyuelos y torrentes, es de un capricho encantador. Unas veces, sumamente estrechado en su curso por las paredes de la rambla, salta y se retuerce sobre un lecho de grandes rocas, precipitándose en cien cascadas eslabonadas y produciendo mil ecos sonoros. Otras, ensanchándose el abra para producir los más preciosos vallecitos, el río murmura dulcemente sobre un lecho de guijarros de colores, entre hileras de álamos blancos y árboles frutales, regando risueñas praderitas y sementeras, en cuyo fondo se destacan sobre ondulantes planos inclinados las casas pintorescas de los campesinos. Tan presto recibe el río brillantes cascaditas, que brincan de lo alto de las rocas laterales en uno o más escalones, o descienden en hilos perpendiculares por los muros tajados, como se bifurca en canales artificiales cuyas aguas dan impulso a numerosos molinos atrevidamente construidos sobre los abismos que dominan el cauce.

Un interminable cordón de carros cargados de harina y trigo, o mercancías extranjeras, tirados por yuntas de bueyes, le daba grande animación a la carretera; mientras que en el lado opuesto se veían los escombros de las rocas voladas por la mina, y los numerosos obreros trabajando en las alturas abruptas en la nivelación del terreno, la apertura de muchos túneles y el establecimiento de algunos rieles. Aquel doble movimiento comercial e industrial armonizaba perfectamente con la actividad de los molinos, las escenas agrícolas y el aspecto de las muchas pequeñas poblaciones situadas en la margen izquierda del río Dondequiera veía las gentes trabajando: los hombres como carreteros y en otras duras faenas; las mujeres conduciendo el arado, desyerbando o aporcando las sementeras de hortalizas; los chicos cuidando de algunos pequeños rebaños; las buenas viejas hilando bajo el umbral de sus casitas o en el fondo de un jardín. El trabajo de las mujeres en la agricultura es muy raro en la mayor parte de España, pero muy común o habitual en las provincias vascongadas, Navarra y sus asimilables. La de Santander, que siempre ha figurado como accesoria del reino de Castilla, y que lo es por la lengua, pertenece en realidad a un sistema etnográfico de transición, como intermediario del país vasco y el castellano. Sea por razón de la topografía, sea por otras causas, Santander es una provincia más semejante por su aspecto general a las vascongadas que a las de Castilla. Desde luego, en la hoya del Besaya no se ve un solo mendigo, ningún ser inútil, nada que indique miseria. Allí todo sonríe, denotando un modesto bienestar, y cada pueblo es un enjambre de casas graciosamente rodeadas de huertos y jardines; con gentes bien vestidas, de bella raza, de fisonomías francas, risueñas, inteligentes y amables que brindan robustez y contento. Si la lengua y muchos rasgos de costumbres no mantuviesen la unidad, podría decirse que al entrar a la provincia de Santander se sale de la España gótica o castellana. Evidentemente los Pirineos han determinado profundas diferencias, que la proximidad del Océano, al occidente, contribuye a fortificar. En «Corrales» volví a tomar el tren del ferrocarril, después de un trayecto de 49 kilómetros entre ese punto y Reinosa, faltándome otro de 33 para llegar a Santander. Toda esa vía, cuya longitud total desde Alar es de 133 kilómetros, ha sido emprendida por una compañía anónima de capitalistas de Santander, estimulados por el interés de la industria y el comercio, que no han necesitado del auxilio extranjero en lo relativo a fondos. Y sin embargo, la obra no costará menos de 6000.000 de pesos en su totalidad. Ella, como esfuerzo progresista y como obra de ingeniatura, es una de las más bellas que pueden hacer honor al espíritu industrial moderno. Es realmente asombroso el establecimiento de un ferrocarril en medio de aquel laberinto de montañas, de tan fuerte inclinación y corto trecho relativamente, donde el arte ha tenido que vencer obstáculos formidables, trazando la vía sobre los abismos en el seno de rocas estupendas, multiplicando túneles y puentes y dominando la naturaleza con el poder sublime de la ciencia secundada por el arte y el dinero. Yo querría poder traer allí a los colombianos que creen que los Andes los han condenado a la inmovilidad, y decirles: «Ved los prodigios que realiza la ingeniatura cuando la apoyan el dinero y una voluntad firme y perseverante». En «Corrales» el valle del Besaya se ensancha, sembrado de pueblos, casas de campo muy bonitas, bosques importantes, huertos, jardines, fábricas numerosas y sementeras muy variadas. El paisaje es extenso y hermosísimo, el bienestar se revela en todas partes, y un ambiente particular, libre y fortificante, hace adivinar la proximidad del Océano, que penetra por en medio de montañas escalonadas hasta la ría de Besaya o bahía de Santander. El ferrocarril llega hasta el puerto mismo por una calzada construida entre las aguas de la bahía, desarrollándose a la vista un magnifico paisaje. La provincia de Santander, muy rica por sus extensos bosques naturales y casi totalmente montañosa, es una de las más bellas comarcas marítimas de España. Su población total alcanza a 214.441 habitantes, distribuidos en las campiñas y en numerosos pueblecitos, con excepción de la capital, que cuenta 28.907. La hoya, que tiene por base o centro la bahía de Santander, es una de las más bellas formaciones orográficas que he visto en España. Una península montañosa de 65 kilómetros de circunferencia se avanza hacia el Océano, formando un semicírculo por el lado nordeste, cerrado al opuesto por otro orden de montañas cuya costa determina la formación completa de la bahía. En el fondo de ese semicírculo demora la elegante ciudad de Santander, recostada contra las faldas de las montañas que, descendiendo en ondulantes gradaciones, cubiertas de plantaciones y coronadas de bosques naturales, vienen a bañar en las ondas del mar Cantábrico sus estribos o colinas relucientes de verdura, destacando por la costa sus peñascos gigantescos que producen donde quiera graciosas y pequeñas ensenadas. Al frente se extiende una línea semejante de rocas que orillan la ría y el mar, con multitud de primorosos vallecitos y colinas tapizados de sementeras y casas de campo cuyo núcleo es el pueblo de «Santoña», puerto militar y de comercio con unos 1.800 habitantes. Detrás se van levantando las montañas en anfiteatro hasta producir las más graciosas formaciones y los más pintorescos paisajes Santander es una ciudad fortificada, sin que por eso pueda llamarse una plaza fuerte. Ella es esencialmente comercial, en términos que después de Cádiz y Sevilla es el puerto más importante que en la actualidad tiene España en el Atlántico. No ha muchos años que vegetaba en la inacción, a pesar de sus ventajas hidrográficas, siéndole superior el de Bilbao; pero el canal de «Castilla» por una parte, que le ha acarreado las harinas del interior, y por otra el reciente ferrocarril, las nuevas carreteras en varias direcciones, y sus comunicaciones por buques de vapor con los demás puertos del Océano y con los de Cuba, le han procurado un desarrollo rápido y que no se detendrá en mucho tiempo. La ciudad, por falta de terreno suficiente, se ha extendido a lo largo de la costa, en un triple cordón de casas; de manera que es larga y angosta, con sus bonitos arrabales desperdigados caprichosamente sobre las colinas entre huertos y graciosas alamedas. La parte antigua, sin ser repugnante ni fea, tiene un terreno desigual, y es allí donde se ven la catedral, la cárcel, el teatro y otros edificios públicos. La parte moderna, muy elegante y simétrica, es como la fachada de la ciudad, extendida a lo largo de los muelles del puerto, desde la estación del ferrocarril hasta el extremo sudoeste. Se compone de tres calles paralelas, muy pulcras y regulares, destacándose para dominar la bahía una larga fila de casas muy hermosas, de aspecto francés moderno, perfectamente iguales, de muros de piedra y cinco pisos, y adornadas de graciosos balcones, con algunos miradores y gabinetes volados. Todo tiene en Santander un aspecto agradable y simpático de frescura, actividad y progreso. La dársena y los muelles son obras estimables, la abundancia de tiendas y almacenes es considerable, el movimiento comercial y marítimo reina en todas partes, y en la bahía se balancean numerosos buques de vela y vapores con banderas de todas las naciones principales. Los hoteles y cafés, los círculos de sociedad, los paseos públicos, el teatro, etc., etc., revelan bien que los habitantes de Santander comprenden el buen gusto, la necesidad del «comfort» y todos los progresos del espíritu moderno. Debo exceptuar lo relativo a los alimentos, en que se conservan los antiguos hábitos de repetir las comidas, teniendo una frailesca a medio día, así como la suculenta cena a las nueve de la noche. Las costumbres tienen allí un doble sello, porque son como el término medio, o mejor dicho, la transición de lo español a lo francés. Así, las señoras llevan conjuntamente la mantilla española y la manteleta o el chal francés, o bien una combinación de ambas piezas; y usan para salir a la calle indiferentemente la «gorra» parisiense o el bellísimo tocado español, tan sencillo como propio para hacer lucir una rica y negra cabellera. Los hombres mantienen frecuentemente la capa, a despecho del «paltó» que va debajo; y las gentes de las clases obreras (las mujeres campesinas sobre todo) gustan mucho de las telas de colores vivos que contrastan. En las habitaciones, en la estructura de las casas y en casi todas las manifestaciones sociales, se ve patente la invasión de lo francés, la modificación que produce el contacto frecuente con el extranjero Santander no tiene monumentos que merezcan mención especial: su catedral, sin ser despreciable, no es realmente una obra artística. Allí lo que interesa es el movimiento comercial e industrial. Santander envía las harinas castellanas a La Habana y algunas veces a Inglaterra, y exporta también algunos vinos y otros artículos de poco valor. Tiene una manufactura considerable de tabacos, por cuenta del Estado, algunas fábricas de papel de colgaduras, de quincallería y de lonas y cordajes para la marina. A pesar de la falta de terreno para las construcciones fáciles, esa ciudad está destinada a prosperar mucho, gracias a su ferrocarril, sus comunicaciones marítimas y el canal de Castilla. Sus riquísimos bosques le prometen a la provincia una fecunda explotación de maderas de construcción. Santander me ofreció una nueva prueba del contraste que hay en toda España entre la generosa benevolencia y el espíritu hospitalario de la sociedad por una parte, y el espíritu inquisitorial, reglamentario y embrollón que, por otra, distingue a la administración española, entrabada en su acción y entrabando la de todo el mundo por las más viciosas instituciones. Había perdido en la diligencia, en Alar del Rey, una cartera de viaje conteniendo todos mis valores y papeles, y al caer en cuenta de ello me encontré en Santander sin los elementos indispensables para viajar: dinero, pasaporte y recomendaciones. Un generoso compañero de viaje me suministró cuanto pude necesitar, sin tener ninguna garantía de mi parte, y su excelente familia me favoreció finamente y me abonó para obtener nuevo pasaporte; mientras que, gracias al telégrafo, un estimable banquero de Madrid me hizo dar los fondos necesarios para volver a París. ¡Pero qué de diligencias y dificultades para lograr el consabido pasaporte! Papel sellado, peticiones escritas, declaraciones, ratificaciones, filiación y la intervención de cinco o seis empleados diferentes fueron indispensables para probar que «yo era yo» y tener licencia para salir de España con destino a Francia. En honor de la probidad española debo decir que mi cartera pareció intacta, en la misma diligencia, al cabo de algunos días, y me fue benévolamente remitida a París. No se crea que este es un ejemplo aislado. Salvo en algunas regiones oficiales y en todo lo que se refiere al contrabando (delito de origen oficial también) la probidad española tan proverbial no ha disminuido en nada. En cuanto a la hospitalidad, ella es una virtud universal en España. Allí no es inhospitalaria sino la legislación en todos sus ramos.

Capítulo IV. Las provincias vascongadas

La ría del Nervión. Idea de las tres provincias. Bilbao. Los Pirineos vascongados. Vitoria. Tolosa y San Sebastián. El valle del Bidasoa

Un bonito barco de vapor que hacía rumbo para Bayona me condujo a Bilbao. El mar de Cantabria estaba agitado, como sucede casi siempre, pero no tanto que pudiese impedirme la contemplación deliciosa, desde el puente, de la costa de Santander, áspera, rocallosa y arrugada por numerosas colinas. Vese en las cercanías del mar el gracioso pueblo de «Castro», situado en una pequeña eminencia; y después de tres horas de navegación marítima, se comienza a entrar en la ría de Bilbao, formada por el «Nervión», en forma de larga y estrecha bahía, que permite a las aguas del Océano penetrar hasta los muelles de la ciudad. Esa ría es una de las formaciones topográficas más lindas y agradables que un viajero puede encontrar en las comarcas marítimas de Europa. A uno y otro lado se ostentan altas montañas (las del sudeste mucho más considerables) que van descendiendo en faldas pintorescas, grupos de verdes colinas y planos inclinados, y arrojan sobre el Nervión algunos bonitos ríos como el «Buceña», del lado izquierdo; el «Galindo» (del mismo), por el cual baja el hierro bruto de las minas vizcaínas, para ser fundido y purificado en las fundiciones establecidas sobre la margen de la ría; y el «Luchana» procedente de las montañas del noroeste, cuyo puente echado junto a la confluencia fue campo de un sangriento combate en 1836, en la guerra civil promovida por los carlistas. La ría es tan estrecha que su desembocadura no excede de 200 metros, y en la parte superior la anchura media es de unos 40 a lo sumo. Pero es profunda, está muy bien canalizada y sus muelles de uno y otro lado son tan completos, que la hacen parecer una inmensa calle fluvial desde el mar hasta Bilbao. Todo es allí pequeño pero gracioso, interesante y útil. Se siente uno poseído de cariño y estimación hacia los vizcaínos al entrar nomás en esa encantadora ría. Todo predispone el ánimo a la observación atenta; todo indica que aquel país está poblado por una raza activa, emprendedora, que tiene personalidad y conciencia de su destino; todo presenta a los ojos del viajero el sello profundo de la libertad, fecunda en progreso y bienestar. Allí comienza una España enteramente distinta de la gótica: es la España céltica, de fuertes analogías con la francesa gálica; la España laboriosa, republicana, independiente, individualista, en una palabra, la España «vascongada», el más pequeño, pero el más interesante bajo el punto de vista social, de los cuatro pueblos distintos que componen la nación española.

Desde «Santurcel» pueblo situado en la desembocadura, la ría está rodeada de pueblos sumamente pintorescos, cuyas formas tienen mucha semejanza con las de las aldeas suizas. Citaré entre esas localidades a «Portugalete» (la más importante), «Sestao, Sajona, Desierto, Olaviada, San Vicente y Buceña». Donde quiera se encuentran numerosas barcas ancladas, esperando la marea para subir o bajar, y se ven las señales de un movimiento comercial considerable. En las alturas de las montañas descuellan los hermosos bosques; más abajo las faldas y colinas ostentan un cultivo esmeradísimo y variado. Hacia las márgenes de la ría el suelo está sembrado de lindas casas de campo que imitan los «chalets» de Suiza, de elegantes iglesitas en medio de jardines, de ricas arboledas y huertos, y de fábricas diversas y algunas fundiciones de hierro. A medida que uno se acerca a Bilbao, el paisaje tiene un aspecto, más animado todavía. Comienzan los arrabales de la ciudad, formando una gran calle, cuya base es el Nervión, orillado por dos largas hileras de casas pintorescas que dominan los muelles. Al subir el vapor todas las gentes se asoman o detienen, saludan, gritan alegremente y le dan al cuadro entero el aspecto más interesante, y simpático. Francia y Suiza parecen estar igualmente representadas allí.

El admirable país, montañoso, de raza inteligente, laboriosa y belicosa; que en España tiene el nombre de «Provincias» (comprendiendo la de «Navarra» y las tres «vascongadas») tiene una población total de 710.912 habitantes que se distribuyen así: Navarra, con 297.422 Vizcaya con 160.599 Guipúzcoa, con 156.493 Álava, con 96.398. Así, pues, el pequeño país vascongado propiamente dicho, cuenta por sí solo 413.490 almas, población sumamente condensada, si se considera que el territorio mide apenas 6.038 kilómetros cuadrados (inhabitables en mucha parte), lo que da la proporción de 68-2/5 habitantes por kilómetro cuadrado, densidad igual a la de Italia. Puesto que voy hablando de todo el país vascongado, permítaseme resumir las observaciones generales que puede hacer respeto de su condición, antes de hablar particularmente de Bilbao y otras localidades importantes. Las provincias vascongadas y la de Navarra habían conservado hasta 1833 un régimen especial de gobierno que les daba una verdadera autonomía administrativa. La muerte de Fernando VII, dando lugar a la caída del absolutismo provocó la larga y sangrienta guerra civil tan conocida, apareciendo Navarra y las provincias vascongadas como elementos principales del partido «carlista». Este hecho considerado superficialmente, ha dado origen a la errónea opinión de que aquellos pueblos son o eran partidarios del absolutismo. Verdad es que el célebre guerrillero Zumalacárregui y los demás jefes del movimiento eran absolutamente carlistas, y querían por lo mismo la conservación del antiguo régimen. Pero no sucedía lo mismo en cuanto a las poblaciones. Para ellas la cuestión era principalmente social, aunque influía en su opinión un cierto espíritu de amor a las tradiciones, favorable al pretendiente don Carlos. Pero en definitiva, la tradición de la monarquía era para los pueblos un principio histórico íntimamente ligado a la tradición de las libertades o «fueros» municipales que los monarcas habían respetado. El partido constitucional de España, aspirando a la libertad en la unida, trabajaba en cierto modo contra su propia causa al querer fundar un gobierno parlamentario pero central, puesto que su triunfo debía producir la absorción de la independencia municipal de las provincias, y por lo mismo la anulación de esas libertades impropiamente llamadas fueros. Los navarros, vascongados, catalanes, etc., al combatir bajo la bandera de don Carlos, lo hacían, pues, más bien por sostener su autonomía que por apoyar el absolutismo. Es por eso que, desde que Espartero y Cabrera celebraron el famoso convenio de Vergara, que garantizó su autonomía a los navarros y vascongados, la guerra terminó por sustracción de materia, y esos pueblos, especialmente los últimos, entraron con gusto en la vía del gobierno constitucional y no han vuelto a inspirar temores de revueltas. Es que, en realidad, aquellas provincias constituyen una pequeña república anexa a España, de condiciones muy especiales en todo: en instituciones y costumbres, como en industria, en el tipo de la raza, en la lengua y las formas íntimas de la vida social. Allí no hay ejército ni gendarmería militar, pasaportes ni aduanas, monopolios ni impuestos indirectos, patentes de privilegio, ni aristocracias, ni reclutamientos, ni conscripciones, ni reglamentación de la vida por la autoridad, ni policía (en la acepción inquisitorial), ni incitativa oficial en los trabajos sociales, ni gobiernos empresarios o especuladores, ni nada, en una palabra, de lo que constituye la organización política y social de España. Cuando ocurre una guerra nacional, las «Provincias» suministran un contingente proporcional, pero sin que en su formación intervenga el gobierno de la reina. De resto, no es permitido reclutar a nadie, y los pueblos vascongados y navarros gozan de plena exención en el servicio de guerra y marina. Tampoco pesan sobre ellos los impuestos nacionales; de manera que todo comercio es franco y toda industria libre. Los pueblos tienen su sistema especial y voluntario de contribuciones (directas y moderadas) con que sostienen su culto y administración municipal, y contribuyen para la nación con una cuota o subvención en masa, que se fija en el presupuesto de la monarquía. Las «diputaciones» provinciales, de origen enteramente popular, son las que legislan sobre policía, reparten el contingente militar (en caso de guerra exterior) y determinan la cuota de imposición de cada distrito para pagar la subvención. En lo demás los pueblos son enteramente libres en su administración propia, el individuo goza de plena autonomía, y el orden social se mantiene sin la presencia de ningún soldado ni gendarme, por el simple equilibrio natural de los intereses legítimos. Allí se practica en toda su pureza el sencillo principio democrático: los hombres son todos perfectamente iguales en su libertad de hacer todo lo que no violenta o contraría el derecho de los demás. Y como el tránsito, el comercio, la industria, la enseñanza, etc., son hechos inocentes, hay libertad entera para viajar, comerciar, trabajar, instruirse, etc. Me contraeré un poco más a las provincias vascongadas, porque no he visitado ninguna porción de la de Navarra. Si Bilbao es una ciudad esencialmente comercial, y la provincia de Vizcaya es muy notable por sus minas de hierro, la masa total de las tres provincias es tan agrícola como fabricante. Su agricultura (consistente en granos principalmente; sin perjuicio de una considerable explotación de maderas) es admirable por su pulcritud y progreso, por la habilidad con que aprovecha hasta los más pequeños rincones y pliegues del terreno, por el aspecto de bienestar que revela, la encantadora belleza que da a los campiñas, y la influencia saludable que ejerce sobre la condición social. La propiedad territorial está de tal modo repartida entre la población, que son raros los campesinos no propietarios del terreno que cultivan, o los «ciudadanos» que no son dueños de las casas que habitan en las localidades. De ahí resulta que el interés personal obra poderosamente en la mejora de la agricultura, como la libre competencia favorece los progresos de las fábricas y del comercio Todo lo que es susceptible de cultivo esta cultivado allí, y el individuo, independiente por su libertad y su bienestar, se siente con la conciencia de su dignidad; y como tiene la noción profunda de sus derechos; tiene igualmente la de sus deberes. Así, la administración de justicia es casi nula, en lo criminal, porque los delitos son rarísimos; y como la autoridad no se ingiere en lo que es puramente personal, sus funciones son muy sencillas, y lejos de ser contrariadas todo el mundo las apoya. Si hay en el mundo un pueblo que merezca los títulos de libre y dichoso, ninguno como el de las provincias vascongadas. Una prueba muy perentoria de lo que hace allí el interés individual y social sin trabas, la han dado los bilbaínos hace poco tiempo. Santander emprendió su ferrocarril, que debía darle la ventaja sobre Bilbao, en cuanto al comercio, exterior; al mismo tiempo que esta plaza se veía amenazada de decadencia, por haberla reemplazado Alicante, casi totalmente, en la famosa pesca de bacalao. Los bilbaínos se dijeron: «Hagamos con nuestros propios recursos un ferrocarril que nos ponga en comunicación con Madrid y Burdeos, ligándolo al que debe pasar por Irún y Burgos». La suscripción quedó abierta inmediatamente, y en una semana los vecinos de Bilbao llenaron la suma de 3.500.000 pesos presupuesta. ¡Y Bilbao cuenta apenas 16.200 habitantes! Solo uno de los suscriptores faltó después al suministro de los fondos: era un castellano. El territorio vascongado es tan sumamente montañoso, que no tiene ni un solo valle de dimensiones algo notables, a excepción de la llanura de Vitoria y la hoya del Bidasoa cerca de San Sebastián. Todo aquel país es un enjambre de montañas bastante elevadas y complicadísimas, de colinas y faldas que se bifurcan, cruzan o reúnen caprichosamente, de angostos y profundos vallecitos y de planos inclinados, en cuyo seno se producen a cada paso los más lindos paisajes naturales y agrícolas. Desde algunas altas eminencias de los Pirineos vascongados se puede contemplar un panorama de hermosura incomparable. En efecto, se ven de un lado los colosales picos abruptos y las altas cimas montuosas rodeando las cumbres resplandecientes de los grandes Pirineos cubiertas de nieves perpetuas; mientras que en el fondo se extiende un mar de verdura cuyas ondas soberbias son las montañas y colinas que sobresalen entre abismos de bosques y cereales, y al occidente se dilata el Océano, el hermoso mar Cantábrico, sublime como la imagen lejana del infinito. Si la agricultura produce principalmente granos y frutas, con algún ganado y abundancia de legumbres, la fabricación, aunque variada, consiste principalmente en los trabajos de quincallería, que son valiosos y estimables. Hay también en las tres provincias muchos molinos harineros, telares para lanas, fábricas de papel y de otros artículos de menor importancia. Así, pues, todos los ramos de producción están representados en aquellas provincias, los unos en dos puertos principales, los otros en las muy numerosas localidades (sólidamente construidas) y en las campiñas que las rodean La raza pobladora de esas comarcas es céltica pura en su gran masa, y conserva su lengua especial[5] con tanta fidelidad que una gran parte de la población no habla el español o lo habla muy mal. El dialecto vascongado, muy semejante al «vasco» francés, no tiene casi analogía ninguna con la lengua española. Su acentuación es áspera y prolongada, con suma abundancia de palabras compuestas, muy largas, de extensa significación, como eran las de la lengua mexicana o azteca. Bien conocidos son los nombres vascongados de familia, tan esdrújulos y «crespos», recargados de «rr, uu, zz» y diptongos que enredan la lengua del que no está habituado a la pronunciación. Los vascongados no cecean el español. Las constituciones son vigorosas y resistentes, las fisonomías francas y despiertas, los cuerpos de talla generalmente levantada. Abundan los ojos azules, los cabellos rubios y las mejillas rosadas; y en todos los hábitos se nota la sencillez y un candor muy atractivo unido a la inteligencia práctica de las cosas. La instrucción elemental está bastante difundida, mucho más que en la generalidad de la nación española, cuyas masas son deplorablemente ignorantes aún en las grandes ciudades. La

---

5   Es sabido que tiene el mismo origen que la lengua «bretona» en Francia y la del país de Gales en Inglaterra.

salud de la población vascongada es superior, y la estadística indica todos los años un aumento satisfactorio.

Después de las indicaciones generales que acabo de hacer, me limitaré a mencionar, para no abusar de la paciencia del lector, los objetos que más me llamaron la atención en las localidades vascongadas que pude visitar Bilbao, situada a 290 kilómetros N. N. O. de Madrid, en el fondo del estrecho y lindo valle del Nervión, está protegida contra todos los vientos y tiene un delicioso clima. Aunque de origen antiguo (relativamente) pues fue fundada en 1300, es una linda ciudad, sobre todo en su aspecto exterior. Sí en algo participa del estilo español antiguo (como sucede en la curiosa plaza cerrada de vastas y sombrías arcadas, que abrigan tiendas elegantes y cafés) se manifiesta el carácter de las gentes en la pulcritud, la decencia y el bello pavimento de todas las calles y plazas. Los bellos puentes, los excelentes muelles, las tupidas arboledas que las dominan, las casas modernas tan elegantes, las fuentes públicas abundantes y cañerías hábilmente establecidas, el movimiento social y comercial, los numerosos buques atracados a los muelles, las columnas de humo de las fábricas, los buenos institutos de enseñanza y escuelas prácticas, los establecimientos de beneficencia: todo oso y otros signos patentes de progreso, bienestar y armonía popular, contribuye a inspirar una viva simpatía en favor de Bilbao, haciendo ver que allí la civilización reposa sobre bases sólidas y nada artificiales. Bilbao, tan célebre por su famoso «Consulado» que expidió las «Ordenanzas» de comercio muy conocidas en los pueblos españoles, se ha distinguido por su liberalismo, heroicamente probado en tres sitios memorables durante la guerra civil en que casi todos los pueblos vascongados eran carlistas. Fue allí que sucumbió el terrible Zumalacárregui; el tipo acabado de los guerrilleros en España. La importancia de las exportaciones e importaciones (en relación con Europa y América) ha determinado el establecimiento de cinco o seis consulados extranjeros en Bilbao; y sus condiciones especiales le han creado astilleros de bastante actividad. De paso haré una observación que puede parecer pueril, pero que prueba lo que vale la libertad. En Bilbao hay manufacturas libres de tabacos, y los superiores cigarros que allí compré fueron los únicos buenos que pude fumar en

España, donde el monopolio produce la ventaja de dar malo y caro al consumo el mejor tabaco del mundo. La misma observación hice respeto de la sal. Pregunté si la pasión del juego era general o al menos bien notable en Bilbao, y me persuadí de que no era así. Allí no hay jugadores. ¿Por qué? La explicación es sencilla: 1.º porque siendo el trabajo enteramente libre, la vagancia no tiene razón de ser, y la opinión pública obra con energía contra el juego; 2.º porque no habiendo «loterías» (como recurso fiscal) no existe la escuela pública, popular y autorizada por el gobierno para educar a las masas en el amor al juego. Por lo qué hace a la mendicidad, ella no existe en Bilbao ni los demás pueblos vascongados. No vi ni un solo mendigo, y supe que en muchos pueblos la cárcel permanecía frecuentemente cerrada. La mendicidad tiene en España sus fronteras perfectamente demarcadas. Donde la libertad falta, aquella «reina» con toda su repelente deformidad. En las provincias vascongadas o está proscrita por la libertad y el bienestar, o tiene una forma que la hace cambiar de carácter. Los pobres de solemnidad que suele haber, no mendigan, sino que son recogidos y amparados dignamente por la caridad común. Habiendo salido de Bilbao durante la noche, no me fue posible conocer las comarcas vecinas, en la vía que conduce a Victoria. Solo pude notar que la carretera, girando por el terreno más montañoso que puede darse, es una obra superior que prueba que todos los obstáculos naturales se vencen con la voluntad. El ferrocarril, que estaba trazado y nivelado, era infinitamente más notable por las dificultades que había que superar. Esa será una bella obra, que honrará tanto a los ingenieros como a los bilbaínos. Eran las seis de la mañana cuando la diligencia llegaba a las alturas de la pequeña villa de «Ochandiano», situada casi en el corazón de los Pirineos vascongados. Había tocado sucesivamente en nueve pequeños pueblos, de los cuales los más notables son: «Zornoza» (2.000, habitantes), y «Durango» (3.000), situado a orillas del bonito río de su nombre, en una pequeña llanura. En el término oriental de Ochandiano (que cuenta 1.165 vecinos) comienza la provincia de Álava y concluye la de Vizcaya. El paisaje que pude contemplar allí era encantador y casi sublime. El fondo del vallecito en que demora el pueblo estaba perfectamente cubierto de nieblas, mientras que las faldas de la sierra de «Urquida» y demás montañas vecinas ostentaban su apacible verdura de bosques y sementeras, suavemente iluminadas por el resplandor de los rayos del Sol que doraban las crestas empinadas. Era como un lago de leche cuyas ondas reposaban en el asiento de una inmensa taza de esmeralda. Todo murmuraba y sonreía en derredor, mientras que al pie todo era misterio bajo el sudario que cubría una parte del lecho de Flora todavía dormida en el fondo del valle «Villareal» es el primer pueblo que se encuentra al penetrar en la provincia de Álava, cruzando los laberintos montañosos de la cordillera. La vía va descendiendo por entre bellísimos paisajes hacia el valle del río «Zadorra» afluente del Ebro, y en breve se tiene a la vista la preciosa llanura que rodea a «Vitoria», sembrada de una multitud de pequeños pueblos enteramente agricultores. Vitoria, tan famosa durante la guerra civil de España, es la capital de Álava. En sus cercanías se ve el campo de una de las más sangrientas y notables batallas de la guerra de la independencia, ocurrida en 1813. La importancia de Vitoria, como «villa» y plaza fuerte, data de 1181, y su incorporación a la monarquía castellana, de 1209. Es una ciudad cercada de murallas, feísima y repugnante en su parte muy antigua, pero graciosa y alegre en su parte moderna. Tiene dos bellos paseos con arboledas, uno interior y otro exterior, y algunos buenos edificios notables por su arquitectura, como el hospicio, el teatro y la casa municipal. La «Plaza» nueva es bonita y curiosa por su elegancia y simetría. La población es relativamente considerable, pues asciende a 18.710 habitantes. Vitoria es considerablemente fabricante, al mismo tiempo que muy agrícola. Sus campos son muy pintorescos por las numerosísimas huertas de hortalizas que los cubren, los caseríos y las aguas abundantes. Pero sus nieblas frecuentes la hacen desapacible o triste muchas veces, cubriendo con su velo todas las bellezas del panorama. Desde Vitoria hasta «Mondragón» (siguiendo la gran carretera que conduce a la frontera de Francia), se reproducen en su aspecto general los rasgos de los pueblos y paisajes vizcaínos. Había atravesado por tercera vez los Pirineos vascongados, tocando en ocho pueblecitos que cuentan un total de poco más de 4.000 vecinos. Donde quiera el mismo estilo de construcciones de pura piedra, tan sencillas que los muros de las casas no tienen generalmente argamasa que las una, sino que se sostienen por el aplomo y el tallado de la piedra. Donde quiera también las costumbres dulces, casi patriarcales, al lado de la actividad industrial y agrícola. «Mondragón», villa de 2.500 vecinos, es uno de los pueblos más interesantes del tránsito. Desde que se cruza la cordillera se produce un pequeño sistema hidrográfico distinto, que tiende hacia el golfo de Gascuña, teniendo por principales elementos los bellos ríos llamados «Deva, Arga, Bolívar», etc. Después la vía toca en «Vergara» (célebre por el convenio que puso fin a la guerra civil) y otros diez pueblos de mayor o menor importancia, con un total de 7.900 habitantes, y la diligencia se detiene en la ciudad de Tolosa, que cuenta 7.639 «Tolosa», en otras épocas capital de la provincia de Guipúzcoa, está situada a orillas de los ríos «Oria y Arages». La regularidad de sus nueve calles rectas que se cruzan, encerradas dentro de las murallas; el capricho de sus diez barrios exteriores; la alegría de su valle, surcado por numerosas corrientes y cuajado de árboles frutales y hortalizas, y la importancia de sus fábricas y de algunos edificios públicos, le dan un aspecto agradable. Tolosa tiene el cuarto lugar entre las ciudades vascongadas, por su población y condiciones sociales. Desde Tolosa hasta «San Sebastián», en un trayecto de 23 kilómetros, la vía toca en tres pueblos (con 2.886 vecinos) graciosamente situados a orillas del Oria, pequeño río que caracolea por el fondo de frescos y risueños vallecitos, entre las faldas de muchos cerros, donde los numerosos y pulcros caseríos, los bosques de las cumbres y el esmerado cultivo de los campos producen un conjunto de paisajes a cual más pintorescos y variados. Al cabo se sale, al valle marítimo de San Sebastián, ciudad notable por sus baños, por sus fortificaciones y sobre todo por la muy curiosa formación hidrográfica que la rodea. Demora en una península al pie de un alto peñasco que cierra por un lado el pequeñito lago marítimo (lugar de los famosos baños) en donde desemboca el río «Urumea», que baña el valle de «Loyola», y el de San Sebastián. Esta bonita ciudad, capital de la provincia de Guipúzcoa, cuenta cerca de 16.000 habitantes; es de una singular regularidad a causa de su moderna reconstrucción, pues fue destruida por las tropas hispano-inglesas, en 1813, en la guerra contra Napoleón. Plaza de bastante animación comercial, se distingue por su aspecto de elegancia y gusto, y su posición le procura hermosísimas vistas sobre los Pirineos, el valle de Loyola y el Océano. En breve la carretera toca en el pueblo de «Rentería», sigue por entre montañas, a alguna distancia de

«Fuenterrabía» (pequeña ciudad de 2.134 vecinos, famosa en la historia militar de España), situada hacia la desembocadura del «Bidasoa», y conduce a la villa de «Irún» (de más de 5.500 habitantes), último pueblo del territorio español. Allí los pasaportes salen a luz y reciben una nota que le cuesta 5 francos al viajero, sin perjuicio de registros y derechos al pasar la frontera. El Bidasoa corre manso y cristalino por un bonito valle, arrastrando en gran cantidad las maderas que produce Navarra. Naturalmente llama la atención la isla de los «Faisanes» por la sola circunstancia de haber sido el teatro de ese famoso tratado de don Luis de Haro, que en 1689 puso fin a la guerra de sucesión y dio lugar al advenimiento de los Borbones en España.

El centro de un largo puente sobre el río es en aquella parte la línea fronteriza. No deja de ser curiosa la escena social que allí se ve, como en todas las fronteras de Europa, y que prueba la insensatez del egoísmo de los gobiernos, empeñados en hacer artificiales las relaciones de los pueblos, sustituyendo la desconfianza inquisitorial a la espontaneidad de los intereses. Aquel puente parece un símbolo de unión entre las dos naciones; pero los piquetes de soldados, guardas y gendarmes que estacionan en las dos extremidades, como mirándose de hito en hito y representando la desconfianza egoísta de cada gobierno, me parecieron protestas vivientes contra la idea natural y social representada por la piedra muda del puente. La piedra se mostraba más fraternal que los hombres. Dominado por esta última impresión, entré a Francia con tristeza, dejando un suspiro de fraternal cariño a la patria de mis mayores, un tiempo conquistadora y enemiga de la mía, pero hoy algo reconciliada con esta por el transcurso del tiempo y el influjo de la civilización.

Capítulo V. En Francia
Del Bidasoa a Bayona. La ciudad de Bayona. Las «Landas». Burdeos; su aspecto, su comercio, sus monumentos, etc. De Burdeos a París. La hoya del Loira

Al atravesar la diligencia el Bidasoa, los empleados de la aduana francesa nos aguardaban al externo septentrional del puente. Allí, como en todas las aduanas de Francia, el viajero tiene ocasión de observar la lucha, permanente, entre lo natural y lo artificial, que se origina de las instituciones egoístas y que tienen por base la desconfianza y la sospecha. El francés, como tal, es genialmente fino, galante y expansivo; pero el francés hecho guarda, gendarme o soldado, degenera en su trato con los civiles o se siente embarazado. Es tal la fuerza del carácter genial, que el francés se distingue por su cortesía, de todos los demás europeos, en el ejercicio de funciones oficiales. Por eso, yo que detesto cordialmente los uniformes en general, y especialmente los perros de presa de las aduanas, he reconocido en todos mis viajes que si en esta materia puede haber un tipo tolerable, es sin duda el aduanero francés. La diligencia francesa arrancó al galope del pueblecito de «Behovia», donde reside la aduana, y en breve se abrió a mi vista un espléndido paisaje desde las alturas o colinas que median entre el valle del Bidasoa y el del «Nivella». A la derecha o el oriente se levantan en anfiteatros rústicos y bellos los contrafuertes más cercanos de los Pirineos, en ondas de verdes colinas y de montañas rocallosas y tristes alternando caprichosamente. Al poniente se veía la vasta y fulgurante sabana del Océano, inmóvil a lo lejos, pero en realidad agitándose con violencia contra los peñascos abruptos de la costa, y llena de esplendor por el reflejo del Sol, rojo-amarillento, comenzando a consumirse tras de un horizonte ilimitado. Al frente se registra, en la dirección de Bayona, un curioso panorama, desigual, desnudo de alta vegetación natural, entrecortado por bajas colinas de planos inclinados, y de un aspecto en que alternan lo pintoresco y lo triste. Donde quiera que la naturaleza no ha sido ayudada, el suelo es estéril, cubierto apenas de una inmensa capa de helechos y malezas; mientras que la mano del hombre, la obra de la civilización se muestra en el cultivo laborioso de algunos espacios, en los numerosos bosques y parques artificiales y en las graciosas casas de labor o de recreo que salpican el extenso paisaje. No obstante que el cultivo es tan minucioso en las provincias vascongadas, al entrar al territorio francés se siente bien que se viaja por en medio de un pueblo mucho más civilizado que el español, en general. El aspecto de las habitaciones y plantaciones es distinto, indicando el esmero en todo, la previsión, el progreso en los métodos de cultivo y la tendencia a lo confortable. La carretera misma, que es espléndida, como todas las nacionales y departamentales de Francia, es incomparablemente superior a cuantas recorrí en España. La diligencia, de formas mucho más ligeras y racionales, es tirada por tres hermosos caballos, en vez de los cuatro o cinco pares de mulas furiosas que, manejadas a palos, arrastran las diligencias españolas, merced a un bárbaro sistema de tiro. Al extremo de un valle notablemente cultivado y casi sobre la costa del Océano, se encuentra la villa de San Juan de Luz, a orillas del río Nivella. Es una plaza fuerte, al mismo tiempo que puerto marítimo, y no carece de movimiento comercial. Apenas cuenta poco más de 3.000 habitantes, y se halla en muy notable decadencia, a causa del incremento que han tomado otras plazas comerciales vecinas. Contáronme que las mujeres de San Juan de Luz tienen la especialidad de conservar ciertas costumbres muy antiguas, como la de salir a la calle (principalmente para ir a las iglesias) envueltas en mantos que les dan el aspecto de monjas o disfrazadas misteriosas. El tipo corresponde en esa parte al de las «tapadas» de Lima, que según entiendo tienen de sobra con solo un ojo visible para excitar vivamente el interés. Desde lo alto de una baja colina, al pasar por el pueblo de «Bidarte», se alcanza a ver en la vecina costa la linda y elegante población de «Biarritz» enteramente nueva, y puesta de moda por la corte imperial de Francia con motivo de los baños de mar. Allí se da rienda suelta a los caprichos de la moda, en los meses de baños, y se han anudado más de cuatro intrigas de sumo interés para la política europea. Acaso Biarritz será con el tiempo un sitio de gran celebridad, cuando se recuerde que de allí nació el plan de reforma económica y financiera concebido por Napoleón III y comenzado a realizar en 1860. Desde Bidarte el aspecto de la campiña hace comprender que se toca en las cercanías de la elegante Bayona, tan renombrada por sus «campañas» o casas de campo. Donde quiera se destacan sobre las colinas muy bellas quintas de construcción artística y esmerados adornos, rodeadas de suntuosos parques y jardines, en cuyo fondo se ven medio escondidos entre la verdura los elegantes pabellones o templetes que dan asilo en las horas calurosas a más de una parisiense, bayonesa o española, convertida en pastora o campesina durante el verano. El cultivo aparece más esmerado, la vegetación sonríe por todas partes y el viajero simpatiza con Bayona antes de conocerla.

La antigua provincia de vastas proporciones que llevaba el nombre de «Guiena» en la división política de Francia, antes de la revolución de 1789, tenía por gran centró o capital a Burdeos, pero se subdividía en pequeñas provincias cuyos nombres han desaparecido del lenguaje oficial. De toda la Guiena han salido, en totalidad o en parte, los doce departamentos denominados: «Ariége, Aveyron, Alto Garona, Dordoña, Altos Pirineos, Bajos Pirineos, Gironda, Landas, Lot, Lot y Garona, Gers y Tarn y Garona». La comarca comprendida entre el Bidasoa y Bayona o el «Adour», era la Gascuña propiamente dicha, tan célebre en Francia por las fanfarronadas y astucias de sus habitantes, cuyo tipo han personificado Dumas y Maquet en su famoso D'Artagnan de los «Tres Mosqueteros».

Esta comarca, como todas las aledañas entre naciones de razas diferentes, es muy curiosa por la mezcla de los tipos español y francés, manifiesta en la lengua, las costumbres y otros caracteres sociales. Así, mientras que Bayona es una ciudad mixta, donde se hablan simultáneamente las dos lenguas y se ve la fusión notable de los dos pueblos, el país comprendido entre el Adour y el Bidasoa ofrece en todo, pero muy particularmente en el idioma popular, la mezcla del español, el francés y el vascuence, de la cual resulta un patué muy curioso que desnaturaliza las tres lenguas y no es fácilmente comprensible sino para los que están familiarizados por lo menos con dos de ellas «Bayona» es una de las más bellas ciudades de Francia, tanto por el interés que produce aquella promiscuidad social, como por las hermosas arboledas de sus alrededores, su situación entre dos ríos (el Adour y el Niva) que tienen allí su confluencia, y el aspecto mixto que le dan sus fortificaciones, su carácter de plaza muy comercial, y sus construcciones modernas y elegantes haciendo contraste con algunas antiguas como la catedral gótica. El Niva divide la ciudad en dos partes, y la septentrional se apoya también sobre la margen izquierda del Adour, río considerable y de notable navegación. Al mismo tiempo demora a la margen derecha de ese río el pueblo de «Espíritu Santo» (de unos 6.800 habitantes) que si hace parte de Bayona bajo el punto de vista comercial y social, pertenece políticamente al departamento de las «Landas», separado por el río Adour del de los «Bajos Pirineos». Bayona (que cuenta unas 15.000 almas) es el segundo centro de población de los Bajos Pirineos, puesto que

«Pau», su capital, numera unos 16.500 habitantes. Como se ve, Bayona tiene «socialmente» más de 21.000 almas, de modo que su movimiento comercial e industrial es muy considerable. Es sobre todo un puerto de escala o depósito para el comercio entre Francia y España, tanto más concurrido cuanto que se presta a las especulaciones de contrabando. Es en esa ciudad donde comienza la vasta red de los ferrocarriles franceses hacia el este y norte, y su importancia será mucho mayor cuando estén terminadas las vías férreas en construcción que comunicarán a Burdeos y Bayona con Madrid por las provincias de Castilla, Navarra y Aragón. En Bayona el viajero no se siente con ninguna curiosidad artística. Esa ciudad, célebre por los sucesos de Carlos IV y Napoleón en 1808, tan fecundos en inmensos resultados, no llama la atención por ningún primor artístico, sino por su aspecto de bienestar y elegancia, de vitalidad comercial y fusión social. Las espléndidas alamedas y las quintas y parques que la rodean y hacen pintoresca; el activo movimiento de las gentes en las calles, los muelles y paseos, y en los hermosos hoteles y cafés repletos de viajeros (negociantes o paseantes); los numerosos vapores que hacen descollar sus chimeneas entre una multitud de buques veleros atracados a los muelles de los dos ríos; la actividad de las fábricas establecidas en los barrios menos elegantes; la mezcla de lenguas que se percibe en todas las conversaciones; el aspecto de los edificios públicos y de las casas modernas, de una sencillez agradable unida a lo pintoresco; y el incesante cruzamiento de las diligencias que llegan y se van cada momento, en dirección a España, Pau, Biarritz, etc., forman un conjunto social que le da a Bayona el tipo de una ciudad no menos graciosa y agradable como residencia, que interesante bajo el punto de vista internacional y económico. Muchos Estados de Europa y América están representados en Bayona por vicecónsules o agentes comerciales; y la ciudad no solo es un centro de importaciones y exportaciones considerables, sino también de la producción fabril más valiosa en el departamento de los Bajos Pirineos y los adyacentes. La cercanía del mar (6 kilómetros) le da la condición de puerto marítimo, a semejanza del de Bilbao, y por lo mismo la ventaja de mantener en sus ríos vastos astilleros donde se construyen embarcaciones y se arman buques para la pesca de bacalao. Las principales exportaciones de la producción indígena consisten en vinos, licores, trementina, maderas (abeto y pino), cueros, corchos y los afamados «jamones de Bayona» De los 1.282 kilómetros de «camino» que median entre París y Madrid, 780 miden la distancia de Madrid a Bayona, que en 1859 se recorría en diligencia. Faltábame un trayecto, en ferrocarril, de 502 kilómetros, desde Bayona hasta París. Desde la margen derecha del Adour hasta la izquierda del Garona (en Burdeos) la vía directa toca en veintitrés estaciones, apartándose de «Mont de Marsan» (capital del departamento de las «Landas», con unos 5.000 habitantes), y cruzando una comarca llena de melancolía y en algunas partes de desolación. Es un Océano de bosques de pinos y abetos, que crecen sobre un terreno arenoso y generalmente estéril. Allí abundan las ciénagas, en las cercanías del Océano y de los ríos, y con ellas los insectos, las fiebres y los espinos y malezas ásperas que vegetan siempre en los pantanos. El gobierno francés ha emprendido allí vastos trabajos de desmonte y disecación, que no muy tarde harán de ese triste país una comarca salubre, fértil y próspera. Hoy solo se aprovecha su vasto suelo con la explotación de los bosques de abetos y pinos, de la cual se obtienen fuertes valores en maderas, alquitrán y trementina. En las cercanías de Burdeos el paisaje es hermoso y el horizonte vastísimo; el valle del Garona aparece en todo su esplendor de cultivo, mostrando sus plantaciones de tabaco al lado de las de cereales y los inmensos viñedos, que les dan tan universal importancia al departamento de la «Gironda» y los circunvecinos. Confieso que me sentía conmovido profundamente al acercarme a la opulenta, liberal y activa Burdeos. Recordaba la historia de sus famosos «Girondinos» de la revolución francesa, mártires de una religión política, cuyas ideas, cuyos hechos y cuyo sacrificio sublime habían interesado vivamente mi espíritu y mi corazón, y cuya suerte me ha parecido siempre una de las más elocuentes enseñanzas que la historia puede ofrecer a los pueblos y los partidos en agitación.

La espléndida ciudad de Burdeos, situada a 457 kilómetros sudoeste de París, tiene por bases las dos márgenes del hermoso río Garona, distante 96 kilómetros de su desembocadura en el Atlántico, o sea en el gran golfo de Gascuña. Esa posición ventajosísima, gracias a la fácil navegación de ese río (que es uno de los cuatro de primer orden en el interior de Francia) ha hecho naturalmente de Burdeos una ciudad privilegiada, cuya situación fluvio-marítima corresponde a la que tienen «Nantes» en el bajo «Loira, Ruan» en el bajo «Sena», y, en menor escala, «Lyon» en el bajo «Ródano». Sus comunicaciones marítimas con todo el mundo, y las que los ferrocarriles le han procurado hacia España, el Mediterráneo y todo el interior de Francia, le han dado una importancia universal, en competencia con Marsella, Nantes y el Havre, que son con Burdeos los más grandes puertos del imperio francés.

Una descripción muy rápida y sucinta de las condiciones generales de esa opulenta metrópoli comercial del sudoeste de Francia, bastará para hacer estimar su valor a los que solo la conocen por la reputación universal de sus vinos y licores. Burdeos está dividida por el Garona en dos grandes porciones. La más considerable, la Burdeos propiamente dicha, la ciudad histórica, demora a la margen oriental-meridional. En la opuesta yace el opulento arrabal de «Chartrons», que puede llamarse el inmenso almacén-bodega de Burdeos. Desde el extremo superior de la ciudad, donde se encuentra el vasto astillero de construcciones navales, hasta abajo de la extremidad inferior, donde se halla el almacén de víveres de la marina, el río describe un arco de ocho kilómetros de desarrollo, cuyo lado convexo corresponde a la paute antigua de la ciudad. Todo ese trayecto constituye el puerto de Burdeos, que puede contener 1.200 buques de todo porte (hasta 600 toneladas), aparte de la flota de grandes buques que descargan el todo o parte de sus cargamentos en el puerto auxiliar de Blaye, situado mucho más abajo. El río tiene en la ciudad la anchura media de 600 metros, midiendo hasta 660 enfrente de la Plaza Real de armas que ocupa el centro del arco Burdeos, la «Burdigala» de los Romanos, es una ciudad antiquísima y aun de origen desconocido, que interesa bajo todos aspectos. Su población por sí sola (112.000 almas) equivale a más de la sexta parte de la que compone el departamento de la Gironda (600.000 habitantes), de que es capital. Su grande antigüedad, su importancia histórica, política y comercial, y el genio liberal y progresista de sus habitantes, la han dotado de condiciones que la hacen una ciudad monumental en todos sentidos. Allí se encuentran reunidos a los vestigios de obras romanas los monumentos góticos, los del Renacimiento y la época posterior, y los que caracterizan las tendencias del siglo XIX. La gran Burdeos está perfectamente dividida por la inmensa y hermosa calle del «Sombrero rojo» (Chapeau-Rouge) que, partiendo de la margen del río, marca al lado sur la parte antigua y al norte la moderna. Aquella, sin ser repugnante como casi todos los antiguos barrios de la generalidad de las ciudades francesas, se distingue mucho, haciendo resaltar el esplendor de los barrios nuevos. En la porción primitiva están aglomerados los talleres, muchas fábricas, las tiendas de comercio en su masa principal y todo lo que significa trabajo y actividad exclusivamente. En la porción moderna se ven las espléndidas calles dignas o rivales de la mejor capital europea, los grandiosos edificios, los hoteles que parecen palacios, los suntuosos cafés y almacenes de lujo y modas, las magníficos paseos sombreados por arboledas, las elegantes fuentes y las limpias y bellas plazas. En la otra margen del Garona, el barrio de Chartrong tiene encubierto su fondo irregular de fábricas, almacenes, canteras y cuanto constituye siempre un arrabal, por la más hermosa y vasta fachada que puede darse. Tal es la fila inmensa de más de trescientas casas elegantes que parecen palacios, orillando todo el malecón del muelle de la una a la otra extremidad de la ciudad. Esas casas espléndidas son las residencias de los príncipes de las pipas y los fardos, que constituyen la aristocracia comercial de Burdeos. Cada uno de esos edificios, que en su parte superior es el hogar del comerciante, contiene en sus bodegas subterráneas o accesorias un depósito enorme de pipas de vinos y licores, cuyo número suele llegar hasta 1.000. «Baco» se resigna a tener su imperio en las tinieblas subterráneas, consolándose con la seguridad de que ese imperio es universal. Puede asegurarse que, después de París, Burdeos es la más hermosa y espléndida capital de Francia, como es también una de las más bellas de Europa. Todo tiene en la gran masa o el conjunto de la ciudad los caracteres de la opulencia, de la actividad, del buen gusto y el aseo, de la elegancia en las formas, del liberalismo en las ideas y las costumbres, del sentimiento artístico armonizando con el espíritu de especulación. La población de Burdeos ha mantenido en todo tiempo las tradiciones de la gran revolución francesa, y sus tendencias son, como las de los parisienses, lyoneses y marselleses, decididamente democráticas y republicanas. La prensa de Burdeos (notablemente bien servida y sostenida por más de dieciséis imprentas) ejerce una considerable influencia en Francia, en cuanto es posible que la opinión departamental se haga sentir delante de la presión absorbente y el prestigio formidable de París. En el género bien raro ya de la arquitectura romana, se conservan en Burdeos las ruinas monumentales del «Palacio Galieno» y del de «Ombrière» que llaman la atención y deleitan a los anticuarlos o arqueólogos. Entre los edificios de la edad media son notables: la «catedral», vasta basílica que, si carece de armonía en su estructura gótica (data del siglo XIII), asombra por la grandeza de su nave central y el atrevimiento de algunas de sus formas; la iglesia de «Santa Cruz» (del siglo VII), estilo bizantino en su origen, pero reedificada por Carlomagno; la de «San Seurin», de varios estilos y bien interesante. En el género moderno (mixto y Renacimiento) es muy notable la bella iglesia de «Nuestra Señora» (reedificada al principio del siglo XVIII); y en la de los «Fuldenses» llama la atención el sepulcro del célebre Montaigne.

Por lo que hace al Renacimiento puro, su arquitectura está representada por muy hermosos monumentos, tales como el gran Teatro, la Bolsa, el Palacio real, el de Justicia, la Aduana, el Museo y el Hospital, que es uno de los mejores de Europa en su género. En punto a monumentos, el Puente del Garona y el gran Teatro son obras sobresalientes. El primero es asombroso por sus dimensiones y solidez. Mide 486 metros de longitud y 35 de latitud (13 y 1/2 de calzada y 11 y 1/2 de aceras), y reposa sobre diecisiete enormes arcos de sillería y ladrillo cuyas aberturas permiten la circulación de grandes buques y vapores. Es uno de los más grandiosos puentes (quizás el primero en su género) que posee la Francia. El Teatro, aunque menos espacioso que los afamados de Barcelona, Milán y Nápoles, es el más hermoso de Francia, por su interior como por sus formas exteriores, y tiene pocos rivales en Europa. El «Museo» contiene una excelente biblioteca de cerca de 120.000 volúmenes, un Vasto museo de Historia natural muy estimable, y colecciones de mineralogía y antigüedades. La galería de pinturas, trasladada a la Casa municipal (alcaldía), es considerable y contiene buenos cuadros, principalmente de las escuelas francesa y flamenca. Aparte de otros muchos edificios importantes, de sus hermosos baños públicos, sus espléndidos paseos, su observatorio astronómico, sus jardines botánico y de aclimatación, etc., Burdeos contiene muchos y excelentes institutos de enseñanza y beneficencia, de todas clases, que le dan el valor de una ciudad europea por lo menos de segundo orden. Si se fija la atención en el movimiento puramente comercial, los muelles del Garona ofrecen el mayor interés. Una inmensa floresta de mástiles puebla las ondas del río, ostentándose las banderas de todas las naciones comerciales del mundo sobre buques de formas y dimensiones variadísimas que alimentan el cambio universal.

A lo largo de los malecones de una y otra margen se mantiene un extraordinario movimiento de carros y mercancías; y en tanto que allí hormiguean los mozos de cordel en incesante actividad, los millares de marineros llaman la atención desde el río, con sus maniobras y evoluciones en lo alto de los mástiles y las vergas. Si en las vastas canteras de construcción (o el astillero) se agita toda una población de carpinteros, fabricantes de cordajes, etc., en los diques numerosos y extensos reposan los buques en carena, dando lugar a un movimiento no menos importante. Aparte de los muchos buques pertenecientes a armadores bordeleses, que hacen el comercio extranjero y mantienen las comunicaciones costaneras e internacionales de mar, Burdeos arma constantemente numerosas expediciones para la pesca de ballenas y bacalao. Multitud de pequeños vapores de río navegan el Garona arriba y abajo de Burdeos; otros más grandes hacen la navegación marítima en dirección a España y Portugal, Inglaterra, Alemania, etc., y una línea de poderosos «paquebotes» tiene ya en relación permanente a Burdeos con los puertos principales del Brasil y las Repúblicas del Plata. La industria de Burdeos es completamente análoga a la de Marsella, siendo además notables sus filaturas de algodón y lana, sus tejidos de «indianas», sus grandes fundiciones, etc. Aparte de la enorme centralización de vinos llamados «de Burdeos», que el mundo entero conoce, la ciudad contiene grandes refinerías de azúcar y nitro, vastas destilaciones de licores, vinagres, aguas de olor, aceites, etc., una fuerte manufactura imperial de tabacos, amplia fabricación de productos químicos y máquinas y de todo lo que es consiguiente a un gran puerto marítimo. La agricultura de las comarcas bordelesas (del Adour, el Garona, el Dordoña, etc.) tiene por elementos principales los viñedos y granos; pero también produce tabaco (aunque de malísima calidad, y sometido a funestas restricciones), lino y otros muchos artículos de no poca importancia. En Burdeos residen consulados de casi todas las naciones comerciales. Para terminar estas rápidas indicaciones recordaré que Burdeos ha sido la cuna no solo de Gensonné, Ducos, Fonfrede y otros de los célebres Girondinos, sino también de otros personajes famosos, tales como el raro Montaigne, el fecundo y gran pensador y observador Montesquieu, Ricardo II de Inglaterra, el general inglés tan célebre bajo el nombre de «Príncipe Negro», el papa Clemente V, etc. Burdeos es notable también por los testimonios de tolerancia religiosa que contiene en su sinagoga y su templo de protestantes.

El gran ferrocarril de la línea de «Orleans» que conduce de Burdeos a París, arranca del barrio de Chartrons, y después de cruzar bellísimas campiñas de viñedos, cereales, etc., siguiendo la margen del Garona, tuerce hacia el norte, atraviesa el bello río «Dordoña» (que le da su nombre a un departamento), corta después el de «Cubzac», cuyo puente es una obra admirable, y en el pueblo de ese nombre se divide en dos líneas. La una, a la derecha, gira por Perigueux, Limoges, Châteauroux y Orleans, hasta París. La de la izquierda, que debía yo seguir, gira por Angulema (Angoulème), Poitiers, Tours, Blois y Orleans.

Me faltaba el tiempo necesario para detenerme en cada una de esas ciudades, poco interesantes por otra parte, si no es bajo su punto de vista histórico y monumental. Así, me limitaré a hacer indicaciones muy someras, las únicas a que se presta la rapidez del tren, que recorre en catorce horas el trayecto indicado, pasando por setenta y cuatro estaciones. Los túneles de la vía son muy numerosos y el paisaje es generalmente hermoso y animado, sobre todo en el admirable valle del «Loira» (Loire) y en las pequeñas hoyas de algunos afluentes. Es una inmensa sucesión de bajas colinas y llanuras muy niveladas, pobladas de extensos bosques, viñedos y principalmente cereales (trigo, cebada, centeno, avena, etc.), y donde quiera el cultivo es espléndido, aunque menos esmerado que en Inglaterra; las casas de campo son numerosísimas; se da con un pueblo a cada paso; el horizonte es casi ilimitado; las inflexiones del terreno son poco pronunciadas, y abundan los castillos antiguos y los modernos palacios de campo tan concurridos y alegres durante los meses de verano y otoño «Angulema» (la patria de Ravaillac y del gran romancista Balzac) es capital del departamento del «Charenta» (Charente), que cuenta cerca de 390.000 habitantes. Su territorio es notablemente montañoso, llegando hasta él, al oriente, los contrafuertes de las montañas de Auvergne, que separan la hoya del Loira de la del Garona y dan origen a los valles intermediarios del Dordoña y el Charenta. Este río es algo considerable y alimenta una navegación regular y un comercio notable. Es en ese departamento, cuya producción vinícola y fabril es muy importante, que se halla el pueblo de «Cognac», cuyos licores son tan gratos a los amigos de las fuertes libaciones, y cargan con la responsabilidad de muchas calaveradas. La población de Angulema alcanza apenas a unos 18.000 habitantes. La ciudad, que es antiquísima y curiosa, demora sobre una áspera montaña entre grandes y severos peñascos y dominando las márgenes de los ríos Charenta y «Touvre» que tienen allí su confluencia. Son muy afamadas sus fábricas de papel. Entre sus pocos monumentos el más notable es el hermoso puente de piedra sobre el Charenta. El aspecto general de la ciudad es melancólico, pero sus pendientes senderos escalonados desde el río, los bosques que la rodean y coronan la montaña, la majestad de sus altas rocas escarpadas y los risueños paisajes del vecino valle, dan una hermosura particular a todo el panorama «Poitiers», que fue la capital de la antigua provincia llamada «Poitou», lo es hoy del departamento del «Vienne», que cuenta 325.000 habitantes. El río «Vienne», afluente del bajo Loira y engrosado por «Creuse», constituye su principal centro hidrográfico. Poitiers (la «Limonum» de los Romanos) situada en la confluencia de los pequeños ríos «Clain y Boivre», es una ciudad de muy antiguo origen y eminentemente monumental, a pesar de las demoliciones acarreadas por la revolución de 89. Su población asciende a más de 25.000 almas. Demora sobre una colina rocallosa, y está completamente cercada de murallas, ofreciéndose a la vista sus calles escalonadas en forma de anfiteatro. La vasta extensión de la ciudad, que no guarda proporción con el número de sus habitantes, hace comprender desde luego que muchas de las casas deben de hallarse desiertas. Como en todas las ciudades antiguas, las calles son generalmente estrechas y tortuosas, y sus edificios de un aspecto desagradable. Pero si se considera el conjunto, la ciudad con sus rasgos monumentales y naturales tiene mucho de pintoresco. Sus murallas medio arruinadas, flanqueadas por algunos torreones; sus iglesias antiquísimas y muy notables por su arquitectura romana y gótica; sus jardines y huertos interiores, contrastando con las asperezas del terreno y con las fábricas, tenerías y muchos establecimientos industriales, le dan un aspecto muy curioso. Poitiers contiene importantes institutos de enseñanza, y sus producciones, análogas en lo general a las de Angulema, son de valor considerable. La línea férrea, atravesando sucesivamente los ríos Vienne, Creuse, Indre y Cher, entra al gran valle del Loira (una de las más bellas comarcas de Francia) surcando el departamento de «Indre y Loira» (320.000 habitantes), cuyas principales ciudades en la vía son «Tours y Amboise». La primera, que es la capital, cuenta unas 30.000 almas, situada en una vasta llanura, en medio de los ríos Loira y Cher y a la margen izquierda del primero. Es una ciudad muy antigua y notabilísima en la historia política de Francia. Aparte del valor que le dan su grande y variada actividad fabril y la agricultura de las comarcas vecinas, es un centro muy importante de comunicaciones fluviales y terrestres, afluyendo allí las vías de París, Burdeos, Nantes y la alta Bretaña. La hermosa catedral gótica y otros edificios públicos la hacen interesante a los ojos del artista y aún del simple viajero curioso. Posee muchos institutos notables, entre ellos una excelente biblioteca (40.000 volúmenes) y museos de pintura y escultura, historia natural, antigüedades y mineralogía, con un bonito jardín botánico. Entre las ciudades de tercer orden (y aún casi de segundo) Tours es, sin disputa, una de las más interesantes en todos sentidos. Tiene esta ciudad un rasgo especial muy digno de mención. Entre sus varias imprentas posee una de proporciones gigantescas, la más grande y poderosa de Francia, que hace publicaciones en inmensa escala y en todas las lenguas. De allí salen todos los años de 7 a 8.000 «obras»; y surge principalmente una masa prodigiosa de libros elementales para la enseñanza pública. Millares de obreros tienen ocupación permanente en ese vasto establecimiento, cuyas poderosas prensas de vapor no cesan de suministrar alimento a la civilización. «Amboise» tiene apenas unos 5.000 habitantes, y es notable solamente por su importante fabricación metalúrgica, cuyos productos son generalmente estimados. Esa antigua ciudad demora también sobre la margen del Loira. Su castillo fuerte sirvió de residencia temporal a los reyes de Francia,

durante los siglos XV y XVI. El valle del Loira, como he dicho, es una de las más hermosas comarcas de Francia, aunque desgraciadamente ha sufrido grandes catástrofes por las terribles inundaciones de este río, cuyas aguas desbordan muy fácilmente a causa de la poca profundidad del cauce y la completa nivelación natural de las llanuras. Lo pintoresco puede consistir en las formas naturales y el colorido de los objetos, así como en sus formas artificiales. Es a este segundo género de belleza graciosa que pertenece el primoroso paisaje de las orillas del Loira, que sería monótono y fastidioso, por su carencia de inflexiones vigorosas, si no tuviese el encanto de lo que la mano del hombre le ha procurado. Es una vasta llanura de horizonte abierto, poblada toda de cereales, viñas, plantaciones de cáñamo y hermosos bosques esmeradamente conservados. En el fondo de ese magnífico panorama de verdura se desliza el Loira, lento y silencioso, con sus márgenes sombreadas de interminables filas de álamos y otros grandes árboles, y formando extensas playas donde reverbera el ardiente Sol del estío. De trecho en trecho se destaca alguna montaña algo distante, o una colina de lindos planos inclinados que se aproxima al río, donde brillan entre, jardines y parques los pequeños pueblos, las elegantes quintas, las graciosas casas da labor («fermes»), o los espléndidos castillos de historia más o menos aristocrática y heroica, levantados sobre las alturas como atalayas del valle. Toda esa comarca tiene al mismo tiempo la risueña frescura y el encanto de una vegetación muy esmerada, el sello de la actividad productiva, y un aspecto de majestad tranquila que recuerda mil episodios de la historia de Francia. Siguiendo la orilla derecha del Loira, por en medio de los más ricos y alegres paisajes, el ferrocarril entra en el departamento del «Loir y Cher» (260.000 habitantes), que tiene por capital a «Blois». El Loira merece una particular atención, por ser el río más considerable de Francia, aunque su navegación es difícil en la parte alta y la central, durante el verano. Nace en las lejanas montañas del «Ardeche» (que separan su hoya de la del Ródano), y tiene un curso total hasta San Nazario, en la costa del Océano, de 1.226 kilómetros. Su hoya comprende un área de 131.000 kilómetros cuadrados (cerca de la cuarta parte del territorio de Francia) recibiendo muchísimos afluentes, de los cuales treinta y dos tienen más de 50 kilómetros de curso y trece son navegables. El Loira alimenta con sus aguas varios canales muy importantes para la navegación interior. Desde su margen, y a distancia de algunos kilómetros, se alcanzan a ver el famoso castillo y las torres de Blois, haciendo un admirable efecto sobre el fondo del vasto panorama. Hállase también en la llanura, a la orilla derecha del Loira, y es una ciudad de considerable antigüedad que hizo gran papel en la historia cortesana de Francia. Fue de un colegio de Blois que salieron a figurar sucesivamente en la corte de Luis XIV (el gran corruptor coronado) Luisa de La Vallière y Atenais de Montespan; allí residieron Luis XII, Francisco I, Carlos IX y Enrique III; allí fue asesinado, en 1588, el famoso duque de Guíse, y allí residió en 1814 la regencia imperial que fue tan efímera. Blois cuenta apenas unos 14.000 habitantes, pero es un centro fabril notable, y su producción agrícola es muy considerable, sobre todo en excelentes vinos ordinarios y afamados vinagres Eran las seis de tarde cuando el tren tocaba en la estación de «Orleans» (la «Aurelia» de los Romanos), hermosa y antigua ciudad de 42.000 habitantes, situada en el centro de una inmensa llanura sobre la margen derecha del mismo Loira. Es la capital del departamento del «Loiret», que ocupa casi el centro del territorio francés y numera 330.000 habitantes. Su catedral es uno de los más grandiosos monumentos de Francia, en el género gótico, y contiene muchos otros edificios notables. Orleans es una de las primeras capitales de segundo orden en Francia, por la importancia de su administración, su vasta industria y agricultura y sus demás condiciones sociales; pero es acaso, después de París, la más histórica de las ciudades francesas. Su terreno fue, según la opinión general de los anticuarios, el asiento de la «Genabum» tomada y destruida por César. Reedificóla el emperador Aureliano, que le dio su nombre, y fue reunida por Childerico al reino de los francos. Capital en ese tiempo del ducado de Borgoña, Hugo Capeto la incorporó a su corona, y más tarde vino a ser patrimonio de la casa de Valois y base de esa rama real de «Orleans», cuyas luchas seculares con la rama mayor han sido tan interesantes en la historia de Francia y subsisten aún. Fue allí donde la famosa heroína Juana de Arco venció a los ingleses invasores, ganando el sobrenombre de «Doncella de Orleans», y también una celebridad que le costó el martirio en la pira de Ruan. El fanatismo religioso ha pagado casi siempre de semejante modo los grandes hechos de abnegación y heroísmo sublime.

La noche había llegado cuando el tren tocaba en la pequeña ciudad de «Etampes» (de 8.000 almas) que pertenece el departamento del «Sena y Oise», fuerte de 490.000 habitantes, y cuya capital es la famosa y monumental Versalles. El tren rodaba en medio de las tinieblas de la campiña con la rapidez del huracán, y en breve comprendí, por la inmensa iluminación que brillaba en el fondo del valle del Sena, que estaba a las puertas de París y había terminado mi viaje.

Capítulo VI. Conclusión presente y porvenir de España
Diversas faces de España; clasificación de sus grupos sociales y geográficos. Comparaciones; rasgos característicos. Consideraciones generales. Aptitudes del pueblo español. Defectos de su gobierno

Si los capítulos que componen esta serie de recuerdos de viaje hubieran sido trazados con habilidad descriptiva o puramente literaria y artística, aún así serían muy incompletos. Apenas podrían ofrecer una imagen pintoresca de los principales rasgos de la fisonomía española, y excitar más o menos la curiosidad de los lectores colombianos bastante benévolos para favorecer con su atención estas páginas. Además, escritas siempre de prisa, a veces en viaje y en todo caso dentro del término fatal de una correspondencia de periódico (en 1859-60), estas páginas, aunque reunidas hoy en un volumen, deben resentirse de los defectos propios de su forma primitiva. A fin de darles mayor utilidad, que el lector me permita hacer un resumen de mis más notables impresiones de viaje. Nada puede ser tan interesante para los pueblos del Nuevo Mundo como el estudio social de España. Las sociedades de una y otra región son muy homogéneas en sus condiciones esenciales —en su educación sobre todo—, y conviene compararlas para que se vea que donde quiera las mismas causas, es decir, las mismas instituciones, producen resultados análogos, habida consideración a las diferencias geográficas. El rápido viaje de tres meses que pude hacer en España es, sin duda ninguna, muy insuficiente para formular apreciaciones bastante sólidas, tanto más cuanto que España es uno de los pueblos que tienen menos unidad etnográfica y social entre los más notables de Europa. Siento también vivamente no haber tenido tiempo para visitar ciertas provincias importantes (las de Extremadura, Galicia, Asturias, Aragón y

Navarra) que merecen especial atención por más de un motivo. Con todo, no creo aventuradas ciertas observaciones generales, que podré deducir de la rápida observación del resto de España, es decir, su gran masa, o lo principal de sus cuatro grandes grupos sociales. Resumamos, pues: ¿Cuál es la opinión que puede expresarse respecto del carácter, las costumbres, las instituciones, la situación económica y literaria y el porvenir de España? ¿El pueblo español y la nación española son análogos y armónicos? ¿El régimen constitucional ha hecho avanzar realmente a España como sociedad y como Estado? ¿Qué influencia han producido allí las revoluciones del presente siglo? ¿Qué esperanzas se pueden fundar legítimamente en la situación actual? Procuraré contestar a esas preguntas con la mayor concisión posible.

España puede ser considerada bajo tres faces diversas, en cuanto a su división (fuera de la legal o política) en que las proporciones varían mucho según la combinación que se adopte. Esas faces son: primera, la natural o topográfica; segunda, la histórica; tercera, la etnográfica y social. Si se atiende a la primera, se echa de ver que el sistema orográfico de la península ha dividido el territorio en siete grandes comarcas, perfectamente demarcadas y de proporciones muy desiguales. Tales son, comenzando por el extremo oriental de los Pirineos:

1.º La vasta hoya del «Ebro», comprendida entre los Pirineos, la ramificación paralela (que separa su valle de las dos Castillas) y el Mediterráneo, abarcando la provincia vascongada de Álava, las de Logroño y Navarra, todo el antiguo Aragón y toda la Cataluña, con una población total (en guarismo redondo) dé 2.962.000 almas

2.º La región de valles marítimos de los antiguos reinos de Valencia y Murcia, con la provincia de Almería y las altiplanicies de Cuenca, región comprendida entre el Mediterráneo, la baja hoya de Ebro y las cadenas de montañas que, en cordones eslabonados, continúan en cierto modo los Pirineos desde Teruel hasta la Sierra Nevada. La población allí contenida asciende a 2.158.000 almas

3.º Las Andalucías sin Almería, o sea la hoya completa del «Guadalquivir», con la región marítima del estrecho del Mediterráneo, conteniendo 2.605.300 habitantes

4.º La hoya del «Guadiana», compuesta en rigor de la parte principal de la Mancha (provincia de Ciudad-Real), una parte de la provincia de Toledo, y toda la de Badajoz que es la principal de Extremadura. Población, 665.000 almas

5.º La hoya del «Tajo», o sea la Nueva Castilla (menos Cuenca y Ciudad-Real) y la provincia extremeña de Cáceres; con 1.300.000 habitantes, números redondos

6.º La vasta hoya del «Duero», incluyendo la Galicia (aunque en sumo rigor esta es un grupo aparte), y excluyendo de la Vieja Castilla las provincias tramontanas de Logroño, Santander y Oviedo. Población total, 3.800.000 almas

7.º La región marítima de Cantabria, compuesta de las Asturias, la provincia de Santander y las vascongadas de Vizcaya y Guipúzcoa, comprendidas entre los Pirineos y el Atlántico, y con una población de 1.056.500 almas. Pero si se prescinde de la antigua división de España (la propiamente histórica) así como de la política actual, o puramente administrativa, y se allende más bien a las divisiones sociales determinadas por las razas, mas o menos mezcladas, las costumbres, las antiguas instituciones, las tradiciones y las condiciones económicas, a despecho de las líneas orográficas que separan unas comarcas de otras, tendremos que en realidad España se compone de cuatro Españas o grupos de poblaciones diferentes que se pueden determinar así:

Primer grupo. La España «arábiga» o en que predomina el elemento árabe, por la sangre, las costumbres y la industria, vastísima región que abarca todo el litoral de la península desde las bocas del Ebro hasta la del de Guadiana o la frontera marítima de Portugal, comprendiendo en su totalidad las Andalucías y los antiguos reinos de Murcia y Valencia.

Segundo grupo: La España «gótica» (aunque quizás este adjetivo no es el más propio), en la cual predomina el elemento primitivo modificado por los Godos y Visigodos, y que recibió más fuertemente el sello de la Edad media; inmensa región de altiplanicies, llanuras y montañas que comprende las dos Castillas íntegramente, la Extremadura, el antiguo reino de León, la Galicia, las Asturias y el Aragón.

Tercer grupo. La España «catalana» (permítaseme la expresión, aunque de por sí no expresa bien la idea), país poblado por razas muy mezcladas, pero en que predominan el elemento romano y el francés muy fuertemente, compuesto de las cuatro provincias de Cataluña, y especialísimo por su lengua, sus costumbres, su industria y demás condiciones sociales.

Cuarto grupo. La España «celto-gálica», de carácter y topografía particulares, compuesta de las provincias vascongadas y la de Navarra; país que, por sus instituciones y costumbres, pudiera llamarse la España democrática. Estos cuatro grupos, que son en realidad cuatro «pueblos» diferentes, tienen dentro de sí mismos discordancias más o menos sensibles por razón de la topografía, el lenguaje y las tradiciones y costumbres. Pero en el fondo tienen una evidente analogía en todo, que justifica la clasificación indicada ¿De qué manera funcionan esos grupos sociales, y cuáles son sus diferencias más visibles en cuanto a la densidad de población, las costumbres y la condición social respectivas? El siguiente cuadro, con sus explicaciones (en el cual he procurado condensar los grupos) responderá, me parece, a esas preguntas.[6]

---

[6] Nótese bien que en estos cuadros mantengo también la subdivisión de grupos históricos, correspondientes a la antigua clasificación del país, a saber: Reinos de «Valencia y Murcia, Andalucías, Nueva Castilla, Extremadura, León, Galicia, Vieja Castilla, Aragón, Cataluña, y Navarra y Provincias»

PRIMER GRUPO

PROVINCIAS	POPULACIÓN	KILÓMETROS cuadrados de territorio	PROPORCIÓN de la población por kilómetro
1 Castellón	360.916		
2 Valencia	606.608		
3 Alicante	378.958		
4 Albacete	201.118		
5 Murcia	380.969		
	1.928.569	49.496	38 hab.
1 Almería	315.664		
2 Málaga	451.406		
3 Granada	444.629		
4 Jaén	345.879		
5 Córdoba	351.536		
6 Huelva	158.350		
7 Sevilla	463.488		
8 Cádiz	390.192		
	2.921.142	70.000	41-3/4

SEGUNDO GRUPO.

PROVINCIAS	POPULACIÓN	KILÓMETROS cuadrados de territorio	PROPORCIÓN de la población por kilómetro
1 Madrid	475.785		

2 Guadalajara	199.088		
3 Cuenca	229.959		
4 Ciudad Real	244.328		
5 Toledo	328.755		
	1.477.915	78.136	19 hab.

1 Badajoz	404.981		
2 Cáceres	312.134		
	717.115	35.439	20-1/4

1 Salamanca	263.516		
2 Zamora	249.162		
3 Valladolid	244.023		
4 León	348.756		
	1.105.457	50.759	21-7/9

1 Pontevedra	428.886		
2 Orense	371.813		
3 Lugo	424.186		
4 Coruña	551.989		
	1.776.879	41.708	42-3/5

1 Asturias	524.529	9.700	54

1 Ávila	164.039	
2 Segovia	146.839	
3 Burgos	333.356	
4 Palencia	185.970	

5 Santander	214.441		
6 Logroño	183.312		
7 Soria	147.468		
	1.375.425	45.012	30-5/9

1 Huesca	257.839		
2 Zaragoza	384.176		
3 Teruel	238.628		
	880.643	36.960	24-2/3

TERCER GRUPO.

PROVINCIAS	POPULACIÓN	KILÓMETROS	PROPORCIÓN
		cuadrados de territorio	de la población por kilómetro
1 Barcelona	749.734		
2 Gerona	310.970		
3 Lérida	306.994		
4 Tarragona	320.593		
	1.688.291	30.340	55-1/2 hab.

CUARTO GRUPO

1 Álava	96.398
2 Guipúzcoa	156.493
3 Vizcaya	160.599
4 Navarra	297.422

453

| | | | 710.912 | | 12.454 | 57 |

[7]

Así, pues, los cuatro grupos de la España continental se resumen de este modo:

1º	4.849.711	kilómetros cuads.		119.496	40-1/2 hab.	
2º	7.857.963	»		297.713	26-1/3	
3º	1.688.291	»		30.340	55-1/2	
4º	710.912	»		12.454	57	
Tots	15.106.877	kilómetros cuads.		460.003	32-7/8	

Haré observar, respecto del segundo grupo, que la cifra proporcional de 26-1/8 es debida a la inclusión de dos comarcas excepcionales: «Galicia», cuya densidad es de 42-5/8 habitantes por kilómetro cuadrado, y «Asturias», que cuenta a razón de 54. Si se exceptuasen esas dos comarcas marítimo-fronterizas, la gran masa de la vieja España (o 2.º grupo) no tendría sino la proporción media de 231/5 habitantes por kilómetro cuadrado, puesto que la de «Extremadura» es de 20-4/5, la de «Nueva Castilla», de 19, la de «Vieja Castilla», de 30-4/5, la del antiguo reino de «León» de 21-3/5 y la del de «Aragón» de 24-2/5.

Y bien: en virtud de las observaciones que he podido hacer en España, los cuatro grupos tienen entre sí muchos puntos de semejanza social, y en todos ellos se encuentran valles, costas, montañas y ríos considerables, y coexisten todos los ramos de producción conocidos (agricultura, industria, crías, explotación de bosques, minería, comercio, navegación y pesca); pero cada uno tiene sin embargo sus rasgos predominantes y distintivos que resumiré así: La España arábiga, a pesar de tener muy hermosos valles,

---

7   Debo recordar que si se consideran solo las tres provincias vascongadas, la proporción es de 68 habitantes por kilómetro cuadrado, densidad muy notable.

como los de Valencia, Guadalquivir, Granada, etc., es esencialmente montañosa, y tanto que la mitad por lo menos de la extensión superficiaria no es cultivable fácilmente o de ningún modo. La base fundamental de su riqueza y movimiento social es la agricultura; es la región más minera de España; no tiene manufacturas propiamente dichas, pero sí hace una extensa y fuerte producción de artefactos o artículos, que se comprende bajo la denominación general de industria; sus crías son excelentes, y su comercio es muy considerable, servido por cinco de los puertos más importantes de la península: Valencia (o Grao), Alicante, Málaga, Cádiz y Sevilla. La España que he llamado «gótica» (a falta de una calificación más precisa), aunque está surcada por varias Sierras y tiene porciones muy montañosas, como Galicia y las Asturias, se compone principalmente de altiplanicies y vastísimas llanuras, y la porción no cultivable es pequeña en comparación de la cultivable. La base principal de su producción está en la agricultura (cereales, viñas y algún aceite) y la industria pecuaria; es poco minera en lo general; no tiene en materia de industria algo importante sino tejidos burdos de lana, los artefactos de Madrid y la preparación de barinas, y no es propiamente comercial sino en el litoral del Océano, es decir, en las provincias de Santander, Oviedo, Coruña y Pontevedra. La España «catalana» es muy montañosa y de considerable litoral, pero abunda en pequeñas llanuras o vallecitos. Aunque es muy agrícola (produce mucho vino, aceite y frutas), y bastante minera (carbón de piedra y hierro), es esencialmente manufacturera y comercial, predominando los tejidos en la gran masa de fabricación. Por último, la España que he llamado «galo-céltica» (o mejor dicho, «celtogálica») y que los españoles denominan «Provincias», es tan activa en todos los ramos de la producción, que casi no es posible determinarle un carácter particular. Explota muchas minas (principalmente de hierro); comercia mucho en maderas de sus bosques; sus cambios con el extranjero son muy activos, y especula con la pesca marítima. Pero en realidad la agricultura en todos sus ramos y la fabricación de quincallería, tejidos, papel y mil objetos, constituyen la base principal o característica de la situación económica. El país es completamente montañoso, por lo cual las vías de comunicación (terrestres casi en la totalidad) han encontrado poderosos obstáculos. En cuanto a las condiciones físicas y morales de las razas, consideradas en sus rasgos más generales, he aquí las diferencias que he notado: La población del primer grupo es la más hermosa, robusta, viva, impresionable y voluble. Tiene el aire fanfarrón con mucha gracia. Las organizaciones son flexibles, distinguidas, enérgicas y voluptuosas. El sentimiento artístico es universal y profundo. El espíritu religioso no es vehemente. La inteligencia es rápida y brillante, pero poco profunda y sólida, y siempre con tendencias imaginativas. Los caracteres son tan prontos a irritarse como a calmarse; las querellas ardientes muy fáciles; la verbosidad de lenguaje es galante, rica y «coloreada», si se me permite la expresión. A pesar del ardor de los climas no hay inclinación a la pereza. Las costumbres son generalmente libres; las pasiones violentas, sobre todo en Málaga y Valencia; la franqueza es genial. La mujer carece en lo general de timidez. La vanidad no es rara en todas las clases. La población del segundo grupo (que comprende más de la mitad de la total de España en el continente) es de un tipo generalmente inferior, o el menos bello de los del país. Las fisonomías son severas y frías, pero sin aspereza, y sus líneas muy pronunciadas. Allí los tipos hermosos no tienen seducción sino majestad. Inclinación general a la holganza, y desaseo en los hábitos. Fuertes instintos de mendicidad. El sentimiento de la personalidad mucho menos vigoroso que en los demás grupos. Tendencia muy notable al misticismo. Ausencia absoluta del sentimiento artístico. Pasión por los vestidos sombríos, y disgusto de lo pintoresco. Los hábitos tienen un poder irresistible. Es la población que habla con más pureza y elegancia la lengua, con excepción de los «gallegos». Los espíritus son penetrantes, concentrados y maliciosos. El aticismo de lenguaje es general, y se tiene un gusto particular por los epigramas y adagios. La moralidad en las costumbres es muy superior a la de toda la España arábiga. Los caracteres son impasibles o poco impresionables, pero tenaces; reservados, pero sinceros y leales; muy poco audaces, o escasos de iniciativa, pero resistentes y de un valor reflexivo. De la población catalana es poco lo que tengo que decir después de la descripción general que hice del tipo, en el capítulo VI, 3.ª «Parte». En esas organizaciones todo es vigoroso. Es una raza fuerte, fecunda y emprendedora, como todas las que provienen de felices cruzamientos. Su personalidad es tan enérgica; como sólida y severa su probidad. Su valor tan indomable como su espíritu de independencia. La idea del trabajo es allí una religión. Es un pueblo que medita todo lo que hace, calculador por excelencia y poco fanfarrón. Los hábitos industriales le han engendrado notablemente el sentimiento artístico, que armoniza con el de la especulación; pero no el del arte pintoresco y apasionado, sino el del arte serio que entraña una «idea». El catalán no tiene de la vanidad sino el resorte fecundo —el que impulsa al progreso—, porque es altivo, emprendedor de todo y tiene horror a la frase: «quedarse atrás». El no conoce obstáculos para las cosas útiles: si el mundo no tuviera ingleses ni angloamericanos, los catalanes habrían hecho el papel de las razas sajonas en la industria y el comercio. Por último, la población de las «Provincias» (fundamentalmente céltica, pero con infusión de razas posteriores) tiene un tipo semi-español y semi-francés en sus costumbres y su industria. Amantes del trabajo y muy hábiles en todas las manipulaciones, el vascongado y el navarro cambian con la mayor felicidad la azada y el martillo por el fusil, si ven sus libertades o franquicias seriamente amenazadas. Allí nadie se preocupa preferentemente con la situación política de la «nación«: la cuestión principal es la libertad «personal», en armonía con el interés del «distrito». El trabajo es la única manera de ser del hombre que el vascongado comprende. Le tiene tal apego a su libertad, a su personalidad de raza, de país y de individuo, que conserva su lengua propia a despecho de todo. A semejanza del catalán, es emprendedor, y cosmopolita en caso necesario. Siempre se le ve celoso de conservar y ejercer su iniciativa en toda obra de actividad social. Paciente y tenaz, poco entusiasta, gusta de encerrarse en su individualidad para hacer las cosas con aplomo, lo que no le impide servirse siempre de la asociación para todo lo que requiere fuerzas colectivas y poderosas, o una acción beneficente. Las consecuencias naturales de todos esos rasgos característicos se notan en al condición social diferente de loa cuatro grupos que componen la España continental. Sin desconocer algunas excepciones puramente locales, o que se manifiestan en las clases sociales mejor educadas, las reglas generales no son menos fundadas, y pueden ser resumidas así: En la España que fue profundamente modificada por los árabes o Moros, está reunido casi todo lo que la sociedad española ha producido de más bello, grande, rico y sublime en materia de bellas artes. No hay un palmo de terreno aprovechable que no esté sometido al cultivo. Los trabajos industriales indican mucha habilidad y feliz inspiración. El arte de al irrigación es generalmente conocido y practicado can acierto. Donde la propiedad territorial no está algo dividida (y esto es raro), la población la suple con la propiedad mobiliaria, sea en la agricultura, la industria pecuaria, la pequeña fabricación, etc.; de manera que la masa de proletarios es relativamente bien reducida. La tendencia a la posesión de «algo» es muy general, y con ella los instintos y hábitos de independencia. Las poblaciones son poco o nada supersticiosas. La mendicidad no existe sino en muy pequeña escala, y eso, reducida a las grandes ciudades; en ningún caso proviene de los instintos de la raza árabe, sino de causes económicas y de las antiguas tradiciones monacales. Allí hay verdadero bienestar en las masas, en cuanto es posible en el estado actual de las sociedades. El liberalismo es genial en todas las poblaciones. El movimiento económico es muy activo en todos los ramos de la producción. Las gentes aman la pulcritud y la elegancia. En una palabra, la España morisca, con un territorio muy inferior a la mitad del de la España «gótica», y una población igual al 66 % de la misma, es por lo menos cuatro veces superior en movimiento social, riqueza, bienestar y civilización. Al contrario, esa España gótica, que abarca más de la mitad del territorio y de la población continental, y que contiene tan fértiles y vastas llanuras y altiplanicies, vegeta en la inacción y la pobreza (con raras excepciones); se complace en el aislamiento, sin interés por las comunicaciones; tolera en todas partes la mugre y la incuria; está literalmente repleta de «mendigos», manteniendo la mendicidad como una institución; tiene una asombrosa profusión de iglesias y antiguos conventos; mira con desdén las bellezas de la vegetación, y está sumamente atrasada en el arte de la agricultura y en la fabricación. Allí (muy al contrario de las otras secciones de España) los campos están desiertos, y la población se concentra en las ciudades y villas, donde conserva con persistencia los hábitos de holgazanería, gazmoñería y mendicidad. El clero (sin influencia notable, o casi mulo en la política ya la educación social en los demás grupos) es en la España central muy poderoso todavía para hacer daños o resistir al progreso, porque puede influir fácilmente sobre turbas ociosas aglomeradas en las localidades. Las costumbres del clero no son austeras, ni cosa que se lo parezca; no toma interés ninguno en la instrucción popular, y se mezcla en la política siempre que ve comprometidos sus propios intereses. En lo general es codicioso, y su principal cuidado es el de asegurarse buenas rentas.

La vida en el seno de aquella parte de la sociedad española es monótona y triste. El aspecto de las gentes es siempre sombrío, a causa de sus vestidos, de una tinta pardo-amarillenta en lo general. Las construcciones carecen de gracia, sin la elegancia de lo sencillo ni la seducción de lo pintoresco. El pueblo divide solo su atención, en materia de espectáculos, entre la iglesia y la plaza de toros; es decir, dos misticismos, el de la fe tradicional y el del peligro. En conclusión, la vieja España (con excepción de los puertos del litoral Cantábrico, la ciudad de Madrid y en parte la de Valladolid) está profundamente atrasada y estancada en todo. Y lo peor es, que ni siquiera tiene todavía la noción del progreso, porque no apoya ni aun comprende suficientemente los ferrocarriles y demás elementos de comunicación. Aunque las «Provincias» son en realidad pequeñas repúblicas, por la naturaleza de sus instituciones y costumbres especiales, y por lo mismo forman un grupo relativamente superior al de Cataluña, los dos tienen tanta homogeneidad en sus rasgos generales, que pueden ser comprendidos en una común apreciación. Es en esas dos secciones donde los pueblos han mostrado siempre mayor apego y más tenacidad en la defensa y conservación de sus «fueros» o libertades municipales, de lo cual, en lejanos tiempos, dieron tan nobles ejemplos los aragoneses, la fracción más liberal y de más fuerte personalidad entre las que componen el segundo grupo. En Cataluña y las Provincias todo progreso es aceptado con entusiasmo y constancia por las poblaciones «En ellas» no existe la mendicidad; los mendigos que se encuentran en algunas ciudades catalanas proceden casi todos de Aragón, de donde bajan a explotar las plazas industriosas y comerciales. En los dos grupos que tienen por centros principales a Barcelona y Bilbao, la intolerancia castellana, que repele lo extranjero y nuevo, no tiene cabida. Muy al contrario, el extranjero es acogido allí con placer, y toda novedad que entraña un progreso en la civilización encuentra la más cordial hospitalidad. Las libertades municipales y el individualismo fecundo han hecho a esos pueblos laboriosos, reflexivos en todo, celosos de hacer respetar el derecho, íntegros y severos en el cumplimiento de todo compromiso. En ninguna parte de la península es tan profundo como allí el sentimiento de la personalidad (perdóneseme que lo repita), y sin embargo, es allí donde se presenta más poderoso el espíritu de asociación. Eso prueba que no hay ningún antagonismo natural entre lo individual y colectivo; y que el hombre cuando se siente personalmente libre, busca siempre el apoyo de las demás fuerzas individuales, porque es un ser sociable, y hace las cosas colectivas mucho mejor que los poderes socialistas que pretenden absorber la iniciativa de los individuos en nombre del derecho común. En Cataluña y las Provincias el sentimiento democrático es profundo. Allí el proletario es un «hombre» y un «ciudadano», porque vive del trabajo y tiene la conciencia da que el trabajo es en la sociedad un título supremo que da derecho a la consideración y la independencia. Esos dos pueblos son los únicos que no se han dejado absorber por la pretendida unidad de la nación española, unidad de apariencia que no reposa en instituciones verdaderamente liberales, populares y nacionales. El catalán y el vascongado mantienen su lengua, su literatura, sus tradiciones y libertades peculiares, y se reputan como pueblos aparte. Ellos resumen lo que hay de más próspero y sólido, de más fecundo y distinguido en la situación política, social y económica de España; y no hay exageración ninguna en decir que, así como Cataluña es la «Inglaterra española», las Provincias son la «Francia peninsular». Allí faltan el fanatismo religioso, el gusto por el monopolio (aunque los catalanes son proteccionistas por razón de sus fábricas), y la veneración del sable o del militarismo. El día que en esos pueblos se fundase la República, el cambio sería insensible en lo social y económico; apenas se produciría un movimiento ascendente en lo político. Es en el seno de esos pueblos que se halla el verdadero germen de la democracia española El resultado de la comparación precedente salta a la vista, al abrazar al conjunto de la nación española. Ella se compone de varios pueblos, formados por cruzamientos más o menos intensos de razas diferentes, y por la diversa acción de las instituciones que los han regido. Donde quiera que ha reinado sin contrapeso ninguno el socialismo del poder absoluto, la vida social se ha estancado. Donde Felipe II y Torquemada han dejado las más profundas huellas de su paso, el terreno ha quedado estéril o no ha producido sino espinos y malezas ásperas. Donde los conventos y el clero han dominado con más fuerza, la mendicidad se ha hecho endémica, la ociosidad genial, las supersticiones groseras, profundo el amor al aislamiento, a la rutina, la incuria y el desaseo. Donde han faltado los fueros antiguos (es decir, las libertades o garantías), la industria, la agricultura y el comercio han quedado estacionarios, después de la gran retrogradación acarreada por la expulsión de los moros y judíos. Donde quiera se ven los malos frutos de una educación viciosa y corruptora. La moralidad doméstica relativa de la España central no es efecto sino del viejo orgullo castellano y del aislamiento social; de ningún modo el resultado de las instituciones anteriores, que han hecho todo lo posible por corromper al pueblo Al contrario, allí donde se han inoculado la sangre y las costumbres de un pueblo liberal, de religión espiritual, igualadora y fraternal, y amante de la naturaleza (el pueblo árabe o moro), se ve una considerable prosperidad. Allí donde hubo lucha o dualidad de religiones, hay más tolerancia, mucho menos fanatismo, más vivos instintos de libertad y fraternidad, y el clero ha sido menos ávido de riquezas y poder. Allí donde se han arraigado las tradiciones de la libertad económica (que era el secreto de los prodigios agrícolas, artísticos e industriales de los Moros), la actividad es visible, la prosperidad satisfactoria, a pesar de la funesta acción de las leyes reglamentarias y prohibitivas. En los pueblos (los vascongados) donde no hay monopolios, ni soldados, ni prohibiciones, ni autoridad absorbente, ni impuestos indirectos ruinosos, ni policía inquisitorial, ni centralización opresiva, todo es espontáneo y viril, todo prospera, la paz reina, las costumbres son puras, dulces y pacíficas, el juego de pelota reemplaza casi los sangrientos juegos de toros, el juego no existe como pasión y especulación, la propiedad raíz está muy dividida, la vida es libre, fácil y barata, la instrucción elemental está bien difundida, la civilización avanza en todos sentidos, la población está mucho más condensada. La Cataluña, aunque mucho menos independiente del gobierno central, se asemeja en su situación a las Provincias, y brilla por su industria y riqueza, precisamente porque ha estado menos expuesta a la influencia funesta del socialismo despótico, brutal y corrosivo inaugurado por Carlos V y Felipe II; socialismo cuyas fórmulas eran: la delación, la nivelación en la obediencia pasiva, el convento, la unidad de religión, el aislamiento español, la prohibición, la reglamentación de la vida, en una palabra, la supresión completa de la individualidad.

Tales son las enseñanzas que suministran el presente y el pasado de España, comparando la situación social de sus cuatro grupos más característicos. ¿Qué es lo que en justicia puede augurarse acerca del porvenir de esa nacionalidad? Para responder a esta pregunta es necesario compendiar los rasgos generales que ofrece toda España, respecto de su constitución, su gobierno, sus partidos, su carácter social, su educación, sus ideas, su vida económica, su literatura y sus aspiraciones. La Constitución española es la imagen de la situación del pueblo a quien rige. Allí todo coexiste a medias, sin un carácter bien determinado. Es una monarquía mitad de tradición o legitimidad de derecho divino, mitad de origen popular; de manera que ni la aristocracia, ni el absolutismo, ni la democracia tienen autoridad, ni fuerza, ni prestigio, si no es para entrabarse y dañarse mutuamente. Parlamentario por las formas y el origen aparente, el gobierno obedece más a las influencias cortesanas que a las de la opinión. Sumamente restringido el círculo de los electores, y poderosos los medios de corrupción, el sufragio representa siempre al poder, sin que haya ejemplo de que un ministerio pierda las elecciones. Los partidos, desorientados por falta de principios y explotando en todo caso las situaciones, son a su turno explotados por el poder, sin que la nación gane cosa ninguna con las fluctuaciones ministeriales. Poco más o menos todos los partidos gobiernan con los mismos medios: la fuerza, la represión, la intriga, la corrupción de las conciencias. ¡Cosa extraña! la gran masa del pueblo español detesta el gobierno del sable y desea la ruina del militarismo; y sin embargo todos los ministerios se apoyan sucesivamente en las bayonetas Las instituciones generales de España parecen haber sido calculadas para contrariar toda tendencia al progreso. En balde la Constitución ha establecido la igualdad legal, si las leyes restringen las importaciones y todos los cambios, embarazan el tránsito, reglamentan muchas industrias, hacen sumamente difícil el acceso de la juventud a las profesiones liberales, y someten a funestas cortapisas las mejores empresas. Un solo ejemplo, respecto de un interés muy subalterno, bastará para que se comprenda cuán funestos son los efectos del régimen restrictivo y reglamentario que impera en la mayor parte de España. Poco antes de mi llegada a Madrid, el Gobierno había querido favorecer a los mozos de cordel, cuyo servicio está reglamentado. Con tal fin fijó una tarifa que daba al servicio de cada mozo el precio de 4 reales de vellón por un viaje o diligencia dentro de la ciudad; siéndoles prohibido a todos cobrar más ni menos por su trabajo. Esto, sin duda, en obsequio de los mozos de cordel y del público. A los pocos días de la reforma, los mozos de cordel estaban quejosísimos del Gobierno porque no ganaban nada. La razón era sencilla. Antes, arreglándose libremente con los particulares y haciéndose competencia, ganaban seis, 8 o 10 reales por día, a muy bajo precio, porque hacían muchas comisiones o servicios. Pero con la tarifa alta, el público dejó de ocuparlos, y el precio triple o cuádruplo de muy raras comisiones no les compensaba las pérdidas en el número de operaciones España es un país que abunda en fábricas de papel, aunque el producto es generalmente defectuoso. La protección económica prohíbe la importación del papel extranjero, y obliga a los españoles a servirse del propio. ¿Cuál es el resultado? La triste carestía que se ha sufrido en 1859-60 prueba que la prohibición solo sirve para dar un privilegio a la fabricación nacional y mantenerla estacionaria. Durante muchos meses las imprentas no han tenido papel para sus publicaciones, por impotencia de los privilegiados. En España, país clásico de trigos y toda clase de cereales, se ve con frecuencia el extraño fenómeno de una escasez de granos que amenaza producir hambres! ¿Por qué? Porque el pueblo no tiene libertad para importar granos cuando las cosechas son escasas por falta de lluvias. España (es preciso repetirlo) es uno de los países de Europa donde se fuma peor tabaco (si no es de contrabando), y le pertenece en monopolio la producción de Cuba, Puerto Rico y Manila! Las tarifas prohibitivas y protectoras, y por tanto muy elevadas, y el exceso de reglamentación, hacen difícil y relativamente reducido el comercio de un Estado tan considerable como aquel. ¿Cuál es el resultado? La corrupción de los funcionarios al servicio de las aduanas, y el contrabando inmenso y escandaloso, responden tristemente. El tesoro español pierde por lo que entra clandestinamente a todo el territorio (principalmente por Gibraltar, Portugal y los Pirineos) tres veces más de lo que importaría una fuerte reducción en las tarifas. Pero se conserva un sistema funesto, por espíritu de rutina y profundo atraso de los hombres de Estado en el conocimiento de la economía social Estudiando con atención y sin prevención al pueblo español, se halla que él posee muchas y eminentes cualidades «características», y muchos y muy graves defectos de «educación». Todo lo que tiene de bueno le viene de la naturaleza, que lo ha dotado admirablemente; como todo lo que tiene de malo es la consecuencia de instituciones profundamente corruptoras. Es un pueblo leal, honrado, hospitalario, sumamente sobrio y frugal, sufrido, valeroso, capaz de todas las proezas y de todos los esfuerzos de una gran raza. Pero le falta, en lo general, el espíritu de iniciativa, la espontaneidad, porque los malos gobiernos lo han habituado a la vida pasiva, la inercia y la rutina en todo. Hay muchas cosas viciosas, detestables, que el pueblo español ama, no por «inclinación» sino por «hábito». El juego, los toros, las riñas de gallos, etc., subsisten porque el gobierno los estimula y explota con las loterías, los circos oficiales, los impuestos, etc. Los españoles viven entre viñas literalmente, y consumen muy poco vino. Si las leyes hubieran explotado la intemperancia como elemento fiscal, es seguro que los ebrios abundarían como los jugadores y mendigos. Así como los conventos y las leyes fiscales han creado la mendicidad, los reglamentos opresivos han creado la corrupción oficial y mantenido una administración incapaz, dispendiosa y embrollada La sociedad española es asombrosamente inteligente, y los grandes talentos nacen allí donde quiera. No he visto clase ninguna en España que se asemeje en nada a los paisanos de Francia (los del Centro y los Pirineos sobre todo), cuya imbecilidad solo es comparable a la de los «Indios» de las altiplanicies andinas. ¿Pero de qué sirven esa inteligencia clara, ese buen sentido y esa penetración sagaz que distinguen al pueblo español? La viciosa enseñanza pública, las mil trabas profesionales, la opresión brutal que pesa sobre la prensa, y la intolerancia religiosa (abyecta respecto de la Corte romana) anulan las ventajas intelectuales que la naturaleza ha concedido a los españoles. Así, la gran masa popular es profundamente ignorante, en lo general; la clase media no está a la altura de su posición legal, ni comprende bien su papel en una monarquía constitucional; la nobleza es ignorante y superficial en su gran mayoría; el clero es incapaz de llenar su alto ministerio de una manera digna de la civilización actual; y la juventud, amordazada en el campo de la prensa, sin tribuna pública y agobiada por la organización de privilegio que tienen las profesiones liberales, se ve condenada a las vagas y nebulosas controversias y especulaciones de la filosofía alemana, la economía política puramente teórica y la literatura de folletines, futilezas y traducciones de poca monta y mal gusto El pueblo español es uno de los que en el Viejo Mundo tienen más hondamente arraigado el sentimiento de la personalidad y la igualdad. Sin eso, él habría muerto desde hace mucho, asfixiado por el despotismo. Esa es una cualidad que resiste a todo, porque está en la sangre y se apoya en la topografía, en el clima, hasta en las tradiciones de la lengua. Por eso, España es uno de los mejores elementos para la democracia en Europa. España será republicana y democrática de veras mucho antes que Francia, Alemania, Inglaterra y otros grandes pueblos de Europa Pero hoy es un pueblo tosco, de educación áspera, cuyo pulimento no vendrá sino después de que la sociedad entera haya entrado en una ancha vía de libertad, de movimiento y progreso. El lenguaje es muy escabroso en todas las clases de la sociedad. Demasiado vehemente y libre, reemplaza las delicadezas de la sátira o del estilo persuasivo con la elocuencia brutal de las interjecciones obscenas. Además, los españoles adolecen de ciertos defectos que neutralizan en gran parte sus bellas cualidades. Su petulancia social o de nacionalidad, que no le va en zaga a la de los portugueses, les obceca de tal modo que, llevándoles hasta el quijotismo estéril y las más ridículas exageraciones, no les deja reconocer el atraso de su país. Se creen el primer pueblo del mundo, en todo y por todo, no obstante su debilidad, su ignorancia, sus hábitos de desaseo, mendicidad y empleomanía, y su deplorable indiferencia por los intereses comunes, que es el mejor abrigo de los malos gobiernos Eso no pasará sino a virtud del roce con los demás pueblos. La libertad tendrá que hacer muchos milagros en España Pero si allí la civilización está muy atrasada respecto de otras sociedades europeas, no hay que pensar por eso que España no progresa. Cuatro siglos de tiranía, intolerancia y errores inauditos, han dejado atrás a un pueblo que, si hubiera sido gobernado como Inglaterra desde 1688, sería hoy el primer pueblo del mundo. A pesar de eso, la España de hoy está muy distante, muchísimo, de la de 1825; progresa visiblemente, y en solo cinco años, después de la pasajera cuasi-revolución de 1854, ha dado grandes pasos.

Se dirá tal vez: «Si la mayoría del pueblo español tiene tan buenas cualidades características, ¿por qué se deja gobernar mal y no cambia su situación?». La explicación del fenómeno es sencilla. Es que en España no ha habido hasta ahora ninguna «revolución», sino simples «luchas»: la de la independencia primero, y después las luchas civiles. Alemania tuvo su gran revolución con la reforma religiosa; Inglaterra las dos del siglo XVII; Francia la de la filosofía y de 1789. Pero España no ha experimentado nada semejante. Las luchas pasajeras cambian las situaciones aparentes y modifican algo los caracteres: solo las grandes revoluciones forman las ideas de los pueblos. El español tiene los instintos de la democracia y del progreso; pero le faltan las convicciones consiguientes, las ideas que se han de traducir luego en instituciones. Napoleón hizo antipáticas en España, con la invasión, las ideas de la revolución francesa.

Ellas vendrán por uno de dos caminos: o la reforma liberal, franca y resuelta, iniciada por el Gobierno, que es el que tiene la fuerza; o la revolución. Toca a los hombres de Estado anticiparse, si quieren conjurar la revolución democrática, previniéndola con la reforma pacifica. El día que la una o la otra se realice, España será una grande y gloriosa nacionalidad, de primer orden en el juego de la civilización!

Libros a la carta

A la carta es un servicio especializado para
empresas,
librerías,
bibliotecas,
editoriales
y centros de enseñanza;
y permite confeccionar libros que, por su formato y concepción, sirven a los propósitos más específicos de estas instituciones.

Las empresas nos encargan ediciones personalizadas para marketing editorial o para regalos institucionales. Y los interesados solicitan, a título personal, ediciones antiguas, o no disponibles en el mercado; y las acompañan con notas y comentarios críticos.

Las ediciones tienen como apoyo un libro de estilo con todo tipo de referencias sobre los criterios de tratamiento tipográfico aplicados a nuestros libros que puede ser consultado en Linkgua-ediciones.com .

Linkgua edita por encargo diferentes versiones de una misma obra con distintos tratamientos ortotipográficos (actualizaciones de carácter divulgativo de un clásico, o versiones estrictamente fieles a la edición original de referencia).

Este servicio de ediciones a la carta le permitirá, si usted se dedica a la enseñanza, tener una forma de hacer pública su interpretación de un texto y, sobre una versión digitalizada «base», usted podrá introducir interpretaciones del texto fuente. Es un tópico que los profesores denuncien en clase los desmanes de una edición, o vayan comentando errores de interpretación de un texto y esta es una solución útil a esa necesidad del mundo académico.

Asimismo publicamos de manera sistemática, en un mismo catálogo, tesis doctorales y actas de congresos académicos, que son distribuidas a través de nuestra Web.

El servicio de «libros a la carta» funciona de dos formas.

1. Tenemos un fondo de libros digitalizados que usted puede personalizar en tiradas de al menos cinco ejemplares. Estas personalizaciones pueden ser de todo tipo: añadir notas de clase para uso de un grupo de estudiantes,

introducir logos corporativos para uso con fines de marketing empresarial, etc. etc.

2. Buscamos libros descatalogados de otras editoriales y los reeditamos en tiradas cortas a petición de un cliente.

www.ingramcontent.com/pod-product-compliance
Lightning Source LLC
Chambersburg PA
CBHW031721230426
43669CB00007B/197